Peter Hauri, Shirley Linde
Das große Buch vom gesunden Schlaf

Peter Hauri, Shirley Linde

Das große Buch vom gesunden SCHLAF

Schlafprobleme lösen ohne Medikamente

Moewig

Die Originalausgabe erschien unter dem Titel
NO MORE SLEEPLESS NIGHTS 1990 bei John Wiley & Sons, Inc.

Deutsche Erstausgabe
Aus dem Amerikanischen von Monika Seeger

Textbearbeitung: Constanze Elsner
Umschlagentwurf und Gestaltung: Werbeagentur Zeuner, Ettlingen
Umschlagfoto: IFA-BILDERTEAM
Gesetzt aus der Times bei MPM, Wasserburg
Druck und Bindung: Ebner Ulm
Printed in Germany 1994
ISBN 3-8118-1624-1

Für unsere jeweiligen Kinder:
Scott und Bob; Heidi, David und Kate;
und für unsere Eltern

Dank der Autoren

Die Autoren möchten sich bei den folgenden Kollegen bedanken, die das Buch rezensiert und zu seinem Entstehen beigetragen haben:

Dr. med. Philip Westbrook
Direktor des Zentrums für Schlafstörungen
am Cedars-Sinai Medical Center,
Los Angeles, Kalifornien

Dr. phil. Rosalind Cartwright
Professorin und Präsidentin des Fachbereichs
Psychologie und Sozialwissenschaften
am Rush-Presbyterian-St. Luke's Medical Center,
Chicago, Illinois

Dr. med. Ernest Hartmann
Direktor des Zentrums für Schlafstörungen
am Newton-Wellesley Hospital
und Professor der Psychiatrie
an der Tufts University School of Medicine,
Boston, Massachusetts

Dr. phil. James K. Walsh
Direktor des Zentrums für Schlafstörungen
am Deaconess Hospital,
St. Louis, Missouri

Anmerkung der Autoren

Beim Beschreiben dieses Programms bekamen wir ein Problem mit dem »Wir«, da wir das gesamte Buch gemeinsam erarbeitet haben, einige der persönlichen und klinischen Erfahrungen allerdings nur einen von uns betreffen. Deshalb bitten wir Sie, uns gelegentliche Fehler nachzusehen, was das redaktionelle »Wir« und das »Wir« angeht, das sich nur auf Dr. Hauri und seine Kollegen an den verschiedenen Zentren für Schlafstörungen bezieht. Dr. Hauris persönliche Erfahrungen sind durch kursiv gesetzte Passagen kenntlich gemacht.

Wir möchten Ihnen empfehlen, dieses Programm — wie übrigens jedes andere medizinische Programm — nur mit Billigung und unter Anleitung eines Arztes anzuwenden.

Vorwort

Als Benjamin Franklin schrieb: »Abgesehen vom Tod und den Steuern ist auf dieser Welt nichts sicher«, hätte er die Insomnie, die Schlaflosigkeit, noch hinzufügen können. Denn es gibt wohl kaum einen Menschen, der — ohnehin ständig in Angst vor Tod, Steuern und den unzähligen Belastungen des Alltagslebens — nicht gelegentlich auch unter Schlafschwierigkeiten leidet. Doch die meisten nehmen eine einzige Nacht, in der sie schlecht schlafen, hin, weil sie die Ursache dafür meist kennen und wissen, daß das Problem vorübergehender Natur ist. Das behagt ihnen zwar nicht, doch sie akzeptieren es. Unglücklicherweise gibt es aber viele Menschen, die sich Nacht für Nacht schlaflos im Bett wälzen. Dieses ungewöhnliche Buch von Dr. Hauri und Dr. Linde wird denen helfen, die an chronischer Insomnie leiden. Und es wird sogar für die von Nutzen sein, die nur gelegentlich schlecht schlafen.

Die Schlaflosigkeit wird aber nicht nur deshalb zum Problem, weil man sich am Tag danach nicht wohl fühlt und frustriert ist. Obwohl wir all die Gründe, aus denen wir und die meisten Lebewesen Schlaf brauchen, immer noch nicht kennen, ist doch klar, daß Schlaf einfach nötig ist, damit wir tagsüber wach und rege sein können. Ein Schlafdefizit wird nämlich letztlich zu einer Schläfrigkeit, einer Benommenheit führen, die uns die Kraft raubt und manchmal katastrophale Folgen für unsere Urteilsfähigkeit und Motivation haben kann. Folglich ist dieses Buch äußerst wichtig, beschäftigt es sich doch mit einem schwerwiegenden gesundheitlichen Problem.

Was dieses Buch so nützlich macht, ist die unkomplizierte, leicht nachvollziehbare Methode, die der Leser/die Leserin Schritt für Schritt anwenden kann, um das Problem der Insomnie für sich selbst in den Griff zu bekommen. Dr. Hauri fordert den Leser/die Leserin auf, als sein/ihr eigener Wissenschaftler zu fungieren — spezifizierte Schritte zu unternehmen, um herauszufinden, welches Problem wohl in seinem/ihrem Fall die Schlaflosigkeit verursacht hat, und dann die Theorie auf die Probe zu stellen, indem er/sie gewisse Maßnahmen zur Abhilfe ergreift. Dabei handelt es sich keineswegs um vage Gemeinplätze übers »Entspannen«, sondern um präzise Empfehlungen, was zu tun ist und wie es zu tun ist.

Dr. Hauri weiß, daß Insomnie zu den »Gesundheitsstörungen« gehört, die der Patient/die Patientin häufig selbst »beheben« kann, wenn man ihn/sie nur entsprechend anleitet. Genau diese Anleitungen werden in diesem Buch erläutert.

Die Referenzen der Autoren sind hervorragend. Dr. Linde ist eine allgemein anerkannte Wissenschafts-Autorin. Und Dr. Hauri ist meiner Meinung nach weltweit die führende Autorität auf dem Gebiet der Insomnie. Er hat seine Karriere der wissenschaftlichen Untersuchung der Schlafstörungen gewidmet und sich auf das Problem spezialisiert, seinen Patienten zum Einschlafen zu verhelfen und sie durchschlafen zu lassen. Dennoch sind es nicht nur seine Fähigkeiten als Wissenschaftler, die für dieses Buch wichtig sind. Denn er verfügt auch über eine große klinische Erfahrung bei der Behandlung von Insomnie-Patienten und über ein außerordentliches Talent, anderen das zu vermitteln, was er herausgefunden hat.

Dr. Hauri und Dr. Linde haben sich zusammengetan, um ein lesbares, faszinierendes Buch zu verfassen, das konzentriert alles das wiedergibt, was jeder/jede lesen sollte, der/die sich schon mit schlaflosen Nächten herumschlagen mußte und weiß, daß ihm/ihr das immer wieder passieren kann. Benjamin Franklin, dieser weise alte Frühaufsteher, empfahl uns: »Geht früh zu Bett und steht mit den Hühnern auf.« Dieses Buch erklärt uns, wie wir es anstellen können, diese Zeit auch wirklich schlafend zu verbringen.

Dr. med. Philip R. Westbrook
Direktor des Zentrums für Schlafstörungen
am Cedars-Sinai Medical Center,
Los Angeles, Kalifornien

INHALT

KAPITEL 6

KAPITEL 7

KAPITEL 11

KAPITEL 12

KAPITEL 13

KAPITEL 14

KAPITEL 15

Das große Buch vom gesunden Schlaf

Einführung: Viele leiden, wenige lassen sich behandeln

Sie kennen das. Jeder von uns sah sich irgendwann in seinem Leben damit konfrontiert: Man macht sich Sorgen um irgend etwas. Man ist nervös, man ist ängstlich. Man fällt erschöpft ins Bett, wirft sich dann aber ruhelos hin und her. Man weiß, daß man Schlaf braucht, ist jedoch nicht in der Lage, die Gedanken einfach »abzuschalten«. Den größten Teil der Nacht liegt man wach in seinem Bett, ist frustriert — und die Angst wird immer stärker. Die Muskeln sind angespannt. Im Kopf überschlagen sich die Gedanken, bis man schließlich — ein oder zwei Stunden vor Sonnenaufgang — völlig erschöpft und ausgelaugt in einen unruhigen, rastlosen Schlaf fällt. Was man da erlebt hat, ist ein Anfall von Insomnie, von Schlaflosigkeit.

Möglicherweise passiert Ihnen das ja nur in dieser einen Nacht, es kann allerdings auch wochenlang so gehen, monatelang, jahrelang oder sogar ein ganzes Leben lang. Es kann Ihrer Gesundheit schaden, Ihrer Ehe, Ihrem Job — buchstäblich jedem Aspekt Ihres Lebens. Sie stolpern durch den Tag, sind nur begrenzt leistungsfähig, gereizt oder deprimiert. Und Sie haben Angst vor der nächsten Nacht, wissen Sie doch, daß Sie sich möglicherweise — wieder einmal — schlaflos im Bett wälzen könnten.

Sie sind nicht allein.

Viele Menschen glauben, den Begriff »Insomnie« könne man nur für die schwere, chronische Schlaflosigkeit anwenden, bei der man Nacht für Nacht kein Auge zutut. Das stimmt nicht. In diese Kategorie fallen auch gelegentliche schlaflose Nächte und mildere Formen schlechten Schlafs, deretwegen Sie zwar nicht gleich zum Arzt laufen, die Ih-

nen aber am nächsten Tag Ihre geistige Beweglichkeit und Energie rauben können. Insomnie kann alles sein — von den tagtäglichen Einschlafschwierigkeiten bis zu dem Problem, mitten in der Nacht aufzuwachen und nicht wieder einschlafen zu können.
Man schätzt, daß mehr als 100 Millionen Amerikaner gelegentlich unter Schlafschwierigkeiten leiden. Ungefähr ein Drittel davon hat irgendeine Form von Insomnie. Millionen andere können sich nicht erklären, warum sie tagsüber so schläfrig und benommen sind, warum sie Alpträume haben, sich ruckartig hin- und herwerfen, nachts Muskelkrämpfe haben, schnarchen oder nach Atem ringen. Warum sie schlafwandeln oder bettnässen — die Liste ließe sich beliebig fortsetzen. Dieses Buch behandelt alle Formen der Insomnie, sowohl die ernsten wie die leichten.
Ungefähr zehn Millionen der Menschen, die an Schlaflosigkeit leiden, macht dies so sehr zu schaffen, daß sie einen Arzt aufsuchen. Überall auf der Welt geben die Leute Millionen für Tranquilizer und Schlaftabletten aus, weil sie sich von ihnen Hilfe versprechen. Neuere Studien beweisen, daß jeder zweite Erwachsene gelegentlich zu Beruhigungsmitteln und Tranquilizern greift und daß einer von fünf sie häufiger nimmt. Doch Pillen sind keine Lösung.
Schlafprobleme können von der frühesten Kindheit bis ins vorgerückte Alter auftreten, und ihr Auftreten häuft sich mit zunehmenden Lebensjahren. In vielen Fällen ist es tatsächlich so, daß die medizinischen Fortschritte eingesetzt wurden, um das Leben eines Patienten zu verlängern — und daß dieser Mensch dann sein Leben nachts durch einen Schleier der Insomnie erleben muß und tagsüber unter lähmender Schläfrigkeit leidet.
Die A. C. Nielsen Company fand heraus, daß spät in der Nacht — zwischen Mitternacht und drei Uhr morgens — noch durchschnittlich 20 Millionen Amerikaner wach sind und vor dem Fernseher sitzen. Viele dieser Menschen leiden an Schlaflosigkeit.
Viele Menschen — in allen Altersklassen — leiden unter Insomnie, doch nur wenige lassen sich dagegen behandeln. In vielen Fällen ist es nämlich so, daß diese Opfer nicht länger Nacht für Nacht leiden müßten.
Vor 25 Jahren gab es noch nicht viel, was wir für diejenigen hätten tun können, die an Insomnie leiden. Wir wußten damals kaum etwas darüber. Auch über Schlaftabletten wußten wir nicht genug. Viele

Jahre lang hatten wir keine Ahnung, daß der Entzug von Schlafmitteln eine ernsthafte Verschlechterung der Insomnie verursachen kann oder daß Schlaftabletten zu einer Verlangsamung der Atmung führen können. Deshalb wurden diese Mittel recht großzügig verschrieben und auch in Krankenhäusern verabreicht.
Später gab es dann auf dem Gebiet der Schlafforschung geradezu eine Explosion des Wissens. Um diese neuen Informationen unter die Leute zu bringen, startete der *US-Surgeon-General* — zusammen mit etlichen Mediziner-Organisationen, Pharma-Konzernen und Verbraucherinitiativen — das *Project Sleep*, ein Programm, mit dem Ärzte und die Öffentlichkeit über Schlafstörungen informiert werden sollten. Obwohl da gewiß noch mehr getan werden müßte, weiß der Durchschnittsarzt heute doch weit mehr über Schlafstörungen als die meisten Ärzte vor 25 Jahren.
Trotzdem gibt es ein Problem: Nur ein Bruchteil dieser Informationen hat die breite Öffentlichkeit erreicht. Wir haben in den letzten Jahren vieles herausgefunden, was Insomnie-Patienten für sich tun könnten — wenn, ja wenn sie nur in den Besitz dieser Informationen gelangen würden.
Das ist der Grund, aus dem wir dieses Buch geschrieben haben. Wir wollen die Informationen verbreiten, so daß die Menschen sowohl auf dem laufenden sind über das, was ihnen an professioneller Hilfe zur Verfügung steht, als auch über das, was sie selbst tun können, um gegen ihre Schlafprobleme anzugehen. Denn es gibt Hoffnung für sie.

Schlechter Schlaf kann Ihre Gesundheit gefährden

»Von all den gesundheitlichen Problemen, die wir heute haben, sind wenige so weit verbreitet wie Schlafstörungen, und es gibt auch nur wenige, über die man so wenig weiß«, sagt die amerikanische *Sleep Disorders Association* (die große nationale Organisation, der alle großen Zentren für Schlafstörungen genauso angehören wie all die Ärzte, die sich auf Schlafprobleme spezialisiert haben). Diese renommierte Vereinigung weist darauf hin, daß die indirekten Folgen

der Insomnie und anderer Schlafstörungen viel größer sind, als man gemeinhin glaubt.
Menschen, die an chronischer Schlaflosigkeit leiden, erleben beispielsweise nicht nur gräßliche Nächte, sondern haben häufig auch das Gefühl, bei der Arbeit so erschöpft zu sein, daß ihre Produktivität leidet. Sie sind nach der Arbeit oft so ausgelaugt, daß sie alle Freizeitaktivitäten und ihr Gesellschaftsleben aufgeben, woraufhin sich ihre Lebensqualität ernsthaft verschlechtert. Eine Studie mit dreitausend Studenten in New England bewies, daß dreißig Prozent von ihnen wenigstens einmal in der Woche während der Vorlesungen einschliefen.
Wenn sich die Zahl schlaflos verbrachter Nächte häuft, schleppen viele Menschen ein gefährlich großes Schlafdefizit mit sich herum — und wissen es häufig nicht einmal. Ein Mensch mit einem hohen Schlafdefizit erholt sich langsamer von Streß, ist weit anfälliger für Infektionen und andere Erkrankungen sowie für die Auswirkungen des Alkohols. Während das Schlafdefizit wächst, wächst nämlich auch das Bedürfnis nach Schlaf — und zwar egal, ob nun während der Arbeitszeit oder im Straßenverkehr.
Wie häufig aber ist das der Grund dafür, wenn Fahrer von der Straße abkommen, Arbeiter die falschen Zahlen eintragen oder Techniker auf den falschen Knopf drücken? Bei vielen Flugzeugabstürzen und Kollisionen von Zügen scheinen schlaflos verbrachte Nächte oder ein gestörter Schlafrhythmus ebenso wie bei Industrie-Unfällen (einschließlich etlicher Unfälle in Atomkraftwerken) die Ursache gewesen zu sein. Bei einigen dieser Unglücksfälle sah es so aus, als sei jemand buchstäblich eingeschlafen, während er die Weichen stellte.
Je mehr wir über den Schlaf herausfinden, desto klarer wird uns, wie wichtig Schlaf für unser Allgemeinbefinden ist — wenn nicht für unsere Lebensqualität überhaupt.

Schlafstudien — ein neues Gebiet

Das systematische Studium des Schlafs ist ein relativ neues Gebiet — bis 1953 wurde zum Thema Schlaf sehr wenig geforscht. Dann entdeckte Dr. Nathaniel Kleitman von der Universität von Chicago als erster, daß beim Schlafen gelegentlich Salven schneller Augenbewegungen *(rapid eye movements)* auftreten. Dr. Kleitman führte diese Untersuchung zusammen mit Eugene Aserinsky durch, einem Studenten, der kurz vor der Abschlußprüfung stand. Sie klebten bei Freiwilligen in der Nähe der Ohren Elektroden an und stellten erstaunt fest, daß die raschen Augenbewegungen nicht nur bei jedermann auftraten, den sie testeten, sondern auch etwa alle 90 Minuten während des Schlafens. William Dement, ein College-Student im zweiten Jahr, schloß sich Dr. Kleitmans Team an. Denn er fragte sich, ob die Augen der Schlafenden nicht auf irgend etwas gerichtet sein mochten — beispielsweise im Traum. Also begannen die drei, die Schläfer zu just diesem Zeitpunkt aufzuwecken, und erfuhren, daß die Leute — natürlich — gewöhnlich geträumt hatten.
Aus diesen Experimenten schlossen die Forscher, daß es zwei unterschiedliche Arten von Schlaf gibt — einen ruhigen Typ und einen aktiven mit Träumen. Es war dieser Durchbruch, mit dem die ganze Schlafforschung eigentlich begann. Die Forscher fingen an, den Schlaf von Tausenden von Menschen aller Altersklassen die ganze Nacht lang zu überwachen. Sie bezogen sogar einige Blinde in diese Untersuchungen ein, darunter auch den berühmten Pianisten George Shearing. Was sie herausfanden, war, daß bei Shearing und anderen, die von Geburt an blind waren, diese raschen Augenbewegungen zwar nicht auftraten, daß ihr EEG aber, während sie träumten, die gleichen flachen hirnelektrischen Ströme aufwies wie bei Sehenden — nur daß sie von Geräuschen statt von Bildern träumten.

Ich stand kurz vor dem Abschluß meines Studiums, als ich mich 1960 dem Team an der Universität von Chicago anschloß. Ich arbeitete als Assistent von Dr. Allen Rechtschaffen. Das waren berauschende Zeiten! Erst einen Monat, bevor ich an Bord kam, hatte Dr. Rechtschaffen alle Schlafforscher, die er weltweit kannte, zu einer Schlaf-Konferenz nach Chicago eingeladen. Fast alle waren gekommen: aus den

Vereinigten Staaten, aus Kanada, England, Frankreich und Italien. Es waren genau zwölf! Nur ein Jahr später fanden sich zur zweiten Schlaf-Konferenz — wieder in Chicago — ungefähr 25 von uns ein, und fünf Jahre später waren es fast 300. Die Schlafforschung fand immer größere Aufmerksamkeit.
Während der ersten zehn Jahre wurde auf diesem Gebiet in erster Linie in der Forschung gearbeitet. An mögliche Behandlungsmethoden dachte man damals noch nicht. In den sechziger Jahren wußten wir einfach noch nicht genug, um Patienten mit Schlafproblemen behandeln zu können. Dann, Ende der Sechziger, eröffnete Dr. Anthony Kales an der Universität von Kalifornien, in Los Angeles, ein Zentrum für Schlafstörungen, in dem Patienten aufgenommen wurden. Nicht viel später folgte ihm Dr. Dement von der Stanford Universität, und 1971 schloß ich mich den beiden an und gründete ein Zentrum in Dartmouth, New Hampshire. Diese Zentren bewiesen, daß man tatsächlich vielen Patienten helfen kann, wenn man sie im Schlaflabor überwacht und beobachtet. Die Idee verbreitete sich wie ein Lauffeuer, und jetzt hat fast jede größere medizinische Institution der Vereinigten Staaten ein Zentrum für Schlafstörungen.
Der schnelle Zuwachs dieser Zentren war etwas problematisch, denn es wurden auch einige von Medizinern eröffnet, die nicht qualifiziert waren. 1975 berief ich deshalb eine Konferenz ein, um darüber zu diskutieren, wie diese Befähigung überhaupt bewertet und wie die Leistungen dieser Zentren überwacht werden könnten. Bei diesem Zusammentreffen wurde die American Sleep Disorders Association *gegründet. Und die Aufrechterhaltung hoher professioneller Normen ist noch heute ihr höchstes Ziel.*

Während der letzten zehn Jahre wurden weitere Zentren für Schlafstörungen eröffnet. 1990 gab es dann in Krankenhäusern, an medizinischen Hochschulen und in Kliniken mehr als 125 dieser Zentren, die das Vertrauen der Patienten verdienen. Und viele weitere sind geplant.
Vor ein paar Jahren war es nur eine Handvoll von Wissenschaftlern, die sich auf Schlafstörungen spezialisiert hatten. Heute gibt es allein in den Vereinigten Staaten mehr als 1200 Somnologen (das ist die wissenschaftliche Berufsbezeichnung der Spezialisten, die auf dem Ge-

biet der Schlafforschung Untersuchungen anstellen und Menschen behandeln, die unter Insomnie leiden).
Doch die Fortschritte kommen nicht allzu schnell voran. Unglücklicherweise stimmt es tatsächlich, daß nach wie vor viele Menschen unter schlechtem Schlaf leiden und nicht wissen, daß es eine Menge Behandlungsmethoden gibt, die ihnen helfen könnten. Wir möchten, daß sich das ändert, und deshalb haben wir dieses Buch für all jene geschrieben, die unter Insomnie leiden oder »einfach nur« schlecht schlafen.

Was Ihnen dieses Programm zu bieten hat

In diesem Buch wollen wir Ihnen von den neuesten Forschungsergebnissen zum Thema Schlaf berichten. Schritt für Schritt werden wir Sie über die Programme informieren, die an den großen Zentren für Schlafstörungen angewandt werden, und Ihnen erklären, wie die Schlafstörungen der Patienten dort untersucht, diagnostiziert und behandelt werden. Außerdem wollen wir Ihnen praktische Tips für Ihre eigene Schlaf-Fitneß geben. Dazu gehören all die Dinge, die Sie zu Hause tun können, um gegen die Insomnie oder andere Schlafprobleme anzugehen.
All diese Informationen wollen wir Ihnen in einfachen und praktischen Begriffen nahebringen. Zu jedem Schritt in Richtung guter Schlaf gibt es Richtlinien, die leicht zu befolgen sind. Das soll es Ihnen erleichtern, jene Techniken auszuwählen, die für Ihre persönliche Situation am geeignetsten sind, so daß Sie selbst einen Weg finden, gut zu schlafen.
Alle Ärzte, die an Zentren für Schlafstörungen arbeiten, haben eine gemeinsame Philosophie: Insomnie ist keine Krankheit, sondern ein Symptom. Zunächst einmal müssen sie (und Sie) herausfinden, unter welcher Art von Insomnie Sie leiden und was deren Ursache sein könnte. Mit der Schlaflosigkeit ist es wie mit den Schmerzen: Eine Weile können Sie sich mit Tabletten Erleichterung verschaffen, doch auf Dauer helfen keine Pillen. Falls Sie chronische Schmerzen ha-

ben, können Sie ja auch nicht auf unbestimmte Zeit immer mehr Tabletten nehmen. Doch das ist genau das, was viele Menschen — und leider auch ihre Ärzte — bei Schlaflosigkeit tun: Statt die Ursache für die Insomnie herauszufinden, behandeln sie das Symptom mit Schlaftabletten.

Weil es verschiedene Arten von Insomnie gibt und unterschiedliche Ursachen für Schlaflosigkeit, gibt es natürlich kein Universalprogramm für alle. Im Gegenteil: Was für die eine Art von Insomnie die geeignete Empfehlung ist, könnte für eine andere Art sogar schädlich sein. Unser Programm soll Ihnen helfen, die Ursachen zu finden, die Ihrem persönlichen Schlafproblem zugrunde liegen, so daß Sie dann die beste Behandlungsmethode dafür suchen können.

Insomnie wird häufig von Streß ausgelöst, doch es gibt auch viele andere Ursachen. Möglicherweise tritt Schlaflosigkeit auf, weil Sie einen persönlichen Schlaf-Wach-Rhythmus haben, der nicht mit dem 24-Stunden-Zyklus der Erde übereinstimmt. Möglicherweise leiden Sie auch unter Depressionen und Ängsten oder haben andere psychische Probleme, die für die Insomnie verantwortlich sind. Schlaflosigkeit kann natürlich auch organische Ursachen haben — eine Hormonstörung, etwas, das Ihnen Schmerzen bereitet, oder sogar die Reaktion auf ein Medikament, das Sie nehmen. Insomnie kann sogar von einer Allergie, von falscher Ernährung, vom Rauchen oder auch von zu großen Alkoholmengen ausgelöst werden, die Sie vor dem Zubettgehen trinken.

Möglicherweise weckt Ihr eigener Körper Sie mitten in der Nacht auf, weil Ihre Beine unkontrolliert zucken oder Sie Atemprobleme haben. Oder aber Sie schlafen zwar, doch der Schlaf ist nicht erholsam (Sie schlafen lange genug, doch der Schlaf trägt nicht zu Ihrer Stärkung bei). Vielleicht haben Sie aber auch nur schlechte Schlafgewohnheiten — wir nennen das schlechte Schlaf-Hygiene.

Als Gallup (ein Meinungsforschungsinstitut) eine Untersuchung zum Thema Schlaf machte, nannten die Befragten als Ursachen ihrer Schlafschwierigkeiten Gründe wie das Nachdenken über Probleme, die Unfähigkeit, sich zu entspannen, oder Gelenkschmerzen, Träume, Lärm, Licht oder das laute Schnarchen eines anderen. 85 Prozent sagten allerdings, sie hätten ihre Schlafschwierigkeiten noch nie mit ihrem Arzt diskutiert. Und das, obwohl ein hoher Prozentsatz der Befragten das Gefühl hatte, das Schlafproblem sei ernsterer Na-

tur. Bei jedem dieser Probleme kann das Programm in diesem Buch zur Besserung beitragen.
Unser Programm besteht aus vielen verschiedenen Empfehlungen und Methoden. Jede Insomnie ist anders. Einige der Aspekte des Programms werden auf Sie zutreffen, andere nicht. Die Stärke unseres Programms liegt in der Tatsache, daß wir Ihnen eine wissenschaftliche Methode vermitteln, durch die Sie zu beurteilen lernen, was in Ihrem Fall helfen könnte und was nicht. Sobald Sie dieses Buch gelesen haben, haben Sie ein auf Ihre eigenen Bedürfnisse zugeschnittenes Programm, mit dem Sie Ihre Schlafprobleme bekämpfen können. Ein Programm und eine Methode, das/die sich von dem/der jedes anderen/jeder anderen unterscheidet, der/die dieses Buch gelesen hat. Mit diesem Programm helfen wir Ihnen, die Ursachen zu erkennen, die Ihrem Schlafproblem mit größter Wahrscheinlichkeit zugrunde liegen. Gleichzeitig erfahren Sie, was Sie dagegen unternehmen können. Mit anderen Worten: Sie werden dann zu Ihrem persönlichen Schlaf-Therapeuten, analysieren Ihre eigene Situation und probieren ein, zwei Wochen lang Teile des Programms am eigenen Leibe aus. Wenn Ihnen das nicht helfen sollte, gehen Sie zu einer anderen Methode über, die Sie wiederum testen.
Zu dem Programm gehören Tests und Fragebogen, mit deren Hilfe Sie die Geschichte Ihrer Schlafprobleme und Ihren Schlafstil beurteilen können. Außerdem wird Ihnen erklärt, wie man ein Schlafprotokoll anlegt. Schlafprotokolle werden auch in allen führenden Zentren für Schlafstörungen eingesetzt. Das Programm wird Sie während der speziellen Schritte begleiten, die Sie unternehmen müssen, um zu Hause die neuesten Techniken aus den Schlafzentren selbst anzuwenden. Dazu gehören neuentwickelte schlaffördernde Maßnahmen, Entspannungstechniken, Streß-Management, Ernährungstips und gymnastische Übungen. Alle diese Techniken sind dazu bestimmt, Ihnen zu besserem Schlaf zu verhelfen. Im Rahmen dieses Programms wird Ihnen erläutert, wie Sie diese neuen Techniken, einschließlich einer leichten Therapie und der Chronotherapie (eine Therapie, die den natürlichen Ablauf der normalen Lebensvorgänge regelt) anwenden müssen, um eine »Schlafuhr« neu zu stellen, die möglicherweise falsch geht. Und es vermittelt Ihnen sogar Techniken, mit deren Hilfe man Schlafproblemen entgegenwirken kann, die auf Schichtarbeit, Jet-lag und Winterdepressionen zurückzuführen sind. Ganz wichtig

ist, daß das Programm Ihnen auch Schritt für Schritt erklärt, wie Sie von Schlaftabletten loskommen — oder, wenn Ihnen das nicht gelingen sollte, wie Sie herausfinden können, ob Sie vielleicht noch weitere Hilfe in Anspruch nehmen müssen.
Unser Programm erfordert natürlich Geduld, Zeit und Ausdauer. Wenn Sie es jedoch gewissenhaft befolgen, werden Sie mit ziemlicher Wahrscheinlichkeit besser schlafen, sobald Sie es beendet haben.

Die Resultate unseres Programms

Durch die Anwendung der in diesem Buch beschriebenen Methoden des Programms haben wir bei unseren Patienten hervorragende Resultate erzielt. Vier von fünf der Patienten, die das Programm angewendet haben — Patienten, die derartig unter ihrer Schlaflosigkeit litten, daß sie sich nicht von ihren eigenen Ärzten, sondern in einem Schlafzentrum behandeln ließen —, konnte geholfen werden. Zunächst hatten sie eine Reihe von Fragen beantwortet, die ihnen zugesandt worden waren. Die wurden analysiert, und den Patienten wurde geraten, ein Schlafprotokoll (Seite 78) zu führen. Im Schlafzentrum verbrachten sie dann etwa eine bis eineinhalb Stunden in einer Diskussion über das, was wir im Zusammenhang mit ihrem speziellen Problem herausgefunden hatten, danach wurde besprochen, was man versuchen könne, um es zu lösen.
Wenn wir einen Monat nach Beginn des Programms (und dann noch einmal drei Monate später) Kontakt zu den Patienten aufnahmen, berichteten mehr als 80 Prozent derer, die den Empfehlungen gefolgt waren, daß sie jetzt »auffallend besser« schliefen! Diese Menschen sagen, ihr Schlaf sei tiefer, fester und erholsamer, seit sie mit dem Programm begonnen hätten. Die meisten von ihnen machen sich nicht einmal mehr Sorgen, ob sie nachts auch schlafen können, weil die Insomnie für sie tatsächlich kein Problem mehr ist.
Wir möchten, daß Sie ebenfalls zu einem solchen Ergebnis kommen. Wir begrüßen Sie bei diesem Programm, das Ihnen helfen wird, Ihr Schlafproblem zu lösen, und wir wünschen Ihnen Erfolg — so daß auch Sie sich auf bessere Nächte und schönere Tage freuen können.

1

Die Fakten über den Schlaf

Schlaf ist mit buchstäblich jedem Aspekt unseres täglichen Lebens verwoben. Er wirkt sich auf unsere Gesundheit und unser Wohlbefinden aus, auf unsere Stimmungen und unser Verhalten, auf unsere Energie und unsere Gefühle, auf unsere Ehen und unsere Jobs, vor allem aber auf unsere geistige Gesundheit und unser Glück.

Dichter und Philosophen haben über den Schlaf geschrieben. Maler und Bildhauer — von der Renaissance bis zu Picasso — haben ihn zu einem Teil ihrer Kunst gemacht.

Wir alle schlafen fast jede Nacht (ungefähr ein Drittel des menschlichen Lebens wird im Schlaf verbracht), und dennoch wissen die meisten von uns sehr wenig über den Schlaf.

Sehr lange hielten die Menschen den Schlaf für eine Zeit der Ruhe und der Inaktivität. Doch während wir schlafen, kommt es sowohl in unseren Gehirnen wie auch in unseren Körpern zu einer Menge vielschichtiger Aktivitäten. Beim Schlafen sind unsere Körpersysteme nämlich keineswegs abgeschaltet. Im Gegenteil: Einige sind während des Schlafs sogar weit aktiver als im Wachzustand. Tatsächlich gibt es etliche organische Störungen, die nur während des Schlafs auftreten und die wieder verschwinden, sobald wir aufwachen. Diese Erkenntnis ist so neu, daß einige medizinische Fachbücher, obwohl erst einige Jahre alt, bereits jetzt überholt sind, weil sie das noch nicht in Betracht gezogen haben.

Was ist Schlaf? Welcher Kontrolle unterliegt dieser universelle Zyklus, der so natürlich ist, wie der Nacht ein Tag folgt? Warum schläft der eine Mensch wie ein Murmeltier? Und warum wirft sich ein anderer die ganze Nacht ruhelos im Bett hin und her?

Da gibt es viele Fragen. Bevor wir Ihnen die spezifischen Schritte dieses Programms vorstellen, wollen wir uns mit einigen der Fragen beschäftigen, die den Schlafexperten häufig gestellt werden. Die Antworten werden Ihnen einige der Tatsachen vermitteln, die man in den Schlaflaboratorien herausgefunden hat. Sie sollen Ihnen helfen, die Tatsachen über den Schlaf von den Märchen zu trennen.

Wieviel Schlaf braucht man wirklich?

Dies ist die erste Frage, die jeder stellt.

Die Antwort: Wieviel Schlaf jeder einzelne braucht, unterscheidet sich enorm. Da gibt es keine »normale« Menge. Unterschiedliche Menschen brauchen auch eine unterschiedliche Menge an Schlaf.

Die Schlafmenge aber, die jeder einzelne braucht, ist überraschend konstant. Obwohl Sie vielleicht — das hängt von den Umständen ab — in der einen Nacht länger schlafen als in der anderen, ist die Zahl der Stunden im Laufe einer Woche oder eines Monats im Durchschnitt gewöhnlich dieselbe — eine Woche unterscheidet sich im allgemeinen nur um eine halbe Stunde von der anderen.

Acht Stunden Schlaf pro Nacht werden üblicherweise als Durchschnitt genannt, obwohl sieben bis siebeneinhalb Stunden der Schätzwert ist, der wirklich gang und gäbe ist. Aber sogar dabei handelt es sich nur um einen Durchschnittswert, und er hat nichts mit dem zu tun, was gut oder schlecht ist für Sie persönlich. Ein guter Nachtschlaf? Der kann in dem Bereich zwischen weniger als drei und mehr als zehn Stunden liegen.

Vor ungefähr 150 Jahren, bevor Thomas Alva Edison das elektrische Licht erfunden hatte, schlief das gesamte Land ungefähr eine Stunde länger als heute: ein wenig mehr als acht Stunden pro Nacht. Einige Leute meinen, es habe uns nicht geschadet, im Licht der Lampen ein wenig länger aufzubleiben. Sie behaupten sogar, daß wir angesichts dieser Tatsache ein bißchen fester und tiefer schlafen. Andere Menschen wiederum sind überzeugt, das rasante Tempo unseres modernen Lebens habe sehr wohl damit zu tun, daß Edison uns die Elek-

trizität geschenkt und uns damit bewogen habe, länger aufzubleiben, als wir eigentlich sollten.
Es geht zwar niemand davon aus, daß alle Menschen auf der Welt dieselbe Schuhgröße haben sollten, aber irgendwie scheinen die Menschen zu glauben, wir müßten alle in etwa dasselbe Schlafbedürfnis haben. Wir machen uns Sorgen, wenn jemand nicht die magischen acht Stunden schläft. Brauchen Menschen aber noch mehr Schlaf, nennen wir sie faul und träge. Doch nach einer Erhebung des *National Health Center for Statistics* schlafen zwei von jeweils zehn Menschen (etwas mehr Männer als Frauen) pro Nacht weniger als sechs Stunden. Und etwa einer dieser zehn schläft neun oder mehr Stunden pro Nacht.
Schlafforscher nennen Menschen, die sechs Stunden oder noch weniger schlafen, Kurzschläfer, und Menschen, die neun oder mehr Stunden schlafen, Langschläfer. Napoleon und Edison gehörten zu den Kurzschläfern. Von ihnen ist bekannt, daß sie pro Nacht nur vier bis sechs Stunden Schlaf bekamen. Einstein dagegen war — wie viele andere Kreative aus Wissenschaft und Kunst — ein Langschläfer.
Manche Menschen scheinen mit sehr wenig Schlaf auszukommen. Als zwei Schlafforscher mittels einer Zeitungsanzeige nach Leuten suchten, die nachts nur ein paar Stunden schlafen, meldeten sich ein 54jähriger leitender Angestellter und ein 30jähriger Konstruktionszeichner. Beide behaupteten, sie kämen mit etwa drei Stunden Schlaf aus. Eine Woche im Schlaflabor bestätigte das. Beide hatten das Gefühl, sie brauchten nicht mehr Schlaf.
Eine 70jährige Krankenschwester wurde zur Beobachtung ins Labor eingewiesen, weil sie so wenig schlief. Sie schlief tatsächlich, als sie fünf Nächte lang im Labor überwacht wurde, pro Nacht nur ein wenig mehr als eine Stunde. Sie machte auch tagsüber niemals ein Nickerchen und sagte, sie fühle keine Müdigkeit. Und sie konnte gar nicht verstehen, warum andere Menschen so viel Zeit vergeudeten, indem sie länger schliefen. Sie nämlich hatte seit ihrer Kindheit durchschnittlich nur eine Stunde pro Nacht geschlafen.
Eine 71jährige Patientin wurde in die Schlafklinik in Dartmouth überwiesen, weil sie niemals mehr als drei Stunden geschlafen hatte, seit sie erwachsen war. Sie fühlte sich tagsüber pudelwohl, machte im Winter noch jeden Tag Skilanglauf, fuhr im Sommer häufig Rad und war in ihrer Heimatstadt nach wie vor politisch aktiv. Die gründliche

Untersuchung im Schlafzentrum ergab, daß sie ausgesprochen tief schlief, tatsächlich sehr gesund war und — für ihre Bedürfnisse — genug Schlaf bekam.

Ein sehr bekannter Physiker dagegen braucht Nacht für Nacht zehn Stunden Schlaf. Wenn er einmal nur acht bekommt, hat er tagsüber große Schwierigkeiten, sich zu konzentrieren. Er sagt, er habe dann das Gefühl, um seinen Kopf liege ein enges Band, das ihn behindere, und er fühle sich deshalb so benommen, daß er seiner Arbeit einfach nicht nachgehen könne. Wenn er jedoch »seine« zehn Stunden geschlafen hat, fühlt er sich wohl.

Das heißt also: Es variiert von Mensch zu Mensch, wieviel Schlaf man braucht.

Jeder einzelne kann sogar zu verschiedenen Zeiten unterschiedlich viel Schlaf brauchen. Wenn man unter Streß steht, unter Depressionen leidet oder trauert oder sich eine gesteigerte geistige Anstrengung abverlangt, kann es sein, daß man mehr Schlaf braucht. Auch die Autoren schliefen beispielsweise mehr als gewöhnlich, während sie dieses Buch schrieben. Manche Frauen haben vor Beginn ihrer Periode ein größeres Schlafbedürfnis. Wenn alles gut läuft, braucht man dagegen möglicherweise weniger Schlaf als üblich.

Ändert sich das Schlafbedürfnis mit zunehmendem Alter?

Früher glaubte man, man brauche mehr Schlaf, je älter man wird. Heute wissen wir, daß wir in jeder Altersklasse ungefähr gleich viel Schlaf brauchen, sobald wir erst einmal erwachsen sind.

Das Schlafmuster allerdings verändert sich. Der Schlaf älterer Mensch ist oftmals leichter. Während der Körper altert, verschlechtert sich gewöhnlich die Schlafqualität — der Schlaf bewirkt weniger, ist nicht so fest und damit weniger erholsam. Im Laufe eines Menschenlebens gibt es eine allmähliche Verringerung des Delta-Schlafs (der tiefsten Schlafform, die entscheidend mit dem Wachstum und der Erholung des Körpers in Zusammenhang gebracht wird). Bei Männern rechnet man damit, daß sie im Alter von etwa fünfzig Jahren weniger von dem festen Delta-Schlaf bekommen. Und manchmal gar keinen. Bei Frauen geht man etwa ab dem sechzigsten Lebensjahr davon aus. Aus diesem Grund lassen sich Menschen, die in diesem Alter oder älter sind, viel leichter von Geräuschen oder anderen äußeren Faktoren aus der Ruhe bringen. Anlässe, bei denen jüngere Menschen ruhig weiterschlafen würden.

Obwohl die Länge der im Schlaf verbrachten Zeit sich bei einem gesunden Menschen zwischen dem 25. und 75. Lebensjahr kaum ändert, nimmt das Auftreten von Schlafproblemen zu. Der Schlaf wird öfter unterbrochen, und diese Unterbrechungen kosten uns Schlaf. Das bedeutet, daß man zwar möglicherweise mehr Zeit im Bett verbringt und annimmt, deshalb auch länger zu schlafen, daß der Schlaf jedoch häufiger von kurzen Wachperioden unterbrochen wird. Einige ältere Menschen wachen nachts Hunderte von Malen kurz — 15 Sekunden oder noch weniger — auf. Manchmal vermitteln ihnen diese kleinen Wachphasen den Eindruck, sie seien die ganze Nacht wach gewesen, selbst wenn das gar nicht stimmt. Manchmal hilft ihnen aber allein die Tatsache, um diese Möglichkeit zu wissen, sich entspannter zu verhalten, was ihren Schlaf angeht. Außerdem halten ältere Menschen möglicherweise tagsüber öfter mal ein Nickerchen, was sie nachts natürlich noch häufiger wach werden läßt.

Denken Sie daran: Die Menge und die Qualität Ihres Schlafs liegen gewöhnlich im Normalbereich, wenn Sie selbst das Gefühl haben und wenn Ihre Effektivität und Konzentrationsfähigkeit am Tage nicht leiden.

Wie ist das mit dem Schlaf bei Kindern?

Neugeborene schlafen durchschnittlich 16 und eine halbe Stunde pro Tag. Ist der Säugling sechs Monate alt, sind es im Durchschnitt noch 14 Stunden. Im Alter von zwei Jahren beträgt die Durchschnitts-Schlafdauer zwölf und eine halbe Stunde; eineinhalb Stunden Mittagsschlaf und elf Stunden nachts. Im Alter von sechs Jahren brauchen die meisten Kinder keinen Mittagsschlaf mehr. Und die Schlafzeit hat sich auf ungefähr elf Stunden reduziert. Im Alter von zehn Jahren pendelt sich die Schlafzeit bei etwa zehn Stunden ein. Und im Alter von 15 bis 19 sind es dann etwa siebeneinhalb bis achteinhalb Stunden. Die Unterschiede in der Menge an Schlaf, die ein Kind von Tag zu Tag braucht, sind möglicherweise groß, und trotzdem bleibt der wöchentliche oder monatliche Durchschnittswert beim einzelnen Kind — wie wir bereits bei den Erwachsenen gesehen haben — überraschend gleich.

Erinnern wir uns aber, daß die hier zitierten Durchschnittswerte bei einem bestimmten Kind ziemlich bedeutungslos sein können. Peters Sohn beispielsweise, der ziemlich genau zwei Jahre jünger ist als seine ältere Tochter, schlief weniger als seine Schwester, als sie noch Kinder waren. Eine Weile war Peter ernsthaft besorgt, weil der Junge so viel weniger Schlaf bekam als das Mädchen, doch es scheint ihm nicht geschadet zu haben. Falls diese Durchschnittswerte also auf Ihr Kind nicht zutreffen sollten, müssen Sie sich keine Sorgen machen, solange es dem Kind gutgeht und es tagsüber nicht überraschend einschläft. Falls ein Kind jedoch ständig animiert werden muß und dann einschläft, wenn es vor dem Fernseher sitzt oder sich still mit etwas beschäftigt, bekommt es tatsächlich nicht genügend Schlaf.

Was beim Schlafen wirklich abläuft

Wenn Sie schlafen, unterscheidet sich die Form der Wellen, die die hirnelektrischen Ströme auf dem Elektroenzephalogramm (EEG) produzieren, von denen, die sie verursachen, wenn Sie wach sind. Im Wachzustand produziert das Hirn entweder sehr kleine, schnelle Wellen oder Alpha-Wellen (acht bis 14 Zyklen pro Sekunde); wenn Sie schlafen, sind die Schwankungen langsamer und die Wellen größer, dabei handelt es sich um Delta- und Theta-Wellen. Der Grund: Im Wachzustand »feuert« jede einzelne Nervenzelle Ihres Gehirns einzeln. Was auf dem EEG festgehalten wird, ist der Durchschnittswert von Millionen aktiver Nervenzellen, die feuern, wobei ihre positive und negative elektrische Ladung sich gegenseitig aufhebt und der Durchschnittswert sich null nähert. Das ist der Grund, aus dem die Wellen sehr klein sind und die Schwankungen von positiv nach negativ sehr schnell vollzogen werden. Wenn Sie schlafen, beginnen mehr Nervenzellen zusammen zu arbeiten und entladen sich gleichzeitig — wie viele Füße, die im gleichen Rhythmus stampfen —, was die Wellen langsamer und größer macht.

Es gibt zwei Arten von Schlaf: REM-Schlaf und Non-REM-Schlaf (gewöhnlich NREM geschrieben). NREM-Schlaf ist normaler, orthodoxer Schlaf; REM-Schlaf ist Traumschlaf.

REM steht für *rapid eye movements*, rasche Augenbewegungen, weil unsere Augen sich während dieses Stadiums rasch bewegen. Wir schauen uns um in unseren Träumen. Tatsächlich kann man ohne Zuhilfenahme irgendwelcher Instrumente feststellen, ob jemand träumt. Man muß nur einfach die geschlossenen Augen dieses Menschen beobachten. Wenn sich die Augenbälle unter den geschlossenen Lidern rasch bewegen, ist dieser Mensch im REM-Schlaf. Beobachten Sie sie wenigstens 30 Sekunden lang, weil es manchmal zwischen den Gruppen von Augenbewegungen kurze Pausen gibt.

Interessanterweise scheint das Hirn nicht zu wissen, daß wir träumen, denn es gibt unseren Muskeln nach wie vor Befehle, die Aktionen auszuführen, von denen wir träumen. Glücklicherweise läßt ein Kern von Nervenzellen tief in unserem Hirnstamm all unsere Muskeln so stark erschlaffen (kurz bevor die Träume anfangen), daß sie praktisch »gelähmt« sind. Während wir träumen, wirken sich die Befehle unseres Gehirns an die Muskeln also nur in sehr geringen Bewegungen aus. Und das ermöglicht es uns, während unserer Träume durchzuschlafen. Möglicherweise haben Sie diese kurzen Zuckungen schon bei Katzen und Hunden beobachtet, die träumten.

Bei Versuchstieren ist es möglich, den Nervenkern teilweise auszuschalten, der die Muskelspannung während des REM-Schlafes verhindert. Diese Tiere führen die Bewegungen ihrer Träume dann aus. Obwohl ihre Augen geschlossen sind, kriechen sie, kratzen sie, fauchen und kämpfen sie. Ein ähnliches Phänomen tritt bei Menschen auf, bei denen die hemmenden Nervenzellen nicht richtig funktionieren. Diese Menschen werfen sich in ihren Träumen möglicherweise heftig herum, dreschen auf ihre Kissen ein, fallen vielleicht aus dem Bett und verletzen sich sogar gelegentlich. Das nennt man REM-Schlafverhaltensstörung, und die kann behandelt werden.

Bei den meisten Menschen tritt der REM-Schlaf im Laufe der Nacht ungefähr alle neunzig Minuten auf (bei Kindern sind es Intervalle von etwa sechzig Minuten). Die erste REM-Phase der Nacht ist sehr kurz, dauert vielleicht fünf Minuten. Bei der zweiten sind es etwa zehn Minuten, bei der dritten möglicherweise fünfzehn Minuten. Der letzte Traum der Nacht dauert gewöhnlich dreißig Minuten, manchmal aber auch eine Stunde. Jeder Mensch träumt also mehrere Male in einer Nacht. Wenn Sie in der letzten Nacht ungefähr sechs Stunden geschlafen haben, können Sie sicher sein, zirka vier Träume gehabt zu haben. Die meisten Träume vergißt man allerdings, es sei denn, man wacht aus ihnen auf.

Der NREM-Schlaf dagegen, der traumlose Schlaf, tritt in zwei Variationen auf — der häufigste Typ wird Stadium II genannt, und die viel tiefere Version nennt man Delta-Schlaf (oder Stadium III und IV). Während des Non-REM-Schlafs kommt es vereinzelt zu Denkvorgängen, doch gewöhnlich handelt es sich um simple Fragmente, bei denen kein Zusammenhang erkennbar ist.

Außerdem gibt es noch eine Übergangsphase zwischen Wachen und Schlafen. In ihr schlafen einige Teile des Gehirns und andere nicht. Man nennt sie Stadium-I-Schlaf.

Einzuschlafen ist — simpel ausgedrückt — wie eine Treppe hinabzugehen. Man fängt an, indem man in den Stadium-I-Schlaf hinabsteigt. Das dauert eine halbe bis mehrere Minuten, wobei die Gedanken wandern, man aber das Gefühl hat, noch nicht zu schlafen. Dann klettert man die Treppe etwas weiter hinunter ins Stadium II, und nun beginnt das Gehirn, Wellen mit einem charakteristischen Muster auszusenden. Diese Zacken sind als Schlafspindeln und K-Komplexe bekannt. Danach geht man weiter ins tiefe Stadium III und IV, den Delta-Schlaf.

Schlafspezialisten nennen die Zeit gegen Ende des ersten REM-Schlafs den *ersten Schlafzyklus* und die Zeit von da bis zum Ende des zweiten REM-Schlafs den *zweiten Schlafzyklus.* Pro Nacht ergibt das also vier bis sechs Schlafzyklen. Ihre Zahl hängt davon ab, wie lange man schläft. Gewöhnlich findet der Übergang von einem Schlafstadium ins andere allmählich statt, wobei sich ein Stadium mit dem nächsten verbindet, während man die Treppe Stufe für Stufe hinauf- und hinuntergeht. Neigt sich die Nacht ihrem Ende zu, gibt es jedoch gewöhnlich überhaupt keinen tiefen Delta-Schlaf mehr.

Das Stadium I, obwohl »Schlaf« genannt, ist kaum etwas wert, was die Erholung angeht. Über den Wert der anderen Schlafstadien debattieren die Schlafforscher noch immer. Vom Delta-Schlaf aber nimmt man allgemein an, daß er die Schlafart ist, die es dem Körper erlaubt, sich zu erholen und neue Energien zu tanken. Enthält man einem Menschen den Delta-Schlaf vor, wacht er häufig mit einem Gefühl des Unwohlseins auf. Und obwohl im Körper nichts »kaputtgegangen« ist, scheint doch auch nichts richtig zu funktionieren. Beim Stadium II scheint es sich um eine weniger intensive Form von Delta-Schlaf zu handeln — wie der Delta-Schlaf ist es nämlich hauptsächlich der Erholung des Körpers gewidmet. Der REM-Schlaf dagegen scheint mehr der mentalen Erholung zu dienen. Wenn Sie keine REM-Schlafphasen haben, dürfte es Ihnen schwererfallen, Ihr Leben in den Griff zu bekommen und zu begreifen, was um Sie herum geschieht.

Dies sind allerdings nicht allzu wichtige Punkte, obwohl die Schlafforscher nach wie vor über sie diskutieren. Wichtig ist nämlich nicht, *welche* Schlafstadien Sie durchlaufen, sondern die Gesamtmenge und Qualität des Schlafes, den Sie bekommen. Am wichtigsten ist, daß Sie nicht viel Stadium-I-Schlaf haben und daß Ihr Schlaf nicht unterbrochen, nicht von Wachperioden durchsetzt ist. Aus diesem Grund legen die meisten Ärzte in Schlafkliniken mehr Wert darauf, daß Patienten (subjektiv) gut schlafen, als darauf, daß es sich um Schlaf dieses oder jenes Stadiums handelt.

Im Schlaf ist in Ihrem Körper jedoch nicht nur das Hirn aktiv. Etwa während der ersten anderthalb Schlafstunden kommt es zu einem starken Abfall der Herz- und Atemfrequenz und zu einem geringen Absinken des Blutdrucks; danach gibt es eine weitere allmähliche Abnahme bei diesen Werten. Ihren niedrigsten Pegel erreichen Herz- und Atemfrequenz, Blutdruck und Kerntemperatur ungefähr eine halbe Stunde vor dem Aufwachen.

Überlagert wird dieses Absinken durch eine Zunahme der Herz- und Atemfrequenz sowie des Blutdrucks während des REM-Schlafs. Herzfrequenz, Blutdruck und Atmung können tatsächlich manchmal gewaltig schwanken, während wir träumen, was möglicherweise für Herzinfarkte und Schlaganfälle im Schlaf verantwortlich ist.

Interessant sind auch die Schwankungen des Blutflusses. Während des Delta-Schlafs — wenn die Körperbatterien neu aufgeladen werden — wird ein Großteil des Blutes in die Muskeln gelenkt. Obwohl das Hirn während des Delta-Schlafs denken kann, sind diese Denk-

MENSCHLICHE SCHLAF-STADIEN

Wach — niedrige Spannung — schnelle unkontrollierte Schwankungen

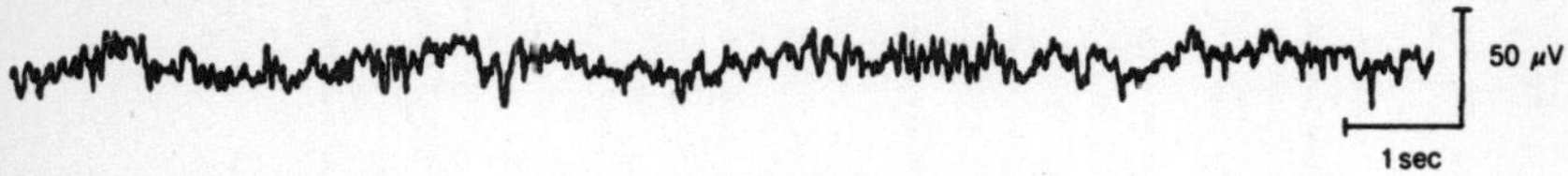

Schläfrig — 8 bis 12 Schwankungen pro Sekunde — Alpha-Wellen

Stadium I — 3 bis 7 Schwankungen pro Sekunde — Theta-Wellen

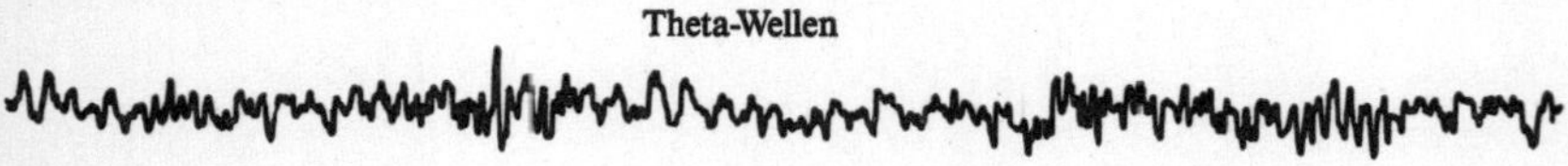

Stadium II — 12 bis 14 Schwankungen pro Sekunde — Schlafspindeln und K-Komplexe

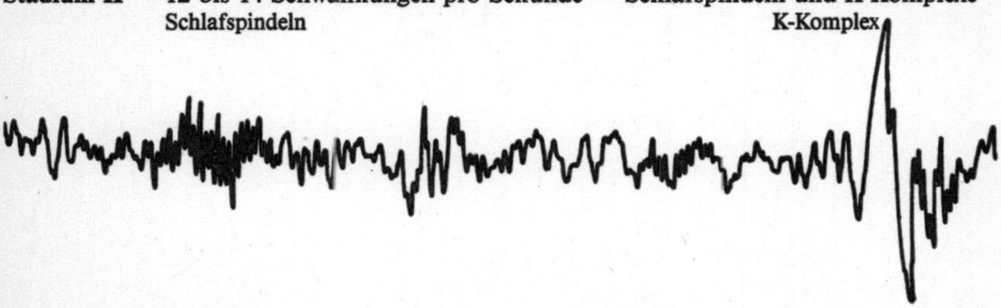

Delta-Schlaf — ½ bis 2 Schwankungen pro Sekunde — Delta-Wellen > 75 Mikrovolt

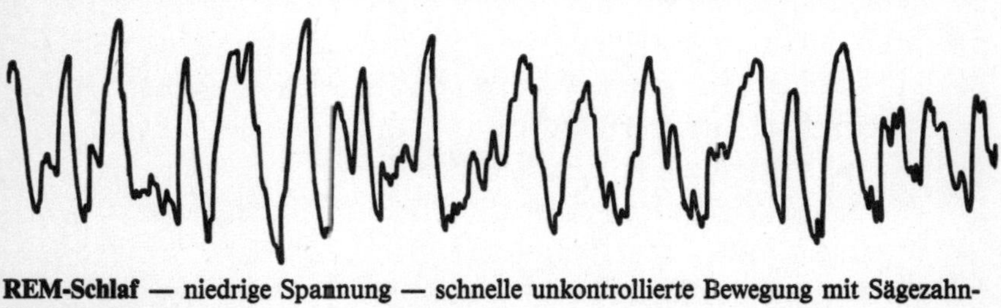

REM-Schlaf — niedrige Spannung — schnelle unkontrollierte Bewegung mit Sägezahn-Kippschwingung

Quelle: Peter Hauri, Current Concepts, The Sleep Disorders, Upjohn, Kalamazoo, Michigan 1982

Typisches Schlafmuster eines jungen Erwachsenen

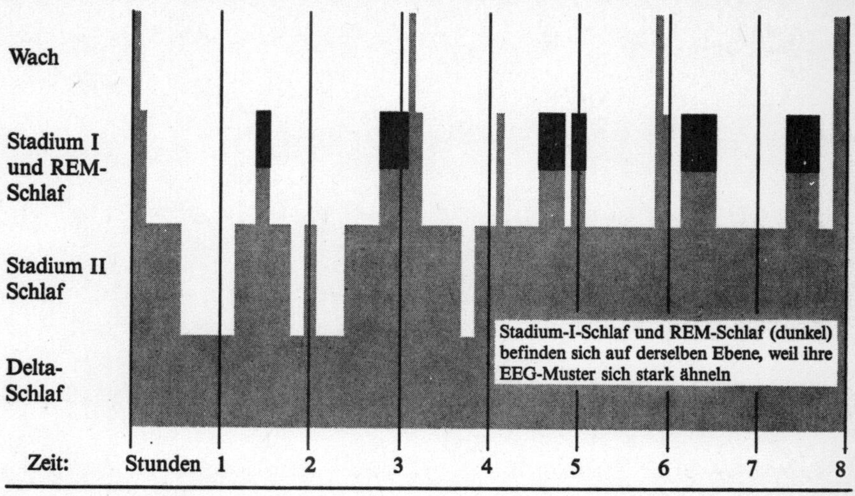

vorgänge doch sehr bruchstückhaft, weil das Gehirn kaum in der Lage ist, einen Gedanken festzuhalten, denn dafür steht ihm einfach zuwenig Blut zur Verfügung. Während des REM-Schlafs, wenn unser Hirn erwacht, strömt mehr Blut ins Gehirn und weniger in den Körper. Man schätzt, daß ungefähr ein Viertel des Blutes, das während des REM-Schlafs zirkuliert, durch das Gehirn fließt. Wahrscheinlich ist der vermehrte Blutfluß nötig, um die verstärkte Hirnaktivität während einer Traumphase zu begünstigen.

Die Hormonsekretion ist während des Schlafs ebenfalls aktiv. Auch Wachstumshormone werden dann ausgeschüttet. Tatsächlich findet beim Einsetzen des Delta-Schlafs der größte Ausstoß von Wachstumshormonen im gesamten 24-Stunden-Zyklus statt. Dieses Hormon wird nicht nur fürs Wachstum benötigt, sondern auch für die Reparatur von Zellgeweben.

Wie ist das mit sexuellen Reaktionen im Schlaf?

Zum Schlaf gehören sowohl für Männer wie für Frauen sexuelle Reaktionen. Männer haben, ohne es zu wissen, gewöhnlich während der REM-Schlafperioden (ungefähr alle 90 Minuten) eine Erektion. Dieser Erregungszustand scheint bei allen Männern aufzutreten: bei Knaben, bei Männern in mittleren Jahren, bei 70- und 80jährigen und sogar bei einigen Männern, die im Wachzustand impotent zu sein scheinen.
Die Erektionen scheinen in keinem Zusammenhang mit dem Inhalt der Träume zu stehen. Sie treten sogar dann auf, wenn es in diesen Träumen keine sexuelle Aktivität gibt. Gelegentlich schwindet eine Erektion während eines Traumes; es hat sich herausgestellt, daß dieser Schwund normalerweise mit Ängsten oder Kränkungen zusammenhängt, die im Traum erlebt werden.
Diese normale, mit dem REM-Schlaf im Zusammenhang stehende Erektion nutzen wir in den Schlaflabors, um festzustellen, ob männliche Impotenz psychogen oder organisch bedingt ist.
Wie gewöhnlich, wenn es um Sexualität geht, gibt es weniger Daten über Frauen. Einige Experimente zeigten jedoch, daß auch Frauen während des Schlafens Perioden der Erregung zu erleben scheinen. Untersuchungen bewiesen eine Erektion der Klitoris und einen Anstieg in der Blutversorgung des gesamten Vaginalbereichs während der gleichen REM-Intervalle in Lauf der Nacht.

Warum schlafen manche Menschen besser als andere?

Das Schlaf-Wach-System ist äußerst vielschichtig. Es handelt sich nämlich nicht nur um ein Zentrum oder einen Kern, sondern um eine ganze Gruppe kleiner Nervenzentren, die sich vom tiefsten Teil des Gehirns den Hirnstamm hinauf bis zum Vorhirn erstrecken. Es scheint übrigens zwei Systeme zu geben: eines, das das Wachsein fördert, und ein anderes, das den Schlaf fördert. Beide sind ständig aktiviert und interagieren. Ob wir schlafen oder nicht, hängt davon ab, welches von beiden zu einem bestimmten Zeitpunkt dominant ist. Muskelaktivität, Ängste, intensives Nachdenken, Geräusche, Licht oder andere Reize stärken das Wachsystem.

Normalerweise ist das Wachsystem das stärkere von den beiden. Dennoch nimmt seine Stärke auf natürliche Weise ab, sobald wir eine Weile — lassen Sie uns einmal von 16 Stunden ausgehen — wach gewesen sind oder wenn es uns an Stimulation fehlt. Das ist der Grund, aus dem wir dann die Stille des Schlafzimmers, die Dunkelheit hinter geschlossenen Augenlidern und eine weiche Unterlage suchen, auf die wir uns legen können. Falls Sie sich aber geistig noch mit irgendeinem Thema beschäftigen oder falls Ihr Körper Schmerzreize aussendet, bleibt das Wachsystem auf einem Hoch, weshalb das schwächere Schlafsystem nicht in der Lage ist, das Wachsystem auszuschalten.

Es ist nur natürlich, daß bei einem so komplexen System wie dem Schlaf-Wach-System nicht jedermann gleich ausgestattet ist — genauso wie manche Menschen größer und andere kleiner sind. Je schwächer Ihr Schlafsystem (oder je stärker Ihr Wachsystem) ist, desto sorgsamer sollten Sie auf Ihren Schlaf achten.

Häufig kann man starke und schwache Schlafsysteme innerhalb einer Familie zurückverfolgen. Manchmal erklären uns Patienten/Patientinnen, daß schon ihre Mütter oder Großmütter nicht schlafen konnten. Dennoch bedeutet die Tatsache, daß man Insomnie in einer ganzen Familie finden kann, nicht auch notwendigerweise, daß sie genetisch bedingt ist; es ist genausogut möglich, daß es in dieser Familie möglicherweise Menschen gibt, die sich chronisch Sorgen machen und ständig laut die Schlafgewohnheiten jedes einzelnen Familienmitglieds beklagen. Was dieses wiederum veranlaßt, ebenfalls über ein eventuelles Schlafdefizit nachzugrübeln.

Wie ist das mit der Traumzeit?

Langschläfer bekommen viel mehr REM-Schlaf als Kurzschläfer. Für Menschen, die besonders wenig schlafen, ist es typisch, daß sie eine lange Delta-Schlaf-Phase, dann eine REM-Periode von fünf Minuten, noch mehr Delta-Schlaf, dann wieder eine REM-Phase von zehn Minuten haben — und das ist auch der gesamte REM-Schlaf, den sie während einer ganzen Nacht bekommen. Der Langschläfer dagegen hat fünf bis sieben REM-Traum-Perioden, das heißt, im Lauf der Nacht alle 90 Minuten eine. Gegen Morgen werden diese Perioden sehr viel länger: Ein Traum kann bis zu einer Stunde dauern. Also kommt ein Langschläfer auf bis zu zwei, drei Stunden REM-Schlaf pro Nacht. Ein Kurzschläfer dagegen bringt es möglicherweise nur auf 15 Minuten. Das scheint ihm jedoch nicht zu schaden.

Bei einigen der frühen Forschungsvorhaben zum Thema Schlaf und Träume beobachteten die Forscher das EEG, um festzustellen, wann die Schläfer zu träumen begannen. Dann weckten sie die Testpersonen gleich zu Beginn jedes Traumes und verhinderten ihn so. Nach vier oder fünf Nächten des Traumentzugs schienen die Freiwilligen ängstlich, gereizt und nicht mehr in der Lage, sich zu konzentrieren.

Angesichts dieser frühen Studien ging man davon aus, daß Traumentzug die Menschen psychotisch machen könne. Obwohl sich dies nicht bestätigt hat, hat sich doch gezeigt, daß Menschen, denen man während einer Reihe von Nächten den REM-Schlaf vorenthält, aufgeregter und weniger kontrolliert reagieren (offensichtlich sind sie ihren Urtrieben stärker ausgeliefert, essen beispielsweise unkontrollierter). Das kann auch bei Tieren nachgewiesen werden. Katzen, denen man den REM-Schlaf vorenthält, laufen mehr und unruhiger umher und essen mehr; nach REM-Entzug wird ein Kater fast alles bespringen, was weiblich aussieht — sogar einen Holzklotz.

Wenn die Traumzeit stark reduziert wird, beginnt der Traumschlaf in den darauffolgenden Nächten früher und dauert länger. Der REM-Schlaf beansprucht dann einen größeren Prozentsatz der Gesamtschlafzeit als normalerweise. Die Träume sind in einem solchen Fall ebenfalls intensiver und manchmal äußerst seltsam und bizarr. Offensichtlich holt man sich da verlorene Traumzeit zurück.

Tatsächlich steigt die REM-Schlaf-Menge in Nächten, nach denen uns REM-Traumzeit vorenthalten wurde, nicht nur, sondern manche Menschen beginnen — wie sich gezeigt hat — sogar im Non-REM-Stadium zu träumen, wenn sie unter einem Entzug von REM-Schlaf gelitten haben.

Was passiert, wenn man nicht genügend Schlaf bekommt?

Den Nachtschlaf einmal zu versäumen, ist für Ihren Körper nicht allzu schlimm. Falls Sie am darauf folgenden Tag eine Rede halten müssen, den ersten Arbeitstag in einem neuen Job haben, ein Flugzeug erreichen müssen oder in Urlaub fahren, ist es nur natürlich, wenn Sie in der Nacht vorher Schwierigkeiten hatten, einzuschlafen. Die (freudige) Erregung ob der bevorstehenden Aktivitäten wirkt den Auswirkungen des Schlafverlustes fast immer entgegen.
Die hauptsächliche Auswirkung einer Nacht, in der man schlecht geschlafen hat — oder selbst die von zwei oder drei Nächten hintereinander —, ist lediglich die, daß man sich sehr müde und schläfrig fühlt. Außerdem verliert man die Motivation, zu arbeiten oder sonst irgend etwas zu tun. Man möchte einfach nur noch schlafen. Es ist dann schwierig, sich auf seine Aufgaben zu konzentrieren, besonders, wenn sie langweilig sind. Auch unsere Reaktionszeiten sind bei solchen Gelegenheiten irgendwie verlangsamt. Etwas Monotones zu tun — wie beispielsweise Auto fahren — kann dann riskant sein. Es gibt also tatsächlich einige Auswirkungen, doch die sind gewöhnlich nicht kritisch.
Bei den meisten Jobs wird die Leistung nicht beeinträchtigt, wenn man eine Nacht nicht geschlafen hat. Trotzdem kann es schwieriger sein, wichtige Entscheidungen zu treffen oder kreativ zu denken. Ist ein Job allerdings besonders langweilig, gibt es sehr wohl einen Leistungsabfall. Und zwar selbst dann, wenn man in der vorangegangenen Nacht nur zwei Stunden weniger geschlafen hat als üblich. Dr. R. Wilkinson aus Cambridge, Großbritannien, bewies das durch eine Studie, die er mit Rekruten durchführte. Er ließ sie ausgesprochen

langweilige Arbeiten verrichten — beispielsweise in einer Reihe von Wörtern den Buchstaben A ausstreichen —, und das viele Stunden lang an einem Tag, dem eine Nacht vorausgegangen war, in der man sie unterschiedlicher Mengen an Schlaf beraubt hatte. Sogar der Verlust von nur zwei Stunden Schlaf zeigte da Wirkung. Die meisten unserer Aufgaben im Job sind jedoch nicht so langweilig. Und besonders in einer Notsituation läßt das Adrenalin uns am nächsten Tag dennoch effizient arbeiten, macht den verlorenen Schlaf wett.

Wenn Sie nach einem Schlafentzug allerdings gezwungen sind, beispielsweise ein Auto zu chauffieren, befinden Sie sich in weit größerer Gefahr als gewöhnlich, weil Sie nicht so aufmerksam und in Ihrem Urteil nicht so treffsicher sind wie üblich. Da kann es durchaus passieren, daß Sie am Steuer einnicken.

Wenn Sie eine ganze Nacht schlaflos verbringen — wegen eines Notfalls beispielsweise —, fühlen Sie sich möglicherweise um den »Tiefpunkt« des 24-Stunden-Zyklus — gegen vier oder fünf Uhr morgens — am schläfrigsten. Wenn Sie dann weitermachen und wach bleiben, bekommen Sie gewöhnlich gegen acht, neun oder zehn Uhr am Vormittag einen zweiten »Anfall«, funktionieren aber für den Rest des Tages relativ gut.

Auf einer chronischen Basis Schlaf zu versäumen ist jedoch etwas ganz anderes. Nach etlichen Nächten ohne Schlaf sinkt die Leistung. Man hat größere Schwierigkeiten, sich zu konzentrieren, und auch das Gedächtnis spielt einem dann leichter einen Streich.

1959 blieb ein Disc-Jockey namens Peter Stripp 200 Stunden wach. Er wollte für einen guten Zweck Geld sammeln. Nach ungefähr fünf schlaflosen Tagen begann er, Halluzinationen zu haben. Er glaubte, der Tweedanzug eines Besuchers bestünde aus Würmern und aus einer Schublade schlügen ihm Flammen entgegen. Tagsüber gelang es ihm, sein Rundfunkprogramm zu moderieren, nachts jedoch fühlte er sich gefährdet. Nach 200 schlaflosen Stunden schlief er 13 Stunden und schien danach im Grunde wieder ganz der alte zu sein. Er berichtete jedoch, daß er noch Monate danach unter leichten Depressionen gelitten habe.

1964 versuchte Randy Gardner, ein 17jähriger Schüler, einen neuen Rekord aufzustellen. Er wollte 260 Stunden lang wach bleiben. Das sollte sein Beitrag zu einem örtlichen Wissenschaftswettbewerb sein. Ungefähr nach dem vierten Tag war er zwar sehr gereizt, verfügte aber dennoch nach wie vor über eine Reihe von Talenten — nach 230 Stunden ohne Schlaf war er immer noch in der Lage, sich am Flipper gegen Dr. William C. Dement zu behaupten, den Direktor des Zentrums für Schlafstörungen an der Stanford Universität.

Bei verschiedenen Experimenten im Labor ging es um Schlafentzug über einen längeren Zeitraum. Man stellte fest, daß sich zunächst die Laune der Testperson verschlechtert — alle Lebensfreude scheint verflogen —; diese Menschen machen einen sehr schläfrigen und grimmigen Eindruck. Nach etwa zwei oder drei Tagen fangen die meisten dieser Menschen an, zwischendurch hin und wieder ein Minischläfchen einzulegen. Das heißt, sie sind fünf oder zehn Sekunden lang unaufmerksam. Das Gehirn schläft für diese Zeit quasi ein, wacht aber sofort wieder auf. Nach zirka fünf Tagen werden diese Minischläfchen länger und treten öfter auf. Nach zehn oder elf Tagen häufen sich die Minischläfchen und sind derart mit Wachsein durchsetzt, daß man kaum noch sagen kann, ob man wach ist oder schläft. Man kann reden, wird aber mitten im Gespräch quasi von zwei oder drei langsamen Schlafwellen überrollt. Man kann laufen, wird aber von einem Schritt zum nächsten von einer »Schlafsekunde« erwischt.

Wenn man diesen Menschen eine Aufgabe überträgt — wie zum Beispiel die, eine Zahlenreihe zu addieren —, können diese Minischläfchen auftreten, ohne daß sie den Betroffenen oder anderen bewußt werden. Wird ihnen jedoch eine Aufgabe gestellt, die sie in einer bestimmten Zeit erledigen müssen — wenn zum Beispiel jemand Zahlen aufruft, die addiert werden sollen —, machen sie möglicherweise viele Fehler, weil sie während der paar Sekunden des Minischlafs die Zahlen gar nicht hören können.

Viele Erwachsene bekommen kaum optimalen Schlaf. Und manche leiden unter einem beträchtlichen Schlafdefizit. Wie Spieler, die geborgtes Geld einsetzen, leben sie in den roten Zahlen, was den Schlaf angeht. Häufig vernachlässigen sie ihre Pflichten im Job und nehmen manchmal Tabletten, um für einen gewissen Zeitraum über Energie zu verfügen. Die meisten Angestellten, sogar die in lebensentscheidenden Jobs, sind gezwungen, durchzuhalten — egal, wie übermüdet sie auch immer sind. Was aber passiert, wenn ein Mensch, der zuwenig Schlaf hatte, für die Sicherheit eines Flugzeugs verantwortlich ist? Was, wenn er einen Sattelschlepper über eine überfüllte Auto-

bahn fahren muß? Was, wenn er eine militärische Entscheidung treffen muß, die über Krieg oder Frieden bestimmt?
Kleinere Schlafverluste, Tag für Tag angesammelt, summieren sich. Schon bald führt der chronische Schlafverlust zu Flüchtigkeitsfehlern, zu einer gewissen Unfähigkeit, prompt zu reagieren. Bald verlangsamt sich die Denkfähigkeit, wird das Gedächtnis beeinträchtigt, kommt es zu Launenhaftigkeit und Gereiztheit. Die geistigen Fähigkeiten und die Urteilsfähigkeit lassen nach. Das Resultat ist ernst genug, um diesen Menschen gefährlich zu werden — und der Gesellschaft auch; besonders wenn es um wichtige Entscheidungen geht, um Fahrzeuge, die bewegt, oder um komplizierte Maschinen, die bedient werden müssen. In den Schlafzentren treffen wir häufig auf Menschen, die glauben, unter einer ernsten seelischen oder körperlichen Krankheit zu leiden, obwohl sie sich einfach nur selbst zuwenig Schlaf zubilligen.
Manchmal ist es unbedingt nötig, auf Schlaf zu verzichten — um beispielsweise eine Aufgabe zu vollenden, die erledigt werden muß. Das sollten Sie jedoch niemals zu einem Dauerzustand werden lassen. Zumindest müssen Sie sich die Gelegenheit geben, den verlorenen Schlaf nachzuholen.
Sie müssen übrigens nicht den gesamten Schlaf nachholen, den Sie versäumt haben. Falls Sie zehn Tage lang überhaupt nicht geschlafen haben, reicht es vermutlich, wenn Sie drei Tage lang je 14 bis 18 Stunden schlafen. Danach können Sie wieder zum Normalzustand zurückkehren.

2

Unter welcher Art von Insomnie leiden Sie?

Einige Menschen können nicht einschlafen, andere nicht durchschlafen. Es kann sogar zu Problemen kommen, wenn der Schlaf nur ständig unterbrochen wird — kurze Wachperioden, derer man sich nicht einmal bewußt ist, können dem Schlaf viel von dem Erholungseffekt rauben, den er gewöhnlich hat.

Von der Autorin Jacqueline Susann sagt man, sie sei ein Beispiel für den Insomnie-Typus gewesen, der nicht in der Lage ist, einzuschlafen. Sie verbrachte viele schlaflose Nächte am Telefon und sprach mit Freunden, die ebenfalls unter Schlaflosigkeit litten. Benjamin Franklin dagegen war ein Beispiel für den Schlaflosen, der mitten in der Nacht aufwacht. Er hielt das zerwühlte Bett für sein Problem, weshalb er ein zweites kaufte und jedesmal, wenn er mitten in der Nacht aufwachte, einfach in das andere, frisch bezogene Bett kroch, um weiterschlafen zu können.

Zu den berühmten Menschen, die unter Insomnie litten, gehörten auch Napoleon Bonaparte, Irving Berlin, Winston Churchill, Charles Dickens, James Thurber, Cary Grant, Dorothy Kilgallen, Oscar Levant und Marilyn Monroe. Sie müssen also nicht das Gefühl haben, ein Einzelfall zu sein.

Die verschiedenen Arten der Insomnie

Um selbst festzustellen, unter welcher Art von Insomnie Sie leiden, müssen Sie zunächst wissen, welche Arten von Schlaflosigkeit es überhaupt gibt. Unterschiedliche Wissenschaftlergruppen klassifizieren Insomnie auf unterschiedliche Art und Weise. Ein System teilt Insomnie-Patienten in Menschen ein, die (1) nicht einschlafen können, wenn sie zu Bett gehen, und in Menschen, die (2) leicht einschlafen, aber nicht durchschlafen können.
Ein zweites System basiert auf der Dauer der Schlaflosigkeit. Es klassifiziert Insomnie als *vorübergehende Insomnie*, wenn sie nur eine bis drei Nächte dauert, und als *Kurzzeit-Insomnie*, wenn sie von drei Tagen bis zu drei Wochen dauert und dann verschwindet. *Chronische Insomnie* hält länger als drei Wochen an.
Ein Klassifizierungssystem, das an manchen Zentren für Schlafstörungen angewandt wird, teilt die Ursachen für Insomnie in vier Hauptkategorien ein:

- Insomnie-Patienten mit psychischen Problemen
- Insomnie-Patienten mit organischen Problemen
- Insomnie, die auf den Lebensstil zurückzuführen ist
- Insomnie, verursacht durch schlechte Schlafgewohnheiten

Wie Sie sich über die Art Ihrer Insomnie klarwerden können

Wenn Sie sich die ganze Nacht ruhelos herumwerfen, nicht den Schlaf bekommen, den Sie sich wünschen, wie sollen Sie da die speziellen Umstände herausfinden, die zu Ihrer besonderen Art von Schlaflosigkeit führen?
Wenn Sie an unserem Programm teilnehmen würden, würde das erste Diagnose-Gespräch etwa vierzig bis neunzig Minuten dauern. Der Fragenkatalog für dieses Gespräch wurde eigens ausgearbeitet, um

festzustellen, welches Problem Sie haben und unter welcher Art von Insomnie Sie leiden.
Wir werden Ihnen hier die Möglichkeit geben, sich zu Hause einer Prozedur zu unterziehen, die der Methode entspricht, die wir in den Schlafzentren anwenden. Zuerst müssen Sie die Fragen zur Analyse Ihrer Schlafgeschichte und die der anderen Fragebogen in diesem Kapitel beantworten. Die Fragen und die Antworten darauf werden Ihnen Hinweise darauf geben, worauf Sie achten müssen, um herausfinden zu können, was tatsächlich die Ursache dafür ist, daß Sie so schlecht schlafen. Und diese Hinweise werden Ihnen helfen, die Richtlinien auszuwählen, auf die Sie sich konzentrieren müssen, um die verschiedenen Schritte des Programms zu Ihrem Nutzen zu befolgen.
Möglicherweise möchten Sie die Fragen und Ihre Antworten darauf in einem Notizbuch festhalten und zusammen mit dem Schlafprotokoll aufbewahren, das zu führen Sie noch lernen werden. Falls Sie weitere Hilfe brauchen und einen Arzt oder ein Schlafzentrum aufsuchen, werden die Antworten auf diese Fragen auch da eine große Hilfe sein.
Seien Sie bei der Analyse vorurteilslos, was die verschiedenen Möglichkeiten angeht. Denn es ist von äußerster Wichtigkeit für den Erfolg des Programms, daß Sie die wirkliche Ursache Ihres Problems aufspüren.

Analyse der Schlaf-(Kranken-)Geschichte

Schauen Sie nun Seite 54/55 an und beantworten Sie die Fragen zur Schlaf-(Kranken-)Geschichte. Bei den ersten sieben Fragen geht es darum, die Schlafmenge festzuhalten, die Sie derzeit bekommen. Halten Sie die Antworten zur weiteren Verwendung bereit, damit Sie später feststellen können, welche Verbesserungen Sie durch die Anwendung des Programms erzielt haben.
Eine nähere Betrachtung dieser Fragen kann Ihnen ein Gefühl dafür vermitteln, was möglicherweise die Ursache Ihrer Schlaflosigkeit ist, und Ihnen auch Hinweise darauf geben, auf welchen Teil unseres Pro-

Analyse der Schlaf-(Kranken-)Geschichte

1. Um wieviel Uhr gehen Sie an Wochentagen gewöhnlich zu Bett, und wann stehen Sie auf?
2. Um wieviel Uhr gehen Sie an Wochenenden gewöhnlich zu Bett, und wann stehen Sie auf?
3. Halten Sie sich an einen ziemlich regelmäßigen Zeitplan, was das Schlafen angeht?
4. Wann würden Sie zu Bett gehen und wann aufstehen, wenn Sie es selbst bestimmen könnten?
5. Wie lange dauert es gewöhnlich, bis Sie schlafen? Haben Sie Schwierigkeiten, einzuschlafen?
6. Wie oft wachen Sie nachts auf? Fällt es Ihnen dann gewöhnlich schwer, wieder einzuschlafen?
7. Wie viele Stunden schlafen Sie im Durchschnitt?
8. Fühlen Sie sich tagsüber häufig erschöpft, weil Sie nachts zuwenig geschlafen haben? Behindert die extreme Schläfrigkeit Sie bei der Arbeit oder stört sie Ihr gesellschaftliches Leben?
9. Hatten Sie je einen Unfall oder Beinahe-Unfall, weil Sie todmüde waren, nachdem Sie in der vorausgegangenen Nacht nicht hatten schlafen können?
10. Halten Sie gewöhnlich tagsüber ein Nickerchen? Wie lange im Durchschnitt?
11. Arbeiten Sie im Schichtbetrieb?
12. Wachen Sie häufig früher auf, als Sie wollen, und sind dann nicht in der Lage, wieder einzuschlafen?
13. Wann begannen Ihre Schlafschwierigkeiten? Wie verlief Ihr Leben zu diesem Zeitpunkt oder ein paar Monate früher?
14. Sind Ihre Decken und Kissen extrem zerwühlt, wenn Sie morgens aufwachen?
15. Wachen Sie nachts öfter davon auf, daß Sie heftig um sich getreten haben? Hat Ihr Bettpartner/Ihre Bettpartnerin sich häufiger darüber beklagt?
16. Hat Ihr Bettpartner/Ihre Bettpartnerin sich je beklagt, daß Sie heftig schnarchen, daß Ihre Atmung hin und wieder für

mehr als zehn Sekunden aussetzt oder daß Sie ernsthafte Atembeschwerden zu haben scheinen?

17. Haben Sie gegenwärtig Alpträume, oder leiden Sie unter nächtlichen Schlafängsten?
18. Knirschen Sie nachts mit den Zähnen oder beißen Sie sie zusammen?
19. Haben Sie als Erwachsener oft ins Bett gemacht?
20. Sind Sie als Erwachsener öfter geschlafwandelt?

gramms Sie sich konzentrieren sollten. Die Fragen 1 bis 4 sind beispielsweise wichtig für die Bewertung der Regelmäßigkeit Ihres Schlaf-Wach-Verhaltens. Bei den meisten Menschen variieren die Schlaf- und Aufwachzeiten nämlich von Tag zu Tag um kaum mehr als eine Stunde. Falls es bei Ihnen größere Schwankungen gibt, könnte das durchaus Teil Ihres Problems sein. Und Sie könnten in den Sektionen des Programms, die sich damit beschäftigen, lernen, wie man einen regelmäßigen Schlafplan aufstellt und einhält.

Falls die Nächte unter der Woche sich stark von denen am Wochenende unterschieden, ist es möglich, daß Sie sich unter der Woche um Schlaf bringen. Können Sie sich mehr Zeit zum Schlafen nehmen? Manche Menschen bleiben am Wochenende noch stundenlang im Bett, obwohl sie längst ausgeschlafen sind. Für Leute mit Schlafproblemen ist das nicht empfehlenswert, weil sie damit ihren Schlaf-Wach-Rhythmus durcheinanderbringen.

Frage 5: Falls Sie ständig länger als eine Stunde brauchen, um einschlafen zu können, ist es möglich, daß Sie unter übermäßiger Anspannung stehen. Lesen Sie die Kapitel über Entspannungstechniken (Kapitel 7) und über Streß-Management (Kapitel 8) besonders sorgfältig. Es ist jedoch auch möglich, daß Ihr interner Schlaf-Wach-Rhythmus sich verschoben hat. In diesem Fall sollten Sie sich mit dem Kapitel beschäftigen, in dem erklärt wird, wie man seine Schlafuhr zurückstellt (Kapitel 11).

Frage 6: Fast alle »guten« Schläfer wachen jede Nacht fünf- bis fünfzehnmal auf, schlafen aber innerhalb weniger Sekunden wieder ein und vergessen möglicherweise völlig, daß sie überhaupt wach waren. Das Problem ist nicht das Wachwerden, sondern das, was danach geschieht. Falls Sie nicht sofort wieder einschlafen, sollten Sie darauf achten, welche Gedanken Ihnen dann durch den Kopf gehen. Sie könnten Ihnen einen Hinweis auf Ihr Problem geben.

Frage 7: Manche Menschen brauchen mehr Schlaf, andere weniger. Diese Frage ist eigenartigerweise nur relevant, wenn Sie tagsüber müde sind (siehe Fragen 8 und 9).

Die Fragen 8 und 9 entscheiden über die Beantwortung der großen Frage: Leiden Sie wirklich unter Insomnie? Nicht jeder/jede, der/die glaubt, unter Schlaflosigkeit zu leiden, tut es wirklich. Nicht viel zu schlafen, wird nicht als Insomnie betrachtet, es sei denn, der Schlafmangel beeinträchtigt Ihre Funktionsfähigkeit am Tage oder das körperliche oder geistige Wohlbefinden. Wie Sie bereits in Kapitel 1 gelesen haben, sind manche Menschen einfach nur Kurzschläfer. Sie haben das Glück, weniger Schlaf zu brauchen als die meisten Menschen, schlafen manchmal nur drei bis fünf Stunden pro Nacht. Da alle anderen mehr Schlaf zu brauchen scheinen, fangen sie jedoch an, sich Sorgen zu machen und zu denken, mit ihnen stimme etwas nicht — weil sie nicht sehr lange schlafen, müßten sie zwangsläufig unter Insomnie leiden. Wenn Sie aber tagsüber munter und voller Energie sind, sollten Sie sich keine Sorgen machen, wenn Sie weniger schlafen als andere Familienmitglieder — es ist okay. Tatsächlich ist das geringe Schlafbedürfnis fabelhaft, verschafft es Ihnen doch jede Menge Extrazeit, Dinge zu tun, die Sie tun wollen.

Sie sollten jedoch nicht versuchen, ein Kurzschläfer zu werden, wenn Sie's von Natur aus NICHT sind. Sie könnten sich nämlich erheblich schaden, wenn Sie zuwenig schlafen, nur um einen Job zu erledigen, oder wenn Sie lediglich beweisen wollen, daß Sie eine Superfrau/ein Supermann sind.

Außerdem gibt es Menschen, die die Zeit, die sie zum Einschlafen brauchen, überschätzen oder nicht einschätzen können, wie oft sie nachts aufwachen. Manche träumen sogar, sie seien wach, und stellen sich nur vor, sie hätten nicht geschlafen. Einigen, die glaubten, sie schliefen nur drei bis vier Stunden pro Nacht, wurde im Labor nachgewiesen, daß sie in Wirklichkeit sechs, sieben oder gar acht Stunden geschlafen hatten.

Falls Sie nicht sicher sind, ob Sie wirklich Insomnie haben oder nicht, sollten Sie sich auf die Fragen 8 und 9 besonders konzentrieren. Fragen Sie sich in erster Linie: Bin ich tagsüber häufig erschöpft und hindert mich das, richtig zu funktionieren? Und schlafe ich möglicherweise sogar dann ein, wenn ich es nicht will? Falls Sie diese Fragen bejahen, leiden Sie vermutlich wirklich unter Insomnie. Falls Sie jedoch tagsüber munter und in relativ guter Stimmung sind, können Sie davon ausgehen, daß Sie nachts wahrscheinlich genügend Schlaf bekommen, selbst wenn es lediglich vier oder sogar nur zwei Stunden sein sollten.

Um zu entscheiden, ob Sie genug Schlaf bekommen, sollten Sie sich einige weitere Fragen stellen: Fällt es Ihnen morgens sehr schwer, aufzustehen? Brauchen Sie einen Wecker, um wach zu werden? Schlafen Sie vor dem Fernseher, beim Lesen oder in einem Konzert ein? Schlafen Sie an den Wochenenden sehr viel länger als sonst? Beantworten Sie mehr als zwei dieser Fragen mit »Ja«, könnte das ein Hinweis darauf sein, daß Sie vermutlich nicht genug schlafen.

Andererseits: Liegen Sie noch lange wach im Bett, nachdem Sie das Licht gelöscht haben, und fragen sich, wann Sie denn endlich einschlafen? Oder wachen Sie schon Stunden vor dem Zeitpunkt auf, zu dem Sie eigentlich aufstehen wollen? In diesem Fall ist es möglich, daß Sie mehr Bettruhe bekommen, als Sie nötig haben — das ist eigenartigerweise einer der Hauptgründe für Insomnie.

Vielleicht möchten Sie ja mit einem Experiment herausfinden, wieviel Schlaf Sie wirklich brauchen. Stellen Sie fest, wieviel Schlaf Sie jetzt bekommen. Falls Sie tagsüber nicht schläfrig sind und sich gut fühlen, sollten Sie versuchen, eine Stunde weniger zu schlafen. Bleiben Sie ein oder zwei Wochen lang bei diesem neuen Schlafmuster und sehen Sie, wie Sie sich dann fühlen. Falls Sie tagsüber schläfrig sind, reicht die neue Schlafform für Sie nicht aus, weshalb Sie zu der bisherigen zurückkehren sollten.

Falls Sie derzeit dagegen hin und wieder während langweiliger Reden, vor dem Fernseher oder sogar am Autosteuer einschlafen, könnten Sie versuchen, eine Woche lang etwa eine Stunde länger im Bett zu bleiben, um festzustellen, ob das Ihre Schläfrigkeit mindert.

(Falls sich die Tagesschläfrigkeit auch dann nicht bessert, wenn Sie wesentlich mehr schlafen als üblich, gibt es möglicherweise ein Problem, das Sie bis in Ihren Nachtschlaf verfolgt, ein Problem, dessen Sie sich wahrscheinlich nicht einmal bewußt sind. Einige dieser Problemkreise werden wir in späteren Kapiteln ansprechen.)

Bleiben Sie dabei, die Zeit, die Sie im Bett verbringen, immer wieder nach oben oder nach unten zu verändern, probieren Sie das neue Schema aber jeweils eine ganze Woche lang aus, da Ihr Körper eine Weile braucht, um sich daran zu gewöhnen.
Lernen Sie Ihren Körper kennen, und stellen Sie Ihr eigenes Schlafbedürfnis fest. Zerbrechen Sie sich nicht den Kopf darüber, wieviel Schlaf Sie bekommen »sollten«, sondern denken Sie lieber darüber nach, ob Sie genug bekommen, so daß Sie nicht mehr müde sind. Suchen Sie das Schema, das Ihnen physisch und emotional zusagt, und bleiben Sie dann dabei.
Frage 10: Nickerchen sind umstritten. Bei einigen Menschen beeinträchtigen sie den Nachtschlaf, bei anderen nicht. Lassen Sie den »Mittagsschlaf« für eine Woche weg, um feststellen zu können, ob Sie dadurch nachts besser schlafen können.
Frage 11: Schichtarbeit ist für alle die, die schlecht schlafen, eine schwierige Angelegenheit. In dem Kapitel über Schichtarbeit und Jetlag (Kapitel 12) finden Sie viele nützliche Hinweise zu diesem Thema.
Falls Sie Frage 12 bejaht haben, könnte das bedeuten, daß Sie ein Kurzschläfer sind oder zu früh zu Bett gehen. Ihr frühes Erwachen könnte aber auch eine Folgeerscheinung von Depressionen sein. Ob Sie ein Kurzschläfer sind, können Sie herausfinden, indem Sie ein paar Wochen lang abends ein, zwei Stunden später zu Bett gehen. Auf diese Art können Sie feststellen, ob Sie nun zu einer vernünftigeren Zeit aufwachen. Falls das frühmorgendliche Aufwachen eine Folge von Depressionen ist, hilft der nächste Fragebogen (Seite 60) Ihnen vielleicht, diese Frage zu beantworten.
Frage 13: Der Beginn eines Schlafproblems ist häufig mit einem wichtigen Ereignis im Leben des/der Betroffenen verbunden. Selbst wenn dieses Erlebnis, diese Erfahrung positiv war, kann es/sie mit dem Schlafproblem zusammenhängen. Wenn Sie beispielsweise befördert worden sind und nun mehr Verantwortung tragen, hat Sie das möglicherweise gefreut, kann Sie aber genausogut auch unter mehr Streß gesetzt haben.
Wenn Sie die Fragen 14 und 15 bejaht haben, könnten Sie unter etwas leiden, das Schlafspezialisten »periodisches Gliederzucken« nennen. Das ist ein Leiden, das den Schlaf mancher Menschen häufig stört. Falls Sie Frage 16 mit einem Ja beantwortet haben, könnten Sie unter Schlafapnoe leiden. In den Kapiteln über die organischen Ursachen

(Kapitel 13) und weitere Schlafstörungen (Kapitel 15) werden wir Ihnen diese wichtigen Probleme näher erläutern.
Wenn Sie von den Fragen 17 bis 20 auch nur eine bejaht haben, leiden Sie unter einer der Konditionierungen, die Schlafexperten Parasomnien nennen. Die beeinträchtigen Ihren Schlaf. Doch auch für all diese Probleme gibt es Lösungsmöglichkeiten. Wir werden sie in Kapitel 15 behandeln.

Psychologische Tests

Den Statistiken und unseren eigenen Erfahrungen zufolge wird zumindest die Hälfte aller Insomnien von psychischen Problemen wie Depressionen, Ängsten, Eheproblemen oder Streß im Job verursacht. (Wenn wir von einem psychischen Problem sprechen, bedeutet das nicht, daß Sie verrückt oder psychotisch sind, denn das kommt bei Insomnie-Patienten äußerst selten vor.)
Wir haben allerdings herausgefunden, daß der/die an Insomnie Leidende meist der/die allerletzte ist, der/die weiß, daß sein/ihr Schlafproblem psychischen Ursprungs ist. Wie die meisten Menschen wollen auch Insomnie-Patienten nicht wahrhaben, daß sie ein emotionales oder psychisches Problem haben könnten. Bedenken Sie deshalb, daß eine Wahrscheinlichkeit von wenigstens 50 zu 50 besteht, daß Sie in diese Kategorie gehören, auch wenn Sie selbst Ihr Problem nicht für ein psychisches halten. In der Klinik haben wir häufig festgestellt, daß alle aus dem Umfeld des Insomnie-Patienten/der Insomnie-Patientin wußten, daß er/sie die Hilfe eines Psychologen brauchte, obwohl der/die Betroffene selbst keine Ahnung hatte.
Die Art der Insomnie, unter der Sie leiden, ist häufig mit einer bestimmten psychologischen Problematik verknüpft. Menschen, die deprimiert sind, wachen beispielsweise gewöhnlich zu früh auf, wogegen die, die beim Einschlafen Schwierigkeiten haben, oft unter Ängsten leiden.
Die Fragebogen zu den Depressionen und Ängsten geben Ihnen möglicherweise einen Hinweis darauf, daß Sie ein psychologisches Problem haben, selbst wenn Sie das selbst für unwahrscheinlich halten sollten. In diesen Fällen kann es sinnvoll sein, sich professioneller Hilfe zu versichern, um der Sache auf den Grund zu gehen und dann

Depressions-Fragebogen

1. Sind Sie häufig melancholisch oder traurig und schaffen Sie es nicht, »sich da selber rauszuziehen«?
2. Sind Sie pessimistisch oder mutlos, was die Zukunft angeht, haben Sie — möglicherweise realistisch — das Gefühl, daß die Zukunft nichts Gutes für Sie bereithält und sich die Dinge auch nicht mehr bessern werden?
3. Haben Sie das Gefühl, als Mensch eine Enttäuschung zu sein (als Vater oder Mutter, als Ehemann oder Ehefrau, als Kind)? Sind Sie von sich selbst enttäuscht?
4. Glauben Sie, daß Sie derzeit überwiegend unzufrieden und gelangweilt sind und daß das, woraus Sie bislang Ihre Befriedigung zogen, Sie einfach nicht mehr zufriedenstellen kann?
5. Haben Sie die meiste Zeit das Gefühl, schlecht oder wertlos zu sein?
6. Schieben Sie sich selbst für die meisten Dinge die Schuld zu, die schiefgelaufen sind — möglicherweise sogar zu Recht?
7. Haben Sie schon einmal daran gedacht, sich etwas anzutun, oder meinen Sie ohnehin, es wäre besser, Sie wären tot?
8. Weinen Sie viel?
9. Ärgern Sie sich öfter oder reagieren Sie gereizter als früher?
10. Haben Sie das Interesse an anderen zum größten Teil verloren, haben Sie kaum noch Gefühle für sie?
11. Bereitet es Ihnen heute größere Schwierigkeiten als früher, Entscheidungen allein zu treffen?
12. Legen Sie keinen Wert mehr auf Ihr Äußeres?
13. Beeinträchtigen Mißstimmung und Desinteresse Ihre Arbeit?
14. Wachen Sie neuerdings ein oder zwei Stunden früher auf als üblich, und fällt es Ihnen dann schwer, wieder einzuschlafen?
15. Sind Sie auch dann müde, wenn es eigentlich keinen Grund dafür gibt?
16. Haben Sie kaum Appetit? Oder essen Sie übermäßig viel?
17. Haben Sie das Interesse an Sex verloren?
18. Fühlen Sie sich morgens schlecht und abends besser?
19. Fällt es Ihnen heute schwerer, Dinge zu tun, die Ihnen früher leichtfielen — wie beispielsweise die Hausarbeit zu machen oder die Ansprüche zu erfüllen, die Ihr Job an Sie stellt?
20. Ist irgendwann einmal jemand aus Ihrem engeren Verwandtenkreis wegen Depressionen in ein Krankenhaus eingewiesen worden?

eine Therapie zu machen. Sprechen Sie über Ihre Situation. Fragen Sie den Therapeuten, ob er Ihr Schlafproblem für ein psychologisches hält. Versuchen Sie vorurteilsfrei und aufgeschlossen zu sein. Wenn Ihnen einleuchtet, was der Fachmann Ihnen zu sagen hat, lassen Sie ihn einen Plan für Ihre Behandlung ausarbeiten, und geben Sie der Behandlung eine faire Chance auf Erfolg.

Depressions-Test

Zuerst wollen wir uns mit der schwierigsten Frage auseinandersetzen: Sind Sie deprimiert?
Unterziehen Sie sich dem Depressions-Fragebogen auf Seite 60. Die Fragen kreisen um die Charakteristika, die Menschen aufweisen, die unter Depressionen leiden. Falls Sie mehr als vier Fragen bejaht haben, sollten Sie die Möglichkeit in Betracht ziehen, daß Sie tatsächlich unter Depressionen leiden. Sechs oder mehr »Jas« machen es dringend erforderlich, fachliche Hilfe zu suchen. Wird die Depression behandelt, wird häufig auch das Insomnie-Problem gelöst.
Wenn sie diese Fragen beantworten, geben manche der Insomnie-Patienten zwar bereitwillig zu, deprimiert zu sein, behaupten jedoch, das läge einzig und allein an ihrer Insomnie: »Wenn ich besser schlafen würde, wäre ich nicht deprimiert.« Es stimmt, es ist häufig tatsächlich ein Teufelskreis. Schlechter Schlaf führt zu einer Verschlechterung der Stimmung, was dann wiederum zu noch schlechterem Schlaf und damit zu einer weiteren Verschlimmerung der Depression führt. Doch was auch immer die zugrunde liegenden Ursachen sein mögen: Eine Depression muß behandelt werden, entweder durch eine Therapie oder durch Antidepressiva.
Manchmal sind die Depressionen gut verborgen. Es gibt eine klinische Situation, die man *lächelnde Depression* nennt. Das heißt, der Patient verleugnet die Depression — indem er viel lacht und lächelt. Die Insomnie ist in diesem Fall der einzige Hinweis darauf, daß etwas nicht in Ordnung ist.
Ein typisches Fallbeispiel dafür lieferte uns Ida Simpson, eine 48jährige Patientin. Sie ist mit einem Geschäftsmann verheiratet und wurde wegen einer ernsten und chronischen Insomnie (sie dauerte 18 Monate an) in unser Zentrum für Schlafstörungen eingewiesen. Ver-

suche mit verschiedenen Schlaftabletten waren erfolglos geblieben. Ida Simpson wirkte bei unserem ersten Gespräch durch den Schlafmangel ganz geschwächt. Ihre Augen waren blutunterlaufen. Doch sie hatte sich gut unter Kontrolle. Sie reagierte immer richtig, begleitete ihre Antworten stets mit einem höflichen, müden Lächeln. Sie sagte, die Qualität ihres Schlafs schwanke zwar seit Jahren, habe sich jedoch während der letzten 18 Monate drastisch verschlechtert. Sie konnte allerdings keinen Grund für ihre Insomnie nennen.

In einem ausführlichen Gespräch stellte sich dann heraus, daß es vor etwa zwei Jahren in ihrem Leben zu einigen einschneidenden Veränderungen gekommen war. Ihr jüngster Sohn war ins College gegangen, und Nachbarn, die sich lange Zeit auf ihren Rat, ihre Unterstützung verlassen hatten, waren weggezogen. Ida Simpson hatte diese Ereignisse eher als Befreiung angesehen. Denn sie hatte immer von einer Zeit geträumt, in der sie — von allen Verpflichtungen frei — eine neue Karriere würde beginnen können.

Ida Simpson wurde für drei Nächte ins Schlaflabor eingewiesen. Sie wachte pro Nacht im Labor etwa 35mal auf und schlief im Durchschnitt weniger als vier Stunden. Meist handelte es sich um Schlaf des Stadiums I, Delta-Schlafphasen dagegen hatte sie gar nicht. Auch die anderen Charakteristika ihres Schlafmusters waren typisch für Depressionen. Die erste REM-Periode trat beispielsweise zehn Minuten nach dem Einschlafen auf, was — wie das zu frühe Aufwachen — häufig ein Zeichen für Depressionen ist.

Nach ausgedehnten Gesprächen mit Psychiatern und nach psychologischen Tests, die während der beiden nächsten Wochen stattfanden, stellte sich heraus, daß eine ernste, wenn auch extrem gut verborgene Depression vorlag. Nach der bislang unbewußten Einschätzung ihres Lebens, die sie jetzt zum ersten Mal verbalisiert hatte, hatte sie das Gefühl, nicht kompetent zu sein, von niemandem mehr gebraucht zu werden, und glaubte außerdem, vor ihr lägen nur noch das Alter und der Tod.

Ein Antidepressivum verbesserte ihren Schlaf fast augenblicklich. Dann unterzog sich Ida Simpson einer Therapie, in der sie die Gründe ihres niedrigen Selbstwertgefühls erforschte und nach Wegen suchte, sich wieder nützlich fühlen zu können. Schließlich übernahm sie eine Aufgabe in einer Wohltätigkeitsorganisation, die sie fast den ganzen Tag in Atem hielt. Nach ein paar Monaten mußte sie dann gar keine Tabletten mehr nehmen und sagte, sie schliefe wieder so gut wie mit zwanzig Jahren.

Angst-Test

Als nächstes sollten Sie den untenstehenden Angst-Fragebogen beantworten. Dieser psychologische Fragenkatalog basiert auf den Charakteristika der Ängste. Falls Sie mehr als drei dieser Fragen bejaht haben, sollten Sie sich zumindest ernsthaft fragen, ob Ihr schlechter Schlaf nicht vielleicht durch extreme Ängste bedingt ist. Haben Sie dagegen fünf oder mehr Fragen mit Ja beantwortet, sind Sie vermutlich ängstlicher und angespannter als andere Menschen. Und Ihr nächster Schritt sollte sein, sich fachliche Hilfe zu suchen. Möglicherweise brauchen Sie einige Therapiesitzungen. Ihre Anspannung kann aber auch »nur« eine schlechte Angewohnheit sein. In diesem Fall sollten Sie mit jemandem zusammenarbeiten, der Erfahrung mit Entspannungstraining hat.

Angst-Fragebogen

1. Fühlen Sie sich oft verstimmt oder angespannt und wissen vielleicht nicht einmal, warum?
2. Rast Ihr Herz häufig unkontrolliert?
3. Sind Ihre Hände oft feucht, klamm oder extrem kalt?
4. Haben Sie häufig einen Kloß im Hals?
5. Haben Sie Schwierigkeiten, zur Ruhe zu kommen oder sich zu entspannen?
6. Fühlen Sie sich öfter unsicher oder ängstlich?
7. Fühlen Sie sich häufig unbehaglich?
8. Machen Sie sich oft Sorgen, weil Sie etwas gesagt haben, das die Gefühle eines anderen Menschen verletzt haben könnte?
9. Sind Sie häufig grundlos müde?
10. Neigen Sie dazu, sich sogar um Dinge zu sorgen, von denen Sie wissen, daß sie nicht so wesentlich sind?
11. Machen Sie sich derzeit Sorgen wegen eines möglichen Mißgeschicks?
12. Sind Sie öfter unsicher oder erregbar, furchtbar nervös oder reizbar?
13. Haben Sie mehr Angst vor der Zukunft als andere Menschen?

Denken Sie auch noch einmal darüber nach, wann Ihre Insomnie begann. Nach unseren Erfahrungen beginnt Schlaflosigkeit, die auf Anspannung und Ängsten beruht, während einer Streßperiode oder ein paar Monate danach. Versuchen Sie, die Anfänge Ihrer Schlafprobleme so genau wie möglich zu terminieren. Und denken Sie dann darüber nach, welche Ereignisse damals — oder kurze Zeit davor — Ihr Leben bestimmten. Falls es zu dieser Zeit wichtige Veränderungen in Ihrem Leben gab, haben sie mit ziemlicher Wahrscheinlichkeit mit dem zu tun, was Ihre Insomnie verursacht — so wie es bei Ida Simpson der Fall war.
Außerdem sollten Sie über die Dinge nachdenken, die Ihnen Sorgen machen, über Dinge, die Sie derzeit belasten. Haben Sie beispielsweise finanzielle Sorgen? Sind Sie mitten in einem Umbruch/Umzug? Sind Sie einsam? Haben Sie Ihren Job verloren oder fürchten Sie, daß das bald der Fall sein könnte? Fühlen Sie sich zurückgesetzt, oder haben Sie das Gefühl von Ihrer Familie nicht respektiert zu werden? Sind Sie aus dem seelischen Gleichgewicht, weil Sie einen geliebten Menschen verloren haben oder weil Sie fürchten, daß das bald der Fall sein könnte? Ist Ihre Ehe nicht gut? Gibt es Probleme in Ihrem Job, deretwegen Sie sich Sorgen machen? Kommen Sie mit einem Familienmitglied nicht zurecht? Haben Sie Angst vor dem Altwerden oder davor, krank zu werden?
Jedes dieser Probleme könnte die Schlaflosigkeit verursachen.

Organische Ursachen

Nun wollen wir uns mit den möglichen organischen Ursachen für Ihre Insomnie beschäftigen. Setzen Sie sich mit dem medizinischen Fragebogen auf Seite 65 auseinander. Ein »Ja« auf irgendeine dieser Fragen könnte der Schlüssel für Ihre Schlaflosigkeit sein.
Chemische Gleichgewichtsstörungen in Ihrem Körper, Hormonstörungen und andere organische Leiden können schuld daran sein, daß Sie schlecht schlafen. Wenn Sie nicht schlafen können, sollte deshalb für Sie der logische erste Schritt sein, einen Arzt aufzusuchen und sich einmal gründlich durchchecken zu lassen.
Infektionen, eine Allergie, Arthritis, Rückenschmerzen, jede Art von

Schmerzen, Kopfweh, Verstopfung, Husten — und viele andere medizinische Konditionierungen — können den schlechten Schlaf verursachen. Für Sie ist es wichtig zu erfahren, ob es solche Ursachen sind, die Ihnen Ärger bereiten. Und wenn es so sein sollte, müssen Sie sich dagegen behandeln lassen. Insomnie kann nämlich auch das erste Anzeichen einer ernsthaften organischen Störung — wie einer Schilddrüsen- oder Nierenerkrankung — sein, die der Behandlung bedarf. Denn es gibt sogar einige lebensbedrohliche Störungen, die sich zunächst als Insomnie zeigen. Dazu gehören manche Gehirntumoren. Sie sind zwar selten, doch Sie sollten sich dennoch darauf untersuchen lassen, um wirklich sicherzustellen, daß Sie gesund sind, besonders dann, wenn Sie fürchten, krank zu sein oder es neben der Schlaflosigkeit noch weitere unerklärliche Symptome gibt.

Insomnie kann eine Nebenwirkung vieler Medikamente sein. Das trifft zum Beispiel auf viele Asthma-Mittel zu, die die Bronchien erweitern sollen, aber ebenso auf Steroide oder auf Medikamente, die Koffein enthalten. Sprechen Sie mit Ihrem Arzt/Ihrer Ärztin über jedes Medikament, das Sie nehmen, und fragen Sie ihn/sie, ob es wohl Schlaflosigkeit verursachen könnte. Oder lesen Sie die Packungsbeilage, um selbst festzustellen, ob Insomnie/gestörter Nachtschlaf als eine mögliche Nebenwirkung aufgeführt wird.

Medizinischer Fragebogen

1. Haben Sie eine Allergie, eine verstopfte Nase oder leiden Sie unter Husten, der Sie nachts aufschreckt?
2. Leiden Sie unter Arthritis, Rückenschmerzen oder irgendwelchen anderen Schmerzen, die Sie wachhalten?
3. Leiden Sie häufig unter Verstopfung, weil Sie zu schwer gegessen, eine Hiatushernie haben — oder gibt es dafür einen anderen Grund?
4. Gibt es andere organische Leiden, die Sie nachts möglicherweise nicht schlafen lassen?
5. Nehmen Sie Medikamente, die Koffein, Ephedrin oder Amphetamine enthalten?

Fragebogen zum Lebensstil

1. Stehen Sie bei der Arbeit oder zu Hause unter starkem Streß?
2. Rauchen Sie Zigaretten/Zigarren?
3. Trinken Sie nachmittags oder abends Kaffee, Tee oder Cola-Getränke?
4. Trinken Sie im Durchschnitt mehr als zwei Cocktails, zwei Glas Bier oder Wein am Tag?
5. Treiben Sie Mißbrauch mit Narkotika?
6. Betätigen Sie sich weniger als zweimal pro Woche sportlich?
7. Arbeiten Sie öfter mehr als zehn Stunden täglich oder mehr als sechs Tage pro Woche?
8. Sind Sie immer ernsthaft, tun Sie niemals etwas nur so zum Spaß?
9. Machen Sie pro Jahr weniger als zwei Wochen Urlaub?
10. Empfinden Sie die Beziehungen zu Ihrer Familie, Ihren Freunden, Kollegen oder Mitarbeitern als unbefriedigend? Oder ist eine Beziehung belastet, die Ihnen wichtig ist?

Alkohol- oder Drogenabhängigkeit kann Ihnen ebenfalls den Schlaf rauben. In einer großen nationalen Studie wurden Drogen- und Alkoholabhängigkeit bei mehr als zwölf Prozent der Patienten mit chronischer Insomnie als die Hauptursachen der Schlaflosigkeit genannt. Falls Sie regelmäßig Alkohol oder stimmungsverändernde Drogen zu sich nehmen, sollten Sie in Erwägung ziehen, daß das zu Ihrem Problem beitragen könnte.
Und auch Schlaftabletten selbst können Probleme verursachen. Wenn Sie sie nehmen, sollten Sie noch die folgenden Fragen beantworten:

- Nehmen Sie mehr als einmal wöchentlich Medikamente, die Ihnen helfen sollen zu schlafen?
- Falls Sie Schlaftabletten nehmen, haben die dann ihre wohltuende Wirkung verloren? Oder mußten Sie die Dosierung bereits erhöhen, um überhaupt schlafen zu können?
- Haben Sie sich jemals Sorgen gemacht, ob Ihr Arzt sich wohl wei-

gern könnte, Ihnen ein weiteres Rezept für Schlaftabletten auszustellen?

- Haben Sie je aufgehört, Schlaftabletten zu nehmen, und dann feststellen müssen, daß Sie in den nächsten ein, zwei Nächten fast gar nicht schlafen konnten?

Falls Sie eine der obenstehenden Fragen mit »Ja« beantwortet haben, werden Sie aus dem Kapitel über Schlaftabletten (Kapitel 14) großen Nutzen ziehen.

Ursachen, die im Lebensstil begründet sind

Vielleicht sind Aspekte Ihres Lebensstils für die Insomnie verantwortlich. Beantworten Sie zunächst den Fragebogen zum Lebensstil auf der Seite 66. In den folgenden Kapiteln werden wir Ihnen helfen, jeden einzelnen dieser Faktoren detailliert zu untersuchen. Außerdem werden wir Ihnen Vorschläge unterbreiten, wie Sie sich das Leben in dieser Hinsicht erleichtern können.

Manchmal steht unsere Lebensweise den Bedürfnissen unseres Körpers entgegen. Das kann Insomnie verursachen. Menschen brauchen eine gleichmäßige Unterteilung ihres Lebens in Arbeits-, Freizeit- und Ruhephasen. Und unsere Fragen nach dem Lebensstil sind so angelegt, daß Sie selbst feststellen können, ob bei Ihnen das rechte Gleichgewicht herrscht. Unser Leben muß nach einem bestimmten Rhythmus ablaufen, braucht ein regelmäßiges Auf und Ab. Es sieht so aus, als wäre unser Körper wie ein Motor, der ausbrennen kann, wenn er ständig auf Hochtouren laufen muß. Wir wissen zwar, daß es ein paar Menschen gibt, die die kulturellen Normen weit leichter durchbrechen können als andere, und die täglich 18 Stunden lang mit vollem Einsatz arbeiten können (genauso wie es Motoren gibt, die mehr Leistung erbringen als andere) — falls Sie jedoch unter Schlaflosigkeit leiden, sollten Sie darüber nachdenken, wie sich Arbeits- und Ruhephasen bei Ihnen verteilen. Überschreiten Sie etwa ständig die Grenzen, die die Natur Ihnen gesetzt hat?

Andy Owens, ein 32jähriger Geschäftsmann, gehörte zu denen, die ihren Motor ständig zu schnell laufen lassen. Im Alter von 18 Jahren hatte er mit 200 Dollar angefangen und ein Imperium aufgebaut, das heute mehr als zehn Millionen Dollar wert ist. Während die Firma wuchs, hatte er mehr und mehr zu tun. Bald arbeitete er 16 bis 18 Stunden täglich. Samstags und sonntags natürlich auch (nur Weihnachten und Ostern hörte er jeweils schon um 17 Uhr auf).
Nach einer Weile verschlechterte sich sein Schlaf. Er wachte nachts häufig auf und hatte Schwierigkeiten, wieder einzuschlafen. Da er nicht zu denen gehört, die Zeit vergeuden, blieb er daraufhin gleich wach und arbeitete auch in diesen Nachtstunden. Bald mußte er allerdings feststellen, daß ihm nach solchen Nächten tagsüber immer häufiger die Puste ausging. Deshalb fing er an, zwischendurch Nickerchen zu machen.
Während der nächsten beiden Jahre entwickelte Andy Owens ein eigenes Schlaf-Wach-Muster: Er arbeitete zwei, drei Stunden hintereinander, brachte sich an die Grenzen seiner Schaffenskraft, legte sich dann für dreißig bis sechzig Minuten hin und schlief. Kaum war er wieder aufgewacht, zwang er sich Tag und Nacht — die Woche über und an den Wochenenden — weiterzumachen. Es überrascht gewiß nicht, daß seine Arbeitsqualität darunter litt — für ihn aber konnte das nur bedeuten, daß er noch härter arbeiten mußte. Dabei hoffte er, daß die Geschäfte bald so gutgehen würden, daß alles quasi von selbst lief und er endlich einmal richtig entspannen könne. Dieser Tag jedoch kam nie. Und seine Arbeitsleistung verschlechterte sich kontinuierlich. Er war sich dessen bewußt und bekam nun ernsthafte Depressionen. Ein Selbstmordversuch brachte ihn schließlich in ein Krankenhaus. Dort sah er sich gezwungen, seinen Lebensstil neu zu überdenken.
Selten verhalten sich unsere Patienten so extrem wie Andy Owens. Doch wenn wir Insomnie-Patienten fragen, was sie nur zu ihrem eigenen Vergnügen und zur Erholung tun, oder was sie tun würden, wenn man ihnen für eine Woche verböte zu arbeiten, folgt häufig ein langes, verlegenes Schweigen. Wie ist das bei Ihnen?
Ihr Lebensstil kann einer der wesentlichsten Faktoren für Ihre Schlafprobleme sein — aber er läßt sich in den meisten Fällen korrigieren. Im Rahmen unseres Programms werden wir uns mit vielen Veränderungen im Lebensstil beschäftigen.

Sally Carson war ein typisches Beispiel für jemanden, bei dem der Lebensstil die Insomnie auslöst. Sie kam zu uns, nachdem sie von ihrem Chef gefeuert worden war, weil sie häufig bei der Arbeit eingeschlafen war. Sie war medizinisch-technische Assistentin und verbrachte den Großteil ihrer Tage über einem Mikroskop. Während ihrer Collegezeit hatte sie keinerlei Schlafprobleme gehabt. Die Insomnie hatte in dem Moment begonnen, in dem sie ihren Job angetreten hatte. Sechs Monate hatte sie es an ihrer Arbeitsstelle ausgehalten, hatte schlechter und schlechter geschlafen und war tagsüber schläfriger und schläfriger geworden.
Als wir ihre Situation analysierten, wurde ihr bewußt, daß der Beginn ihrer Schlaflosigkeit genau in dem Moment, da sie ihren ersten Job bekam, ganz klar darauf hindeutete, daß ihre Probleme mit dem Übergang vom Studenten- zum Arbeitsleben und mit dem Ganztagsjob zusammenhängen mußten. Sie sagte aber auch, daß sie ihre Arbeit mochte und ihren Vorgesetzten für sehr fair hielt. Sie hatte sich gefreut, eigenes Geld zu verdienen und nicht mehr von ihren Eltern abhängig zu sein. Deshalb glaubte sie, für ihre Insomnie gäbe es absolut keinen Grund.
Doch nach gründlicherem Nachdenken wurde Sally Carson bewußt, daß sie ihr Leben, nachdem sie den Job begonnen hatte, nur noch damit verbrachte, zu arbeiten und dann zu Hause vor dem Fernseher zu sitzen. Obwohl sie ziemlich schüchtern und zurückhaltend war, hatte ihr das Leben im Studentenwohnheim doch genügend Gelegenheit verschafft, ihre Zeit in Gesellschaft anderer Menschen zu verbringen und sich zu unterhalten. Allein in einem Appartement zu leben und den ganzen Tag durch ein Mikroskop zu schauen, bedeutete jedoch, daß keine Notwendigkeit bestand, mit anderen Menschen zu interagieren. Und sie fühlte sich sehr allein, ohne sich dessen allerdings bewußt zu sein.
Wir sahen keine Notwendigkeit, ihr Schlaftabletten zu verordnen — es war ihr Gesellschaftsleben, das der Behandlung bedurfte. Sie mußte sich zwingen, sich einigen Gruppen anzuschließen (auch wenn ihr das zunächst schwerfiel), mußte lernen, Freundschaften zu schließen und ihren Hunger nach menschlichen Interaktionen zu stillen. Sechs Monate später arbeitete sie als Sekretärin für eine kirchliche Jugendgruppe, hatte sich einer Gruppe angeschlossen, die älteren Menschen vorlas, und hatte einen Freund — und sie konnte sich kaum noch erinnern, daß sie jemals unter Insomnie gelitten hatte.

Patienten, die unter Schlaflosigkeit leiden, sind sich häufig der Belastungen bewußt, die ihre Schlafprobleme bedeuten, haben das Gefühl, in einer Falle zu sitzen. Möglicherweise glauben sie, sie müßten aus finanziellen Gründen für einen besonders anspruchsvollen Chef arbeiten oder eine unglückliche Ehe wegen der Kinder aufrechterhalten. Gelegentlich stimmt das auch. Und mancher Patient/manche Patientin ist nach eingehender Überlegung der Meinung, die Insomnie sei das kleinere der jeweiligen Übel. Genauso häufig aber kommt es vor, daß Insomnie-Patienten eine Möglichkeit übersehen, die ihnen helfen könnte, die belastende Situation zu ändern.

Rita Fry, einer unserer Patientinnen, war klar, daß ihre Ehe vor dem Scheitern stand. Sie sagte, sie sei nie in der Lage gewesen, mit ihrem Mann zu reden, weil er ständig behauptete, anderes zu tun zu haben. Entweder war er zu müde oder »mußte« sich eine Fernsehshow ansehen. Wir rieten ihr, es noch einmal zu versuchen. Eine Ehe, in der man nicht miteinander sprechen kann, ist nicht viel wert. Sie nahm ihren ganzen Mut zusammen und erklärte ihrem Mann, es gebe da etwas ungeheuer Wichtiges, worüber sie mit ihm sprechen müsse. Und sie sagte ihm, es würde wenigstens drei Stunden dauern, und er müsse diese drei Stunden irgendwann im nächsten Monat in seinen Terminplan unterbringen und den Termin unbedingt einhalten — egal, wie müde oder beschäftigt er dann auch sei. Dafür versprach sie ihm, ihn während dieses Monats nicht um noch mehr Zeit anzubetteln. Er stimmte widerstrebend zu. Sie beschloß, dieses Gespräch nicht zu Hause zu führen, und suchte einen abgelegenen Ort aus, an dem sie ungestört miteinander würden reden können.

Dort erklärte Rita Fry ihrem Mann so ehrlich und emotionslos wie möglich, wie wenig befriedigend sie ihre Ehe fände und wie einsam sie sich fühle. Mister Fry machte sich zunächst zwar über das lustig, was sie sagte, doch da er sich nun einmal auf diese drei Stunden eingelassen und nichts anderes zu tun hatte, blieb er und gestand schließlich ein, daß auch er unglücklich sei, weil die Romantik so gänzlich aus ihrer Beziehung verschwunden war. Gemeinsam machten sie Pläne, die Situation zu ändern. Sie nahmen sich bewußt Zeit für sich — darunter sogar ganze Wochenenden. Es klappte. Und nach dem zweiten Wochenende, das sie nicht zu Hause verbrachten, konnte Rita Fry schon wieder viel besser schlafen.

In diesem Fall half die direkte Kontaktaufnahme. In anderen Fällen

kann es nötig sein, einen Eheberater einzuschalten, wenn man denn an einer Lösung interessiert ist. Falls keine Lösung möglich ist, ist es aber auf jeden Fall besser, darum zu wissen.
In späteren Kapiteln werden wir Ihnen dabei helfen, mit wirklich offenen Augen herauszufinden, ob Sie gegen Ihre Art von Streß etwas unternehmen können. Geben Sie sich deshalb nicht zu früh geschlagen — es könnte durchaus eine Möglichkeit zur Verbesserung Ihrer Situation geben.

Analyse der Schlafhygiene

Als letzten Punkt wollen wir Ihre Schlafhygiene in Augenschein nehmen. Beantworten Sie zunächst wieder die Fragen des Schlafhygiene-Fragebogens auf der folgenden Seite. Ein »Ja« auf eine dieser Fragen bedeutet, daß Sie über diesen Punkt nachdenken und ihn genau prüfen sollten. Einzelheiten der schlafhygienischen Probleme wollen wir in Kapitel 6 erörtern.
Falls Ihr Bett zum sexuellen Schlachtfeld geworden ist und Sie frustriert und verärgert wach liegen, während Ihr Partner/Ihre Partnerin schläft, haben Sie möglicherweise wegen der ständigen Streitereien oder der damit verbundenen Frustration negative Gefühle entwickelt. Schlaflosigkeit reflektiert häufig ein zwischenmenschliches Problem, und Sie müssen wahrscheinlich erst dieses Problem lösen, bevor Sie die Insomnie kurieren können.
Egal, was den schlechten Schlaf ursprünglich ausgelöst hat, in den Jahren ihres chronischen Kampfes mit der Schlaflosigkeit entwickeln die meisten Patienten schlechte Schlafgewohnheiten. Die beiden schlimmsten sind, zu angestrengt zu versuchen einzuschlafen und gegen das eigene Schlafzimmer »programmiert« zu sein.
Nach ein paar Nächten ohne Schlaf kann man gar nicht anders, als sich Sorgen zu machen. Sich von Tag zu Tag zu schleppen, nachdem man nachts kaum ein Auge zugetan hat, ist ja auch kein Zuckerschlecken. Also fängt man an, sich wegen des versäumten Schlafs den Kopf zu zerbrechen, und wenn die Zeit gekommen ist, geht man deshalb mit dem festen Vorsatz zu Bett, diesmal gut zu schlafen. Natürlich passiert dann das glatte Gegenteil! Je mehr man den Schlaf

Schlafhygiene-Fragebogen

1. Empfinden Sie häufig Angst oder haben Sie böse Vorahnungen, wenn Sie sich abends bettfertig machen?
2. Streiten Sie noch im Bett?
3. Ist Ihr Bett zu einem sexuellen Schlachtfeld oder zu einem Symbol für eine unbefriedigende sexuelle Beziehung geworden?
4. Schlagen Sie sich noch mit Sorgen herum, wenn Sie bereits im Bett liegen?
5. Fühlen Sie sich häufig frustriert, wenn Sie nicht schlafen können?
6. Haben Sie häufig deprimierende Gedanken oder gehen Ihnen die Probleme oder Pläne des nächsten Tages/für den nächsten Tag durch den Kopf, wenn Sie einschlafen wollen?
7. Arbeiten Sie abends oft bis zu dem Moment, in dem Sie zu Bett gehen?
8. Haben Sie häufig das Gefühl, Sie müßten versuchen, sich zum Schlafen zu zwingen?
9. Schlafen Sie schlecht in Ihrem eigenen Bett und besser, wenn Sie woanders sind?
10. Schlafen Sie gut, wenn es nicht wichtig ist — wie beispielsweise am Wochenende —, aber schlecht, wenn Sie eigentlich schlafen »müßten« — zum Beispiel dann, wenn Ihnen ein harter Tag im Job bevorsteht?

braucht, und je mehr man sich müht zu schlafen, desto weniger kann man schlafen. Und deshalb gibt es Millionen von Menschen, die Nacht für Nacht genau das Falsche tun: Sie liegen im Bett, sind verzweifelt und tun alles, um einschlafen zu können. Dieser verbissene Versuch einzuschlafen, ist allerdings das Dümmste, was man tun kann. Je mehr man sich bemüht, desto weniger ist man gewöhnlich in der Lage zu schlafen. Dies ist einer der Schlüsselfaktoren der Insomnie. Wie Dr. Tom Roth, der Direktor des Zentrums für Schlafstörungen am Henry Ford Hospital, ganz richtig sagte: »Je länger die Insomnie andauert, desto unheimlicher und unberechenbarer wird sie.«

Um herauszufinden, ob Sie möglicherweise die schlechte Angewohnheit angenommen haben, sich beim Einschlafen zuviel Mühe zu geben, sollten Sie sich fragen, ob Sie je einschlafen, wenn Sie sich fest vorgenommen haben, wach zu bleiben; beispielsweise, während Sie Nachrichten hören oder lesen, wenn Sie einen langweiligen Vortrag hören müssen oder sogar, wenn Sie am Autosteuer sitzen. Falls das so ist, Sie jedoch wach bleiben, wenn Sie zu schlafen versuchen, gehören Sie möglicherweise zu den Menschen, die sich zuviel Mühe geben. Was Sie in diesem Fall tun können, werden wir später ansprechen.

Die andere schlechte Schlafgewohnheit ist die, das Schlafzimmer und alles, was damit zusammenhängt, mit Angstgefühlen zu assoziieren. Wenn Sie nachts schlaflos im Bett liegen, müssen Sie ja frustriert reagieren. All die Schlafanreize um Sie herum — die Dunkelheit, Ihr Kissen, das Schnarchen Ihres Gefährten/Ihrer Gefährtin — verbinden sich für Sie allmählich mit diesem Gefühl der Frustration. Sehr schnell sind Sie so programmiert, daß schon der Gang ins Schlafzimmer diese Frustration und die Wachheit automatisch auslöst. Kaum liegen Sie im Bett, reißen Sie die Augen schon wegen der vorangegangen Erfahrungen weit auf.

Um herauszufinden, ob diese schlechte Programmierung ein weiterer Angelpunkt Ihres Problems ist, sollten Sie sich fragen, wo Sie am besten schlafen — in Ihrem eigenen Bett oder woanders. Viele Menschen schlafen im Wohnzimmer besser oder auf dem Fußboden oder in einem Hotelzimmer, in einem fremden Haus oder sogar draußen. Sie können überall schlafen, solange es sich nicht um ihr eigenes Schlafzimmer handelt. (Wir kennen einen Patienten, der feststellte, daß er beim Camping am besten schlief. Also schlich er sich jede Nacht in den Garten und schlug ein Zelt auf.) Falls Sie irgendwo anders besser schlafen als in Ihrem Schlafzimmer, könnte diese Programmierung Ihr Problem sein.

Was haben Sie herausgefunden?

Möglicherweise haben Sie herausgefunden, daß Ihre Insomnie auf Streß, Anspannung, Depressionen oder Ängste zurückzuführen ist.
Vielleicht haben Sie festgestellt, daß es für Ihre Insomnie organische oder andere physische Ursachen geben könnte: eine Krankheit, Medikamente, periodisches Beinzucken oder Atemprobleme.
Möglicherweise haben Sie auch herausgefunden, daß Ihre Insomnie wahrscheinlich auf Ihren Lebensstil zurückzuführen ist.
Sie können jedoch auch festgestellt haben, daß Sie sich Ihre Insomnie geradezu angeeignet haben. Weil Sie sich während einer Streßperiode wegen des »nötigen« Schlafs den Kopf zerbrochen haben; nachdem der Streß aber dann der Vergangenheit angehörte, machten Sie sich aus purer Gewöhnung weiter Sorgen um Ihren Schlaf.
Beim nächsten Schritt unseres Programms werden Sie überprüfen, ob das, was Sie für die Ursache Ihrer persönlichen Insomnie halten, tatsächlich der wahre Grund ist. Genau wie die Patienten, die in ein Zentrum für Schlafstörungen kommen, werden Sie lernen, ein Schlaf- und ein Tagesprotokoll zu führen.

3

Das Schlafprotokoll

Die unbewiesene These eines Wissenschaftlers nennt man Hypothese. Hypothesen müssen überprüft werden, will man ihre Richtigkeit nachweisen. Das ist genau das, was Sie jetzt tun werden, da Sie eine Vorstellung davon haben, was Ihre Insomnie verursachen könnte. Sie werden Ihre Hypothese testen, um festzustellen, ob sie der Wahrheit entspricht.

Um dies zu tun, werden Sie ein Schlafprotokoll führen (Seite 78), in dem Sie festhalten werden, wie gut (oder schlecht) Sie nachts schlafen. Und ein Tagesprotokoll (Seite 79), in dem Sie festhalten, was Sie am Tag vorher getan und wie Sie sich gefühlt haben. Diese Protokolle werden Ihnen helfen, darüber zu entscheiden, welche Faktoren daran schuld sind, daß Sie schlecht schlafen, und welche Möglichkeiten zur Behandlung und welche Veränderungen des Lebensstils Ihnen mit größter Wahrscheinlichkeit helfen werden, besser zu schlafen. Diese Detektivarbeit wird sich über mehrere Wochen erstrecken.

Auch wenn Sie den Eindruck haben, es sei doch ziemlich zeitaufwendig, diese Protokolle zu führen, ist es ausgesprochen wichtig, es zu tun. Wir haben festgestellt, daß diese Protokolle ein höchst effizienter Weg sind, herauszufinden, was der Grund für Ihre persönliche Insomnie ist. Denn Sie haben keine Möglichkeit, gegen Ihre Schlaflosigkeit anzugehen, solange Sie nicht wissen, was — genau — sie verursacht hat.

Fast jeder Patient, der in ein Zentrum für Schlafstörungen aufgenommen wird, muß ein Schlafprotokoll führen. Zuerst erheben viele Patienten Einwände dagegen. Sie behaupten, es gäbe keine Schwankungen bei ihrer Insomnie — jede Nacht sei genauso schlecht wie die vorangegangene. Doch sobald sie eine Woche lang ein Schlafprotokoll ausgefüllt haben, sehen sie, daß das keineswegs stimmt — nicht jede Nacht ist genauso wie die andere.

Dann gibt es Patienten, die behaupten, ihre Insomnie käme aus heiterem Himmel. »Ich kann niemals im vorhinein sagen, ob ich eine schlechte Nacht haben werde, und im nachhinein weiß ich niemals, woran es lag.« Die Schlafforscher wissen jedoch genau, daß die meisten Dinge Ursachen und Auswirkungen haben — einschließlich schlafloser Nächte.

Es liegt an Ihnen, herauszufinden, was Ihr spezielles Problem auslöst. Das vorige Kapitel hat Ihnen einige mögliche Ursachen aufgezeigt. Mit dem Schlaf- und Tagesprotokoll können Sie diese Hypothesen jetzt auf ihre Richtigkeit hin überprüfen.

Wie man ein Schlafprotokoll anlegt

Zunächst legen Sie ein Schlafprotokoll an. Und wie man das macht, erfahren Sie hier. Nehmen Sie für jede Woche ein Blatt Papier (Sie können entweder das aus diesem Buch kopieren oder sich ein eigenes zeichnen). Oben machen Sie sieben Unterteilungen — eine für jeden Tag der Woche —, in die Sie das Datum eintragen. Dann kommen elf Unterteilungen auf der linken Seite — eine Rubrik für jeden der Punkte, die Sie in dem Muster-Schlafprotokoll (auf Seite 78) finden.

Sie sollten Ihr Schlafprotokoll jeden Tag etwa dreißig Minuten nach dem Aufstehen ausfüllen. Das Datum ist das des Tages, an dem Ihre Nacht begann, nicht das des Morgens, an dem Sie aufgestanden sind. Mit anderen Worten: Wenn Sie das Schlafprotokoll am Morgen des 7. April ausfüllen, trägt es das Datum vom 6. April. Schätzen Sie die Zeiten möglichst korrekt ein, zerbrechen Sie sich jedoch nicht allzusehr den Kopf, ob sie auch wirklich ganz präzise sind. Ihr Interesse gilt ausschließlich allgemeinen Gefühlen und Trends — es geht nur darum, wie Sie selbst Ihren Nachtschlaf bewerten.

Es ist wichtig, das Schlafprotokoll an jedem Morgen auszufüllen. Wenn Sie den Eindruck der Nacht niederschreiben, schildern Sie die Empfindungen, die Ihnen an diesem Morgen für die Nacht, die gerade vergangen ist, passend erscheinen. Beispielsweise könnten Sie sich morgens erfrischt und erholt fühlen, obwohl Sie das Einschlafen

zwei Stunden gekostet haben mag. Falls das zutrifft, schreiben Sie es genauso nieder, wie Sie es empfunden haben.
Wenn Sie Ihr Schlafprotokoll eine Woche lang geführt haben, ist es an der Zeit, die ein, zwei besten und die ein, zwei schlechtesten Nächte dieser Woche herauszufiltern. Um dies zu tun, müssen Sie alle Variablen einbeziehen: Wie lange Sie gebraucht haben, um einzuschlafen, wie lange Sie geschlafen haben, wie erfrischt Sie sich fühlten und so weiter. Es gibt keine exakte Formel, mit der Sie diese verschiedenen Variablen bewerten könnten — es kommt nur auf Ihre Empfindungen an. Manche Menschen stören sich mehr daran, wenn sie zu lange zum Einschlafen brauchen, andere, wenn sie nachts häufig aufwachen. Egal, wie Sie es auch anstellen — auf jeden Fall sollten Sie die ein, zwei besten und ein, zwei schlechtesten Nächte der Woche festhalten. Die Begriffe, nach denen Sie das festlegen, sind ganz offensichtlich relativ. Wir glauben Ihnen durchaus, wenn Sie der Meinung sind, Sie hätten überhaupt keine gute Nacht gehabt. Falls das so sein sollte, müssen Sie sich eben für die Nacht entscheiden, die noch am »wenigsten schlimm« war. Die können Sie dann als die beste angeben. Wenn Sie beispielsweise jede Nacht vier Stunden zum Einschlafen gebraucht haben, in der Nacht zum Freitag aber schon nach dreieinhalb Stunden eingeschlafen sind, dann ist Freitag die beste Nacht.

Die Eintragungen ins Tagesprotokoll

Das zweite Protokoll, das Sie führen müssen, ist das für den Tag (auf Seite 79). Das Tagesprotokoll ist leichter anzulegen, aber schwerer auszufüllen. Das Tagesprotokoll führen Sie, um die Hypothese zu testen, was bei Ihnen den schlechten Nachtschlaf auslöst. Halten Sie die Ereignisse des Tages, Ihre Gefühle und die verschiedenen Faktoren fest, die Sie überprüfen wollen. Wir möchten Ihnen vorschlagen, pro Woche vier dieser Hypothesen gleichzeitig zu testen.
Diesmal machen Sie auf der linken Seite sieben Unterteilungen — eine für jeden Wochentag. Und oben sind es vier Rubriken — für die vier Variablen, die Sie überprüfen wollen. Diese Variablen sollten die Dinge einschließen, von denen Sie glauben, daß sie mit Ihrer persön-

Schlafprotokoll

Bitte füllen Sie diese Schlafprotokolle jeden Morgen etwa 30 Minuten nach dem Aufstehen aus. Machen Sie sich keine Gedanken, ob Ihre Einschätzungen absolut korrekt sind. Wir sind in erster Linie interessiert zu erfahren, wie Sie Ihren Schlaf selber einschätzen. Das Datum ist jeweils das der Nacht, in der Sie zu Bett gingen, nicht das des Tages, an dem Sie das Protokoll ausfüllen. (Wenn Sie das Protokoll z. B. am 5. Oktober, einem Mittwochmorgen, ausfüllen, ist das Datum das von Dienstag, dem 4. Oktober.)

Name: ____________________

	So.	Mo.	Die.	Mi.	Do.	Fr.	Sa.
Datum							
Haben Sie gestern tagsüber ein Nickerchen gemacht? Falls ja, geben Sie die Gesamtzeit in Minuten an.							
Haben Sie irgendwelche Schlafmittel genommen? Geben Sie Zeitpunkt und Menge an.							
Wann haben Sie das Licht gelöscht und tatsächlich versucht zu schlafen?							
Wie viele Minuten haben Sie gestern zum Einschlafen gebraucht?							
Wie oft sind Sie letzte Nacht aufgewacht?							
Wie viele Minuten haben Sie letzte Nacht wach gelegen? Zählen Sie aber nicht die Zeit mit, die Sie brauchten, um überhaupt einzuschlafen.							
Wann sind Sie morgens zum letzten Mal in dieser Nacht aufgewacht?							
Wie viele Stunden haben Sie letzte Nacht insgesamt geschlafen?							
Wann sind Sie heute morgen (zum letzten Mal) aufgestanden?							
Wie gut haben Sie letzte Nacht geschlafen — verglichen mit dem, was Sie im letzten Monat für sich selbst als Durchschnitt ermittelt haben? Wählen Sie einen der Punkte aus der unten (links) stehenden Liste aus.							
Wie erfrischend und erholsam war Ihr Schlaf insgesamt? Wählen Sie eine der unten (rechts) stehenden Möglichkeiten.							

1. Viel schlechter als im Durchschnitt
2. Etwas schlechter als im Durchschnitt
3. Ziemlich typisch für mich
4. Etwas besser als im Durchschnitt
5. Viel besser als im Durchschnitt

1. Überhaupt nicht erholsam — die Zeit im Bett hat mir überhaupt nichts gebracht
2. Geringer Erholungswert
3. Erholsam, aber nicht ausreichend
4. Relativ befriedigend
5. Sehr befriedigend — fühle mich erfrischt und bereit für den Tag

TAGESPROTOKOLL Name: ______________________

Datum				
Sonntag				
Montag				
Dienstag				
Mittwoch				
Donnerstag				
Freitag				
Samstag				

lichen Insomnie im Zusammenhang stehen; Möglichkeiten, die Ihnen durch den Kopf gingen, nachdem Sie das vorige Kapitel gelesen haben, oder vielleicht auch nur Ihre Ahnungen. Einige Beispiele für Variablen, die Patienten angaben, finden Sie in dem ausgefüllten Tagesprotokoll auf Seite 83. Andere könnten beispielsweise sein: die Koffeinmenge, der Alkoholkonsum, die Zahl der Zigaretten, Zeit und Art des Abendessens, aufregende Telefonanrufe, Störungen bei der Arbeit, Verstimmungen in der Familie. Sie können nach emotionalen Faktoren — wie Anspannung, Ärger oder Ängsten — suchen, aber auch nach physikalischen Faktoren — wie der Raumtemperatur. Und selbst wenn es sich nur um eine verrückte, exzentrische Vermutung handeln sollte, überprüfen Sie sie! Solche Ahnungen und pure Intuition haben sich häufig als richtig erwiesen.

Die meisten unserer Patienten sind völlig verblüfft, wenn wir sie zunächst bitten, uns ihre Theorien darüber zu liefern, warum sie so schlecht schlafen. Wenn sie das wüßten, sagen sie, müßten sie ja bei uns keine Hilfe suchen. Sie fragen uns, was sie denn überhaupt schreiben sollen. Doch Sie — der Patient/die Patientin — sind der Mensch, der sich selbst nun einmal am besten kennt. Und Sie sind auch der einzige, der letztendlich die Hinweise dafür liefern muß, was die Insomnie verursachen könnte.

Nach einer kurzen Zeit des Nachdenkens können die meisten Patienten einige Faktoren nennen, die möglicherweise ihren Schlaf negativ beeinflussen. Die wenigen, denen das nicht gelingt, bitten wir, vier mögliche Faktoren für die Insomnie anderer Menschen zu Papier zu bringen, »nur um sie für den Betreffenden auszuschließen«. Denn es ist genauso wichtig zu wissen, was keine nachteiligen Folgen für den Schlaf hat, wie zu wissen, was ihn beeinträchtigt. Da uns das Gedächtnis in dieser Frage leicht im Stich läßt, müssen wir die möglichen Ursachen tatsächlich auf diese wissenschaftliche, penible Art untersuchen — und unsere Beobachtungen täglich sorgfältig niederschreiben. Nach globalen Erinnerungen — wie »körperliche Betätigung oder Sport haben meinen Schlaf nie positiv beeinflußt« — können wir uns nämlich nicht richten.

Wir möchten Sie bitten, die Variablen, die Sie testen, quantitativ zu bestimmen (sie auf einer Skala von 1 bis 5 einzustufen), wann immer Ihnen das möglich ist. Das erleichtert die spätere Analyse Ihrer Protokolle. Und wieder geht es uns nicht um exakte Zahlen. Es ist schwie-

rig genug, Ihre gegenwärtige Stimmung auf einer Skala von 1 bis 5 einzuschätzen, wobei fünf bedeutet, daß man wirklich glücklich und zufrieden ist. Ist es nun also eine Vier oder Fünf? In diesem Punkt müssen Sie wohl Ihren Instinkten folgen.
Es ist wichtig, das Tagesprotokoll auszufüllen, bevor Sie zu Bett gehen, bevor Sie wissen, wie Sie nachts schlafen werden. Und legen Sie es dann bis zum nächsten Abend beiseite.

Die Auswertung Ihrer Protokolle

Nachdem Sie Schlaf- und Tagesprotokoll eine ganze Woche lang ausgefüllt haben, schauen Sie sich beide an und vergleichen Sie sie. Sobald Sie die ein, zwei besten und die ein, zwei schlechtesten Nächte herausgefiltert haben, sollten Sie sich fragen, ob irgendwelche der vier Tages-Variablen mit diesen Nächten in einer Wechselbeziehung stehen könnten.
Lassen Sie uns die ausgefüllten Protokolle auf den Seiten 82/83 als Beispiel nehmen. Diese Protokolle führte Bertha Scott, eine 30jährige, die an Insomnie litt. Ursprünglich behauptete sie allen Ernstes, es gebe nichts, das ihren Schlaf nachteilig beeinflussen könne. Außerdem kämen ihre guten oder schlechten Nächte grundsätzlich aus heiterem Himmel.
Schauen wir uns zunächst das Schlafprotokoll an. Sie werden sehen, daß die Dienstagnacht ganz klar die schlimmste war, wogegen Samstag- und Montagnacht eindeutig die besten waren. Woran lag es, daß der Dienstag so schlecht und Montag und Samstag so gut waren? Bertha beschloß, einen gelben Marker zu benutzen, um die guten Nächte und die Tagesereignisse hervorzuheben, die ihnen vorausgegangen waren. Einen roten Stift nahm sie für die schlechten Nächte und die ihnen vorangegangenen Ereignisse.
Im Beratungsgespräch im Zentrum für Schlafstörungen ging sie die vier Variablen sorgfältig durch, die sie im Tagesprotokoll festgehalten hatte. Beim Punkt »Sport/körperliche Bewegung« hielt sie es für möglich, daß die intensive Radtour durch den Park, die sie am Samstag unternommen hatte, damit im Zusammenhang stehen könnte, daß sie in dieser Nacht so gut geschlafen hatte. Andererseits hatte sie

SCHLAFPROTOKOLL

Bitte füllen Sie diese Schlafprotokolle jeden Morgen etwa 30 Minuten nach dem Aufstehen aus. Machen Sie sich keine Gedanken, ob Ihre Einschätzungen absolut korrekt sind. Wir sind in erster Linie interessiert zu erfahren, wie Sie Ihren Schlaf selber einschätzen. Das Datum ist jeweils das der Nacht, in der Sie zu Bett gingen, nicht das des Tages, an dem Sie das Protokoll ausfüllen. (Wenn Sie das Protokoll z. B. am 5. Oktober, einem Mittwochmorgen, ausfüllen, ist das Datum das von Dienstag, dem 4. Oktober.

Name: Bertha Scott

	So.	Mo.	Die.	Mi.	Do.	Fr.	Sa.
Datum	2. 10	3. 10	4. 10	5. 10	6. 10	7. 10	8. 10.
Habcn Sie gestern tagsüber ein Nickerchen gemacht? Falls ja, geben Sie die Gesamtzeit in Minuten an.	ncin	nein	nein	nein	nein	nein	nein
Haben Sie irgendwelche Schlafmittel genommen? Geben Sie Zeitpunkt und Menge an.	nein	nein	nein	nein	nein	nein	nein
Wann haben Sie das Licht gelöscht und tatsächlich versucht zu schlafen?	23 Uhr	23 Uhr	23.30	22.30	23 Uhr	24.30	23 Uhr
Wie viele Minuten haben Sie gestern zum Einschlafen gebraucht?	15	30	120	60	45	10	30
Wie oft sind Sie letzte Nacht aufgewacht?	3	1	4	2	2	2	1
Wie viele Minuten haben Sie letzte Nacht wach gelegen? Zählen Sie aber nicht die Zeit mit, die Sie brauchten, um überhaupt einzuschlafen.	45	15	60	30	30	45	10
Wann sind Sie morgens zum letzten Mal in dieser Nacht aufgewacht?	5 Uhr	6 Uhr	5.30	5.30	6.30	7 Uhr	7 Uhr
Wie viele Stunden haben Sie letzte Nacht insgesamt geschlafen?	5	6	3	5½	6	5½	7½
Wann sind Sie heute morgen (zum letzten Mal) aufgestanden?	6.30	6.30	6.30	6.30	6.30	7.15	8 Uhr
Wie gut haben Sie letzte Nacht geschlafen — verglichen mit dem, was Sie im letzten Monat für sich selbst als Durchschnitt ermittelt haben? Wählen Sie einen der Punkte aus der unten (links) stehenden Liste aus.	3	4	1	2	3	3	4
Wie erfrischend und erholsam war Ihr Schlaf insgesamt? Wählen Sie eine der unten (rechts) stehenden Möglichkeiten.	3	5	2	4	3	3	5

1. Viel schlechter als im Durchschnitt
2. Etwas schlechter als im Durchschnitt
3. Ziemlich typisch für mich
4. Etwas besser als im Durchschnitt
5. Viel besser als im Durchschnitt

1. Überhaupt nicht erholsam — die Zeit im Bett hat mir überhaupt nichts gebracht
2. Geringer Erholungswert
3. Erholsam, aber nicht ausreichend
4. Relativ befriedigend
5. Sehr befriedigend — fühle mich erfrischt und bereit für den Tag

TAGESPROTOKOLL

Name: Bertha Scott

Datum	Menge + Art der sportl. Betätigung 10 = Max.	Stimmung meiner Chefin 1 = mies 10 = prima	Telefonanrufe am Abend	Gelegenheiten, bei denen ich gern etwas gesagt hätte, es aber unterließ
Sonntag 2. 10.	Schwimmen 10 Runden	–	19.10 Uhr Jim – es ist offenbar aus; 22.10 Rosie bat um ein Rezept	Mittags: Kirchensitzung: wegen Verpflichtung für die Kampagne
Montag 3. 10.	Keine	3 am Morgen, bis zu 7 gegen Abend (sie lächelte sogar	18.50 Uhr Joe wegen Bankett; 20.30 Uhr Doris wollte quatschen	–
Dienstag 4. 10.	Volleyball 7	5 den Tag über	20.50 Uhr meine Mutter, sie war sauer, weil ich mit Jim Schluß machte	–
Mittwoch 5. 10.	Schwimmen 20 Runden 9	1 und schlimmer! Nichts konnte man ihr recht machen	20.30 Uhr wieder Doris; 21.15 Uhr Joe wegen Bankett	10.00 Uhr bei der Arbeit; es ging um meine Pflichten; 14.15 Uhr Chefin »unglücklich«, weil ich so »langsam« arbeite
Donnerstag 6. 10.	Nichts 1	7 versucht wohl, ihr Verhalten von gestern gutzumachen	Keine Anrufe	18.30 Uhr beim Abendessen mit Doris wegen Kollegin
Freitag 7. 10.	Nichts 1	10 keine Ahnung, warum	19.50 Uhr Jim, immer noch sauer; 22.00 Uhr Handelsvertreter wegen Trip	17.30 Uhr bei der Kosmetikerin; es ging um gemeinsame Freunde
Samstag 8. 10.	Ganzen Tag mit dem Rad im Park unterwegs 10	–	18.20 Uhr meine Schwester wegen Jim 19.30 Uhr Doris	–

auch Montagnacht gut geschlafen, obwohl sie an diesem Tag keinerlei Sport getrieben hatte. Und Dienstag hatte sie trotz des schweißtreibenden Volleyballspiels schlecht geschlafen. Es sah also nicht so aus, als sei Sport an sich maßgebend für ihren Schlaf — zumindest nicht von einer Nacht zur nächsten.

Bertha hatte das Gefühl, daß Streß bei der Arbeit möglicherweise ein bestimmender Faktor sein könne, weil ihre Vorgesetzte ausgesprochen launenhaft ist. Die gute Nacht (Montag) folgte jedoch nach einem Tag, an dem die Chefin ziemlich schlechter Stimmung war, wogegen die schlechte Nacht nach einem Tag kam, an dem die Vorgesetzte einen durchschnittlichen Tag gehabt hatte. Die andere gute Nacht hatte sie an einem Samstag, einem Tag also, an dem die Stimmung der Chefin nicht von Belang sein konnte. Diese Daten wiesen leider keinen klaren Trend auf, weshalb Bertha beschloß, die Stimmung ihrer Vorgesetzten noch eine weitere Woche lang festzuhalten.

Eine andere Hypothese, die es in Berthas Fall zu testen galt, waren die abendlichen Telefonanrufe. Sie hätten bedeutsam sein können — und dieser Punkt erwies sich dann auch als der Durchbruch. Als sie die Protokolle auswertete, wurde Bertha plötzlich sehr emotional. Sie fing an zu zittern, schrie, fluchte und weinte. Nachdem sie sich ein wenig beruhigt hatte, sprach sie über den Dienstagabend.

Sie war selbst ganz überrascht, daß der Anruf ihrer Mutter ganz offensichtlich der Auslöser für ihren schlechten Schlaf gewesen war. Bertha und ihre Mutter hatten in der Vergangenheit einige häßliche Kräche gehabt. Die junge Frau hatte ihre Mutter beschuldigt, sich ständig in ihre Angelegenheiten einzumischen, und hatte eine Weile sogar eine Geheimnummer gehabt, damit ihre Mutter sie nicht mehr anrufen konnte. Zuletzt jedoch war sie der Meinung gewesen, sie und ihre Mutter verstünden sich wesentlich besser und seien sogar so etwas wie Freundinnen geworden. Sie war sich klar darüber, daß der Anruf ihrer Mutter am Dienstagabend sie »ein wenig« irritiert hatte, war aber der Meinung, sie sei recht schnell darüber hinweggekommen. Ihre sehr emotionale Reaktion im Büro des Schlafzentrums und der schlechte Schlaf der Dienstagnacht überzeugten sie dann, daß das nicht stimmen konnte.

Wir schlugen Bertha vor, diese Protokolle noch einige Wochen zu führen, um festzustellen, ob weitere Anrufe ihrer Mutter wieder schlimme Nächte auslösen würden. Es ist häufig gut, eine solche Ahnung nochmals selbst zu überprüfen, bevor man etwas dagegen unternimmt. Nachdem wir dieses Thema ausführlich diskutiert hatten, meinte Bertha allerdings, sie wisse genug, und nahm sich vor, die Situation zu bereinigen. Sie beschloß, ihre Mutter am kommenden Wochenende zu besuchen. Das war gewiß keine Reise, die ihr leichtfiel. Sie wußte, wenn sie ihre Mutter einfach anschreien und beschuldigen würde, würde sie nur in die alten Verhaltensmuster zurückfallen und gar nichts ändern. Deshalb entschied sie sich, diese Reise als eine Expedition anzusehen, auf der sie lediglich Fakten sammeln wollte. Sie wollte nur herausfinden, warum ihre Mutter sie so aus der Bahn warf — und warum sie sich nach wie vor in ihr Leben einmischte.

Wie sie uns später erzählte, war das Wochenende alles andere als angenehm gewesen. Ihre verwitwete Mutter lebte ungefähr 100 Kilometer von ihr entfernt. Sie bewohnte ganz allein ein Appartement. Zunächst war das Zusammentreffen der beiden äußerst feindselig und kritisch. Doch Bertha blieb bei ihrem Spielplan, versuchte, den Grund für die Aktionen ihrer Mutter zu verstehen, ohne sie zu bewerten oder zu verurteilen. Sie stellte ihr viele Fragen, war ehrlich an dem interessiert, was ihre Mutter zu sagen hatte. Zunächst war die alte Dame deshalb ausgesprochen verwirrt, hatte sie doch einen harten Angriff erwartet, so wie sie ihn in der Vergangenheit häufig erlebt hatte. Im Verlauf des Wochenendes begannen die beiden Frauen, sich einander allmählich anzunähern, hörten einander ernsthaft zu und versuchten einander wirklich zu verstehen.

Berthas Mutter war einsam. Außerdem war sie der Meinung, sie hätte ihre Tochter in deren Jugend vernachlässigt. Aus diesem Grund fühlte sie sich für Berthas Schwierigkeiten verantwortlich. Ganz allmählich wurde Bertha bewußt, daß ihre Mutter nicht die barsche, kalte Frau war, von der sie geglaubt hatte, sie hätte ihr in der Vergangenheit so häufig die Schuld in die Schuhe geschoben, sondern eine einsame, ältere Frau, die sich (von ihrer Schuld geplagt) ständig angegriffen fühlte — zuerst von ihrem Mann und nun von ihrer Tochter. Es gab eine Menge Tränen an diesem Wochenende und eine Menge Umarmungen und dann den Entschluß, künftig mehr Zeit miteinander zu verbringen. Es überrascht wohl kaum, daß sich Berthas Schlafstörungen daraufhin zu bessern begannen.

Solche Geschichten enden nicht immer so dramatisch. Es kommt weit häufiger vor, daß die Einsichten winzig sind und die Fortschritte nur langsam vorankommen. Manchmal, besonders dann, wenn es um ein Beziehungsproblem geht, reicht eine einmalige Sitzung nicht aus, in der alles durchgesprochen wird. Sie bringt keinen Fortschritt. Oft ist es nötig, sich einer Therapie zu unterziehen, um die Dinge zu klären. Selbst wenn Bertha Scott mit ihrer Mutter zu keiner Lösung gekommen wäre, wäre es für sie auf jeden Fall besser gewesen, den Grund für ihre Insomnie zu kennen. Alles ist besser als das Gefühl der Hilflosigkeit, das man hat, wenn man annimmt, die schlaflosen Nächte kämen aus heiterem Himmel.

Der Prozeß, den wir hier beschrieben haben, kann eingesetzt werden, um jeden Hinweis zu überprüfen, was die Ursache der Schlaflosigkeit sein könnte, solange das, was an verschiedenen Tagen im Tagesprotokoll festgehalten wird, sich tatsächlich voneinander unterscheidet. Sie können beispielsweise nicht herausfinden, ob Kaffee der Grund für Ihre schlaflosen Nächte ist, wenn Sie an jedem Tag, den Sie untersuchen, dieselbe Menge trinken. Es muß da Unterschiede geben. Sie könnten zum Beispiel an drei Tagen Kaffee trinken und ihn an den vier anderen weglassen. Außerdem gibt es einige Dinge, bei denen Sie mehr als ein paar Tage brauchen werden, um sie wirklich gründlich testen zu können. Möglicherweise ist es nötig, jetzt festzuhalten, wie Sie schlafen, dann zwei Wochen lang intensiv Sport zu treiben und danach wieder ein Schlafprotokoll zu führen, um zu sehen, ob sich die Situation gebessert hat.

Ihre Schlaf- und Tagesprotokolle werden Ihnen aber auch noch über etwas anderes Aufschluß geben: Sie werden Ihnen zeigen, was Ihren Schlaf *nicht* beeinträchtigt oder beeinflußt. Das ist nämlich ebenfalls wichtig, weil Sie sich dann wegen dieser Punkte nicht mehr den Kopf zerbrechen müssen. Wir kennen eine Reihe von Menschen, die an Schlaflosigkeit leiden und sich in der Hoffnung, ihre Schlafstörung so zu beheben, sehr fade und langweilig ernährten. Doch obwohl sie sich zum Teil schon drei Jahre lang an ihre Diät hielten und ihr Schlaf sich trotzdem nicht verbessert hatte, blieben sie verbissen bei der faden Kost, weil ihnen jemand gesagt hatte, eine Umstellung der Ernährung könne ihnen helfen. Einem unserer Insomnie-Patienten hatte man auch geraten, nicht mehr im Bett zu lesen, weil das schädlich sei. Also war er vier Jahre lang ohne Buch zu Bett gegangen, hatte nicht gelesen — aber auch nicht geschlafen. Hätte er ein Schlaf- und ein Tagesprotokoll geführt, ein paar Tage gelesen und ein paar Tage nicht, hätte er sich eine Menge schlafloser Nächte ersparen können — und nicht darauf verzichten müssen, im Bett zu lesen, was ihm Freude machte.

Bei einigen anderen Dingen ist es freilich weit kniffliger, die Auswirkungen richtig einzuschätzen — wie beispielsweise die von Entspannungstraining, Psychotherapie oder Eheberatung. In diesen Fällen kommen die Erfolge nur schrittweise. Und manchmal verschlechtert sich die Situation sogar noch weiter, bevor sie sich bessert. Deshalb sollten Sie ein oder zwei Wochen lang ein Schlafprotokoll führen und Daten sammeln, bevor Sie sich einer solchen Behandlung unterziehen. Nach Beendigung der Behandlung sollten Sie das Schlafprotokoll auf jeden Fall noch zwei weitere Wochen lang führen. Wenn Sie die Protokolle dann miteinander vergleichen, dürfte es Ihnen leichterfallen zu beurteilen, ob die Behandlung geholfen hat.

Wir können nicht oft genug betonen, daß es äußerst wichtig ist, diese Art von Daten *schriftlich* festzuhalten. Wir haben zu viele Patienten gesehen, die behaupteten, eine bestimmte Behandlung hätte bei ihnen nicht gefruchtet. Wenn wir sie dann baten, sich mit ihren Protokollen zu beschäftigen, stellten wir fest, daß sie jetzt sehr wohl zwei oder drei Stunden länger schliefen, obwohl sie natürlich noch weit davon entfernt waren, wirklich »gute Schläfer« zu sein. Ganz im Gegenteil: Wir haben natürlich auch Patienten erlebt, die schwören, bestimmte Behandlungsformen hätten ihnen geholfen, obwohl die Daten ihrer Schlafprotokolle keinen Hinweis auf eine Besserung enthielten.

Das ist vielleicht die wichtigste Botschaft dieses Buches: Werden Sie Ihr eigener Schlaftherapeut. Machen Sie Ihre eigenen Experimente. Stellen Sie Ihre eigenen Theorien darüber auf, was Sie besser oder schlechter schlafen läßt, und testen Sie diese Theorien dann mit Hilfe des Schlafprotokolls. Falls die Variable, die Sie untersuchen, wichtig ist, sollten Sie das Experiment möglicherweise zwei- bis dreimal wiederholen, um wirklich ganz sicherzugehen.

Sie allein haben es in der Hand

Da Sie sich selbst darum bemühen, Ihr Problem zu lösen, können Sie zu Recht das Gefühl haben, alles unter Kontrolle zu haben. Sie sind nicht hilflos — Sie unternehmen etwas Positives, um gegen Ihr Problem anzugehen.

Während Sie Ihre Theorien überprüfen, stellen Sie möglicherweise fest, daß der Grund für Ihre Schlafstörung etwas ganz Simples ist: daß Sie vielleicht nachmittags oder abends längere Nickerchen machen, die Sie davon abhalten, nachts richtig zu schlafen. Möglicherweise finden Sie auch heraus, daß Sie sich Sorgen machen, emotional blockiert sind, wegen irgend etwas. Vielleicht finden Sie aber auch einen noch simpleren Grund: die Lastwagen, die um vier Uhr morgens an Ihrem Haus vorbeirattern oder die Schokoladenriegel (mit Koffein), die Sie abends regelmäßig knabbern. Möglicherweise handelt es sich aber auch um mehr als nur einen einzigen Grund — das ist häufig der Fall.

Sobald Sie die möglichen Ursachen eingegrenzt haben, können Sie einen Plan machen, um gegen Ihren schlechten Schlaf anzugehen. Setzen Sie sich mit den verschiedenen Schritten des Programms in den folgenden Kapiteln auseinander. Wir möchten Ihnen empfehlen, beim Lesen einen Stift zur Hand zu haben, so daß Sie Stellen unterstreichen können, die Ihnen interessant erscheinen, oder sich Notizen zu dem machen können, was auf das zuzutreffen scheint, was Sie selbst über Ihr Problem herausgefunden haben. Beschäftigen Sie sich zunächst mit den Teilen des Programms, die Ihnen am sachdienlichsten erscheinen; später können Sie dann andere Teile ausprobieren, von denen Sie das Gefühl haben, Sie könnten Ihnen helfen.

Manche Menschen finden die Antwort — und ihre Kur — schnell und leicht. Andere werden viele Möglichkeiten ausprobieren müssen — manchmal müssen sie ihre Theorien mit dem Schlaf- und dem Tagesprotokoll wochenlang testen, bis sie feststellen, ob sie ihnen wirklich helfen.

Das wichtigste ist, aufgeschlossen zu bleiben und daran zu arbeiten, die Schritte auszuwählen, die Ihnen am geeignetsten erscheinen, um nachts wieder richtig schlafen zu können.

4

Drei Dinge, die jeder tun sollte, der an Insomnie leidet

Dorothy Parker litt unter Schlaflosigkeit. Einmal, nachdem sie verzweifelt alles getan hatte, was sie meinte tun zu können, sagte sie: »Am besten wäre es wohl, wenn ich mir mit der Nachttischlampe selber eins über den Kopf gäbe.«

Von einem europäischen König hieß es, er hätte etliche hundert Betten besessen und sie turnusmäßig gewechselt. Ein Patient, den wir kennen, zählte 5865 Schafe, bevor er erschöpft — aber immer noch hellwach — aufgab.

Es gibt drei Dinge, die Sie tatsächlich tun sollten. Sie sind weit einfacher. Und Sie haben mit Sicherheit mehr davon. Egal, welche anderen Faktoren an Ihren Schlafstörungen schuld sein mögen, sollten Sie diese Dinge doch augenblicklich tun. Denn sie verschaffen Ihnen die einzigartige Chance, Ihren Schlaf wirklich auf Dauer zu verbessern.

Was diese drei Dinge sind? Reduzieren Sie die Koffeinaufnahme, schränken Sie den Alkoholkonsum ein, und hören Sie mit dem Rauchen auf.

Wir wissen, wie schwierig das sein kann, also werden wir nicht darauf bestehen, daß es jeder durchzieht. Wir möchten aber, daß Sie für sich selbst herausfinden, welche Auswirkungen diese drei Faktoren auf Ihren Schlaf haben.

Reduzieren Sie die Koffeinaufnahme

Koffein und ähnliche Stimulanzien können weit mehr Probleme verursachen, als den meisten Menschen bewußt ist. Zuviel Koffein kann durchaus ein Faktor sein, der zu Ihrer Insomnie beiträgt. Es kommt häufig vor, daß Menschen, die an Schlaflosigkeit leiden, ausgesprochen empfindlich auf dieses Stimulans reagieren. Möglicherweise sind sie nicht in der Lage, nach einer Tasse Kaffee oder Tee oder nach einem Schokoladenriegel am Nachmittag nachts zu schlafen. Eine Studie beweist, daß Patienten, die unter von Koffein ausgelöstem Wachsein leiden, das Koffein in ihren Körpern langsamer abbauen. Die Koffeinkonzentration in ihrem Blut war um Mitternacht — acht Stunden nach dem Nachmittagskaffee — höher als bei anderen Menschen. Die Empfindlichkeit gegen Koffein kann sich mit zunehmendem Alter noch verstärken. Selbst dann, wenn Sie in der Vergangenheit keine Schwierigkeiten hatten, nachdem Sie am späten Nachmittag Kaffee, Tee oder Cola-Getränke zu sich genommen haben, können koffeinhaltige Getränke oder Speisen nun, da Sie älter werden, zu schlechtem Schlaf beitragen.

Mehr als 300 Milligramm Koffein pro Tag zu konsumieren (das sind drei Tassen Kaffee oder drei Cola oder einige Schmerztabletten, die Koffein enthalten), wirkt sich möglicherweise negativ auf den Schlaf aus und kann zu einer Koffeinabhängigkeit führen. Bei einigen Menschen kann es auch eine wesentlich geringere Menge sein — eine Tasse Kaffee zum Mittagessen oder eine Cola am Nachmittag.

Eine Tasse Kaffee (gebrüht/gefiltert) enthält im Durchschnitt 115 Milligramm Koffein. Mit der Kaffeemaschine zubereitet, sind es nur durchschnittlich 80 Milligramm. Bei Instant-Kaffee sind es im Durchschnitt 65 Milligramm. Beim entkoffeinierten Kaffee sind das im Durchschnitt drei Milligramm (Instant = zwei Milligramm). Brühen Sie den Tee, enthält er je nach Marke 20 bis 110 Milligramm Koffein. Beim Instant-Tee sind es im Durchschnitt 30 Milligramm. Bedenken Sie, daß der Koffeingehalt im Kaffee oder Tee davon abhängt, welche Zubereitungsmethode Sie wählen und wie stark Sie ihn machen.

Ein Glas eines Kakaogetränks enthält durchschnittlich vier Milligramm Koffein. Bei der Schokomilch sind es im Durchschnitt fünf

Milligramm, bei der Milchschokolade sechs, bei der Halbbitterschokolade sogar 20 Milligramm.
Auch Cola-Getränke können Koffein-»Hämmer« sein. Ein Glas kann zwischen 30 und 50 Milligramm Koffein enthalten.
Zu den Symptomen, die ein zu hoher Koffeinkonsum verursachen kann, gehören Zittern, Nervosität, Gereiztheit, Herzklopfen, Herzrhythmusstörungen, niedriger Blutdruck, Kreislaufversagen, Brechreiz, Erbrechen, Schwindelgefühle, Magenschmerzen, Durchfall, Harndrang — und natürlich Insomnie. Koffein, das hat sich gezeigt, ist eine Ursache dafür, daß Menschen länger brauchen, um einschlafen zu können, öfter aufwachen und daß sich die Qualität ihres Schlafes verschlechtert. Und das gilt sogar für Menschen, die sich dessen nicht bewußt sind.

Koffeingehalt von Medikamenten

Die größten Koffeinmengen nehmen Sie aber unter Umständen mit rezeptpflichtigen Medikamenten zu sich. Starke Kopfweh-/Migräne-Präparate enthalten pro Tablette, Dragee oder Kapsel 100 Milligramm. Schmerz- und fiebersenkende Mittel immer noch zwischen 25 und 50 Milligramm (die genaue Menge können Sie jeweils den Beipackzetteln entnehmen. Oder Sie können Ihren Arzt danach fragen).
Auch krampflösende Medikamente und muskellockernde Präparate enthalten häufig Koffein.
Bei den nichtverschreibungspflichtigen Schmerztabletten und fiebersenkenden Mitteln reicht die Skala von 30 bis 50 Milligramm Koffein. Das gilt auch für Herz-/Kreislaufmedikamente. Grippemittel sowie Tropfen gegen Halsweh kommen selten ohne Koffein aus. In ihnen können 25 bis 67 Milligramm enthalten sein. Selbst in Tabletten gegen Übelkeit/Erbrechen finden sich im allgemeinen zehn bis 50 Milligramm Koffein. Und vergessen Sie die sogenannten Stärkungsmittel nicht. In den meisten ist Koffein enthalten (zwischen 25 und 60 Milligramm).

Bernadette Baker, 52 Jahre alt und Mutter dreier erwachsener Kinder, kam wegen ihrer Insomnie in die Klinik nach Dartmouth. Sie war immer schon an den Problemen in ihrer Stadt interessiert und sehr rührig gewesen, und nachdem das letzte ihrer Kinder vor fünf Jahren das Haus verlassen hatte, übernahm sie in vielen Organisationen Führungsfunktionen. Doch plötzlich war sie »zu nervös und aufgewühlt, um schlafen zu können«. Sie vermutete, die Insomnie hätte ihre Ursache in ihrer Überarbeitung, gab aber zu, sie hätte »früher — als die Kinder noch im Haus waren — sogar noch mehr getan, aber gut geschlafen«.

Im Lauf der vergangenen fünf Jahre war Bernadette Baker dreimal wegen »nervöser Erschöpfung« in ein Krankenhaus eingewiesen worden. Jeder dieser Krankenhausaufenthalte war höchst erfolgreich gewesen. Ihre Insomnie war gewöhnlich innerhalb einer Woche geschwunden, und sie hatte wieder geschlafen »wie ein Baby«. Unglücklicherweise hatte der Erfolg aber niemals angehalten. Daraufhin hatte sie sich einer Psychotherapie unterzogen, weil die Möglichkeit bestand, daß ihr Bedürfnis, so hart zu arbeiten, eine Depression kaschierte. Man dachte an das »Leere-Nest-Syndrom«. Nach einem Jahr ausführlicher Sitzungen war sich der Therapeut jedoch nicht ganz sicher und überwies sie in unser Zentrum für Schlafstörungen. Während einer Routine-Sitzung, in deren Verlauf wir Bernadette Bakers Schlafgeschichte nachgingen, wiesen ihre Antworten darauf hin, daß sie unter äußerster Anspannung stand und höchst aufgeregt war. Ansonsten aber schien sie eine völlig gesunde Frau zu sein. Dann wurde sie gefragt: »Wie viele Tassen Kaffee trinken Sie am Tag?« Sie entgegnete vage: »Ein paar — ich weiß nicht genau. Ich trinke eine Menge Kaffee, weil das das einzige ist, was sie während der vielen Komiteesitzungen anbieten.« Schließlich schätzte sie ihren Konsum auf acht bis zehn Tassen pro Tag. Nachdem sie eine Woche lang ein Tagesprotokoll geführt hatte, stellte sich allerdings heraus, daß es täglich gut 20 bis 25 Tassen waren.

Nachdem wir ihr empfohlen hatten, ganz auf Kaffee zu verzichten, wurde sie zunächst weinerlich und lethargisch, war deprimiert und litt unter Kopfweh — den typischen Symptomen bei Koffeinentzug. Alles war genauso, wie es jeweils an den ersten Tagen gewesen war, wenn sie wegen »nervöser Erschöpfung« im Krankenhaus gelegen hatte. Zwei Wochen nach dem Entzug waren Insomnie und Aufgeregtheit jedoch geschwunden. Heute, vier Jahre später, ist Bernadette Baker geschäftiger denn je, und sie schläft hervorragend.

Um die Auswirkungen des Koffeins auf Ihren Schlaf herauszufinden, sollten Sie das folgende Experiment machen: Lassen Sie eine Woche lang das Koffein ganz weg. Trinken Sie keinen Kaffee, Tee, Kakao, keine Cola oder andere koffeinhaltige Getränke, und nehmen Sie keine koffeinhaltigen Medikamente — wie beispielsweise Kopfwehtabletten — ein. Falls Sie nach einer koffeinlosen Woche feststellen, daß Sie weniger nervös und angespannt sind und besser schlafen, könnte Koffein zu den Dingen gehören, die Sie für immer aus Ihrem Leben verbannen sollten.

Das könnte anfangs allerdings schwierig sein, weil Sie möglicherweise bereits abhängig sind. Tatsächlich ist es so, daß die meisten Menschen während der ersten paar Tage unter Kopfweh leiden, dem typischen Entzugssymptom. Und es passiert nicht selten, daß man dann auch noch sehr schläfrig wird, keine Energie hat und sich tatsächlich krank fühlt. Möglicherweise ist man aber auch gereizt, deprimiert oder angespannt. Falls Sie ernsthaft koffeinabhängig sind, worauf starkes Kopfweh und Lethargie bei einem schnellen Entzug hinweisen, sollten Sie das Koffein lieber nach und nach aufgeben, um Kopfweh, Zittern oder Depressionen möglichst gering zu halten.

Es gibt noch weitere Hinweise auf Koffeinabhängigkeit — Aufwachen mitten in der Nacht, sofern Sie beim Zubettgehen nicht noch eine Tasse Kaffee getrunken haben, oder morgendliches Aufwachen mit Kopfweh, wenn Sie länger als üblich geschlafen haben. Falls Sie gewöhnlich morgens (oder den ganzen Tag über) etliche Tassen Kaffee trinken, kann Ihr Kopfweh zu diesem Zeitpunkt auf den Koffeinentzug zurückzuführen sein.

Wenn Sie nachts häufig aufstehen und auf die Toilette gehen müssen oder auch tagsüber oft Harndrang verspüren, werden Sie möglicherweise feststellen, daß die Tatsache, daß Sie Koffein aus Ihrem Ernährungsplan verbannt haben, auch dieses Problem eliminiert. Ein befreundeter Urologe erzählte uns, zwei von drei Patienten, die diese Schwierigkeiten hatten, seien die Symptome einfach dadurch losgeworden, daß sie völlig auf Koffein verzichteten.

Wenn Sie jedoch das Gefühl haben, das Koffein nicht gänzlich aufgeben zu können (machen Sie sich jedoch nichts vor — Sie *brauchen* es nicht), können Sie versuchen, es langsam und nach und nach wieder in Ihren Ernährungsplan aufzunehmen, um die Auswirkungen zu überprüfen, die es auf Sie hat. Vielleicht schadet es Ihnen ja nicht — zumindest nicht in kleinen Mengen. Falls Sie das ausprobieren wollen, sollten Sie versuchen, zunächst nur eine Tasse Kaffee oder ein Glas eines koffeinhaltigen Getränks pro Tag zu sich zu nehmen, um die Wirkung zu testen. Ein paar Tage später können Sie eine weitere Tasse oder ein weiteres Glas trinken, um festzustellen, wieviel Koffein Sie vertragen können, ohne sich angespannt zu fühlen und nicht schlafen zu können. Aber achten Sie darauf, daß Koffeinabhängigkeit und Insomnie nicht wieder von vorn beginnen. Üblicherweise fühlt man sich angesichts der Stimulierung durch das Koffein zunächst prima (manchmal sogar euphorisch), doch schon ein paar Tage später kann die Insomnie zurückkehren.

Hier sind einige Tricks, die hilfreich sein können, wenn man den Koffeinkonsum einschränken will: Schütten Sie die erste Tasse Tee weg, die Sie mit einem Teebeutel gebrüht haben, und benutzen Sie den Teebeutel erneut. Dieser Tee enthält dann weniger Koffein. Wenn Sie wirklich glauben, ein heißes Getränk zu brauchen, sollten Sie entkoffeinierten Kaffee oder Tee nehmen. Vergessen Sie auf keinen Fall, das Koffein in Erfrischungsgetränken, in Kopfwehtabletten oder anderen Medikamenten, in Schokoladenriegeln oder Schokoladendesserts oder in Likören mit Schokogeschmack in Ihre Berechnung mit einzubeziehen.

Falls Sie schwanger sind oder ein Baby stillen, sollten Sie mit Koffein ohnehin sehr vorsichtig sein. Babys können von Koffein Schlafstörungen oder Koliken bekommen — wenn die Mütter zuviel Koffein zu sich nehmen. Das Gesundheitsministerium rät Schwangeren seit langem, koffeinhaltige Produkte nach Möglichkeit zu meiden.

Falls eines Ihrer älteren Kinder Schlafschwierigkeiten hat, sollten Sie bedenken, daß die Koffeinaufnahme, wenn es nur eine Dose Cola trinkt, mit der von vier Tassen Kaffee bei einem Erwachsenen vergleichbar ist. Dr. Walter Silver vom *Maimonides Medical Center* in New York berichtete in *Pediatrics*, einer Fachzeitschrift, von einigen Heranwachsenden, die unter Insomnie und Herzrasen litten. Beide Symptome verschwanden, nachdem sie auf Colagetränke verzichtet hatten.

Schränken Sie den Alkoholgenuß ein

Viele Ärzte pflegten früher gegen Insomnie einen Cocktail oder ein Glas Wein vor dem Schlafengehen zu »verschreiben«. Doch das ist — wie man heute weiß — alles andere als empfehlenswert. Dennoch setzen viele Menschen den Alkohol nach wie vor als »Schlafmittel« ein. Zu der Gefahr, durch den täglichen Gebrauch in die Alkoholabhängigkeit hineinzurutschen, kommen noch etliche weitere Gründe, die dagegen sprechen, Alkohol als Schlummertrunk einzusetzen.

Obwohl viele Menschen der Meinung sind, Alkohol vor dem Schlafengehen helfe ihnen, sich zu entspannen und schneller einzuschlafen, haben andere das Gefühl, überhaupt nicht einschlafen zu können, wenn sie Alkohol getrunken haben. Und bei fast jedem — selbst wenn er nur ein, zwei Glas getrunken hatte — hatte dieser Alkoholkonsum am späten Abend zur Folge, daß der Schlaf gestört war und fragmentarisch blieb. Dieser Mensch schläft nicht tief, sondern wacht während der Nacht viele, viele Male auf. Am Morgen hat dieser Mensch in jedem Fall entschieden weniger geschlafen, als er es ohne Alkohol getan hätte.

Ein einziger Cocktail vor dem Abendessen, ein Glas Wein dazu oder ein Likör danach, werden dagegen vermutlich nicht lange genug in Ihrem Blutkreislauf bleiben, um Insomnie auszulösen; bei einem Nachttrunk innerhalb von zwei Stunden vor dem Zubettgehen wird das jedoch wahrscheinlich der Fall sein.

Wie beim Koffein können Sie das aber selbst testen. Falls Sie daran gewöhnt sind, trinken Sie eine Woche lang ein, zwei Glas vor dem Schlafengehen und notieren dann, wie Sie nachts schlafen und wie Sie sich am nächsten Tag fühlen. In der zweiten Woche sollten Sie den Alkohol am Abend völlig weglassen und wieder festhalten, wie Sie schlafen und sich am nächsten Tag fühlen. Danach können Sie eine Entscheidung treffen.

Falls Sie abends gewöhnlich mehr als ein paar Drinks genommen und Schwierigkeiten haben, plötzlich ganz damit aufzuhören, sollten Sie es — wie beim Koffein — allmählich tun. Beschränken Sie sich ein paar Tage lang auf ein Glas pro Abend, und verdünnen Sie danach diesen einen Drink ein paar Tage lang immer stärker. Dann lassen Sie

den Alkohol völlig weg und trinken statt dessen ein Glas Fruchtsaft mit Eis.
Falls Sie Schnaps einsetzen, um einzudösen, müssen Sie auch die Gefahren kennen. Eine davon ist die, daß Alkohol dazu führt, daß Sie schlecht schlafen werden; eine weitere ist die, daß man leicht in den Alkoholismus abrutschen kann. Viele Alkoholiker geben an, sie hätten nur deshalb angefangen, regelmäßig zu trinken, um nachts leichter einschlafen zu können.
Bei chronischen Alkoholikern sind die Schlafmuster ziemlich anormal. Der Schlaf ist gewöhnlich sehr gestört. Sie wachen nachts Hunderte von Malen auf. Tatsache ist, daß der Schlaf bei chronischen Alkoholikern »vorzeitig gealtert« zu sein scheint. Er ist durch viele Wachperioden charakterisiert; es gibt kaum Delta-Schlaf- und deutlich reduzierte REM-Schlafphasen. Der Schlaf ist bruchstückhaft und flach. Die Gesamtzeit, die diese Menschen im Bett verbringen, ist höher, der Schlaf-Wach-Rhythmus getrübt, und die Patienten sind tagsüber äußerst schläfrig. Das Problem dauert möglicherweise monate-, wenn nicht sogar jahrelang über den Zeitpunkt hinaus an, an dem sie den Alkohol total abgesetzt haben.
Babys von Müttern, die während der Schwangerschaft stark getrunken haben, weisen gewöhnlich ebenfalls unnatürliche Schlafmuster auf.
Bei manchen Menschen, so hat sich herausgestellt, kann Alkohol eine Schlafapnoe (Episoden, in denen die Atmung aussetzt) auslösen oder verschlimmern. Manchmal nur bis zu dem Punkt, wo der Patient gefährlich schnarcht und schnauft. In anderen Fällen kann sie allerdings auch lebensbedrohliche Formen annehmen, besonders dann, wenn dieser Mensch bereits unter einer Lungen-oder Herzkrankheit leidet. Alkohol verschlimmert das Leiden, weil er die Rachenmuskeln entspannt und die Aufwachmechanismen unterdrückt.
An der Universität von Florida in Gainsville wurden zwanzig Männern im Alter von zwanzig Jahren bis Mitte sechzig weniger als eine Stunde vor dem Schlafengehen vier Wodkas verabreicht. Danach wurde ihr Schlaf auf dem Monitor überwacht. Und es stellte sich heraus, daß die Episoden von Schlafapnoe bei diesen Männern fünfmal häufiger auftraten als bei Gelegenheiten, bei denen sie keinen Alkohol getrunken hatten. »Bei denen, die bereits unter einer Herz- oder Lungenkrankheit litten, erweist sich selbst gemäßigtes

Trinken vor dem Schlafengehen als Risiko«, erklären die Forscher aus Florida.
Einige chronische Alkoholiker, die mit dem Trinken aufhören, leiden möglicherweise für eine ganze Weile unter stärkerer Insomnie, wachen noch häufiger auf als bisher, sind nachts nervöser und haben manchmal Alpträume. Häufig beginnen diese starken Trinker allein deshalb wieder mit der Trinkerei, um sich vor dieser Entzugs-Insomnie zu schützen, womit ein verhängnisvoller Zyklus wieder neu beginnt.
Sobald ein starker Alkoholiker mit dem Trinken Schluß macht, kann sich der Schlaf schon innerhalb von zwei Wochen merklich verbessern. Abhängig von der Ernsthaftigkeit und Dauer der Alkoholsucht kann aber möglicherweise mehr Zeit ins Land gehen. Der Schlaf erholt sich manchmal sehr langsam. Sogar nach zwei Jahren totaler Abstinenz ist der Schlaf möglicherweise noch nicht so gut wie der von Nichttrinkern. In einigen Fällen erholt sich der Schlaf niemals völlig. Es ist unklar, ob solche Schlafstörungen einen dauerhaften und nicht wiedergutzumachenden Schaden reflektieren, der durch den Alkoholkonsum verursacht wurde, oder ob der Schlaf immer schon schlecht war und Alkohol eigentlich nur deshalb benutzt wurde, um das Schlafproblem an sich zu kurieren. Sie müssen sich viel Zeit zubilligen — unter Umständen sogar Jahre —, um diese Entzugs-Insomnie loszuwerden. Und falls Sie glauben, diese Periode so besser überstehen zu können, sollten Sie sich dabei von einem Profi helfen lassen.
Das wichtigste in bezug auf Alkohol aber ist: *Trinken Sie niemals Alkohol und nehmen gleichzeitig Schlaftabletten.* Vergessen Sie das nicht! Diese Mischung kann gefährliche Nebenwirkungen haben. Und in der Kombination kann sie sogar tödlich sein.
Bill Quince, ein 48jähriger Autohändler, war sehr gesellig, aß gern und trank gern. Obwohl er nie geheiratet hatte, hatte er meist eine Freundin, die mit ihm zusammenlebte. Er war auch äußerst optimistisch und baute 1980 einen neuen Laden auf, der weit größer war, als er es sich leisten konnte. Dann kam eine Rezession. Da er sich übernommen hatte, machte er innerhalb von sechs Monaten Bankrott. Seine Freundin verließ ihn. Bill Quince aß und trank gegen seinen Kummer an und nahm innerhalb von zwei Monaten mehr als zwanzig Pfund zu.
Sein Schlaf wurde zunehmend schlechter. Er stellte fest, daß er nachts häufig aufwachte und morgens fix und fertig war. Er hielt das

jedoch nur für die Auswirkungen eines Katers nach einer durchsoffenen Nacht. Weil er sich fast ständig elend fühlte und tagsüber schläfrig war, glaubte sein Arzt, das Problem sei eine durch Streß ausgelöste Insomnie. Er verschrieb ihm daraufhin Schlaftabletten.
Doch der Einsatz von Schlaftabletten verschlechterte Bill Quinces Schlaf noch weiter. Daraufhin nahm er abends die doppelte Dosis, und das machte alles noch schlimmer. Nun war er tagsüber so schläfrig, daß er nicht einmal mehr den Job als Autoverkäufer behielt, den er inzwischen angenommen hatte. Dazu kam, daß er nun auch noch Probleme mit dem Herzen bekam und häufig spürte, wie sein Herz ein paar Schläge lang aussetzte oder wild zu rasen begann.
Wahrscheinlich rettete die Tatsache sein Leben, daß seine Exfreundin in die Stadt kam und die beiden beschlossen, »um der alten Zeiten willen« die Nacht miteinander zu verbringen. Seine Freundin war schockiert von dem, was sie da erlebte: Der Mann, der noch vor vier Jahren tief und fest geschlafen hatte, konnte jetzt kaum eine Minute durchschlafen. Ständig wachte er auf, keuchte und schnappte nach Luft. Dazu kam: »Er wand sich und warf sich im Bett herum wie ein Fisch auf dem Trockenen.« Sie brachte ihn schnellstens in ein Zentrum für Schlafstörungen, wo eine schwere Schlafapnoe diagnostiziert wurde.
In diesem Fall sah es so aus, als sei die Insomnie anfangs tatsächlich mit Streß verbunden gewesen. Die Gewichtszunahme hatte Bill Quince dann allerdings für eine Schlafapnoe anfällig gemacht. Der Alkohol hatte die Apnoe noch weiter verschlimmert, so daß er häufig aufwachte und nach Luft schnappen mußte. Dann waren die Schlaftabletten dazugekommen. Und weil alle Schlaftabletten die Atmungsaktivität absenken, hatte die Apnoe sich sogar noch weiter verschlimmert, seit er die Medikamente nahm. Die Kombination aus Gewichtszunahme, Alkoholkonsum und Schlaftabletten hatte dazu geführt, daß die Apnoe chronisch wurde und ernsthafte Herz-Arrhythmien dazukamen.
Die Behandlung wandte sich zunächst dem akuten Problem zu. Zuerst wurde die Apnoe operativ behandelt. Dann begab sich Bill Quince auf den langen Weg zurück zur Gesundheit. Wir behandelten seine Alkoholsucht und gingen dann an den Entzug der Schlaftabletten. Schließlich brachten wir ihn noch dazu, sich körperlich stärker zu betätigen und abzunehmen. Heute, wiederum vier Jahre später, schläft er wieder tief und fest.

Machen Sie Schluß mit dem blauen Dunst

Es ist häufig so: Wo Rauch ist, da ist auch Insomnie.
Nikotin kann Sie wachhalten. Es ist ein Stimulans wie Koffein. Falls Sie sich also eine Zigarette anzünden, wenn Sie nicht schlafen können, sollten Sie Ihr Verhalten schleunigst ändern. Nehmen Sie statt dessen ein Buch zur Hand — das bringt Ihnen zusätzlichen Nutzen. Es verringert nämlich das Risiko, das Bett und sich selbst in Flammen aufgehen zu lassen, weil Sie ja nicht rauchen, während Sie einzuschlafen versuchen.
Eine Reihe von Untersuchungen beweist ganz klar, daß der Zigarettenkonsum zu Schlafstörungen führt. Studien zeigen, daß Insomnie zu den Hauptbeschwerden zählt, über die Raucher klagen.
Raucher haben größere Schwierigkeiten einzuschlafen, weil Zigaretten den Blutdruck in die Höhe treiben, die Herzfrequenz erhöhen und die Hirnwellen-Aktivität stimulieren. Außerdem neigen Raucher dazu, mitten in der Nacht häufiger aufzuwachen, was möglicherweise daran liegen kann, daß ihr Körper Entzugssymptomen unterworfen ist.
Experimente, die Dr. Anthony Kales und sein Team an der Pennsylvania State Universität anstellten, beweisen, daß eine ganze Gruppe von Männern, die wenigstens zwei Jahre lang ein bis drei Päckchen Zigaretten geraucht hatten, schneller einschlafen konnten und im Laufe der Nacht weniger häufig aufwachten, nachdem sie mit dem Rauchen aufgehört hatten. Zu dieser Verbesserung kam es, obwohl diese Männer tagsüber unter den Entzugserscheinungen — wie zeitweiliger Gereiztheit, Anspannung, Müdigkeit und Rastlosigkeit — litten.
Falls Sie also rauchen, könnte der Entschluß, damit aufzuhören, Ihnen sehr wohl helfen, gleichzeitig Ihre Insomnie zu kurieren und länger — und besser — zu leben.
Testen Sie das selbst, wenn Sie mögen, obwohl es logischerweise besser ist, Nichtraucher zu sein, selbst wenn das Rauchen nichts damit zu tun haben sollte, daß Sie schlecht schlafen. Falls Sie sich entschlossen haben, sollten Sie zusätzliche Vitamin- und Mineralstoffsupplementierungen nehmen: Die B-Vitamine, Vitamin C, Kalzium und

Magnesium werden Ihnen helfen, mit der Anspannung fertig zu werden. Gehen Sie Rauchern aus dem Weg, und legen Sie sich einen Vorrat an Fruchtsäften, Kaugummi, Karotten, Sellerie, Popcorn und anderen Snacks an, die Ihnen helfen werden, die ersten kritischen Tage zu überstehen. Dann können Sie es wagen, den entscheidenden Schritt zu tun. Hören Sie für einen Monat mit dem Rauchen auf, und stellen Sie selbst fest, ob Ihr Schlaf sich dadurch verbessert.

Einigen Menschen gelingt es, allein mit diesen Maßnahmen aufzuhören. Doch bei vielen anderen ist die Erfolgsquote höher, wenn sie sich professioneller Hilfe versichern. Sie sollten sich vielleicht mit Ihrem Arzt, einem Psychologen oder einem anderen Therapeuten besprechen oder es mit einem Nichtraucher-Programm oder einer Selbsthilfegruppe versuchen — zu beiden Punkten kann Ihnen Ihr Arzt Empfehlungen geben.

In den ersten paar Tagen kann sich Ihr Schlaf verschlechtern, da Sie wahrscheinlich unter Nikotinentzugssymptomen leiden werden. Ziehen Sie aber daraus keine Schlüsse, was die Auswirkungen angeht, die das Nichtrauchen bei Ihnen hat, bevor Sie es nicht wenigstens einen Monat lang ausprobiert haben. Benutzen Sie Ihr Schlafprotokoll, und denken Sie gründlich darüber nach, ob Sie ohne Zigaretten besser schlafen.

Bei den meisten Patienten verbessert sich der Schlaf entscheidend, wenn sie Nichtraucher werden. Und die Verbesserung ist sogar ganz drastisch, wenn sie Koffeinaufnahme und Alkoholkonsum ebenfalls einschränken. Ein weiterer Vorteil dieses »Opfers« ist eine allgemeine Besserung des Gesundheitszustandes.

5

Der Raum, in dem Sie schlafen

Marcel Proust war so lärmempfindlich, daß er sein Schlafzimmer mit Kork auskleiden ließ. Auf Reisen mietete er die Zimmer zu seiner Rechten und Linken immer noch dazu, um sich so vor lärmenden Nachbarn zu schützen.

Von Madame Tschiang Kai-schek sagt man, sie sei immer mit ihren eigenen Laken gereist — sogar ins Weiße Haus habe sie sie mitgebracht.

Wir wollen Ihnen nun keinesfalls empfehlen, so fanatisch zu werden; das richtige Umfeld kann jedoch durchaus ein wichtiger Punkt sein, wenn man gut und ruhig (und nicht schlecht und unruhig) schlafen will. Wie gestalten Sie Ihr Schlafzimmer also so, daß es die richtigen Voraussetzungen für einen gesunden Nachtschlaf erfüllt?

Überprüfen Sie die einfachen Dinge

Ist die Bettwäsche, ist das Laken frisch? Ist Ihre Decke zu dünn oder zu leicht, ist sie zu schwer, zu kratzig, zu dick? Ist das Schlafzimmer zu heiß oder zu kalt? Ist Ihr Schlafanzug, Ihr Nachthemd bequem? Haben Sie ein Haustier — einen Hund, eine Katze oder einen Vogel —, das nachts ruhelos durch Ihr Schlafzimmer streicht oder fliegt?

All dies können Faktoren sein, die Ihren Schlaf weit mehr beeinflussen, als Sie ahnen. Verändern Sie sie ein paar Nächte lang, und stellen Sie dann fest, wie Sie geschlafen haben.

Schauen Sie sich Ihr Bett genau an

Um sicherzustellen, daß Ihr Bett in Ordnung ist und Ihnen nicht die Nacht verleidet, sollten Sie die folgenden Punkte überprüfen:

Ist die Matratze alt, ist sie an den Ecken oder in der Mitte durchgelegen? Ist sie eingestaubt? Falls sich da Probleme ergeben, ist es möglicherweise an der Zeit, eine neue Matratze und einen neuen Sprungrahmen oder Lattenrost zu kaufen.

Vielleicht ist Ihr Bett auch nicht groß genug, besonders dann, wenn Sie zu zweit darin schlafen. Wußten Sie, daß von zwei Erwachsenen, die zusammen in einem normalen Doppelbett schlafen, jeder so viel Platz hat wie ein Baby in seiner Wiege? Falls Sie Ihre Nächte also nicht allein verbringen, sollten Sie es mit einem 1,50, 1,80 oder zwei Meter breiten französischen Bett versuchen oder zwei (je ein Meter breite) Einzelbetten nebeneinander stellen. So schlafen Sie möglicherweise besser.

Ist Ihr Kissen bequem? Vielleicht brauchen Sie ja ein neues? Kaufen Sie das, das Ihnen gefällt: weich oder hart, mit Schaumstoff- oder Daunenfüllung.

Ist Ihre Bettwäsche gut für Sie? Satinbettwäsche mag zwar sexy sein, doch sie ist möglicherweise zu glatt oder zuwenig luftdurchlässig, um wirklich angenehm zu sein. Falls Ihnen schwere Baumwolle zu kratzig und zu rauh ist, können Sie ja welche aus weichem Damast oder zartem Baumwollbatist kaufen.

Falls Sie sich entschließen, eine neue Matratze oder ein neues Bett zu kaufen, überlegen Sie zunächst, welchen Matratzentyp Sie vorziehen: Sprungfedern, Schaumstoff oder ein Wasserbett.

Wenn Sie sich für Sprungfedern entscheiden, prüfen Sie zuerst, welcher Härtegrad Ihnen am ehesten entgegenkommt — je dicker die einzelne Sprungfeder und je mehr Windungen sie aufweist, desto härter ist die Matratze. Ihre Entscheidung sollte aber eher in Richtung zu hart als zu weich fallen, da Matratzen nun einmal dazu neigen, mit zunehmendem Alter ohnehin immer weicher zu werden.

Falls Sie sich für eine Schaumstoffmatratze entscheiden, sollten Sie bedenken, daß die Auflagefläche dann am unnachgiebigsten ist, wenn der Schaumstoff schwer und die Dichte der einzelnen Partikel hoch ist. Sie können aber auch welche bekommen, bei denen der harte Kern von einer Hülle aus weicherem Schaumstoff umgeben ist. Die bieten Ihnen beides — eine weiche Auflage und trotzdem eine starke Stützung für die Wirbelsäule. Eine Schaumstoffmatratze können Sie sowohl auf einen Sprungrahmen als auch auf einen Lattenrost oder auf ein Podest legen.

Wenn Ihre Wahl auf ein Wasserbett fällt, sollten Sie sich nach einem »wellenlosen« mit eingebautem Schallschirm, Buchse, Futter und Heizung umschauen. Inzwischen gibt es auch Wasserbetten, die mit einem gelähnlichen Material gefüllt sind.

Und dann gibt es natürlich noch Kombi-Matratzen, wie zum Beispiel Schaumstoffmatratzen, die auf einem Wasserbett liegen, oder Schaumstoffmatratzen mit einem festen Federkern.

Haben Sie eine Matratze gekauft, sollten Sie nicht vergessen, sie in regelmäßigen Abständen zu wenden und auch Kopf- und Fußteil gegeneinander auszutauschen, so daß sie sich gleichmäßig abnutzt.

Aber verlieren Sie bei alldem nicht die Realitäten aus den Augen. Richtig, Sie brauchen ein bequemes Bett, eines, in dem Sie keine Rückenschmerzen bekommen oder sich andere gesundheitliche Beschwerden zuziehen. In vielen Kulturen schlafen die Menschen jedoch auf dem harten Fußboden, ohne irgendwelche Probleme zu haben. Andere schlafen in Hängematten, die in der Mitte durchhängen. Ungefähr zur Zeit Louis XIV. von Frankreich schliefen die Menschen sogar fast aufrecht sitzend (schauen Sie sich einmal die Betten in Versailles an).

Falls Sie unter Rückenschmerzen leiden, sollten Sie auf einer festen, harten Matratze schlafen. Dr. Arthur Michele empfiehlt in seinem Buch *Orthotherapy*, daß Menschen, die im Bereich der unteren Rückenwirbel unter Schmerzen leiden, ein Bandscheibenbrett aus zwei Zentimeter dickem Sperrholz benutzen sollten, das in den äußeren Maßen etwa zwei Zentimeter weniger mißt als die Matratze. Legen Sie das Sperrholz zwischen den Sprungrahmen oder Lattenrost und die Matratze. Das sorgt für die richtige Stützung. Auch in größeren Hotels können Sie ein solches Bettbrett verlangen. Man wird es gern in Ihr Bett legen.

Falls Sie sich morgens beim Aufwachen wegen Ihrer Arthritis ganz steif fühlen, sollten Sie es vielleicht mit einer Schafwollauflage auf der Matratze versuchen. Nach einer Studie, die im *Medical Journal of Australia* veröffentlicht wurde, schränkt eine Wollauflage die Bewegungen des Schläfers ein und verbessert so den Schlaf vieler Menschen, die an Arthritis leiden.

Wenn Sie leicht einen steifen Nacken bekommen, könnten Sie ein speziell geformtes Kissen ausprobieren oder es mit einem kleinen, weichen Kissen versuchen, damit Ihr Hals beim Schlafen nicht in eine unnatürliche Lage gezwungen und übermäßig belastet wird. Schlafen Sie auch niemals auf dem Bauch, weil Sie dann Kopf und Hals auf eine Seite drehen müßten.

Falls Sie unter Sodbrennen leiden oder Atemschwierigkeiten haben, sollten Sie darauf achten, daß Kopf und Oberkörper ungefähr 15 Zentimeter erhöht liegen. Heben Sie entweder das Kopfteil des Bettes an, oder benutzen Sie — falls Sie nicht allein schlafen — auf Ihrer Seite des Bettes ein Keilkissen.

Laut oder leise? Hell oder dunkel?

Einige Menschen brauchen absolute Stille und Dunkelheit, um schlafen zu können. Möglicherweise gehören Sie ja zu dieser Gruppe. Dann sollten Sie unter Zuhilfenahme von Teppichen, Vorhängen und anderen geräuschdämmenden Mitteln versuchen, Lärm soweit wie möglich auszuschließen, und danach feststellen, ob Ihnen das hilft.

Obwohl ein offenes Fenster oder Zugluft manchen Menschen ernsthafte Probleme bereiten, gehen andere in die Luft, wenn sie bei geschlossenem Fenster oder in einem Raum mit Klimaanlage schlafen sollen. Ganz besonders dann, wenn ein Haus hermetisch gegen jedes Lüftchen von außen isoliert ist, haben sie das Gefühl, nicht genügend Sauerstoff zu bekommen. Versuchen Sie einmal, eine Nacht bei offenem Fenster zu schlafen, und schließen Sie es in der nächsten. So können Sie am ehesten feststellen, was gut ist für Sie.

Ein Mann, der nachts arbeitete und tagsüber schlafen mußte, hatte damit Schwierigkeiten. Lärm und Helligkeit machten ihm zu schaffen. Er löste das Problem mit schwarzgestrichenen Wänden, schweren Rollos vor den Fenstern und zusätzlich mit schwarzen Vorhängen; außerdem stopfte er sich Watte in die Ohren. Das half tatsächlich. Eine andere Patientin benutzt immer eine Schlafmaske.

Sollten Sie das Radio laufen lassen oder nicht? Die Antwort kann wieder nur lauten, daß Sie das selbst ausprobieren müssen. Der *Nationale Forschungsrat von Kanada* stellte fest, daß der Geräuschpegel eines Radios den Schläfer stören kann, selbst wenn es ganz, ganz leise gestellt ist. Aber das hängt vermutlich vom einzelnen Menschen ab. Manchen hilft es, wenn sie das Radio die ganze Nacht über leise spielen lassen. Sollten sie mitten in der Nacht aufwachen, hören sie eine Weile zu und können danach leichter wieder einschlafen. Wenn Sie gern bei sanfter Musik einschlafen, sollten Sie es einmal mit einem Radio ausprobieren, das sich automatisch abschaltet, oder es mit einer beruhigenden Platte oder einem einschläfernden Tonband versuchen. (Die »Goldberg-Variationen«, die sanften Klaviersoli, hat Johann Sebastian Bach 1742 angeblich auf die Bitte eines Prinzen hin geschrieben, der hoffte, so seiner Schlaflosigkeit Herr zu werden.)
Einige Menschen stört schon das Ticken einer Uhr. Andere dagegen schlafen leichter ein, wenn sie monotone Geräusche hören.
Es scheint so, als fiele es den meisten Menschen leicht, sich an jedes einigermaßen regelmäßig auftretende Geräusch zu gewöhnen. Es sind die nur gelegentlich auftretenden, lauten Geräusche — ein Flugzeug, das über das Haus donnert, eine Tür, die heftig zugeschlagen wird, Lastwagen, die in unregelmäßigen Abständen vorbeirattern —, an die wir uns nicht gewöhnen können. Tatsächlich reißt Lärm sogar jene Menschen aus dem Schlaf, die von sich behaupten, kein Geräusch könne sie aufwecken und morgens könnten sie sich ohnehin an nichts erinnern.
Das wurde in einem Stadtteil von Los Angeles getestet, der in der Nähe des Flughafens liegt. Zuerst sagten die meisten der Interviewten, sie hätten sich an den Fluglärm gewöhnt und störten sich längst nicht mehr daran. Dann suchten die Forscher die Bewohner zu Hause auf und machten Schlaf-Aufzeichnungen. Sie befestigten die Aufnahme-Elektroden an kleinen Transmittern und parkten ihren Aufzeichnungswagen in den Auffahrten. Anhand der Gehirnwellenmessung stellten sie fest, daß sogar Menschen, die bereits seit sechs Jahren (oder noch länger) in dieser lauten Gegend wohnten, immer noch gelegentlich aufwachten, wenn ein Flugzeug über ihr Haus hinwegdröhnte, obwohl sie vorher behauptet hatten, sie hätten sich an den Lärm gewöhnt. Wenn man die Messungen über die ganze Nacht ausdehnte, war es dann tatsächlich so, daß die Menschen in diesem lau-

ten Stadtteil ungefähr eine Stunde weniger Schlaf bekamen als die Bewohner ruhigerer Teile der Stadt.

Falls Sie in einer solchen Gegend leben und schlafen müssen, wäre ein Geräuschschirm vermutlich eine gute Idee. Lassen Sie einen Ventilator laufen, oder schaffen Sie sich eine Klimaanlage an. Es gibt übrigens auch Geräte, die beruhigende Geräusche produzieren — wie zum Beispiel Meeresrauschen oder das sanfte Plätschern von Regentropfen. Sie können sich aber auch durch eine Maschine, die ein »weißes Rauschen« fabriziert — ein einschläferndes, neutrales Geräusch ohne Muster oder Bedeutung — gegen Lärm abschirmen. (Wenn Sie ein UKW-Radio so einstellen, daß es zwischen zwei Stationen steht, können Sie dieses Geräusch selbst erzeugen.)

Da wir auch im Schlaf verschiedene Geräusche auseinanderhalten können, ist es also wichtig zu wissen, was ein bestimmtes Geräusch verursacht. Ein leiser Ton, der sich anhört, als knabberten Mäuse die Schlafzimmerwand an, kann den Schläfer unter Umständen mehr stören, als er das seinem Geräuschpegel entsprechend tun sollte. Wir wachen möglicherweise auf, wenn das Baby weint, ignorieren aber weit lauteren Verkehrslärm, an den wir gewöhnt sind.

Vermutlich am wichtigsten ist es zu erkennen, daß die Menschen sich stark voneinander unterscheiden, was die Geräuschempfindlichkeit im Schlaf angeht. Bei einer der frühesten Untersuchungen an der Universität von Chicago fanden wir heraus, daß manche Menschen schon aufwachen, wenn sie ein leises Flüstern hören, das nur 15 Dezibel über dem normalen Geräuschpegel liegt, und daß andere erst aus ihren Träumen aufschrecken, wenn die Geräusche den Lärmpegel einer Diskothek (über 100 Dezibel) erreichen. Dazu kommt, daß die Lärmempfindlichkeit mit zunehmendem Alter zunimmt und Frauen ohnehin empfindlicher auf Lärm reagieren als Männer.

Die Aufwachschwelle hängt natürlich auch vom jeweiligen Schlafstadium ab. Sie kann sogar vom Inhalt eines Traumes abhängen. Falls der Schläfer das Geräusch irgendwie in seinen Traum einbauen kann, fällt es ihm möglicherweise leichter, ruhig weiterzuschlafen.

Die Schwelle kann zusätzlich noch vom Schlafbedürfnis abhängen; da das Schlafbedürfnis sich im Laufe der Nacht verringert, wird jedes einzelne Schlafstadium nach und nach weniger intensiv, und das Aufwachen fällt leichter. Falls Sie einige Nächte lang unter Schlafentzug gelitten haben, ist es allerdings schwieriger, Sie aufzuwecken.

Die Uhr

Viele Menschen, die an Schlaflosigkeit leiden, besitzen einen Wecker, von dem ihnen grell-leuchtend die Uhrzeit entgegenstarrt. Wenn sie beim Einschlafen Schwierigkeiten haben, beobachten sie angespannt und ängstlich, wie Minute um Minute weiterklickt. Falls sie mitten in der Nacht aufwachen, gilt ihr erster Blick der Uhr. Egal, wie spät es dann auch ist — passiert es doch immer zur falschen Zeit.

Für die meisten Menschen sollte das Schlafzimmer ein Raum sein, in dem weder Zeit noch Stunde zählen. Sobald man sich entschlossen hat, zu Bett zu gehen, ist es an der Zeit, sich auszuruhen und zu schlafen — egal, ob es nun ein Uhr oder fünf Uhr morgens ist. Falls man nicht schlafen kann, sollte man sich ablenken und entspannen — lesen, Musik hören oder sogar fernsehen.

Offenbar ist es wichtig, daß man jeden Morgen zur gleichen Zeit aufsteht. Aus diesem Grund sollte der Wecker zwar irgendwo im Schlafzimmer stehen — bei Menschen, die dazu neigen, nervös auf die Uhr zu starren, allerdings da, wo man ihn hören, aber nicht sehen kann. Wir raten unseren Patienten, den Wecker zu stellen und ihn dann unters Bett oder in die oberste Schublade der Kommode zu legen. Danach sollten sie sich entspannen, bis er klingelt.

Wie jede andere unserer Empfehlungen sollten Sie auch diesen Ratschlag ein oder zwei Wochen lang ausprobieren, um festzustellen, ob er Ihnen weiterhilft. Einer unserer Patienten war so besessen von dem Gedanken, ständig wissen zu müssen, wie spät es ist, daß er anfing, die Uhrzeit in Minutenabständen zu schätzen, sobald er den Wecker unter dem Bett versteckt hatte. Für ihn war eine Umgebung, in der weder Zeit noch Stunde zählen, ganz offensichtlich nicht das richtige. Auf manche Menschen wirkt die Uhr nämlich wohl sogar beruhigend. Sie haben möglicherweise das Gefühl, die ganze Zeit wach gewesen zu sein, bis ihnen die Uhr beweist, daß sie schon einige Stunden geschlafen haben.

Überprüfen Sie das, und tun Sie dann, was für Sie am günstigsten ist.

Weitere Störfaktoren des Umfelds

Ihr Schlafzimmer kann sich aber auch noch in anderer Hinsicht für Sie als nicht geeignet erweisen. Falls Sie unter einer Allergie leiden und beispielsweise durch das geöffnete Fenster Blütenpollen hereinfliegen könnten, die bei Ihnen Atemprobleme auslösen. Genausogut könnte ein altes Kissen verstaubt und muffig sein, was Sie zum Niesen oder Husten reizt oder dazu führt, daß Ihre Augen brennen. Es kann sich als nötig erweisen, unter dem Bett gründlich staubzusaugen, die Gardinen, Vorhänge oder die Tagesdecke zu waschen oder die Federbetten reinigen zu lassen, um all den Staub zu eliminieren, der sich in den Textilien angesammelt hat.

Vergewissern Sie sich auch, daß das Zimmer weder zu warm noch zu kalt ist. Vergessen Sie die unselige Behauptung, wonach man in einem eiskalten Raum besser schläft. Dafür gibt es nicht den geringsten Beweis. Tatsache ist sogar, daß kalte Füße Sie wach halten können — tragen Sie Socken im Bett, falls das Ihr Problem sein sollte. Auf eine ideale »Schlaf«-Temperatur für alle Menschen hat man sich nämlich bislang nicht einigen können. Dennoch wissen wir, daß Temperaturen über 18 Grad Celsius dem Schläfer/der Schläferin und dem Schlaf eher hinderlich sind und daß sowohl REM- als auch Delta-Schlafphasen bei höheren Temperaturen verkürzt auftreten.

Es ist interessant, daß Menschen im REM-(Traum-)Schlaf *poikilothermisch* sind, das heißt, daß sie die übliche Fähigkeit verlieren, die Körpertemperatur durch Zittern oder Schwitzen zu regulieren. REM-Schlafphasen treten häufiger auf, je weiter die Nacht fortgeschritten ist, was es um so wahrscheinlicher erscheinen läßt, daß extreme Temperaturen zu diesem Zeitpunkt als besonders störend empfunden werden.

Stellen Sie außerdem sicher, daß der Raum die richtige Luftfeuchtigkeit hat. Falls die Luft zu trocken ist, fühlt sich Ihre Haut unter Umständen trocken an, Ihr Hals kratzt, und Ihre Nase kann verstopft sein. Falls die Luft dagegen zu feucht ist, könnte sich die Haut verschwitzt und zu warm anfühlen.

Manche Menschen schlafen auch deshalb schlecht, weil sie sich nicht sicher fühlen. Falls Sie allein leben und aus diesem Grund

Angst haben, könnten Sie sich, zum Beispiel, sicherere Türschlösser, einen Rauch-Detektor und eine automatische Alarmanlage einbauen lassen. Vielleicht sollten Sie auch in Erwägung ziehen, sich für Notfälle einen Telefonanschluß ins Schlafzimmer legen zu lassen.

Sollten Sie das Bett mit jemandem teilen? Wir haben eigentlich gezögert, diesen Punkt anzusprechen, können Ihnen aber die Studie, die Dr. Larry Monroe von der *Ohio State University* vor Jahren machte, wohl doch nicht vorenthalten. Im Rahmen dieser Untersuchung wurden Paare, die daran gewöhnt waren, zusammen zu schlafen, einige Nächte lang beobachtet, während sie ein Bett teilten, und dann einige Nächte, während sie in getrennten Betten schliefen. Schliefen sie in einem Bett, träumten sie mehr (mehr REM-Schlaf!) und bekamen weniger vom tiefen Delta-Schlaf, den der Körper braucht, um sich erholen zu können. Es sieht so aus, als brauchte der Mensch wenigstens zehn Minuten ungestörten Schlafs, bevor eine solche Delta-Phase einsetzen kann — und falls sich einer der Partner während dieser wichtigen zehn Minuten bewegt und den anderen stört, springt die Uhr augenscheinlich automatisch zurück auf Null, und die zehn Minuten-Phase muß noch einmal von vorn beginnen. Obwohl wir natürlich alles andere im Sinn haben, als das Eheglück unserer Leser trüben zu wollen, und ganz gewiß nicht vorschlagen wollen, daß alle Leute in getrennten Betten schlafen, sollten Sie vielleicht doch nach irgendeinem Kompromiß — wie beispielsweise zumindest getrennten Matratzen in einem breiten Doppelbett oder irgendeiner anderen Möglichkeit — suchen, falls Sie schlecht schlafen und sich nach mehr Ruhe sehnen.

Vielleicht wollen Sie ja abends einfach noch ein wenig lesen, oder Sie werfen sich öfter ruhelos im Bett herum und haben deshalb ein schlechtes Gewissen, weil Sie ja Ihren Partner/Ihre Partnerin stören könnten. Wenn das so ist, sollten Sie die Nacht in einem anderen Bett im Haus/in der Wohnung verbringen (und das Ihrem Partner/Ihrer Partnerin erklären, damit er/sie nicht auf den Gedanken kommt, das sei der Anfang vom Ende Ihrer Ehe).

Manchmal kommt es vor, daß ein Paar zur gleichen Zeit zu Bett geht, obwohl einer von beiden nicht wirklich müde ist — er/sie tut's dann nur, um zum anderen nett zu sein. Wenn Sie schlecht schlafen, sollten Sie das auf keinen Fall tun. Falls Sie zu den Menschen gehören, die

weniger Schlaf brauchen als andere, wäre dies garantiert eine der Möglichkeiten, die Sie zu jemandem machen können, der bald unter Schlaflosigkeit leidet.
Wie bei allem, was wir Ihnen im Rahmen unseres Programms gegen Schlaflosigkeit anempfehlen, müssen Sie wieder selbst herausfinden, ob irgendwelche dieser Gegebenheiten auf Sie zutreffen. Für unterschiedliche Menschen gibt es nun einmal auch unterschiedliche Lösungsmöglichkeiten.

6

Wie man in die richtige Stimmung kommt

Corrine Barnes lag auf einer Matratze ausgestreckt auf der Ladefläche eines Kombiwagens, als sie in die Schlafklinik eingeliefert wurde. Der Mangel an Schlaf habe sie so sehr geschwächt, sagte sie, daß sie die Drei-Stunden-Fahrt gewiß sitzend nicht hätte durchstehen können. Bei einem Gespräch stellte sich heraus, daß sie gewöhnlich 22 Stunden täglich im Bett verbrachte, nur abends für zwei Stunden aufstand, »um meinem Mann beim Abendessen Gesellschaft zu leisten«. Den Haushalt führte ein Dienstmädchen.

Frau Barnes döste — ob tagsüber oder nachts — für kurze Zeit ein, wachte auf und döste weiter, empfing jedoch häufig Besucher in ihrem Schlafzimmer. Sie hatte es sogar fertiggebracht, eine Frauengruppe zu gründen, die sich allwöchentlich in dem großen Raum traf. Corrine hatte seit ihrer Kindheit relativ schlecht geschlafen. In ihre gegenwärtigen Schlafgewohnheiten war sie dann vor etwa zehn Jahren hineingerutscht. Damals hatte sie sich einer schweren Nierenoperation unterziehen müssen. In deren Folge hatte sie unter starken Depressionen gelitten. Sie hatte das Gefühl, sich nie ganz von dieser Operation erholt zu haben, obwohl zwei Ärzten ihr versichert hatten, sie sei organisch völlig gesund.

Sie haßte die Nacht und alles, was mit Schlaf und Schlafen zusammenhing. Sie verbrachte jede Nacht mehrere Stunden mit dem Versuch, ganz still zu liegen (nur um festzustellen, daß jeder Muskel ihres Körpers sich dagegen zu wehren schien), bemühte sich, an nichts zu denken (nur um festzustellen, daß ihre Gedanken ein Thema nach dem anderen anpackten), bemühte sich, tief durchzuatmen (nur um festzustellen, daß ihr schwindelig wurde und sie die Kontrolle verlor). Sie sagte von sich, sie hätte »jedes Rezept für Schlaf ausprobiert, das in irgendeiner Zeitschrift oder einem Buch veröffentlicht worden sei«, hätte aber nichts finden können, was ihr geholfen hätte.

Corrine Barnes hatte immer unter Minderwertigkeitskomplexen gelitten — schon als Kind. Und ihre Mutter hatte sie ziemlich verzärtelt und übermäßig beschützt (»Du weißt, mein Schatz, daß du dir eine Lungenentzündung holen kannst, wenn du draußen spielst. Außerdem würde es dich zu sehr anstrengen«). Wenn sie dann abends im Bett lag und nicht schlafen konnte, fühlte sie sich in ihrem Minderwertigkeitsgefühl bestätigt. Sie hatte Angst, die Tatsache, daß sie nicht genug Schlaf bekam, könne ihr ganzes Leben ruinieren, also blieb sie immer öfter zu Hause, wagte sich kaum noch hinaus.

Die Untersuchungen im Schlaflabor zeigten, daß Corrine Barnes — über Tag und Nacht verteilt — in Fragmenten von einer halben bis zu zwei Stunden schlief. Den größten Anteil hatte daran Schlaf des Stadiums I (die Übergangsphase zwischen Wachen und Schlafen). Delta-Schlaf bekam sie gar nicht und auch nur sehr wenig REM-Schlaf.

Frau Barnes wohnte einen Monat lang in einem Motel in der Nähe der Klinik. Mit Hilfe einer engen Freundin gelang es ihr, die Zeitspanne, die sie außerhalb des Bettes verbrachte, allmählich auszudehnen — von zwei Stunden auf 16 Stunden täglich. Sie lernte es, Entspannungsübungen durchzuführen, und bekam Informationen zur Schlafhygiene. Und sie kam jeden Tag in die Klinik, wo sie sich einer intensiven Psychotherapie unterzog, die ihr Selbstwertgefühl und ihre Selbstachtung steigern sollte. Allmählich wurde ihr Schlaf normal, und sie kehrte zufrieden nach Hause zurück, obwohl sie natürlich niemals eine wirklich gute Schläferin wurde. Inzwischen aber schläft sie schon seit fünf Jahren recht annehmbar.

Corrine Barnes ist ein klassisches Beispiel für die drei größten Irrtümer, denen Menschen anhängen, die an Schlaflosigkeit leiden:

1. »Je länger ich im Bett bleibe, desto mehr Schlaf werde ich bekommen und desto besser werde ich mich fühlen.«
2. »Wenn ich nicht einschlafen kann, muß ich mich einfach noch mehr anstrengen, bis es mir gelingt.«
3. »Es gibt nichts Schlimmeres als Insomnie. Sie ruiniert den morgigen Tag und wird noch mein ganzes Leben zerstören.«

Die Wahrheit ist, daß man sich um so schlechter fühlt, je länger man im Bett bleibt. Das Schlimmste, was man tun kann, ist, sich zu große Mühe zu geben, um in den Schlaf zu finden. Und ob man nun schläft oder nicht, ist wahrscheinlich gar nicht so wichtig, wenn es darum geht, wie man sich am nächsten Tag fühlt. Und was man zu leisten in der Lage ist.
Hier sind einige Vorschläge für Gegenmaßnahmen, die Ihnen möglicherweise zunächst etwas eigenartig erscheinen mögen, Ihnen aber trotzdem helfen werden, die richtige Einstellung zu finden und Gewohnheiten anzunehmen, die Sie besser schlafen lassen.

Regel 1: Schränken Sie die Schlafzeit ein

Denken Sie daran, daß es bei der Schlafmenge, die der einzelne braucht, starke Unterschiede gibt. Einige Menschen brauchen nur drei oder vier Stunden und fühlen sich wohl, andere dagegen brauchen acht oder zehn Stunden Schlaf. Erinnern Sie sich, wieviel Sie geschlafen haben, bevor Ihre Insomnie begann. Wie lange hatten Sie geschlafen, wenn Sie das Gefühl hatten, gut ausgeruht zu sein? Oder denken Sie noch weiter zurück. Haben Sie als Kind extrem viel oder extrem wenig geschlafen? Falls Sie sich nicht entsinnen können, waren Sie vermutlich ein Durchschnittsschläfer/eine Durchschnittsschläferin; das heißt, Sie haben ungefähr sieben bis acht Stunden Schlaf pro Nacht gebraucht.
Was also würde passieren, wenn Sie als Sieben-Stunden-Schläfer neun Stunden im Bett verbringen? Im Gegensatz zu dem, was Sie vermuten mögen, würde es wahrscheinlich nicht dazu führen, daß Sie sich jede Nacht zwei Stunden lang schlaflos im Bett wälzen. Statt dessen würden sich Ihre sieben »Schlafstunden« nach einigen Wochen vermutlich in neun Stunden sehr flachen Schlafs verwandeln. Möglicherweise würden sich Einschlafprobleme ergeben und einige längere Wachperioden im Laufe der Nacht. Am wichtigsten ist jedoch die Tatsache, daß der Schlaf sehr, sehr flach werden dürfte — viel Schlaf des Stadiums I und nur sehr wenig vom tiefen Delta-Schlaf. Das ist so, als

würde eine bestimmte Wassermenge auf eine wesentlich größere Oberfläche gegossen, die sie nicht mehr ganz bedecken kann. Dieser flache Schlaf ist weit weniger erholsam, und man wacht morgens müder und schwächer auf als vorher.

Natürlich glaubt man dann, man hätte nicht genügend Schlaf bekommen. Was wiederum dazu führt, daß man seine Schlafzeit noch weiter verlängert. Das bringt allerdings noch flacheren Schlaf ein, noch mehr Wachperioden, und außerdem fühlt man sich noch weniger erholt und ausgeruht. Und so geht es weiter — ein wahrer Teufelskreis. Je mehr Zeit Sie sich selbst im Bett zubilligen, desto flacher und unbefriedigender wird Ihr Schlaf, und desto größer wird die Gefahr, daß Sie sich in eine ernste Insomnie »hineinschlafen«.

Deshalb raten wir unseren Patienten im Rahmen des Programms zuallererst, *die Zeit herunterzuschrauben, die sie im Bett verbringen.* Ihr Körper, der sich möglicherweise daran gewöhnt hat, so viele Stunden im Bett zu liegen, wird sich vermutlich wehren, wenn Sie nun länger aufbleiben und trotzdem zur üblichen Zeit aufstehen. Tatsächlich wird Ihr Körper sich einige Wochen lang dagegen auflehnen, und Sie werden sich ein Weilchen ziemlich schlecht fühlen. Aber selbst wenn Ihr Körper Ihnen möglicherweise vermitteln will, daß es ihm an Schlaf mangelt, müssen Sie strikt dabei bleiben, nur so lange zu schlafen wie vor Beginn Ihrer Insomnie. Und seien Sie hart gegen sich! Nach ein paar Wochen — vielleicht dauert es nicht einmal so lange — wird Ihr Körper sich an den neuen Stundenplan gewöhnt haben, und Sie werden in der Zeit, die Sie sich zugebilligt haben, tiefer und besser schlafen.

Gewöhnlich ist es ziemlich schwierig, bis zu der neuen Zubettgehzeit aufzubleiben, wenn Ihr Körper Ihnen sagt, daß Sie unter Schlafmangel leiden. Vielleicht fühlen Sie sich erschöpft und glauben, jede Faser Ihres Körpers schreie nach Schlaf. Vermutlich fangen Sie schon an einzuschlafen, wenn Sie fernsehen oder lesen wollen.

Es hilft Ihnen gewiß, wenn Sie sich für die Zeit, in der Sie wach bleiben wollen, etwas vornehmen, das mehr Energie erfordert: Sie könnten waschen, einen Schrank aufräumen oder Freunde zu einem Kartenspiel einladen. Sowohl häusliche wie gesellschaftliche Aktivitäten sind hilfreich, wenn es darum geht, über die Stunden zu kommen, die Sie gewöhnlich im Bett verbracht haben.

Wenn Sie wach bleiben wollen, hat es sich auch als günstig erwiesen, nicht immer am selben Platz zu bleiben. Arbeiten Sie beispielsweise zunächst am Schreibtisch, wechseln Sie dann an den Eßtisch und gehen Sie danach in die Küche. Arbeiten Sie eine Weile bei Radiomusik, und schalten Sie die Musik dann aus. Laufen Sie ein wenig im Raum herum und strecken Sie sich genüßlich. Machen Sie jede Stunde ungefähr fünf Minuten Gymnastik. Waschen Sie sich das Gesicht — zuerst mit warmem, dann mit kaltem Wasser. Putzen Sie sich die Zähne, kämmen Sie sich das Haar, wechseln Sie vielleicht die Kleidung. Öffnen Sie ein Fenster, und atmen Sie die kühle Nachtluft tief ein.

Einfacher ist es jedoch, wenn Sie einen Partner/eine Partnerin haben. Falls Sie jemanden kennen sollten, der ebenfalls unter Insomnie leidet, könnten Sie sich gegenseitig unterstützen. Diskutieren Sie Ihre Pläne miteinander. Rufen Sie sich jede Nacht an oder treffen Sie sich, um sich gegenseitig Gesellschaft zu leisten.

Recht bald wird es leichter werden, die Stunden zu überstehen, in denen Sie früher geschlafen haben. Nach zwei bis vier Wochen, wenn Sie fester schlafen und mit mehr Energie wieder aufwachen, werden Sie wissen, daß es die Mühe wert war.

Dr. Arthur Spielman vom City College in New York hat ein schnelleres, allerdings auch drastischeres Programm entwickelt. Während die Patienten bei unserem Programm die Zeit, die sie im Bett verbringen, auf die Zeitspanne verkürzen, die sie früher zu schlafen pflegten — sagen wir, auf sechs bis sieben Stunden —, fordert Spielman seine Patienten auf, nur drei bis vier Stunden im Bett zu verbringen. Sie gehen gegen halb drei Uhr morgens schlafen und stehen um halb sechs, spätestens um halb sieben wieder auf. Jeden Morgen rufen sie seinen Auftragsdienst an und erstatten ihm Bericht, wie viele der Stunden, die sie im Bett verbracht haben, sie tatsächlich geschlafen haben. Die Zeit, die sie geschlafen haben, wird dann durch die Zeit dividiert, die sie im Bett verbracht haben — das ergibt ihre »Schlaf-Effizienz«. (Wenn Sie beispielsweise vier Stunden im Bett verbracht und davon drei geschlafen haben, wäre Ihre Schlaf-Effizienz 75 Prozent.) Nach fünf Tagen läßt Dr. Spielman seine Patienten 15 Minuten bis eine halbe Stunde früher zu Bett gehen, falls die Schlaf-Effizienz bei etwa 90 Prozent liegt. Jedesmal, wenn die Schlaf-Effizienz die 90 Prozent übersteigt, wird den Patienten eine weitere viertel bis halbe Stunde mehr im Bett zugebilligt. Nach einigen Wochen dürfen sie dann normal lange im Bett bleiben, und sie schlafen dann tief und fest.

Falls Sie Dr. Spielmans Technik anwenden wollen, werden Sie zweifellos oft vor dem Punkt stehen, an dem Sie das Handtuch werfen wollen. Aber bedenken Sie, daß Sie gerade zu dem Zeitpunkt, da Sie aufgeben wollen, die schlimmsten Nächte vermutlich bereits hinter sich haben. Es wäre doch zu dumm, wenn Sie aufgäben, bevor Sie das Licht am Ende des Tunnels erreicht haben. Es ist häufig hilfreich, einige Schlafprotokolle auszufüllen, während Sie sich diesem Programm unterziehen, so daß Sie Ihre Fortschritte selbst vor Augen haben. Denken Sie daran, wie lange Sie unter Schlaflosigkeit litten — und vergleichen Sie diese Zeit mit der Länge der Behandlung, die Ihnen zu gesundem, »normalem« Schlaf verhilft. Die Spielman-Methode wirkt bei den meisten Menschen im Lauf von drei Wochen — oder noch schneller.

Wir beginnen bei unseren Patienten gewöhnlich mit der leichteren »Kehren Sie zu der Stundenzahl zurück, die Sie geschlafen haben, bevor Ihre Insomnie begann«-Technik. Denn es ist doch sehr schwierig, Dr. Spielmans Methode durchzuhalten. Es erfordert eine Menge Willenskraft, bis halb drei aufzubleiben, wenn man ein paar Nächte nicht geschlafen hat.

Falls Ihre Insomnie mit Depressionen verbunden ist, könnte eine ernsthafte Einschränkung der Schlafzeit Ihnen auch gegen Ihre Depressionen helfen. Dr. Pflug und Dr. Toelle, zwei deutsche Forscher, haben festgestellt, daß eine Nacht, die komplett ohne jeden Schlaf verbracht wird, vielen ihrer Patienten half, die unter Depressionen litten. Statt schläfrig zu werden, fühlten sie sich plötzlich kräftig und sprühten vor Energie. Die beiden Deutschen halten ihre Patienten eine Nacht lang wach und lassen sie dann zwei, drei Nächte normal schlafen. Sobald die Depressionen zurückkehren, halten sie sie wieder eine Nacht lang wach, und so weiter und so fort. Einige ihrer Patienten wenden die Technik in den Wochen an, die es dauert, bis die Antidepressiva zu wirken beginnen, anderen hilft schon die Schlafbeschränkung.

Wählen Sie für sich die Technik zur Einschränkung der Schlafzeit, die Ihnen am günstigsten erscheint.

Regel 2: Bemühen Sie sich nie krampfhaft um Schlaf

»Falls es nicht auf Anhieb klappt, versuchen Sie's halt noch einmal und noch einmal.« Dieses Motto mag ja in vielen Lebensbereichen funktionieren, beim Schlaf aber bewirkt es das glatte Gegenteil. In Wahrheit ist es so, daß man mit größter Wahrscheinlichkeit immer wacher wird, je mehr man versucht, zu schlafen. Der Schlaf kommt nur, wenn man ihn nicht erzwingen will.

Denken Sie darüber nach, wie und wann Sie schlafen. Schlafen Sie ein, wenn Sie fernsehen oder lesen, wenn Sie also wach bleiben wollen, sind aber in dem Augenblick hellwach, in dem Sie sich endlich zum Schlafengehen entschließen? Haben Sie Schwierigkeiten oder ist es Ihnen sogar völlig unmöglich, nachts zu schlafen? Sind Sie dagegen morgens todmüde und kurz vor dem Einschlafen, wenn es eigentlich an der Zeit wäre, aufzustehen? Falls Sie eine dieser Fragen bejaht haben, kennen Sie nun Ihr Problem: Sie geben sich zuviel Mühe, in den Schlaf zu finden.

Was können Sie aber nun tun, um sich selbst davon abzuhalten, sich zuviel Mühe zu geben? Wir haben alle schon vom Schäfchenzählen gehört. Gewiß sind die wenigsten von uns Schafhirten, trotzdem ist es nach wie vor nicht das Schlechteste, an etwas Langweiliges zu denken. Je mehr Sie sich auf eine Aufgabe konzentrieren, die kaum Muskelbewegungen erfordert und die relativ langweilig ist, desto wahrscheinlicher ist es, daß der Schlaf sich durch die Hintertür hereinschleicht. Das ist der Grund, aus dem wir den meisten Patienten, die dieses Problem haben, empfehlen, im Bett für Ablenkung zu sorgen: lesen, fernsehen oder leise Musik hören, sind beispielsweise Alternativen. Denn in erster Linie geht es darum, sich auf etwas anderes als den Schlaf zu konzentrieren, so daß er von selbst kommen kann.

Falls Sie lesen wollen, tun Sie es bei ausreichendem Licht, achten Sie aber darauf, daß die Lampe nicht zu hell ist. Das könnte sonst alle Bemühungen wieder zunichte machen. Und das, was Sie lesen, sollte so interessant sein, daß Ihre Gedanken nicht abschweifen und Sie anfangen darüber nachzudenken, warum Sie nicht schlafen. Versuchen Sie so lange wie möglich wach zu bleiben. Lesen Sie, bis Ihnen die Augen zufallen. Schalten Sie das Licht erst dann aus und legen Sie auch

das Buch erst dann weg, wenn Sie nicht mehr lesen können. Je mehr Sie sich bemühen, wach zu bleiben, desto leichter werden Sie einschlafen. Je krampfhafter Sie dagegen versuchen zu schlafen, desto länger werden Sie wach bleiben.
Schlaf ist natürlich das Optimale, aber bequem im Bett zu liegen, fernzusehen, Musik zu hören oder zu lesen, verschafft Ihnen mehr Erholung, als würden Sie sich die ganze Nacht ruhelos und frustriert im Bett wälzen. Deshalb werden Sie sich am nächsten Tag wohler fühlen, selbst wenn Sie fast die ganze Nacht gelesen haben.
Falls Sie zehn Minuten, nachdem Sie die Leselampe gelöscht haben, wieder hellwach sind, haben Sie nicht lange genug gelesen. Nehmen Sie also Ihr Buch und lesen Sie weiter. Ganz besonders am Anfang werden Sie das öfter tun müssen. Irgendwann aber werden Sie das Lesen im Bett mit Einschlafen assoziieren.
Und sehen Sie die Zeit, in der Sie lesen, nicht als verlorene Zeit an. Betrachten Sie sie als einen Bonus. Steve Allen, ein Mann, der überdurchschnittlich lange schläft — gewöhnlich zehn bis elf Stunden pro Nacht — sagt, er sehne ein paar lange, schlaflose Nächte geradezu herbei, in denen er lesen könne: »Es gibt leider keine Möglichkeit festzustellen, wieviel mehr Bücher ich gelesen oder geschrieben, wieviel mehr Probleme ich gelöst, wieviel mehr Melodien ich komponiert, wieviel mehr Abenteuer ich erlebt hätte, hätte ich mehr Nächte wachgelegen.« Sein größter Hit »This Could Be The Start of Something Big« ist ihm übrigens, wie er erzählt, im Traum »eingefallen«.
Einige »Experten« raten den Leuten, an nichts zu denken. Das funktioniert so gut wie nie! Man kann seine Gedanken zwar eine Weile kontrollieren, doch je müder man wird, desto schneller kommen die quälenden Gedanken zurück. Versuchen Sie also nicht, Ihre Gedanken zu manipulieren. Der Versuch, irgend etwas zu kontrollieren, einschließlich der Gedanken, verjagt den Schlaf mit an Sicherheit grenzender Wahrscheinlichkeit. Also lassen Sie Ihre Gedanken ruhig wandern.
Was aber ist, wenn Ihre Gedanken an einem Thema hängenbleiben, das Ihnen Sorgen bereitet oder Ihnen unangenehm ist? Zunächst einmal sollten Sie nicht dagegen ankämpfen — beschäftigen Sie sich ruhig damit und lassen Sie es dann los.
Wenn Sie sich aber nicht davon lösen können, hilft es Ihnen vielleicht, das Licht wieder anzumachen, das niederzuschreiben, was Ih-

nen Sorgen macht, und sich vorzunehmen, das Problem am Morgen zu lösen. Genauso sollten Sie verfahren, wenn Sie eine großartige Idee haben oder Ihr Gehirn Ihnen sagt, da sei etwas, das Sie am nächsten Tag nicht vergessen dürften. Machen Sie einfach das Licht an und schreiben Sie es nieder, so daß Sie den Kopf wieder frei haben.
Aber vergessen Sie eines nicht: Egal, was Sie nachts auch tun, ob Sie nun lesen, fernsehen oder Musik hören, schlafen Sie am nächsten Tag auf keinen Fall länger als üblich. Stehen Sie zu der Zeit auf, zu der Sie es gewöhnlich tun. Selbst dann, wenn Sie bis sechs Uhr morgens gelesen haben, müssen Sie das Bett zu Ihrer normalen Zeit verlassen, auch wenn das schon um halb sieben sein sollte. Sonst wird Ihr Körper sich einfach daran gewöhnen, die ganze Nacht zu lesen und dann den ganzen Tag zu schlafen.

Regel 3: Haben Sie keine Angst vor Insomnie

Viele Menschen, die unter Insomnie leiden, machen sich deshalb große Sorgen. Der offensichtliche Schlafmangel ruft bei ihnen sehr reale Ängste hervor (Psychologen nennen das *Agrypniephobie*).
Es ist halb vier Uhr morgens, und Sie wissen es genau, weil Sie die ganze Nacht lang die Uhr angestarrt und Minute um Minute haben verrinnen sehen. Am nächsten Morgen müssen Sie eine der wichtigsten Reden Ihrer Laufbahn halten, und hier liegen Sie nun und verbringen die kostbaren paar Stunden bis dahin hellwach. Zuerst ärgern Sie sich nur, dann geraten Sie in Panik: »Ich werde diese Rede in den Sand setzen, weil ich zu erschöpft bin, um mich noch an irgend etwas erinnern zu können!«
Nun mal halblang. Selbst wenn Sie die ganze Nacht lang keine einzige Sekunde schlafen, wird Ihre Rede wahrscheinlich nicht schlechter ausfallen. Keiner wird etwas merken, solange Sie nicht panisch reagieren. Das Adrenalin, das dann fließen wird, wenn Sie Ihre Rede halten müssen, wird den Mangel an Schlaf mit Sicherheit wettmachen.
Die meisten Menschen hören bereits in der Kindheit, daß Schlaf wich-

tig ist. Wenn wir nicht gut geschlafen haben, so wurde uns weisgemacht, wären wir am nächsten Tag nicht in der Lage, ordentlich zu funktionieren. Da wir das glaubten, stellten wir tatsächlich fest, daß wir uns am Tag nach einer schlaflosen Nacht miserabel fühlten.

Als junger Forscher versuchte ich, die Wichtigkeit des Schlafs nachzuweisen, indem ich Freiwillige die ganze Nacht über wach hielt und am nächsten Tag ihre Reaktionszeiten überprüfte sowie ihre Fähigkeit, Denksportaufgaben zu lösen oder gymnastische Übungen durchzuführen. Zu meinem Verdruß konnte ich nach einer schlaflosen Nacht fast keinen Verlust geistiger oder körperlicher Fähigkeiten feststellen. Solche Experimente sind seitdem in anderen Laboratorien Dutzende von Malen gemacht worden.
Bald danach erhielt ich meine zweite Lektion. Als Schlafforscher mußte ich häufig die ganze Nacht aufbleiben und im Labor arbeiten. Gelegentlich mußte ich nach einer dieser schlaflosen Nächte Vorlesungen halten. Ich hatte immer das Gefühl, diese Vorlesungen seien gräßlich gewesen! Ich hielt mich dann für humorlos, glaubte, ich hätte nicht die richtigen Worte gefunden, könne nicht schnell genug denken und hätte eine schlicht langweilige Vorlesung abgeliefert. Bei anderen Gelegenheiten fand ich mich ziemlich gut, aber da war ich auch ausgeschlafen. Nachdem ich diese Vorlesungsreihe hinter mir hatte, fragte ich meine Studenten, ob sie wohl erraten könnten, welche Vorlesungen ich nach einer schlaflosen Nacht gehalten hätte. Sie konnten's nicht!
Das ist typisch. Die Wahrheit ist, daß eine einzige schlaflose Nacht kaum etwas ausmacht, wenn es eine zeitlich befristete Aufgabe zu lösen gilt. Es gibt zwar einen gewissen Leistungsabfall, aber der ist gering, fällt bei alltäglichen Verrichtungen kaum auf. Wir haben das Gefühl, daß wir nach einer schlaflos verbrachten Nacht schlecht abschneiden, für andere aber ist die Veränderung kaum wahrnehmbar. Nur in wirklich kritischen und gefährlichen Berufen muß man sich um den Leistungsabfall nach einer schlaflosen Nacht ernsthaft Sorgen machen.

Haben Sie keine Angst vor Insomnie! Regen Sie sich nicht auf, wenn Sie Schwierigkeiten haben zu schlafen. Sie werden morgen funktionieren können, so unwahrscheinlich Ihnen das auch erscheinen mag, jetzt mitten in der Nacht. Sobald Sie wissen, daß es gar nicht so wich-

tig ist, ob Sie schlafen oder nicht, werden Sie schon aufhören, sich zuviel Mühe zu geben, und dann fällt es Ihnen um so leichter, einzuschlafen.
Eine weitere Facette der Angst vor Insomnie ist die, daß viele Patienten über wenig Selbstbewußtsein verfügen. Sie haben Minderwertigkeitskomplexe und glauben, sie seien nicht in der Lage, so viel zu leisten wie andere. Sie hassen es, nachts nicht schlafen zu können, weil das wieder einmal »beweist«, daß sie so inkompetent sind, daß sie nicht einmal so gut schlafen können wie andere Leute. Unsinn! Viele berühmte Menschen litten unter Insomnie: Mark Twain (er nahm's mit Humor: »Wenn Sie nicht schlafen können, versuchen Sie am Fußende des Bettes zu liegen, da könnten Sie dann runterfallen und dabei das Bewußtsein verlieren«); Sarah Bernhart (die sagte, sie schliefe am besten in einem Sarg); und Lewis Carroll (der Autor von *Alice im Wunderland*, der Mathematikprofessor war und nachts, wenn er nicht schlafen konnte, mathematische Denksportaufgaben löste). Zu den Berühmtheiten, die unter Schlaflosigkeit litten, gehörten der römische Dichter Horaz (der das Wort prägte: »Ich kann kein Auge zutun«); F. Scott Fitzgerald (der schrieb: »In der wirklich tiefen Nacht der Seele ist es immer drei Uhr morgens«); und weitere bekannte Denker wie Proust, Kafka, Kipling und Nietzsche. Also sollten Sie sich sagen, daß Schlaf gar nicht so wichtig ist, wenn es um irgendeine bestimmte Nacht geht.

Regel 4: Rituale können Ihnen helfen

Bei den meisten Menschen unterliegt das Zubettgehen irgendwelchen Ritualen, wobei einige einfallsreicher sind als andere. Manche sehen vielleicht die Nachrichten, ziehen sich dann den Schlafanzug oder das Nachthemd an, putzen sich die Zähne, lassen die Katze oder den Hund noch einmal hinaus und beten. Während sie das tun, haben sie das Gefühl, entspannter zu sein und sich wohler zu fühlen. Ins Bett zu sinken und die Augen zu schließen, ist nur der letzte Teil des nächtlichen Rituals auf dem Wege zum guten Schlaf.

Auch Tiere machen das so. Bevor Hunde sich schlafen legen, suchen sie sich schnüffelnd den richtigen Platz, drehen sich dann noch ein paarmal im Kreis, um sicher zu sein, daß ihre Unterlage keine unliebsamen Überraschungen birgt. Danach erst rollen sie sich zusammen und schlafen.

Bei Insomnie-Patienten ist es häufig genau umgekehrt. Eben weil ihre Rituale so viele Male zu Frust und durchwachten Nächten geführt haben, nimmt bei ihnen die Anspannung immer mehr zu, während sie sie ausführen. Bei ihnen ist möglicherweise alles in Ordnung, bis sie sich die Nachrichten ansehen. Danach fangen sie dann an, sich besorgt zu fragen, ob sie diesmal wohl werden schlafen können. Wenn sie dann ins Bad gehen und sich die Zähne putzen, beginnen Anspannung und Furcht erst richtig. Und sie hassen es, ins Schlafzimmer zu gehen und sich hinzulegen, weil sie erwarten — schließlich haben sie ja ausreichend Erfahrung —, eine weitere Nacht voller Frustration vor sich zu haben, in der sie wieder einmal kein Auge zutun werden. Mehr als ein Schlafloser hat uns gestanden: »Ich hasse es, zu Bett zu gehen.«

Falls es bei Ihnen also ein Ritual gibt, das Ihnen hilft, bleiben Sie dabei, ob es nun »vernünftig« ist oder nicht. Wo auch immer Charles Dickens sich befand, verrückte er sein Bett so, daß das Kopfende gen Norden wies, weil er glaubte, daß es den elektromagnetischen Strömen der Erde so möglich sei, seinen Körper »korrekt« zu durchlaufen. Es spielt keine Rolle, ob das wissenschaftlich fundiert war oder nicht. Guter Schlaf ist es sicher wert, das Bett herumzudrehen oder zu verrücken.

Sollte Ihr Ritual Ihnen allerdings nicht helfen, sollten Sie versuchen, es zu ändern. Sie könnten sich die Zähne sofort nach dem Abendessen putzen, morgens beten statt abends oder ein paar Nächte lang auf der Couch im Wohnzimmer schlafen, falls Sie es hassen, zu Bett zu gehen. Probieren Sie einfach zum Spaß einige Rituale aus, und entspannen Sie sich dabei.

Ein Ritual, das schwer auszumerzen ist, ist das gewohnheitsmäßige Einnehmen von Schlaftabletten. Wenn Sie jahrelang jeden Abend/jede Nacht eine Schlaftablette genommen haben und es jetzt Knall auf Fall bleibenlassen, ist Ihr Ritual unvollständig, ist da eine Gewohnheit, die unterlassen werden muß. Jedesmal, wenn etwas gestrichen wird, an das sie gewöhnt waren, neigen Menschen dazu, sich zu verkrampfen. (Fragen Sie mal jemanden, der daran gewöhnt ist, am Sonntagmorgen die Zeitung zu lesen. Er wird sehr verärgert und irritiert reagieren, wenn sie einmal nicht da ist.) Es ist nicht gut, das Ritual mit der Schlaftablette einfach nicht fortzuführen. In diesem Fall müssen Sie also statt dessen ein anderes Ritual einführen. Vielleicht können Sie ja ein Glas Milch trinken, Käse und ein paar Cracker essen oder am offenen Fenster tief durchatmen.

Es ist übrigens wichtig, auch den Kindern ihre Rituale zu lassen. Lassen Sie ruhig zu, daß sie jedem ihrer kuscheligen Schmusetiere gute Nacht sagen, falls sie das wollen, und erlauben Sie ihnen, noch ein Buch zu lesen, mit Ihnen zu beten und sich noch eine dicke Umarmung von Ihnen zu holen. Versuchen Sie, Willenskämpfe zur Schlafenszeit zu vermeiden (aber lassen Sie die Kleinen auch nicht machen, was sie wollen), und sehen Sie zu, daß das Zubettgehen eine entspannte und friedliche Angelegenheit ist.

Denken Sie auch daran, daß manche Kinder — ebenso wie manche Erwachsene — Kurzschläfer sind. Falls Ihr Kind noch nicht müde ist, ist es in Ordnung, ihm zu erlauben, sich allein noch ein paar Bücher anzuschauen. Viele Kinder fühlen sich wohler, wenn die Tür zu ihrem Zimmer offenbleibt. Da haben sie nicht das Gefühl, vom Rest der Familie getrennt zu sein. Und falls sie Angst vor der Dunkelheit haben, können Sie ruhig ein Nachtlicht anlassen. Das wichtigste ist schließlich, daß sie sich wohl fühlen.

Regel 5: Nehmen Sie sich Zeit, zur Ruhe zu kommen

Das Gehirn ist kein Schalter. Falls Sie unter Schlaflosigkeit leiden, können Sie nicht davon ausgehen, bis elf Uhr abends mit Volldampf arbeiten zu können und dann um Viertel nach elf sanft einzuschlafen. Sie müssen langsam zur Ruhe kommen. Nehmen Sie sich Zeit, einem Hobby nachzugehen, einen Roman zu lesen, etwas fernzusehen oder sich mit Ihrem Partner/Ihrer Partnerin oder den Kindern zu unterhalten. Schlagen Sie sich nicht mit einem Problem herum, und fangen Sie keinen Streit an, bevor Sie zu Bett gehen.

Es gibt viele Möglichkeiten, zur Ruhe zu kommen. Burt Reynolds sagt: »Ich schwöre auf ein heißes Bad. Und ich glaube, mit heißem Wasser gefüllte Badewannen sind die am meisten unterbewerteten Entspannungsmittel der Welt.«

Das bestätigt eine Studie, die Dr. David Bunnell vom *Institute for Environmental Stress* an der Universität von Kalifornien in Santa Barbara durchgeführt hat. Dabei stellte sich heraus, daß Menschen, die abends ein heißes Bad nahmen, nachts definitiv leichter einschliefen. Das Bad hatte jedoch kaum eine Auswirkung auf den Schlaf, wenn es morgens oder am frühen Nachmittag genommen wurde.

Das Badewasser sollte sehr heiß sein — 38 bis 41 Grad Celsius —, und Sie sollten 20 bis 30 Minuten drinnen bleiben. Manche Menschen gehen danach gleich schlafen, andere ziehen es vor, noch ein, zwei Stunden oder länger zu warten, bis sie zu Bett gehen. Einige Menschen, vor allem ältere, fühlen sich angesichts solcher Hitze benommen. Wenn das bei Ihnen der Fall sein sollte oder wenn Sie niedrigen Blutdruck haben, sollten Sie auf jeden Fall zuerst mit Ihrem Arzt sprechen.

Eine Massage, mit liebenden Händen von jemandem verabreicht, der Sie mag, ist ein weiterer ausgezeichneter Weg, um zur Ruhe zu kommen und sich in die richtige Schlafstimmung zu bringen. Es gibt aber auch wertvolle Massagetechniken, die Sie allein anwenden können. Eine Gesichtsmassage, die man an sich selbst ausführt, ist beruhigend. Schließen Sie die Augen, legen Sie beide Hände sanft aufs Gesicht und streichen Sie mit den Mittelfingern in langsamen, kreisenden, regelmäßigen Bewegungen über die Stirn. Lassen Sie die Hände dann sacht nach unten gleiten, umkreisen Sie die Augen sanft, wiederholen Sie danach die kreisförmigen Bewegungen an den Schläfen, dann noch einmal an den Wangen und der Kinnlinie entlang. Und zum Schluß massieren Sie den Nacken.

Wenn es darum geht, zur Ruhe zu kommen, kann das, was dem einen Menschen hilft, für einen anderen Gift sein. Ich pflegte beispielsweise so gut wie jedem, der Schlafprobleme hatte, zu empfehlen, abends einen gemütlichen Spaziergang um den Block zu machen, »stehenzubleiben und sich am Duft der Rosen zu erfreuen«, wie man so schön sagt. Oder ich riet hier und da, ein kleines Schwätzchen mit Freunden zu machen. Das half vielen Menschen, schneller einzuschla-

fen. Aber dann sagte mir ein Patient: »Das war das Schlimmste, was Sie mir jemals geraten haben! Ich konnte die ganze Nacht nicht schlafen, nachdem ich diesen Spaziergang gemacht hatte!« Als wir darüber sprachen, stellte sich heraus, daß ihm, während er da gemütlich spazierenging, verschiedene kleine Sorgen in den Sinn gekommen waren. Er dachte beispielsweise darüber nach, wie sein Boß morgens wohl dieses verdrießliche »Guten Morgen« gemeint hatte. Nach einiger Zeit der Herumprobiererei und einer erneuten Auswertung möglicher Alternativen, wozu wir wieder Schlafprotokolle einsetzten, war klar, daß er am besten zur Ruhe kam, wenn er in den Bastelkeller ging und sich an seiner Drehbank beschäftigte. Dort arbeitete er ein, zwei Stunden lang auf den tausendstel Millimeter genau. Diese Tüftelei, bei der anderen der Geduldsfaden reißen würde, war genau das, was er brauchte, um einen klaren Kopf zu bekommen und sich entspannt zu fühlen.

Was ist mit Sex? Sollten die Ärzte gegen Schlaflosigkeit Sex verordnen?

Liebemachen wird seit Jahrhunderten als ein Weg genutzt, um einschlafen zu können. Bei den meisten Menschen führt ein Orgasmus zu einer tiefgreifenden körperlichen Entspannung.

Deshalb beschlossen Dr. Ismet Karacan und seine damaligen Kollegen an der Universität von Florida, die Auswirkungen des Sex auf den Schlaf wissenschaftlich zu untersuchen. Sie baten eine Reihe junger Erwachsener, eine Woche bis zehn Tage keinen Sex zu haben. In dieser Zeit wurde ihr Schlaf im Labor überwacht. Nach Ablauf der Frist wurden sie gebeten, innerhalb weniger Stunden nach einem befriedigenden sexuellen Erlebnis ins Schlaflabor zurückzukommen. Die meisten berichteten Dr. Karacan, sie hätten in der Nacht nach dem Sex entspannter und ruhiger geschlafen. Die Schlafmessungen mit dem Polygraphen wiesen jedoch keinerlei Unterschiede zu den anderen Nächten auf. »Das illustriert den Punkt, daß das EEG nicht notwendigerweise ein absolut sicherer Maßstab für den Schlaf sein muß«, erklärt Karacan.

Nach unserer Erfahrung mit Patienten hängt die Entscheidung, ob Sex eine gute Schlafpille ist, zum großen Teil davon ab, wie man sich nach dem Sex fühlt. Wenn man zufrieden ist, das Gefühl hat, geliebt zu werden und zu lieben, kann Sex sehr wohl zu gutem Schlaf beitragen. Wenn Sex aber nur unter dem Gedanken der Leistung gesehen, nur benutzt wird, um zu beweisen, daß man noch attraktiv ist, oder wenn man sich Sorgen macht, ob man den Partner/die Partnerin befriedigt hat (oder falls man von ihm/ihr abgewiesen worden ist), könnte Sex durchaus das Vorspiel zu einer Nacht sein, in der man ausgesprochen schlecht schläft.

Regel 6: Halten Sie sich an einen regelmäßigen »Schlafplan«

Charles Ping, ein 32jähriger Golfprofi, glaubte, »seine Unfähigkeit zu schlafen« hätte seine Karriere ruiniert. Im Rahmen der üblichen Untersuchungsprozedur in unserem Schlaflabor wurde ihm ein Schlafprotokoll ausgehändigt, und er wurde aufgefordert, eine Woche lang täglich die Zeitspanne festzuhalten, in der er sich abends entspannte, wann er zu Bett ging, wie oft er nachts aufwachte, wann er aufgestanden war und so weiter. Charles Pings Protokoll wies extreme Schwankungen auf. Gelegentlich war er so müde, daß er bereits um sechs oder sieben Uhr abends zu Bett ging. An anderen Abenden derselben Woche hatte er allerdings Partys besucht, auf denen er bis zwei, drei Uhr morgens geblieben war. Manchmal schlief er bis in den Tag hinein, bei anderen Gelegenheiten stand er früh auf, weil er eine Golfstunde zu geben hatte. Und das manchmal, obwohl er wegen einer Feier nur ein paar Stunden geschlafen hatte. Auf Nachfrage erklärte Charles, dies sei keine »typische« Woche gewesen. Also führte er das Schlafprotokoll noch eine weitere Woche lang. Und so ging es weiter. Bald stellte sich heraus, daß es keine Woche gab, die »typisch« war. Während er jedoch versuchte, uns eine »typischere« Woche zu bescheren, so daß wir seine Insomnie richtig beurteilen könnten, begann er allmählich, seinen Lebensstil zu normalisieren. Er ging nun einigermaßen regelmäßig zu Bett und stand auch einigermaßen regelmäßig auf. Angesichts dieser Veränderungen normalisierte sich sein Schlaf noch vor dem Ende der Auswertungsphase, so daß eine weitere Behandlung gar nicht mehr erforderlich war.
Es ist keine Frage, daß wir »Gewohnheitstiere« sind und daß es gu-

tem, gesundem Schlaf dienlich ist, zu geregelten Zeiten zu arbeiten, zu entspannen und zu schlafen. Unsere Körper funktionieren am besten, wenn dieser Rhythmus regelmäßig ist. Obwohl es Menschen gibt, denen es nichts ausmacht, ein höchst aufregendes und unregelmäßiges Leben zu führen, ist ein Jet-set-Leben nichts für jemanden, der Schlafprobleme hat.

Andererseits haben wir Patienten erlebt, die aus lauter Angst vor möglicher Insomnie in festgefahrene, langweilige Routine verfallen. Aus lauter Furcht, es könne ihrem gesunden Schlaf schaden, wagen sie es kaum, sich einen Film anzusehen, ihren Tagesplan dadurch durcheinanderzubringen, daß sie ein interessantes Buch lesen, oder irgend etwas anderes anfangen. Falls dieser starre Lebensstil auf Sie zutreffen sollte, sollten Sie ein wenig lockerer und flexibler sein. Möglicherweise schlafen Sie nach einem aufregenden Erlebnis oder Ereignis etwas schlechter, aber insgesamt kann ein starrer, langweiliger Lebensstil für Ihren Schlaf genauso schlecht sein wie ein ausschweifender, aufregender.

Falls Sie in einer Nacht hellwach sind, weil Sie — sagen wir — eine aufregende Nachricht erhalten haben, wäre es sinnlos, zur üblichen Zeit zu Bett zu gehen, weil Sie sich nur ruhelos herumwerfen würden. Bleiben Sie lieber auf und warten Sie, bis Sie wirklich müde sind. Ein »Gewohnheitstier« zu sein, ist bis zu einem gewissen Punkt nützlich. Doch es ist nicht gut, deshalb zum Roboter zu werden, der nur nach der Uhr lebt.

Ein ähnliches Thema ist der Ruhestand, die Pensionierung. Zu viele der Menschen, die sich zur Ruhe setzen, führen danach ein eintöniges Leben, in dem es weder Ziele noch geistige Aktivitäten gibt. Da sie nicht viel zu tun haben, sitzen sie die meiste Zeit des Tages vor dem Fernseher und essen auf die Minute pünktlich und immer mit denselben Leuten. Das Leben wird langweiliger und langweiliger. Dem suchen sie häufig zu entfliehen, indem sie früh zu Bett gehen und lange schlafen. Da ist es kein Wunder, daß die Insomnie auf dem Fuße folgt. Besser wäre es, sich für etwas zu engagieren, was einem wichtig ist, und sich gelegentlich einen langen, aufregenden Abend zu gönnen. Wenn man die Tage mit körperlichen und geistigen Aktivitäten ausfüllt, stehen die Chancen gut, daß man Nächte voll guten Schlafs erlebt.

Was ist mit einem Nickerchen zwischendurch, mit einem Mittagsschläfchen? In vielen Büchern wird geraten, tagsüber nie ein Nickerchen zu machen, weil man dadurch nachts weniger schläft. Das ist nicht unbedingt richtig. Viele Patienten schlafen nachts tatsächlich schlecht, wenn sie einen Mittagsschlaf gemacht haben, andere aber schlafen besser. Zu diesem Punkt scheint es keine allgemeingültige Regel zu geben. Möglicherweise versuchen die Mittagsschläfer ja nachts weniger krampfhaft einzuschlafen, weil sie schließlich bereits etwas Schlaf bekommen haben. Da sie nicht glauben, den Schlaf so nötig zu haben, machen sie sich weniger Sorgen und schlafen leichter ein. Was auch immer der Grund sein mag, seien Sie Ihr eigener Schlaftherapeut, und tun Sie das, was gut ist für Sie — egal, was andere dazu sagen.

Gewohnheiten, die Sie sich möglicherweise unbewußt zu eigen gemacht haben

Falls Sie schon lange an Insomnie leiden, kann das daran liegen, daß Sie sich gewisse Überzeugungen angeeignet und gewisse Gewohnheiten angenommen haben. Gewohnheiten und Anschauungen, derer Sie sich nicht einmal bewußt sind, und die können das Problem noch verstärken.

Beispielsweise gibt es da das, was Psychologen den *Sekundärgewinn* nennen. Es klingt fast unglaublich, daß man etwas so Entsetzliches und Destruktives wie chronische Insomnie mit einem Profit assoziieren könnte, aber es ist tatsächlich so. Es gibt für den einzelnen/die einzelne Mittel und Wege, die Insomnie zu seinem/ihrem Vorteil einzusetzen. Zum Beispiel sind viele Leute eher bereit, über schlechte Laune, geringe Urteilsfähigkeit oder Unaufmerksamkeit hinwegzusehen, wenn man ihnen erklärt, man habe seit Wochen kaum geschlafen. Man muß die Verantwortung für seine eigenen Probleme nicht übernehmen, wenn man sie — bewußt oder unbewußt — seiner Insomnie zuschreiben kann. Außerdem kann man die Schlaflosigkeit als Entschuldigung dafür benutzen, etwas nicht zu tun: »Ich würde mehr schaffen, wenn ich nicht unter Insomnie litte.«

Manche Menschen sehen in ihrer Schlaflosigkeit fast eine Auszeichnung. Dr. Julius Segal, Schlafexperte am *National Institute of Mental Health*, schrieb in *Internal Medicine News*: »Viele von uns betrachten ihren schlechten Schlaf fast mit heimlichem Triumph. Für diese Menschen ist Schlaflosigkeit so etwas wie ein Statussymbol geworden. Da sie ernste Menschen seien und sich wirklich Gedanken um den Lauf der Welt machten, so argumentieren sie, sei es doch ganz natürlich und unvermeidlich, daß sie unter Insomnie litten. Sie sei ein äußeres Zeichen des Erfolges — genau wie ein Magengeschwür oder ein Herzinfarkt.«

Tatsächlich argumentierten einige der Patienten unserer Klinik so. Sie sahen es als ein Zeichen von Gefühllosigkeit, wenn man in einer Welt gut schlafen könne, die so schlimm ist wie die unsere.

Etliche Menschen sind sogar noch stolz auf ihre Insomnie — genauso wie manche gern über ihre Operationen sprechen. Insomnie ist etwas Besonderes, und es bringt ihnen am Bridgetisch oder bei einer Pokerpartie Sympathien, wenn sie darüber klagen können, in der letzten Nacht kein Auge zugetan zu haben.

Und manche Leute wetteifern sogar darum, wer von ihnen wohl am schlechtesten geschlafen habe. Ogden Nash fing dies in einem seiner fabelhaften Verse sehr gut ein:

»Er schält sich jeden Morgen aus seinen Bettlaken und erklärt in mitleiderregendem Ton, er habe wieder einmal kein Auge zugetan, und sie wirft ihm einen wilden, mordlüsternen Blick zu.

Und erwidert, sie sei es gewesen, die wegen seines schweinischen Dahindösens, das von ständigem Schnarchen begleitet war, kein Auge habe zutun können bis zum ersten Hahnenschrei.

Und seine Entrüstung ist unverhohlen.

Er sagt, sie müsse das während ihres Schlafes, der die ganze Nacht andauerte, geträumt haben. Er sei sich dessen ganz sicher, weil er acht geschlagene Stunden lang ihrem Atmen habe lauschen müssen, das keineswegs so sanft wie ein laues Lüftchen über einer Blumenwiese geklungen habe.

Tatsache ist, daß sie zweimal für kurze Zeit erwachte und er da tatsächlich schlief und schnarchte und daß er ebenfalls aufwachte und sie das tatsächlich nicht bewußt erlebte, weil diesmal sie tief und rasselnd atmete.

Aber sie waren niemals zur gleichen Zeit wach. Oh, Schlaf ist etwas Seliges, aber nicht für jene, die wach sind, die sehen müssen, wie sich ihr Gefährte/ihre Gefährtin wohlig im Schlaf rekelt, während sie das Gefühl haben, selbst arg in Verzug zu sein.

Ich bin sicher, daß die ersten Worte, die Schneewittchen an ihren Prinzen richtete, die waren: »*Mußtest* du mich ausgerechnet küssen, als ich endlich eingenickt war, nachdem ich mich 100 Jahre lang ruhelos hin und her geworfen hatte?«

(Ogden Nash, *The Stilly Night: ein einschläferndes Spiegelbild)*

Programmierte Insomnie

Manchmal, wenn Patienten ein paar Wochen oder Monate lang nicht schlafen können, weil sie starkem Streß ausgesetzt sind oder unter einer schweren Krankheit leiden, setzt ein unbewußter Lernvorgang ein. Ohne sich dessen bewußt zu sein, fangen sie allmählich an, das Schlafzimmer eher mit Frustration und Wachsein zu assoziieren als mit Schlaf. Wenn das geschieht, kann allein die Tatsache, ins Schlafzimmer zu gehen, das Licht zu löschen und sich hinzulegen, all die alten Frustrationen freisetzen. Der Schlaf will und will nicht kommen, hat sich verflüchtigt. Mehr als ein Patient hat schon gesagt: »Ich kann den ganzen Abend lang im Wohnzimmer vor mich hindösen, doch sobald ich ins Schlafzimmer komme, bin ich hellwach.« Wir nennen das *konditionierte oder programmierte Insomnie.*

Um herauszufinden, ob diese Assoziierung des Schlafzimmers mit Wachsein in Ihrem Fall ein Problem sein könnte, fragen Sie sich selbst, wo Sie am besten schlafen — in Ihrem Schlafzimmer oder irgendwo anders? Falls Sie am besten im Wohnzimmer, im Arbeitszimmer oder im Urlaub (fern von zu Hause) schlafen, aber schlecht in Ihrem eigenen Bett, könnten Sie unter konditionierter Insomnie leiden.

Ein College-Student, der zu uns in die Klinik kam, zeigte diese Art der Programmierung in einem überraschenden Maße. Er schlief ausgesprochen schlecht im Studentenheim. Als wir ihn fragten, wann er denn das letzte Mal gut und fest geschlafen habe, reagierte er ziemlich verlegen: »Sie werden es nicht glauben, aber ich bin Bergsteiger und war vor etwa drei Monaten in den Rocky Mountains. Wir waren spät dran, hatten schlechtes Wetter, und dann überraschte uns die Dunkelheit. Wir mußten die Nacht auf einer Felsbank über einem Abgrund verbringen. Der Sims war sogar schmaler als meine Schlafkoje im Wohnheim. Jeder von uns schlug ein paar Kletterhaken ein, an denen wir uns festbanden. Meine Freunde hatten Todesangst und taten kein Auge zu. Ich aber schlief besser als während meiner ganzen College-Zeit! Dabei war ich nicht einmal richtig müde. Ich bin oft den ganzen Tag über geklettert und habe dann nachts in meinem Zelt nicht schlafen können. Ich weiß nicht, woran es lag, aber als ich da über dem Abgrund hing, schlief ich wie ein Murmeltier.«

Woran es lag? Nun, der Student war hier in einer Situation, die sich extrem von der in seinem Schlafraum im Wohnheim unterschied. Gegen diese Situation war er nicht konditioniert. Hier war nichts, wogegen er sich programmiert hatte, nichts, was er zu fürchten gelernt hatte.

Dieses Phänomen begegnet uns häufig im Schlaflabor. Manche Patienten leiden zu Hause unter starker Schlaflosigkeit, schlafen dann aber im Schlaflabor tief und fest. Am nächsten Morgen sind sie meist verlegen, weil sie so gut geschlafen haben. Tatsächlich ist das sogar logisch: Das Schlafen im Labor, wo man an all diese Drähte angeschlossen ist, unterscheidet sich so sehr vom Schlafen zu Hause, daß die Programmierung hier nicht greift.

Die Bootzin-Technik

Vor ungefähr 15 Jahren entwickelte Dr. Richard Bootzin eine effiziente Behandlungsmethode gegen konditionierte Insomnie. Damals war er an der *Northwestern University* in Chicago. Seine Technik ist eine Art von Reiz-Kontroll-Therapie und soll der konditionierten Insomnie entgegenwirken.

Hier sind die einzelnen Schritte der Bootzin-Technik:

1. Gehen Sie nur zu Bett, wenn Sie müde sind.
2. Benutzen Sie das Bett nur zum Schlafen; lesen Sie nicht, sehen Sie nicht fern und essen Sie nicht im Bett.
3. Falls Sie nicht schlafen können, sollten Sie aufstehen und in ein

anderes Zimmer gehen. Bleiben Sie auf, bis Sie wirklich schläfrig sind, und kehren Sie erst dann ins Bett zurück. Das Ziel ist es, das Bett nicht mit Frustration und Schlaflosigkeit zu assoziieren, sondern mit schnellem und leichtem Einschlafen.
4. Wiederholen Sie Schritt 3 im Laufe einer Nacht so häufig wie nötig.
5. Stellen Sie sich den Wecker, und stehen Sie jeden Tag zur selben Zeit auf, egal, wie viel oder wie wenig Sie nachts geschlafen haben. Damit helfen Sie Ihrem Körper, sich an einen geregelten Schlaf-Wach-Rhythmus zu gewöhnen.
6. Halten Sie tagsüber keine Nickerchen.

Während der ersten Nacht müssen die Patienten gewöhnlich fünf- bis zehnmal aufstehen und bekommen möglicherweise nicht viel Schlaf. Da sich die Schlafmangelsituation im Laufe der nächsten Nächte verschärft, fällt ihnen das Einschlafen dann um so leichter. Bald schlafen sie ganz normal.

Georgia Sawyer hatte ihr ganzes Leben lang ziemlich schlecht geschlafen. Vor vier Jahren jedoch, als ihr 19jähriger Sohn anfing, mit Drogen zu handeln, war sie so beunruhigt und besorgt, daß sie berichtete, »wenigstens zwei Monate lang so gut wie gar nicht geschlafen zu haben«. Sie hatte das Gefühl, sich nie von dem Schock erholt zu haben. Und das Schlafprotokoll, das sie ausgefüllt hatte, bevor sie ins Zentrum für Schlafstörungen gekommen war, bewies ebenfalls, daß sie ausgesprochen schlecht geschlafen hatte.

Zur allgemeinen Verblüffung — Georgia Sawyer selbst war wohl am meisten überrascht — schlief sie in ihrer ersten Nacht im Schlaflabor bereits fünf Minuten, nachdem die Lichter gelöscht waren. Und sie schlief die ganze Nacht durch. Tief und fest. Es gab ein Übermaß an Delta-Schlaf, so als litte sie unter Schlafmangel. Morgens schämte sie sich fast, so gut geschlafen zu haben, und erklärte, so phantastisch hätte sie schon seit mehr als einem Jahr nicht mehr geschlafen. In den Nächten zwei und drei schlief sie nach unseren Maßstäben wieder sehr schlecht (weniger als 80 Prozent der Zeit, die sie im Bett verbrachte). Trotzdem bewertete Georgia Sawyer beide Nächte als »viel besser als im Durchschnitt«.

Mrs. Sawyer wurde mit Dr. Bootzins Reiz-Kontroll-Therapie behandelt. Das waren harte drei Wochen! In der ersten Nacht mußte sie sechsmal aufstehen, in der zweiten Nacht achtmal. In der dritten Nacht schlief sie durch, nachdem sie zweimal aufgestanden war, und hielt sich für geheilt. Doch bis dahin mußte sie noch viele lange Nächte verbringen. In der vierten Nacht mußte sie achtmal aufstehen, in der fünften sechsmal, in der sechsten zehnmal und in der siebten Nacht fünfmal. Während der nächsten Nächte mußte sie nur ein- oder zweimal aufstehen. In der elften Nacht schlief sie zum ersten Mal seit vielen Jahren sofort ein. Ein paar Wochen lang mußte sie nachts gelegentlich noch einmal aufstehen. Doch von der fünften Behandlungswoche an mußte sie niemals wieder aufstehen und schlief innerhalb von drei bis fünf Minuten ein.

Neun Monate später erklärte Georgia Sawyer, sie schliefe wieder gut. Mit den paar schlechten Nächten, die es pro Monat nach wie vor gab, wurde sie spielend fertig, indem sie sich an die Bootzin-Methode hielt. Angst und Unruhe waren für sie keine chronischen Probleme mehr. Sie traten nur auf, wenn sie unter akutem Streß stand.

Nicht für alle Patienten ist es so schwierig wie für Georgia Sawyer. Die meisten haben nach etwa zwei Wochen das Schlimmste hinter sich und schlafen dann viel besser.

Sie haben gewiß bemerkt, daß Dr. Bootzin seinen Patienten verbietet, im Bett zu lesen oder fernzusehen, wogegen wir Ihnen gerade dazu rieten, als es darum ging, sich nicht zu krampfhaft um Schlaf zu bemühen. Ob Lesen oder Fernsehen gut ist für jemanden, hängt vom Problem des einzelnen ab. Falls Sie sich zuviel Mühe geben, einzuschlafen und etwas Abwechslung brauchen, ist es gut zu lesen oder fernzusehen. Leiden Sie jedoch unter konditionierter Insomnie, ist die Bootzin-Technik sinnvoller.

Die richtigen Schlafgewohnheiten

Hier ist eine Zusammenfassung von Empfehlungen, die Ihnen helfen sollen, schlaffördernde Gewohnheiten anzunehmen. Schalten Sie ab, bevor Sie zu Bett gehen; gehen Sie nur zu Bett, wenn Sie müde sind, und verbringen Sie nicht mehr Zeit im Bett, als Sie zum Schlafen brauchen. Geben Sie sich niemals zuviel Mühe, einzuschlafen, denn das führt garantiert dazu, daß Sie wach bleiben. Nehmen Sie eine gelegentliche schlaflose Nacht leicht — Sie werden mit ziemlicher Sicherheit am nächsten Tag ganz gut funktionieren. Halten Sie sich an einen einigermaßen regelmäßigen Schlafplan. Hüten Sie sich vor unbewußt angenommenen Gewohnheiten wie der, den Sekundärgewinn zu nutzen, und vor konditionierter Insomnie. Solche Anschauungen und Gewohnheiten schaden dem Schlaf erheblich.

Falls Sie sich diese Gewohnheiten aber bereits angeeignet haben, sollten Sie sich einen ruhigen Abend gönnen, bis Sie eine gewisse Schläfrigkeit spüren. Dann sollten Sie sich strecken, gähnen und sich auf den Weg in Ihr warmes, bequemes Bett machen. Kriechen Sie hinein, kuscheln Sie sich hinein und entschweben Sie ins Land der schönen Träume — so, wie Sie es verdient haben.

7

Entspannungstechniken für die Schlafenszeit

Vor ungefähr zehn Jahren sagte mir mein Arzt: »Hauri, gehen Sie nach Hause und entspannen Sie sich. Ihr Blutdruck ist zu hoch, und wenn Sie sich nicht entspannen, werden Sie Probleme bekommen.« Ich fragte ihn, wie lange ich mich denn entspannen solle. »Setzen Sie sich in einen Sessel und entspannen Sie sich täglich für eine halbe Stunde«, erklärte er. Also saß ich später in meinem Sessel und sagte mir: »Du mußt dich entspannen, du mußt dich entspannen! Du willst schließlich keine Probleme bekommen!« Ich saß da und atmete tief. Ich entspannte mich, gab mir die größte Mühe — wie mir schien, eine ganze Ewigkeit lang. Dann sah ich auf die Uhr und stellte fest, daß gerade einmal eine halbe Minute verstrichen war! Daraufhin sagte ich mir, ich müsse mich wohl intensiver entspannen. Nach zehn Minuten war ich ein Nervenbündel.

Manchen Menschen fällt es leicht, sich zu entspannen. Andere haben Schwierigkeiten. Denen, die Probleme damit haben, muß man deshalb mehr mit auf den Weg geben als ein »Gehen Sie nach Hause und entspannen Sie sich.« Sich körperlich und geistig entspannen, sich lockern zu können sind Fähigkeiten, die man erlernen muß. Man braucht Zeit und Mühe, um sie zu beherrschen. Doch sobald man sie sich angeeignet hat und sie praktiziert, können sie bei Schlafstörungen eine große Hilfe sein.

Einige der Insomnie-Patienten können aus Entspannungstechniken Nutzen ziehen, andere nicht. Falls Sie unter Anspannung leiden, kann es Ihnen helfen, wenn Sie Entspannungstechniken erlernen.

Manche der Menschen, die an Schlaflosigkeit leiden, sind jedoch nicht angespannt, brauchen also im Rahmen ihres Programms zur Schlafverbesserung auch keine Entspannungstechniken. Falls Sie wirklich gelöst und entspannt sind, könnten Sie zu jenen gehören, die kein Entspannungstraining nötig haben.
In diesem Kapitel wollen wir jene Entspannungstechniken erklären, die zu besserem Schlaf verhelfen.

Anspannung

Es gibt drei verschiedene Arten von Anspannung: seelische Spannung, Muskelspannung und einen Zustand erhöhter Erregbarkeit des Sympathikus (Teil des vegetativen Nervensystems).
Für seelische Anspannung sind Ängste und Sorgen charakteristisch. Viele Gedanken schwirren Ihnen durch den Kopf, und Sie sind möglicherweise nervös, aufgeregt, beunruhigt oder schreckhaft. Falls Sie beim Angst-Fragebogen (Seite 63) ein hohes Ergebnis erzielten, leiden Sie vermutlich unter starker seelischer Spannung.
Muskelspannung zeigt sich an und in Ihrem Körper. Wenn Sie mit den Zähnen knirschen, die Muskeln verspannen, unruhig hin- und herlaufen, mit den Fingern trommeln oder mit den Füßen wippen, weisen Sie die typischen Zeichen für Muskelspannung auf.
Sympathiekotonie ist ein Stadium erhöhter Erregbarkeit im Gebiet des Sympathikus (eines Teils des vegetativen Nervensystems), bei der das sympathische Nervensystem stark angespannt ist und der Körper mehr Adrenalin produziert als üblich. Der Sympathikus kontrolliert den Herzschlag, die Atmung und weitere »automatische« Körperaktivitäten. Ist der Sympathikus überaktiv, können sich Hände und Finger kalt anfühlen (weil das Adrenalin die Blutgefäße in den Händen verengt). Man könnte sich auch aufgeregt oder freudig erregt fühlen (was wiederum auf den verstärkten Adrenalinfluß zurückzuführen ist). Diese drei Spannungsarten treten manchmal zusammen auf — allerdings nicht immer. Manche Insomnie-Patienten sind seelisch angespannt, ihre Muskeln aber sind locker. Andere Patienten sind körperlich angespannt, mental jedoch ganz ruhig.
Verschiedene Entspannungstechniken helfen möglicherweise gegen

eine Form der Anspannung, aber nicht gegen alle. Falls Sie eine Entspannungstechnik ausprobiert haben und sie Ihnen nicht geholfen hat, kann das daran liegen, daß diese Technik nicht für Ihre Art der Verspannung geeignet ist. Außerdem hilft das Entspannungstraining zwar den Menschen, die verkrampft sind, kann aber die, die bereits entspannt sind, ausgesprochen frustrieren — und ihren Schlaf dann sogar verschlechtern.

Entspannungstechniken können sowohl Menschen dienlich sein, die unter kurzfristiger Insomnie leiden, als auch denen, bei denen die Insomnie schon lange anhält. Wir hatten eine Patientin, bei der die Schlaflosigkeit wie aus heiterem Himmel auftrat. Cathy O'Hanahan, eine 23jährige werdende Mutter, kam zwei Wochen vor dem errechneten Geburtstermin in die Klinik. Sie war fix und fertig, sagte, sie hätte seit Wochen kein Auge mehr zugetan. Sie hatte sich so sehr auf die natürliche Geburt ihres ersten Babys gefreut, bis ihre Lamaze-Lehrerin ihr plötzlich erklärt hatte, eine werdende Mutter brauche viel Schlaf, um für die natürliche Geburt wirklich bereit zu sein. An diesem Tag begann ihre Insomnie.

Wir beschlossen, Entspannungstonbänder zu benutzen. Cathy O'Hanahan legte sich auf die Couch, lauschte den Entspannungsinstruktionen und schlief, bevor das Band noch zu Ende war.

Wir gaben ihr ein Band mit nach Hause und empfahlen ihr, die Entspannungsübungen jedesmal dann zu machen, wenn sie schlafen wollte. Die »Leistung«, die sie bei der Geburt zu erbringen hatte, war nun nicht mehr bedroht, und die Insomnie war innerhalb von zwei Nächten verschwunden.

Elaine Park dagegen ist ein gutes Beispiel dafür, daß Entspannungstraining auch denen helfen kann, die seit langem unter Insomnie leiden. Als sie ins Zentrum für Schlafstörungen überwiesen wurde, hatte sie bereits zwei Jahre lang Schlafprobleme gehabt. Die Aufzeichnungen im Schlaflabor, die in drei aufeinanderfolgenden Nächten gemacht worden waren, bewiesen, daß sie eineinhalb bis drei Stunden brauchte, um überhaupt einschlafen zu können.

Nach dem, was sie erzählte, hatte sie bis vor zwei Jahren durchschnittlich bis gut geschlafen. Dann hatte sie ihren Mann zu einer Konferenz nach Las Vegas begleitet. Nach einer anstrengenden Reise, einer ausgiebigen Sightseeing Tour und einer Nacht, in der sie gespielt hatten, hatte sie nicht schlafen können. Die Frage, was da wohl nicht stim-

men könne, beunruhigte sie so sehr, daß sie eine ganze Woche lang so gut wie gar nicht schlief. Der Hotelarzt verschrieb ihr große Dosen eines Sedativums, damit sie die Heimreise überstehen konnte. Und dann ging es ihr eine Weile besser. Zwei Monate später — nach ihrer Rückkehr von einem Europa-Urlaub — konnte sie jedoch wieder nicht schlafen. Sie hatte nie von Jet-lag gehört, weshalb die Tatsache, daß sie nach einem Langstreckenflug unfähig war zu schlafen, sie davon überzeugte, da müsse etwas in ihrem Nervensystem »eingeschnappt« sein, als sie dem Kabinendruck ausgesetzt war. Obwohl Untersuchungen in zwei großen Kliniken ergaben, daß sie keine ernsten organischen Probleme hatte, schlief sie weiterhin schlecht.
Psychologische Tests, Gespräche mit Psychiatern und eine 24stündige Beobachtungszeit in einem Schlaflabor zeigten, daß Elaine Park sehr ängstlich und angespannt war — besonders dann, wenn die Schlafenszeit näherrückte. Zwei Monate lang, so wurde ihr geraten, sollte sie versuchen, die Spannung durch Biofeedback und andere Entspannungstechniken unter Kontrolle zu halten. Ihr wurde erklärt, sie könne jedesmal dann eine Schlaftablette nehmen, wenn sie mehr als zwei Tage hintereinander unter Schlaflosigkeit gelitten habe. Allmählich verbesserte sich ihr Schlaf. Nach neun Monaten hatte sie dann auch nur noch gelegentlich »Panik-Nächte« zu melden — nicht mehr als zwei, drei pro Monat. Ein Ergebnis, mit dem sie recht zufrieden war.
Diese und viele andere Fälle beweisen, daß nächtliche Entspannungsübungen vielen helfen können, die an Schlaflosigkeit leiden. Tatsächlich können sie den meisten nützen, die Insomnie haben. Die Techniken, die am häufigsten angewendet werden, sind Bauchatmung, progressive Muskelentspannung und Meditation.
Lesen Sie die folgenden Beschreibungen und stellen Sie fest, welche Methoden Ihnen gefallen. Probieren Sie sie aus. Falls Sie sich damit dann doch nicht wohl fühlen sollten, können Sie es ja immer noch mit einer anderen versuchen.

Bevor Sie anfangen

Denken Sie an das, was Sie im vorigen Kapitel gelernt haben: *Geben Sie sich nicht zuviel Mühe.* Denn das ist auch hier gefährlich. Eine Insomnie-Patientin, die an einem der Forschungsprojekte des Zentrums über Biofeedback beteiligt war, lieferte dafür ein typisches Beispiel. Sie kam zu einer Serie von 15 halbstündigen Sitzungen und versuchte, die Muskelentspannung unter der Kontrolle akustischer Signalfolgen zu erlernen. Es funktionierte nicht. Nach zwölf Sitzungen sagte sie: »Ich halte das nicht mehr aus — ich habe jetzt wirklich alles ausprobiert, aber was immer ich auch versuche, der Ton geht hoch und immer höher, und diese Maschine starrt mich höhnisch an, und ich kann überhaupt nichts tun.«
Wir baten sie, trotzdem zu bleiben, weil das Projekt nun einmal 15 Sitzungen vorsah und sie, wenn sie früher aufhörte, für unsere Untersuchung nicht zu gebrauchen sei. Daraufhin erklärte sie sich bereit, an den letzten drei Sitzungen teilzunehmen. »Ich werde dasein, aber nur da«, sagte sie. »Ich werde nicht mehr versuchen, mich zu entspannen, weil mich das auf die Palme bringt. Ich werde einfach nur dasitzen.«
Den Rest der Geschichte können Sie gewiß erraten. Kaum hatte sie sich entschlossen, einfach nur dazusitzen und nicht mehr zu versuchen, sich zu entspannen, sobald der Ton runterging, war sie ganz locker und entspannt.
Es geht darum, nicht zu versuchen, sich zu entspannen. Man muß es einfach geschehen lassen — passiv. Und das ganz besonders deshalb, weil diese Techniken Ihnen ja helfen sollen zu schlafen. Die Schlafenszeit ist nun einmal eine Zeit, in der man loslassen, lockerlassen muß.

Entspannungs- und Streckübungen, die man abends machen sollte

Für diese beruhigenden, wohltuenden Übungen brauchen Sie nur ein paar Minuten. Doch sie können Ihnen helfen, sowohl die mentale wie auch die Muskelspannung in Sekundenschnelle wegschmelzen zu lassen. Machen Sie sie anfangs ein paarmal am frühen Abend, einfach um ein Gefühl dafür zu bekommen und um die Übungen herauszufiltern, die Ihnen beim Entspannen wirklich helfen. Später können Sie sie dann machen, bevor Sie zu Bett gehen oder wenn Sie sich besonders verkrampft und angespannt fühlen. Und wenn Sie feststellen, daß Sie nicht schlafen können, stehen Sie einfach auf, machen im Dunkeln die Übungen und gehen danach wieder zu Bett. Wiederholen Sie jede der Übungen mehrere Male.

- *Die Stoffpuppe.* Stellen Sie sich mit gespreizten Beinen hin und beugen Sie sich vor. Lassen Sie Arme und Hände locker baumeln. Lassen Sie den Kopf hängen und langsam von einer Seite zur anderen schlenkern. Zucken Sie die Achseln. Bleiben Sie ein paar Minuten so stehen, bis Sie völlig entspannt und entkrampft sind.
- *Kopfrollen.* Lassen Sie das Kinn auf die Brust sinken. Drehen Sie den Kopf nach rechts, so daß das Kinn die Schulter berührt. Drehen Sie dann den Kopf in Richtung linke Schulter und darüber hinaus, machen Sie also eine ganze Drehung. Danach wiederholen Sie das Ganze in die andere Richtung.
- *Kopfschwenken.* Neigen Sie das linke Ohr — bei gesenkten Schultern — mehrmals in Richtung linke Schulter. Und danach das rechte Ohr in Richtung rechte Schulter.
- *Kopfanheben.* Legen Sie beide Hände so um den Hals, daß sich die Fingerspitzen im Nacken berühren. Schieben Sie dann die Hände nach oben und nach vorn, als wollten Sie versuchen, den Kopf von den Schultern zu heben. Drehen Sie den Kopf danach leicht von rechts nach links, während Sie ihn weiter anzuheben versuchen.
- *Ganzkörperdehnung.* Heben Sie den rechten Arm hoch, als wollten Sie die Decke anfassen. Langen Sie so weit wie möglich nach oben. Tun Sie so, als wollten Sie Geldscheine von der Decke pflücken. Sie sollten die Streckung in Ihrer gesamten rechten Seite spüren — von den ausgestreckten Fingerspitzen der rechten Hand bis in den rechten Fuß. Wiederholen Sie die Dehnung dann mit dem linken Arm.
- *Torsostreckung.* Setzen Sie sich mit gespreizten Beinen auf die Bettkante. Die Füße stehen auf dem Boden. Halten Sie nun die beiden Enden eines Handtuchs oder eines Kissenbezuges mit ausgestreckten Armen hoch über Ihren Kopf. Während Sie das Handtuch oder den Kissenbezug hochhalten, beugen Sie den gestreckten Torso erst nach links und dann nach rechts.

- *Schulterstreckung:* Bleiben Sie still sitzen und legen Sie die Hände auf die Knie. Die Ellbogen sind angewinkelt. Pressen Sie nun die Hände fest auf die Knie und beugen Sie sich vor; drehen Sie den Oberkörper zuerst nach links, danach nach rechts.
- *Do-it-yourself-Kopfmassage.* Schließen Sie die Augen und massieren Sie Kopf und Nacken mit festen, kreisenden Bewegungen. Entspannen Sie die Halsmuskeln, lassen Sie den Kopf hängen, massieren Sie zuerst den Schädel und danach den Hals (über die Halswirbel hinweg) hinunter bis zu den Schultern. (Wenn Sie einen Partner/eine Partnerin haben, können Sie sich einfach hinlegen und ihm/ihr die Arbeit überlassen. Eine Kopfmassage — und erst recht eine Ganzkörpermassage — entspannt enorm.)
- *Rückendehnung.* Legen Sie sich flach auf den Rücken ins Bett. Pressen Sie das Rückgrat fest in die Matratze, drücken Sie den Rücken ganz durch und ziehen Sie dabei den Bauch ein. Geben Sie dann nach, lockern Sie alle Muskeln und atmen Sie tief durch. Wiederholen Sie die Übung mehrere Male. Bleiben Sie locker und atmen Sie tief.

Gedankenspiele zur Schlafenszeit

Dies sind Techniken, die man zur Schlafenszeit anwenden kann, ganz besonders dann, wenn man hellwach und äußerst nervös und verkrampft ist. Sie können Ihnen helfen, langsam in den Schlaf zu finden.

- *Der Schwamm.* Legen Sie sich völlig entspannt auf den Rücken und stellen Sie sich vor, Sie seien ein Schwamm — die Arme locker vom Körper weg, die Schultern entspannt, die Beine gespreizt und locker. Pressen Sie Hals und Rücken in die Matratze. Schließen Sie die Augen und atmen Sie tief durch die Nase ein. Entkrampfen Sie jeden Körperteil, während Sie sich vorstellen, ein Schwamm zu sein, der Ruhe und Frieden aus dem Universum einsaugt.
- *Der Seufzer.* Atmen Sie erst tief durch die Nase ein, dann mit geschürzten Lippen (so als wollten Sie Suppe kühlen) so langsam wie möglich durch den Mund wieder aus. Konzentrieren Sie sich auf den langen Seufzer und fühlen Sie, wie die Spannung schwindet.

- *Zählen.* Schließen Sie die Augen und lassen Sie den Körper ganz schlaff werden. Lassen Sie sich tief in ein Wohlgefühl hineinsinken. Zählen Sie nun langsam von hundert bis null, wobei Sie sich vorstellen, die Zahlen langsam und sorgfältig in Schönschrift zu malen. Wobei jede — wie auf einer Treppe, die nach unten führt — jeweils eine Stufe tiefer als die andere steht. Fühlen Sie, wie Entspannung jeden einzelnen Muskel, jeden Nerv Ihres Körpers ergreift, während Sie die Zahlen vor Ihrem geistigen Auge Revue passieren lassen. Sie können sich aber auch vorstellen, wie Sie jede einzelne Zahl langsam und sorgfältig auf eine riesige Wandtafel oder in den Himmel schreiben, wobei Sie jede Zahl so groß wie möglich schreiben müssen. Machen Sie weiter, bis der Schlaf Sie überwältigt.
- *Bilder kreieren.* Denken Sie an eine angenehme und friedliche Szene. Sie können sich ein ganz einfaches Bild oder einen Gegenstand ausmalen — betrachten Sie jede einzelne Linie, bewundern Sie die sanften Kurven, das Gewebe, die Struktur oder Maserung und denken Sie darüber nach, wie er/sie/es sich anfühlt. Oder malen Sie sich eine Farbe in ihrer ganzen Vielfalt von Schattierungen, Tönen und Mustern aus und stellen Sie sich vor, wie sie sich ständig miteinander verbinden und dadurch verändern. Oder malen Sie sich eine ganze Szene aus, die Ruhe und Frieden ausstrahlt: eine stille, weiße Schneelandschaft, auf die langsam weiche Schneeflocken fallen oder eine idyllische Szene in Grün- oder Blautönen — mit Kühen und Pferden, die zufrieden auf einer Wiese grasen. Oder stellen Sie sich vor, Sie lägen am Strand in der warmen Sonne. Versuchen Sie, die Szene tatsächlich zu »erleben«, statt sie nur zu beobachten. Spüren Sie die Sonnenstrahlen auf Ihrem Rücken, graben Sie die Zehen tief in den Sand, spüren Sie, wie eine sanfte Brise Ihre Haut streichelt. Vielleicht können Sie im Hintergrund einen Vogel singen hören, die klare Luft atmen oder das Moos in den nahen Wäldern riechen. Falls diese Einzelheiten Sie jedoch ablenken sollten, machen Sie sich keine weiteren Gedanken darüber. Erleben Sie einfach das Gefühl, im warmen Sonnenschein zu liegen.

Viele Menschen genießen es, sich sich selbst schwebend vorzustellen. Stellen Sie sich vor, wie Sie auf einer Wolke schweben oder auf einer

Luftmatratze auf einem warmen, ruhigen Gewässer treiben — überall um Sie herum ist Wasser, das Sie trägt.
Eine der besten Arten, sich zu entspannen, ist es, an eine Abwärtsbewegung zu denken. Stellen Sie sich vor, wie Sie wie ein Blatt nach unten schweben, oder malen Sie sich aus, wie Sie eine Treppe hinuntergehen oder mit einem Fahrstuhl nach unten fahren. Je tiefer Sie schweben, gehen oder fahren, desto näher kommen Sie der Entspannung und dem Schlaf.

Bauchatmung

Eine der leichtesten Entspannungsübungen, mit denen man anfangen kann — und noch dazu eine, die gegen viele verschiedene Arten der Anspannung hilft —, ist die simple Technik der Bauchatmung. Aber beginnen Sie nicht, sie zur Schlafenszeit zu machen, bevor Sie sie nicht wirklich beherrschen. Fangen Sie damit an, sie tagsüber oder am frühen Abend zu praktizieren. Erst wenn Sie sie »im Schlaf machen können«, sollten Sie sie auch im Bett anwenden.
Diese Technik erscheint auf den ersten Blick so simpel, daß Sie glauben könnten, Sie brauchten überhaupt keine Übung. Dennoch sollten Sie die Übung quasi automatisch machen können, so daß Sie sich nicht kontrollieren müssen, wenn Sie schlafen gehen, sondern sich einfach in den Schlaf fallen lassen können. Also üben Sie zwei Wochen lang jeden Tag wenigstens zwanzig Minuten lang.
In dem Augenblick, in dem Sie so entspannt sind, daß Sie fast einschlafen (oder es auch wirklich tun), können Sie davon ausgehen, daß Sie die Technik beherrschen. Auch wenn Sie ein Schweregefühl verspüren oder ein Gefühl der Leichtigkeit oder der Wärme, wenn Sie glauben, sich in einem Schwebezustand zu befinden oder Schmetterlinge im Bauch zu spüren meinen, wenn irgendein anderes eigenartiges Gefühl Sie beschleicht, wissen Sie, daß Sie die Bauchatmung tatsächlich gut beherrschen. Überraschenderweise empfinden viele Insomnie-Patienten diese Gefühle anfangs als unangenehm. Sobald sie aber lernen, in ihnen Anzeichen wirklicher Entspannung zu sehen, beginnen sie umzudenken. Sobald Sie solche Gefühle haben und sobald die Entspannung fast automatisch kommt, können Sie es

auch beim Einschlafen mit der Bauchatmung versuchen, ebenso wenn Sie mitten in der Nacht wieder einschlafen wollen.
Trotzdem sollten Sie sich der Bauchatmung in einer Nacht nur ein einziges Mal bedienen. Falls Sie schlecht schlafen, weil Sie beispielsweise zuviel Kaffee getrunken haben oder eine Erkältung im Anzug ist, wäre es falsch, es immer wieder mit der Bauchatmung zu probieren. Denn wenn die Technik Ihnen dann nicht hilft, könnten Sie sie leicht mit Frustration und Versagen assoziieren. Falls die Technik nach etwa einer halben Stunde nicht greift, sollten Sie es in dieser Nacht nicht noch einmal damit probieren.
Hier lesen Sie, wie Sie mit dem Bauch atmen: Legen Sie sich hin und achten Sie darauf, wie Sie atmen — gemeint sind Rhythmus und Tiefe der Atmung. Versuchen Sie nicht, etwas daran zu verändern, atmen Sie einfach normal weiter. Nachdem Sie sich des Rhythmus bewußt sind, atmen Sie mehr mit dem Bauch und weniger mit der Brust. (Legen Sie einfach eine Hand auf den Bauch und die andere auf die Brust, damit Sie fühlen können, wie der Bauch sich hebt und senkt, der Brustkorb jedoch nicht.) Atmen Sie nicht tiefer, langsamer oder schneller — halten Sie immer denselben Rhythmus, aber eben mit dem Bauch. Zunächst haben Sie möglicherweise Schwierigkeiten damit, weil man Ihnen Ihr Leben lang gesagt hat, Sie sollten nicht den Bauch, sondern die Brust rausstrecken — und hier liegen Sie nun und sehen zu, wie Ihr Bauch auf- und abhüpft. In diesem Fall könnte es helfen, wenn Sie die Arme im Nacken verschränken — das hilft die Brustatmung »abzustellen«. (Wenn der Brustkorb sich nur ein wenig hebt und senkt, ist das in Ordnung.) Sie können aber auch ein Buch oder sogar etwas noch Gewichtigeres auf Ihren Bauch legen und dieses Gewicht dazu bewegen, sich zu heben und zu senken. Sie können durch den Mund oder die Nase atmen — je nachdem, was Sie als angenehmer empfinden. Falls Sie sich unwohl fühlen, atmen Sie vermutlich zu langsam, und Ihr Körper bekommt nicht genügend Sauerstoff. Wenn Ihnen dagegen ein wenig schwindelig wird, atmen Sie zu schnell, bekommen also zuviel Sauerstoff.
Falls Sie sich soweit wohl fühlen, ist der nächste Schritt der, die Atmung doch ein klein wenig zu verändern. Nach jedem Ausatmen sollten Sie für etwa eine halbe Sekunde innehalten und über den Atemzug nachdenken, den Sie gerade getan haben. War er sanft, war er fließend? War er angenehm? Beschäftigen Sie sich mental mit jedem einzelnen Atemzug.

Ein ... aus, Pause; ein ... aus, Pause. Manche Menschen müssen nur zehn Minuten üben und haben es drauf, andere üben einen Monat lang, bevor sie sich dabei wohl fühlen.
Sobald Sie mit der Bauchatmung und der Pause zurechtkommen, können Sie zum nächsten Schritt übergehen: Während Sie atmen, müssen Sie die Luft auf Ihrer Oberlippe oder in Ihrer Nase spüren — irgendwo müssen Sie fühlen können, wie die Luft eingesogen und wieder herausgepreßt wird. Manche Menschen spüren die Luftbewegung, andere spüren, wie ein bestimmter Punkt beim Ausatmen wärmer und beim Einatmen kühler wird. Suchen Sie nach der Stelle, an der Sie den Atem am ehesten fühlen. Sobald Sie sie gefunden haben, müssen Sie sich auf diese Stelle konzentrieren. Die Konzentration muß total sein. Fühlen Sie, wie die frische Luft herein- und die verbrauchte herauskommt. Von diesem Augenblick an konzentrieren Sie sich immer auf diesen Punkt und spüren, wie die Luft herein- und herausströmt, wenn Sie es mit der Bauchatmung versuchen, nachdem Sie Ihre Atmung unter Kontrolle gebracht haben. Sobald Sie ein Gefühl dafür haben, wird Sie das befähigen, sich wirklich zu entspannen.
Manchmal könnte sich trotzdem ein (unangenehmer) Gedanke einschleichen, während Sie sich auf Ihre Atmung zu konzentrieren suchen. Wenn Sie feststellen, daß Ihre Gedanken abschweifen, dürfen Sie sie nicht einfach beiseite schieben. Sie würden nur um so beharrlicher zurückkommen. »Nehmen« Sie den Gedanken statt dessen und stellen Sie sich vor, Sie schrieben ihn auf ein Blatt Papier. Dann stellen Sie sich vor, Sie hätten einen Ballon, rollten das Papier mit dem Gedanken auf, bänden es an die Ballonschnur und ließen den Ballon steigen. Ärgern Sie sich nicht, wenn der Gedanke sich einschleicht, sondern akzeptieren Sie einfach, daß Sie über ein Telefongespräch, einen gelben Elefanten oder sonst etwas nachdenken, schreiben Sie den Gedanken auf ein Blatt Papier, rollen Sie es auf, binden Sie es an den Ballon und lassen Sie ihn fliegen. Dann können Sie zusehen, wie der Ballon fortschwebt. Wenn er hoch genug ist, wenden Sie Ihre Aufmerksamkeit wieder Ihrer Atmung zu und fahren fort, sich auf die Luft zu konzentrieren, die herein- und herausströmt.
Manchmal dürften Ihnen allerdings so viele Gedanken durch den Kopf schwirren, daß Sie sich die Ballons gar nicht schnell genug vorstellen können und keine Gelegenheit haben, sich auf den Atempunkt zu konzentrieren. Da ist es dann an der Zeit, die Übung für diesmal

einfach abzubrechen und sich um eines der Themen zu kümmern, an die Sie denken — oder etwas ganz anderes zu tun.
Manche Menschen schwören darauf, es helfe, sich auf ein zweisilbiges Wort zu konzentrieren, wenn der Kopf einmal zu voll ist. (Aber benutzen Sie nicht das Wort »ruhig«. Aus einem unerfindlichen Grund bringt gerade dieses Wort viele dazu, sich erst recht zu verkrampfen. »Ruhig« ist kein beruhigendes Wort.) Suchen Sie sich Ihr eigenes Wort wie »unten«, »heiter«, »friedlich«, »schwebend« oder »lässig«. Denken Sie an die eine Silbe, während Sie ein- und an die zweite, während Sie ausatmen. Sie können aber auch zwei Wörter nehmen wie »still — warm« oder »kühl — warm«, falls Sie diese Begriffe mit der Temperatur in Ihrer Nase/Ihrem Mund verbinden wollen. Sagen Sie diese Wörter eine Weile bei jedem Atemzug, bis der Gedankenwirbel in Ihrem Kopf sich gelegt hat.
In Indien wird die Bauchatmung über Monate praktiziert. Geben Sie also nicht auf, falls sie bei Ihnen nicht auf Anhieb klappt. Fahrradfahren konnten Sie ja auch nicht nach nur zwei Minuten. Sie müssen halt jeden Tag üben. Vermutlich ein paar Wochen lang.

Entspannungstechniken für Fortgeschrittene

Bei diesen Techniken werden Sie wahrscheinlich die Unterstützung eines Profis brauchen, da die wenigsten Menschen sie sich allein und ohne Instruktionen so gut aneignen können, daß sie wirklich effektiv sind.

Biofeedback

Mit Biofeedback können Sie lernen, einige Ihrer Körperaktivitäten zu kontrollieren, indem Sie die Körperfunktionen mittels eines Apparates überwachen, der mit akustischen oder optischen Anzeigegeräten arbeitet. Diese geben Ihnen für jeden Augenblick Aufschluß über den physiologischen Stand der Muskelspannung, der Hauttemperatur, des Blutdrucks oder anderer Werte. Sie beobachten die natürlichen Veränderungen, die auftreten, und lernen dann, welche mentalen Stadien mit diesen Veränderungen verbunden sind. Gewöhnlich sind Sie recht bald in der Lage, die Funktionen zu beeinflussen, über die Sie bislang keine Kontrolle hatten. Danach dürfte es Ihnen auch mit bloßer Willenskraft gelingen, sich zu entspannen oder zu verkrampfen, so daß Sie die Maschine nicht mehr brauchen. Bei Muskelverspannung und Überaktivität des sympathischen Nervensystems ist diese Technik besonders geeignet.

Biofeedback ist wie ein Spiegel, der Ihnen zeigt, was bei einer Ihrer Körperfunktionen geschieht, so daß Sie lernen können, genau das zu beeinflussen. Falls Ihnen beispielsweise jemand 10 000 Mark dafür anbieten sollte, daß Sie sofort mit den Ohren wackeln, könnten Sie das wahrscheinlich nicht. Die richtigen Muskeln und Nerven sind zwar da, Sie wissen aber nicht, wie Sie ihnen das Signal zur Ausführung geben sollen. Falls Sie diese 10 000 Mark wirklich dringend haben wollten, könnten Sie sich vor einen Spiegel stellen und alle möglichen Verrenkungen vollbringen, um Ihre Ohren zum Wackeln zu bringen. Vermutlich würde sich zunächst kein Ohr rühren — doch irgendwann würden sie sich plötzlich ein wenig bewegen. Da Sie wahrscheinlich nicht genau wissen, wie Sie das gemacht haben, würden Sie es wieder und wieder versuchen. Nach ein paar Tagen vor dem Spiegel würden Sie jedoch schließlich gelernt haben, wie's geht.

Biofeedback kann auf dieselbe Art ein Spiegel sein. Mit ihm kann man — sagen wir — die Muskelspannung am Vorderkopf (und an anderen Stellen) messen, wodurch Sie erfahren, welche Muskeln angespannt oder entspannt sind. Gewöhnlich benutzt die Maschine einen Ton, der hinauf- und hinuntergeht, um Ihnen diese Information zu geben. Wenn der Ton steigt, wissen Sie, daß Sie sich stärker verkrampfen. Wenn der Ton sinkt, wissen Sie, daß Ihre Muskeln sich allmählich lockern. Bei genauer Selbstbeobachtung und Selbsterkundung können Sie herausfinden, was die Anspannung steigen und was sie sinken läßt. Und dadurch können Sie nach und nach lernen, wie Sie sich besser entspannen können.

Biofeedback kann auch andere Körpervariablen — wie die Temperatur der Finger — messen. Es ist jedoch schwieriger zu lernen, wie man die Finger aufwärmt, als zu lernen, wie man die Muskeln ent-

spannt. Denn die Finger werden erst dann warm, wenn man wenigstens eine Minute lang entspannt war, wogegen Muskelspannung von der Maschine augenblicklich erfaßt wird.
Wenn Sie entspannt sind, liegt die Fingertemperatur gewöhnlich um die 33 Grad. Liegt die Temperatur dagegen nur um 25 Grad (und falls Sie nicht unter schlechter Durchblutung leiden), leiden Sie möglicherweise unter einer Überaktivität des sympathischen Nervensystems. In diesem Fall würden Sie von Temperatur-Biofeedback gewiß profitieren können. Sie können es entweder allein oder mit einem Biofeedback-Therapeuten anwenden.
Wenn Sie wollen, können Sie eine Version des Biofeedbacks machen, die Sie auch zu Hause durchführen können. Nehmen Sie ein Raumthermometer, befestigen Sie es mit Klebeband an Ihren Fingern und messen Sie die Temperatur. Dann machen Sie etwa fünf Minuten lang eine der Entspannungsübungen wie Bauchatmung. Schauen Sie wieder aufs Thermometer und stellen Sie fest, ob die Temperatur ein wenig gestiegen ist. Ist sie das, war das, was Sie taten, entspannend. Machen Sie also weiter. Ist die Temperatur nach etwa fünf Minuten nicht gestiegen, hat Ihnen das, was Sie taten, nicht geholfen, sich zu entspannen. Also sollten Sie etwas anderes versuchen.
Manchmal wird die Anspannung vom Inhalt dessen hervorgerufen, was man denkt — der Strand versus Büro. Manchmal aber geht es eher um die Art, in der man denkt: Man kann entspannt über etwas nachdenken oder es angespannt und mit verkrampftem Körper tun. Möglicherweise werden Sie sich eine neue Geisteshaltung aneignen müssen. Manche Menschen wissen nämlich wirklich nicht, was »Entspannung« ist. Was sie für entspannend halten, entspricht eher dem ängstlichen Warten auf ein Taxi. Falls Sie zu diesen Menschen gehören, müssen Sie möglicherweise ein völlig neues Stadium erleben und erkennen. Biofeedback kann Ihnen dabei helfen.

An der Dartmouth Medical School *machte ich mit 45 Menschen, die an Insomnie litten, eine Biofeedback-Studie. Sie führten zu Hause ein Schlafprotokoll und verbrachten drei Tage im Schlaflabor, bevor Sie mit dem Biofeedback begannen, einige Wochen, nachdem sie sich mit Biofeedback beschäftigt hatten, und neun Monate später noch einmal. Die Studie bewies, daß Entspannung durch Biofeedback den Verkrampften und Ängstlichen unter den Insomnie-Patienten klar*

half, daß aber diejenigen, deren Muskeln ohnehin schon entspannt waren, trotzdem nicht schlafen konnten.
Danach unternahm ich eine zweite Biofeedback-Studie. Diesmal waren 16 Menschen beteiligt, die seit wenigstens zwei Jahren unter schwerster Insomnie litten und deren zu Hause geführten Schlafprotokolle zeigten, daß sie von 14 Nächten acht Nächte sehr schlecht schliefen. Auch diese Patienten wurden drei Nächte lang im Schlaflabor von Dartmouth beobachtet, füllten eine Unmenge psychologischer Fragebogen aus und wurden von Psychologen befragt. Danach begann das Biofeedback-Training in unserem Labor und im Labor von Dr. Ernest Hartmann in Boston.
Beide Untersuchungen bewiesen, daß Biofeedback einen langfristigen Effekt auf Insomnie haben kann. Der Schlaf verbesserte sich und war auch bei der Nachbehandlung neun Monate später noch wesentlich besser. Diese Erkenntnis ist ermutigend, weil das Biofeedback-Training bei vielen anderen Krankheiten einen nur vorübergehenden Effekt zu haben scheint. Denken Sie jedoch daran, daß das Muskelentspannungs-Biofeedback nur bei denen funktioniert, deren Muskeln verspannt sind, wenn sie versuchen zu schlafen.

Manchmal kann das Entspannungstraining mit Biofeedback sogar in Krisensituationen hilfreich sein. Mrs. Belle Wells erlebte ungefähr zur selben Zeit eine schwierige Scheidung, als eines ihrer drei Kinder Leukämie bekam und starb. Dann, nur einen Monat später, wurde ihre einzige Schwester bei einem Autounfall getötet. Dazu kam, daß sie trotz der heiklen finanziellen Lage gezwungen war, zu Hause zu bleiben und sich um ihre beiden kleinen Kinder zu kümmern. Sie stand unter extremem Streß und litt — was nicht überraschen kann — unter schwerster Insomnie. Sie brauchte jede Nacht etwa zwei Stunden, um einschlafen zu können, und dazu kamen dann noch viele lange nächtliche Wachperioden. Bei der Untersuchung im Schlaflabor stellte sich heraus, daß Belle Wells unter extrem starker Muskelspannung im Bereich der Stirn litt — sowohl während der Wachperioden als auch im Schlaf — und daß sie sehr nervös und erregt war.
Sie wurde in einen Biofeedback-Trainingskurs aufgenommen, in dem man ihr beibrachte, wie man den Stirnbereich vor dem Schlafengehen entspannen kann. Und sie wandte diese Technik auch tagsüber

an. Sobald sie feststellte, daß sie nur ziellos herumlief, aber nichts mehr unter Kontrolle hatte, hielt sie inne, entspannte sich ein paar Minuten lang und fuhr dann mit ihrer Arbeit fort. Allmählich begann sie, die Situation zu meistern, und bei der Nachuntersuchung im Schlaflabor neun Monate später zeigte sich, daß ihr Schlaf wieder fast völlig normal war.

Meditation

Meditation ruft einen Zustand passiver Konzentration hervor, der manchmal Alpha-Stadium genannt wird, weil das Gehirn Alpha-Wellen aussendet — so wie in den letzten Augenblicken vor dem Einschlafen. Dieser ruhige Zustand innerer Reflexion ist wohltuend für Menschen, die psychisch angespannt sind oder unter einer Überaktivität des sympathischen Nervensystems leiden. Meditation hilft diese Aktivität zu senken, hilft folglich auch bei der Reduzierung der Anspannung und der Ängste, verlangsamt die Atmung und die Herzfrequenz und senkt den Blutdruck. Falls Sie je völlig entspannt waren und das Gefühl hatten, in sich selbst zu ruhen, erlebten sie vermutlich so etwas wie einen Meditationszustand.

Es gibt viele Arten zu meditieren. Manche — wie die Transzendentale Meditation (TM) — beinhalten eine Konzentration auf ein *Mantra* (ein Wort oder eine Redewendung). Andere Methoden schließen — wie bei Yoga oder der Zen-Meditation — die Konzentration auf die Atmung mit ein. Oder sie verlangen, daß Sie den Blick auf eine brennende Kerze, ein Blatt oder ein ruhiges Gewässer konzentrieren. Jede Technik ist darauf ausgerichtet, ein Gefühl der Ruhe und inneren Harmonie zu erzeugen, das die Spannung förmlich wegwischt.

Meditation können Sie nur von einem Lehrer lernen. Um einen Kurs in Ihrer Nähe zu finden, sollten Sie bei der Volkshochschule nachfragen oder sich erkundigen, ob es vielleicht an einer nahe gelegenen Universität Meditationskurse gibt.

Autogenes Training

Autogenes Training ist eine Prozedur, bei der dieselben Redewendungen fortwährend wiederholt werden, während man sich auf ein Gefühl der Schwere und Wärme konzentriert. Durch Suggestion entspannen sich die »schweren« Muskeln, und das »warme« Fleisch wird besser durchblutet.

Man beginnt mit dem Satz »Mein rechter Arm ist schwer«, wiederholt ihn mehrmals. Dann geht man zu anderen Körperpartien über. Später fährt man fort mit »Meine Arme sind warm«, »Meine Beine sind warm«, »Mein ganzer Körper ist warm«.

Im Rahmen eines Experiments im Jahre 1968 lehrten Dr. Michael Kahn, damals an der Yale-Universität, Bruce Baker von der Harvard-Universität und Jay Weiss von der Rockefeller-Universität, 16 Studenten, die an Insomnie litten, autogenes Training anzuwenden. Am Ende des Experiments hatten die Studenten die Zeit, die sie durchschnittlich zum Einschlafen brauchten, von 52 auf 22 Minuten reduziert. Diese Resultate entsprachen denen, die Dr. Richard Bootzin 1974 an der *Northwestern University* in Chicago erzielte. Er stellte fest, daß das Einschlafen nach einem Monat, in dem täglich entweder eine Stunde progressive Entspannung oder autogenes Training ausgeübt wurden, um etwa fünfzig Prozent besser und schneller funktionierte.

Autogenes Training gehört nicht zu den Methoden, die man in ein paar Minuten erlernen kann. Man sollte sich einen kompetenten Lehrer suchen und mehrere Wochen — oder auch Monate — konsequent mit ihm üben, um den größtmöglichen Erfolg zu erzielen.

Progressive Entspannung

Wenn ein Muskel ein paar Sekunden lang angespannt war, ist es seine natürliche Neigung zu erschlaffen. Die progressive Entspannung macht sich diese Tatsache zunutze. Man spannt verschiedene Muskelgruppen im Körper an und läßt sie dann erschlaffen, um zu erleben, wie sich ein entspannter Muskel anfühlt. Später sollte man dann in der Lage sein, dieses Gefühl völliger Entspannung herbeizuführen, ohne die Muskeln zuerst verkrampfen zu müssen.

So können Sie testen, ob progressive Entspannung Ihnen hilft: Setzen Sie sich in einen bequemen Sessel oder legen Sie sich aufs Bett. Atmen Sie ein paarmal genußvoll ein und konzentrieren Sie Ihre Aufmerksamkeit dann auf Ihre rechte Hand. Ballen Sie sie zur Faust — so fest Sie nur können. Die Knöchel müssen weiß werden! Anspannen, anspannen! Verkrampfen Sie die Hand für fünf bis sechs Sekunden. Danach lassen Sie locker, öffnen die Faust und lassen die Muskeln tun, was sie wollen. Beobachten Sie, was Ihre Hand tut. Was immer die Muskeln tun, lassen Sie sie es weiter tun. Beobachten Sie die Hand etwa 20 bis 30 Sekunden lang. Dann wiederholen Sie die Übung. Ballen Sie die Hand wieder fest zur Faust. Anspannen! Weiße Knöchel! Nach etwa sechs Sekunden lassen Sie wieder locker. Beobachten Sie die Hand noch einmal, während sie sich entspannt. Lassen Sie sie wieder alles tun, was sie gerade tut. Dann vergleichen Sie Ihre nun zutiefst entspannte rechte Hand mit der linken, die in ihrem ganz normalen Zustand ist. Stellen Sie irgendeinen Unterschied fest? Das ist genau der Unterschied zwischen dem ganz normalen und dem zutiefst entspannten Zustand.

Falls Sie einen bedeutenden Unterschied feststellten, nachdem Sie die Hand zum zweiten Mal entspannt haben, sind Sie ein guter Kandidat für progressives Entspannungs-Training. Im wesentlichen werden Sie lernen, mit den unterschiedlichen Muskelgruppen Ihres Körpers zu arbeiten, jede von ihnen zweimal anzuspannen und zu entspannen und sie zu beobachten, während sie sich wieder entspannen. Sie könnten das allein ausprobieren. Nach der rechten Hand können Sie den rechten Arm verkrampfen, dann die linke Hand und den linken Arm. Danach können Sie zum Gesicht übergehen, die Muskeln im Stirnbereich und um die Augen anspannen, dann die Wangen, die Lippen, die Nackenmuskeln, die Schultern, die Bauchmuskeln, das Gesäß, die Schenkel, die Waden und die Füße. (Bei den Füßen ziehen Sie die Zehen hoch und spreizen sie, weil es zu Krämpfen führen könnte, wenn Sie sie nach unten drücken und dann anspannen.)

Übereilen Sie nichts. Nehmen Sie sich Zeit. Spannen Sie die Muskeln mehrere Sekunden lang an und beobachten Sie jede Entspannungsphase 20 bis 30 Minuten lang.

Falls diese Anspannübungen Ihnen Schmerz bereiten oder zu Krämpfen führen, wiederholen Sie das Training noch einmal, diesmal aber weniger intensiv. Am wichtigsten ist, daß Sie das Gefühl verinnerli-

chen, das Sie in jeder dieser Muskelgruppen spüren, sobald Sie sie entspannen.
Üben Sie die progressive Entspannung in der ersten und zweiten Woche jeweils am späten Nachmittag oder frühen Abend und nicht zu der Zeit, da Sie wirklich schlafen wollen. Sie sollten darauf vorbereitet sein, einige der eigenartigen Gefühle zu verspüren, die Sie bei der Bauchatmung haben könnten: ein Schweregefühl, ein Gefühl ungeheurer Leichtigkeit, ein Wärmegefühl, das Gefühl zu schweben, Schmetterlinge im Bauch. Außerdem neigt der Körper zu spontanen Zuckungen, wenn er zutiefst entspannt ist. Lassen Sie diese Zuckungen ruhig zu. Manchmal können auch die merkwürdigsten Emotionen auftreten. Tränen können plötzlich in Ihren Augen stehen, Sie können sich sehr erregt fühlen oder nur einfach bleischwer. Lassen Sie diese Emotionen zu, ohne sich allerdings von ihnen von Ihrer Entspannung ablenken zu lassen. Denn sie verschwinden gewöhnlich, wenn Sie sich weiterhin bemühen, sich zu entspannen. Falls das nicht passiert, könnte es nötig sein, die Hilfe eines Experten in Anspruch zu nehmen, weil es sich bei ihnen um wichtige Indikatoren dafür handeln könnte, warum es für Sie so schwierig ist, zu entspannen.
Sobald Sie bei der Anwendung dieser Technik richtig gut sind, können Sie die Anspannphase weglassen. Treten Sie einfach mit jeder Muskelgruppe in mentalen Kontakt und lassen Sie Ihre Muskeln denselben Grad an Entspannung erleben, der sie nach der Anspannung ganz natürlich überkommt. So können Sie diese Technik am effektivsten zum Einschlafen anwenden.

Neurolinguistische Programmierung

Neurolinguistische Programmierung (NLP) ist eine relativ neue Technik, die von der Schlafforschung bislang klinisch noch nicht getestet wurde. Es handelt sich um eine Art Spiegelbild der Körpersprache: Indem Sie Ihren Körper in die Gefühle, Emotionen und Positionen eines Erfolgserlebnisses der Vergangenheit »zurückversetzen«, programmieren Sie Ihr Hirn dahingehend, dieses Erlebnis noch einmal nachzuvollziehen. Das hört sich zwar kompliziert an, doch kaum sind sie darin unterwiesen worden, empfinden es viele Menschen als ein ausgesprochen starkes und wirkungsvolles Werkzeug.

Wenn es darum ginge, Ihnen das Einschlafen zu erleichtern, würde das etwa folgendermaßen funktionieren: Wenn Sie ins Bett gehen, denken Sie an eine Zeit, zu der Sie sehr leicht eingeschlafen sind. Erinnern Sie sich an einen bestimmten Zeitpunkt, einen bestimmten Tag, und gehen Sie dann in der Zeit zurück, um ihn in Ihrer Phantasie noch einmal erleben zu können. Sehen Sie ein Bild? In welcher Position waren Sie? Haben Sie irgend etwas gehört? Haben Sie irgend etwas Besonderes gedacht? Was war es, das Sie veranlaßte, sich so wohl und angenehm müde zu fühlen? Hatten Sie irgendeine bestimmte Emotion, ein Gefühl? Sobald Sie wieder erleben, was Sie damals so gut schlafen ließ, können Sie dieselben Wörter, dieselben Positionen, Bilder oder Gefühle benutzen, um sich zu Schlaf zu verhelfen.

Wie man eine Technik auswählt

Wir haben Ihnen jetzt eine Reihe von Entspannungstechniken vorgestellt. Es gibt noch viele andere. Manche Menschen können sich am besten entspannen, wenn sie beten. Andere lernen die Technik der Selbsthypnose oder benutzen Hatha-Yoga, um sich zu entspannen. Wir erwarten nicht, daß Sie sich zum Experten aller Entspannungsmethoden mausern. Falls Sie aber gerade zur Schlafenszeit unter Anspannung leiden, empfehlen wir Ihnen, eine der Methoden zu wählen, die wir beschrieben haben, oder eine andere Methode, bei der Sie sich auskennen und die Sie dann praktizieren können. Es ist unerläßlich, daß Sie die Methode, die Sie anwenden wollen, wirklich umfassend beherrschen. Da sollte alles automatisch und natürlich ablaufen, so daß Sie die Dinge — ohne besonderen Energieaufwand — einfach geschehen lassen können.

8

So lernen Sie, den Tagesstreß in den Griff zu bekommen

John Remington war Sozialarbeiter bei einer privaten Wohlfahrtsorganisation in einer Großstadt. Er mochte seinen Job, und er hatte viel zu tun. Die meisten seiner Klienten brauchten Hilfe, um sich im Dschungel der Vorschriften und Möglichkeiten zurechtzufinden, und sie brauchten Rat, wenn es um die Arbeitsplatzsuche, die Erlangung von Mietbeihilfen und Sozialhilfe ging. Andere wollten einfach nur reden — wollten, daß man ihnen auf die Schulter klopft, brauchten Ermutigung, um weitermachen zu können, oder Unterstützung bei der Bewältigung von Eheschwierigkeiten. Da war die Notwendigkeit, Teenager zu beschäftigen, um sie von der Straße zu kriegen. Menschen mit juristischen Problemen brauchten Hilfe. Er sah viel Not und viel Unglück — da gab es Vermieter, die nicht wollten, daß ihre Mieter Petitionen bei der Stadt einreichen, da gab es Politiker, die wollten, daß alles unter den Teppich gekehrt wird, da gab es Drogendealer, die in John eine Bedrohung sahen.
John war verheiratet und hatte zwei Kinder, die noch nicht zur Schule gingen. Auch seine Familie brauchte Aufmerksamkeit, wollte, daß er sich um sie kümmerte. Er verdiente nicht so viel, wie er in einem Regierungsjob hätte verdienen können. Das versuchte er dadurch wettzumachen, daß er sich bemühte, zu Hause ein Großteil der Renovierungsarbeiten selbst zu übernehmen. Jedesmal, wenn er einen Abend zu Hause verbrachte, war er sich bewußt, daß einige seiner Schäfchen enttäuscht waren. Also versuchte er, sich zweizuteilen, eilte für zwei

Stunden nach Hause, um zu Abend zu essen und sich um die Familie zu kümmern, hastete danach zurück an seinen Arbeitsplatz und hängte noch drei Stunden Arbeitszeit dran. Bald schon war er gereizt und launisch und begann, sehr schlecht zu schlafen.

Johns Fall ist typisch für viele. Wie wir bereits in Kapitel 2 sagten, geht es ungefähr in der Hälfte aller Insomnie-Fälle um psychische Probleme — um Ängste, Depressionen, um Anspannung —, die häufig einer schlechten Ehe, Einsamkeit, einem mehr als anstrengenden Job oder anderen mit Emotionen verbundenen Gegebenheiten entspringen. Dazu kommt noch der Druck der Gesellschaft. Unsere Städte sind überfüllt; die Straßen sind verstopft; die Verbrechen nehmen überhand; der Drogenkonsum greift um sich; und täglich lesen wir von Korruption, von Kriegen und einer Welt, die von Übervölkerung und Umweltzerstörung bedroht ist.

Sie sind den ganzen Tag beschäftigt, Ihre Probleme brodeln in Ihrem Innern, dann kommt die Nacht, und all diese Dinge gehen Ihnen noch einmal — und wieder und wieder — durch den Kopf. Sie versuchen sich zu entspannen, wenn Sie zu Bett gehen, aber es gelingt Ihnen nicht; Ihr Gehirn ist immer noch in Aufruhr, es arbeitet. Ein sorgenvoller Geist aber bedeutet fast immer gestörten oder gar keinen Schlaf.

Wenn Sie sich mit Streß konfrontiert sehen, steigt Ihr Adrenalinspiegel, Ihr Herz schlägt schneller, der Blutdruck schnellt in die Höhe, und die Muskeln spannen sich an. Diese körperlichen Veränderungen sind für Notfallsituationen gedacht — wenn es beispielsweise darum geht, einen Säbelzahntiger zu bekämpfen, vor einem Feuer wegzulaufen oder einem begrenzten Konflikt zu begegnen —, die meisten unserer Streßsituationen sind jedoch nicht akut, sondern dauern Monate oder gar Jahre an: Meist geht es darum, mit seinem Partner/seiner Partnerin, seinen Kindern im Teenageralter oder seinem Chef zurechtzukommen. Diesen Situationen kann man nicht mit einer Notfallreaktion begegnen, die darauf angelegt ist, höchstens zehn Minuten zu dauern; unser Körper reagiert jedoch, als könnten wir genau das tun. Das System, das für eine kurzfristige Kampf/Flucht-Reaktion gedacht ist, bricht zusammen. Die Menschen bekommen häufig Kopfschmerzen, Magengeschwüre oder sexuelle Schwierigkeiten — doch am häufigsten kommt es zu Schlaflosigkeit. Manchmal liegt die Verbindung zwischen Streß und Insomnie auf der Hand. Insomnie tritt auf, wenn Sie sich mit jemandem gestritten haben, den Sie lieben, wenn Ihr Chef Ihnen wegen irgendeiner Sache den Kopf gewaschen hat, die Sie nicht zu verantworten haben, oder wenn Sie versucht haben, einen Termin einzuhalten, von dem Sie von vornherein wußten, daß er unmöglich zu halten ist. Sie können aber auch bei aufregenden Erlebnissen »Heiligabend-Insomnie« haben. Erinnern Sie sich noch, wie früh Sie als Kind am Heiligabend wach wurden und wie schlecht Sie abends einschliefen? Als Erwachsene sind wir möglicherweise am Abend bevor wir eine neue Arbeit antreten, eine große Aufgabe bewältigen müssen oder in Urlaub fahren, wieder ebenso aufgeregt wie damals.

Auch Ereignisse am Abend können sich auf den Schlaf auswirken. Untersuchungen im Schlaflabor beweisen, daß Menschen, die sich vor dem Schlafengehen Horror- oder andere emotional aufwühlende Filme ansehen, diese beängstigenden Momente meist mit ins Bett nehmen und daß sie sich auf den Schlaf und die Träume durchaus auswirken können.

Manchmal ist die Verbindung zwischen Streß und Insomnie allerdings auch sehr subtil. Ein langfristiges Problem könnte zu Anspannung und Insomnie führen. Ein Problem, das an Ihnen zehrt, ohne daß Sie sich dessen bewußt sind. Ein Problem, das Ihre Selbstachtung, Ihr Selbstbewußtsein untergräbt und dazu führt, daß sich in Ihnen Angst, Zorn, Anspannung oder Frustration aufbauen.

Viele Patienten haben ganz ehrlich nicht das Gefühl, ein Problem zu haben, das mit Streß verbunden ist. Andere unterdrücken es: »Ich habe kein mentales Problem. Ich kann ›einfach‹ nur nicht schlafen.« Und dann nehmen sie »einfach« noch mehr Schlaftabletten, statt sich mit ihrem seelischen Schmerz auseinanderzusetzen, der von Anspannung und Streß ausgelöst wird. Oder sie essen zuviel, trinken oder rauchen, um sich von ihren Ängsten zu erlösen — alles Faktoren, die die Insomnie noch verstärken können.

Selbst wenn Menschen bewußt ist, daß Streß eines ihrer Probleme ist, wissen sie möglicherweise nicht, wie sie sich der Sache annehmen und wie sie damit fertig werden sollen. Bewußt oder unbewußt klammern sie das Problem aus, statt herauszufinden, was sie belastet, und nach Mitteln und Wegen zu suchen, es zu lösen. Manchmal kann man eine Situation verändern, die einen belastet, und manchmal kann man es nicht. Doch allein das Wissen darum, daß Verkrampfung und Anspannung die Ursache der Insomnie sein können, kann helfen.

Forschungsergebnisse beweisen, daß es häufig nicht die großen Probleme — wie eine Scheidung oder der Tod eines Verwandten oder engen Freundes — sind, die uns herunterziehen, sondern die kleinen, alltäglichen Ärgernisse und Auseinandersetzungen. Und oft ist es nicht die belastende Situation an sich, die das Problem verursacht, sondern unsere Einstellung zur Situation und unsere Reaktion auf sie. Wir müssen uns mit Kleinigkeiten nicht herumschlagen, als handle es sich um große Lebenskrisen, doch wir tun es häufig.
Manchmal kann man den Streß allein durch die Art reduzieren, in der man die Dinge betrachtet. Ein angebranntes Abendessen, verschüttete Milch, ein platter Reifen, eine nicht bezahlte Rechnung, ein verlorener Job, ein weinendes Kind — all das sind potentiell belastende Situationen. Wie stark sie Sie belasten, hängt davon ab, wie Sie auf sie reagieren. Dr. Alfred Ellis, der Gründer des Instituts für *Rational Emotive Therapy* in New York, behauptet, daß ein »Schlechtermachen, ein Verschlimmern« — das heißt, auf alles so zu reagieren, als handle es sich um die größte Katastrophe, die man sich nur vorstellen kann — die Wurzel vieler psychischer Probleme ist.
Oft haben wir unser Schicksal weit besser im Griff, als wir uns zutrauen. Wir haben meist die Wahl, uns anders zu entscheiden: Wir können eine weniger stark befahrene Route wählen, wenn wir zur Arbeit fahren, auch wenn sie länger sein sollte als die übliche, auf der uns tagtäglich ein Stau erwartet. Wir müssen nicht zu einer Party gehen, wenn wir schon vorher zu wissen glauben, daß wir die Leute dort nicht mögen. Wir können uns morgens etwas zum Essen einpacken und uns mittags auf eine Parkbank setzen und es dort verzehren, statt eilig ein Würstchen oder einen Hamburger herunterzuschlingen. Wir können uns entscheiden, Aktivitäten aufzugeben, die uns anöden und die unproduktiv sind, und wir können uns sogar entschließen, die Verbindung zu einem Menschen in unserem Leben aufzugeben, dessen negative Grundeinstellung uns herunterziehen könnte.

Prüfen Sie selbst, ob Sie unter verborgener Anspannung leiden

Könnte es sein, daß Sie angespannter sind, als Sie glauben? Den meisten Menschen ist nicht bewußt, daß sie unter Streß und Anspannung leiden, und es ist wichtig, Mittel und Wege zu kennen, mit denen man sich im Lauf des Tages daraufhin testen kann.
Testen Sie sich jetzt und dann tagsüber jedesmal, wenn Sie daran denken — besonders, wenn Sie ängstlich sind, hart an einem Problem arbeiten oder das Gefühl haben, grundlos hinter etwas herzuhetzen und sich zu verausgaben.
Hier sind die Spannungs-Hinweise, auf die Sie achten sollten:

- angespannte Nacken- oder Kieferpartie
- verkrampfte Schultern oder verspannter Rücken
- trotzig vorgerecktes Kinn
- zusammengebissene Zähne oder Zähneknirschen
- unnatürlich angespannte Stimme
- hochgezogene Schultern
- verkrampfte Zehen oder Finger, Trommeln mit den Fingerspitzen
- Füßestampfen, Beine, die unablässig in Bewegung sind
- durchgedrücktes Rückgrat
- angespannte Muskeln im Bereich der Stirn, manchmal mit Kopfweh verbunden
- feuchte, schwitzende Hände, Füße oder Achselhöhlen
- Gereiztheit, Überreaktionen auf Kleinigkeiten
- Stirnrunzeln
- hohe Pulsfrequenz, rapides Herzklopfen
- schroffe, ruckartige Bewegungen bei angespannten oder verkrampften Muskeln
- unregelmäßiger, flacher Atem oder Seufzen
- das Gefühl, ersticken zu müssen
- nervöser Magen, Krämpfe oder Übelkeit
- häufiges Wasserlassen
- intensives Rauchen
- flatternde Augenlider, Zwinkern oder überanstrengte Augen

Jedesmal, wenn Sie eines dieser Zeichen an sich bemerken, sollten Sie tief durchatmen und versuchen zu lächeln, aber nicht nur mit den Lippen, sondern auch mit den Augen. Und Sie sollten den Versuch machen, die Muskeln zu entspannen. Sie *müssen* den Hörer nicht grimmig umklammern, wenn Sie telefonieren, Sie müssen nicht mit den Füßen stampfen, wenn Sie laufen, und Sie müssen die Hausarbeit nicht gehetzt und verbissen erledigen. Senken Sie die Stimme, gehen Sie langsamer, entkrampfen Sie die Hände, die einen Stift oder den Telefonhörer halten, und bringen Sie sich und Ihren Körper in eine Stimmung, die es Ihnen erleichtert zu tun, was immer Sie auch tun wollen.

Selbst wenn es keinen Weg geben sollte, den Streß aus einem Job oder einer gesellschaftlichen Situation zu eliminieren, können Sie es lernen, mitten in einer Krise innezuhalten und in Gedanken nach verkrampften Muskeln und Anspannung Ausschau zu halten. Allein dieser Akt der Selbstkontrolle kann Ihnen häufig helfen, sich zu entspannen. Und versuchen Sie wirklich, selbst mitten in einer Krise mit den Augen zu lächeln. Es ist überraschend, wie leicht es ist, mit dem Mund zu lächeln und trotzdem verspannt zu bleiben, doch sobald man mit den Augen zu lächeln versucht, beginnt die Anspannung wegzuschmelzen.

Es ist nicht immer leicht, sich zu erinnern, diese Kontrolle auszuüben. Ein guter Weg, sich daran zu gewöhnen, ist es, selbstklebende rote Punkte zu kaufen und sie dorthin zu kleben, wo der Blick gelegentlich hinfällt — beispielsweise auf die oberste Schreibtischschublade, auf die Kühlschranktür oder das Armaturenbrett des Autos. Jedesmal, wenn Sie einen roten Punkt sehen, sollten Sie innehalten und nach Zeichen für innere Anspannung suchen. Fragen Sie sich selbst: »Habe ich alles unter Kontrolle?« Bewegen Sie jeden Muskel, der angespannt ist, atmen Sie zweimal tief durch, lächeln Sie vor sich hin und machen Sie weiter.

Sie können eigene Mittel entwickeln, die Anspannung zu lösen. Präsident Kennedy pflegte sich gegen eine Wand zu lehnen, die Augen zu schließen und sich total zu entspannen, wann immer er einen freien Moment hatte — auch wenn es nur die paar Minuten im Fahrstuhl waren. Dr. Paul Dudley White fuhr Fahrrad oder ging spazieren. Ein berühmter Wissenschaftsredakteur beim Fernsehen summt vor sich hin, bevor er auf Sendung geht. Ein Chirurg, mit dem wir befreundet sind, singt zur Entspannung, bevor er in den Operationssaal geht.

Übernehmen Sie die Kontrolle

Eine der wichtigsten, erst kürzlich erzielten Einsichten in die Psychologie ist es, daß es nicht der Streß harter Arbeit ist, der uns in Schwierigkeiten bringt, sondern daß es jene Situationen sind, die wir selbst nicht kontrollieren können. Es ist die Frustration, ist die Angst, die Anspannung, nicht in der Lage zu sein, etwas zu ändern, das geändert werden muß.
Menschen, die nicht schlafen können, haben meist Probleme mit der Familie oder bei der Arbeit. Probleme, von denen sie glauben, sie könnten sie nicht in den Griff bekommen. Aber häufig gibt es eben doch einen Weg, ein solches Problem zu lösen, wenn wir uns nur die Zeit nehmen, vernünftig und logisch darüber nachzudenken. Hier sind einige Lösungsmöglichkeiten.

Sorgen-Zeit

Falls Sie zu der Sorte von Schlaflosen gehören, denen Gedanken über Gedanken durch den Kopf schießen, die sie nicht stoppen können, wenn sie nachts im Bett liegen, wenn Sie sich zur Nachtzeit Sorgen wegen Ihrer Finanzen oder Ihres Jobs machen, wenn Sie das Gefühl haben, völlig die Kontrolle zu verlieren, könnte es für Sie die Lösung sein, Sorgen-Zeit einzuplanen.
Hier lesen Sie, wie man mit der Sorgen-Zeit umgeht: Irgendwann im Lauf des Abends, aber lange bevor Sie zu Bett gehen, sollten Sie eine halbe Stunde einplanen, in der Sie sich mit Ihren Sorgen beschäftigen, so daß Sie sie später nicht mit ins Bett nehmen müssen. Dazu sollten Sie sich in ein kleines, ruhiges Zimmer zurückziehen und Ihrer Familie klarmachen, daß Sie nicht gestört werden wollen, nicht einmal durch einen Anruf. Nehmen Sie etwa 30 bis 40 kleine Karteikarten und einen Bleistift mit. Dann setzen Sie sich einfach hin und entspannen sich. Wenn Sie jemand sind, der dazu neigt, sich Sorgen zu machen, oder wenn Sie Angst haben, die Kontrolle zu verlieren, werden die Sorgen sehr bald in Ihrem Kopf herumschwirren. Schreiben Sie sie — wie sie Ihnen in den Sinn kommen — einzeln auf die Karten. Es muß sich keineswegs immer um schwerwiegende Sorgen handeln; es können auch dumme, kleine Kümmernisse, winzige Pro-

blemchen sein. Egal, welcher Gedanke Ihnen in den Sinn kommt, schreiben Sie ihn auf eine separate Karteikarte, wenn er Ihnen Kummer bereitet. Sie werden feststellen, daß Ihnen das augenblicklich hilft, weil alles das, was Sie bereits aufgeschrieben haben, Ihnen nicht mehr so wild im Kopf herumschwirrt. Bleiben Sie sitzen und machen Sie das etwa 15 bis 20 Minuten lang — so lange jedenfalls, bis Ihnen keine weiteren Sorgen mehr einfallen.

Manchmal werden Sie einfach so dasitzen, ohne daß die Sorgen kommen. Eine ganze halbe Stunde lang gibt es keine einzige Sorge, die Ihnen im Kopf herumschwirrt. Das ist in Ordnung — dann haben Sie diese Zeit wirklich benutzt, um sich zu entspannen. Also sitzen Sie bloß nicht da und machen sich Sorgen, weil Sie möglicherweise keine Sorgen haben!

Der zweite Schritt ist es, die Sorgen in Kategorien einzuteilen. Das bringt eine gewisse Ordnung in das Chaos. Und damit startet der Prozeß, die Sorgen unter Kontrolle zu bekommen.

Da mag es Geldsorgen geben, ein paar Sorgen wegen zwischenmenschlicher Beziehungen und einige, weil Sie meinen, nicht gut genug zu sein — wobei auch immer. Aber machen Sie nicht zu viele Kategorien; gewöhnlich sind drei bis sieben richtig. Wenn Sie für jede einzelne Sorge eine eigene Kategorie haben, haben Sie sich nicht genug angestrengt.

Manche Menschen teilen ihre Sorgen nach dem Inhalt ein, andere richten sich danach, wie wichtig sie sind — da gibt es kleine Sorgen, große Sorgen, dumme Kümmernisse und so weiter. Es ist ganz egal, wie Sie sie klassifizieren, solange die Kategorien der Situation nur angemessen sind.

Sobald Sie sie in Gruppen eingeteilt haben, denken Sie sorgfältig über jede Gruppe nach und überlegen, wie Sie mit den Problemen, die Ihnen in dieser Gruppe Sorgen bereiten, umgehen können. Schreiben Sie danach unten auf jede Karte, was die beste Lösung sein könnte. Falls Sie sich beispielsweise Sorgen machen, weil Sie am nächsten Tag einfach zuviel zu tun haben, sollte diese Karte einen Entwurf über die Aufteilung der wichtigsten Aktivitäten für den Tag enthalten. Falls Sie sich sorgen, Sie könnten am nächsten Tag wichtige Telefonate vergessen, schreiben Sie alle Anrufe auf, die Sie machen müssen, und benutzen Sie die Karte als Liste, wenn Sie am nächsten Morgen telefonieren. Wenn Sie sich Sorgen machen, weil Sie nur noch 300 Mark auf dem

Konto haben, aber Rechnungen in Höhe von 1200 Mark bezahlen müssen, entscheiden Sie gleich jetzt, welche Rechnungen Sie bezahlen wollen, welche nicht, und wen Sie deshalb anrufen müssen, um um Zahlungsaufschub zu bitten oder um vielleicht Ratenzahlung zu vereinbaren — also, wie Sie das Problem lösen wollen.
Der Trick ist, daß die Lösung aufgeschrieben, nicht einfach nur im Kopf behalten werden muß. Sobald es aufgeschrieben ist, können Sie das Problem loslassen. Es ist ein schriftlicher Vertrag, den Sie mit sich selbst geschlossen haben, um das Problem zu lösen, so daß es Ihnen keine Sorgen mehr bereiten kann. Am nächsten Tag tun Sie dann das, was Sie auf den Karten festgehalten haben.
Natürlich gibt es einige Sorgen, über die Sie absolut keine Kontrolle haben. Sie können einfach nichts dagegen unternehmen. In diesem Fall schreiben Sie: »Ich werde mich heute nicht mit diesem Problem auseinandersetzen«, oder: »Dieses Problem habe ich nicht unter Kontrolle«, oder: »Damit werde ich mich in drei Wochen auseinandersetzen, wenn der/die Betreffende in der Stadt ist.« Manchmal gibt es da möglicherweise einen Menschen, der Ihnen Kummer bereitet, doch Sie kommen zu dem Schluß, daß Sie die Persönlichkeit dieses Menschen nicht ändern können. Sie könnten darüber nachdenken, was Sie ihm/ihr sagen könnten, wenn Sie ihm/ihr das nächste Mal begegnen, oder Sie könnten aufschreiben: »Ich habe alles getan, was ich konnte; jetzt ist der/die andere dran, und ich kann nur abwarten, was passiert.«
Das Ziel ist es, die Sorgen klar zu definieren und zu entscheiden, was — oder ob überhaupt — man dagegen unternehmen will, so daß man am Ende der Sitzung jede Sorge in irgendeiner Art »behandelt« hat. Legen Sie die Karten dann beiseite und schauen Sie sie erst am Morgen wieder an. Und falls die Sorgen nun mitten in der Nacht wieder auftauchen, können Sie sagen: »Mit dir habe ich mich gestern abend auseinandergesetzt, für dich habe ich also bereits eine Lösung. Geh weg.«
Manchmal, wenn auch selten, wird es Sorgen geben, die nicht während der Sorgen-Zeit kommen, sondern später. Deshalb ist es eine gute Idee, eine der Karteikarten auf den Nachttisch zu legen — dann kann man dieses Problem noch nachts auf die Karte schreiben, um sich am nächsten Abend zur üblichen Sorgen-Zeit mit ihm zu beschäftigen. Manchmal klappt es nicht mit der vorgesehenen Lösung, und

eine bestimmte Sorge kommt Nacht für Nacht zurück. In diesem Fall war die Lösung vielleicht nicht richtig. Dann sollte man noch einmal darüber nachdenken oder sich vielleicht beraten lassen.

Die Hauptsache ist, daß man über seine Sorgen nachgedacht hat, bevor man zu Bett geht und solange man noch klar denken kann — so daß Sie nicht mitten in der Nacht, wenn die dümmsten kleinen Kümmernisse einen verrückt machen können, aus einer Maus einen Elefanten machen. Jetzt kann man sich sagen: »Es ist in Ordnung, nicht länger darüber nachzudenken, ich weiß, was zu tun ist.« Wenn man sich mitten in der Nacht mit Problemen herumschlägt, sieht man sie unter Umständen nicht nur als gewaltiger, als sie sind, sondern kann vor allem auch überhaupt nichts dagegen unternehmen. Es gibt eine Menge Sorgen, mit denen man sich um drei Uhr morgens nicht auseinandersetzen, mit denen man jedoch um acht Uhr abends umgehen kann. Falls man zum Beispiel den Geburtstag seiner Mutter vergessen hat, kann man sie dann anrufen. Falls man sich sorgt, weil man mit seinen Kindern nicht allzu gut zurechtkommt, kann man möglicherweise gleich im Anschluß an seine »Sorgen-Zeit« mit ihnen sprechen, falls sie noch auf sind.

Planen Sie die Sorgen-Zeit für eine, vielleicht auch zwei Wochen an jedem — oder jedem zweiten — Abend ein. Falls Ihnen diese Methode hilft, setzen Sie die Prozedur fort. Hilft sie Ihnen nicht, geben Sie sie auf. Manche Menschen nehmen sich die Sorgen-Zeit nur dann, wenn die Probleme an ihnen zehren und lästig werden.

Eine Variation der Sorgen-Zeit, die gute Resultate hervorbringt, wird »das schlimmstmögliche Szenario« genannt. Sobald Sie soweit sind, die einzelnen Karteikarten zu analysieren und die verschiedenen Alternativen zu erwägen, fragen Sie sich dann: »Was ist das Schlimmste, was passieren könnte?« Danach müssen Sie sich fragen, ob Sie das ertragen könnten. Egal, wie ernst die Lage auch sein mag, können Sie diese Technik doch immer benutzen, um die Dinge wieder in die richtige Perspektive zu rücken: »Was ist das Schlimmste, was passieren kann, wenn ich meine Prinzipien im Job durchfechte? Vermutlich würde mein Chef mich feuern.« Könnten Sie damit zurechtkommen, und sind Ihre Prinzipien Ihnen diese Konsequenz wert? Falls das so ist, sollten Sie's tun. Glauben Sie aber, nicht damit zurechtkommen zu können, oder sind Ihnen Ihre Prinzipien das nicht wert, entscheiden Sie sich für etwas anderes. In je-

dem Fall aber müssen Sie sich deshalb nicht mehr ständig Sorgen machen.
Sobald Sie sich mit den Sorgen oder Problemen auseinandersetzen, stellt sich gewöhnlich heraus, daß alles gar nicht so schlimm ist. Das, wovor Sie Angst gehabt haben mögen, passiert möglicherweise nicht einmal — doch *wenn* es passieren sollte, sind Sie vorbereitet.

Wie man Anspannung reduziert und mit Streß fertig wird

Jedesmal, wenn Ihnen die Dinge zu entgleiten drohen, sollten Sie sich bewußt sein, daß Ihre Reaktionen auf das Geschehen um Sie herum weder hektisch, verkrampft, nervös noch ängstlich sein müssen. Sie können es lernen, anders zu reagieren. Lesen Sie die folgenden Vorschläge und kreuzen Sie die an, die für Sie günstig sein könnten. Gehen Sie die Liste danach noch einmal durch und kreuzen Sie nun die an, mit denen Sie es vielleicht versuchen möchten. Danach suchen Sie sich den Vorschlag aus, der Ihnen am besten gefällt und mit dem Sie es sofort probieren wollen. (Sie können danach ja immer noch auf die anderen zurückgreifen.)

- Denken Sie über das nach, was Sie wirklich vom Leben erwarten. Listen Sie einige besondere Ziele für die nächsten paar Monate und die fernere Zukunft auf. Versuchen Sie, diesen Zielen und größeren Problemen so viel Zeit wie möglich zu widmen, statt Ihre Zeit mit Trivialitäten zu verplempern.
- Organisieren Sie Ihren Tag so, daß Sie die Dinge tun können, die Sie tun wollen und müssen, so daß Sie nicht ständig in Hetze sind und gegen die Uhr ankämpfen müssen. Machen Sie Einkaufslisten und Listen für das, was Sie erledigen wollen. Nehmen Sie immer ein Notizbuch mit, so daß Sie alles, was Ihnen in den Sinn kommt, gleich festhalten können. Abends schauen Sie dann in diese Listen und in Ihren Terminkalender und können den nächsten Tag planen.
- Nutzen Sie wirklich jede Minute. Sehen Sie nur die Fernsehprogramme, die Ihnen wirklich wichtig sind. Nutzen Sie eine der Abendstunden, um einem Familienhobby nachzugehen oder Kleinigkeiten zu erledigen. Um Wartezeiten oder die Zeit in der Bahn oder im Bus sinnvoll zu nutzen, sollten Sie immer ein Buch mit-

nehmen, das Sie lesen wollen, Briefpapier, wenn Sie Briefe schreiben möchten, oder irgend etwas anderes, das Sie erledigen wollen.

- Lassen Sie sich bei den weniger wichtigen Dingen helfen, delegieren Sie nach Möglichkeit. Lernen Sie es, nein zu sagen zu Sachen, die Sie nicht wirklich wollen oder brauchen. Lassen Sie Unnötiges bleiben. Vereinfachen Sie die Dinge.
- Lernen Sie, sich wirklich auf die bevorstehende Aufgabe zu konzentrieren. Lassen Sie die Gedanken nicht abschweifen, wenn Sie sich mit dem beschäftigen, was Sie tun müssen. Schaffen Sie um sich herum eine Atmosphäre der Ruhe. Versuchen Sie, irritierende Geräusche und ablenkende Aktivitäten zu eliminieren, so daß Sie sich ganz auf das konzentrieren können, was Sie tun müssen.
- Versuchen Sie, nicht alles eilig und hektisch anzugehen. Beruhigen Sie sich. Es besteht keine Notwendigkeit, sich jeden Tag abzuhetzen, als müßten Sie ein Rennen laufen. Holen Sie einmal tief Luft, summen Sie eine Melodie vor sich hin, und gehen Sie ein wenig langsamer.
- Wenn Ihnen etwas Sorgen macht, reden Sie darüber. Fressen Sie es nicht in sich hinein. Reden Sie mit ihrer Familie oder mit einem Freund/einer Freundin. Falls Ihnen das nicht hilft, sollten Sie erwägen, professionelle Hilfe in Anspruch zu nehmen.
- Nehmen Sie sich Zeit für Selbstbetrachtung und zum Nachdenken. Viele Menschen glauben, durch die Beschäftigung mit ihrer Religion oder mit den großen Philosophen einen gewissen Frieden und innere Ruhe zu finden. Das erleichtert es ihnen auch, belastende Situationen leichter zu überstehen.
- Versuchen Sie eine Arbeit zu finden, die Ihnen wirklich liegt. Denken Sie daran, daß es nicht die Belastung durch die Arbeit ist, die uns auslaugt, sondern die Belastung, die von Frustration verursacht wird und von dem Gefühl, versagt zu haben. Lange zu arbeiten oder körperlich schwer zu schuften, führt selten zu gefährlicher Anspannung. Doch zwischen Angst und fehlender Befriedigung durch die Arbeit gibt es einen Zusammenhang. Wenn man angespannt ist, weil man das Gefühl hat, für seinen Job nicht gut genug zu sein, sollte man einige Fortbildungskurse besuchen oder Bücher lesen, die einem helfen können, seine Fähigkeiten zu verbessern. Zu den beiden schwerwiegendsten Gründen für Streß im Job gehört es, nicht zu wissen, was von einem erwartet wird oder

die wichtigsten Fakten und Methoden nicht zu kennen. Dieses Problem könnten Sie vielleicht durch ein freundschaftliches Gespräch mit dem Chef klären.

- Wieviel Energie verschwenden Sie damit, sich zu ängstigen, sich zu ärgern? Versuchen Sie es mit Zusammenarbeit statt mit Konkurrenzkampf. Sie müssen die anderen auf der Autobahn nicht ständig abhängen, und Sie müssen auch nicht bei jedem Streit recht behalten. Lernen Sie, die ersten Anzeichen des Ärgers zu erkennen und derart destruktive Gefühle unter Kontrolle zu halten.
- Bewegen Sie sich. Tun Sie etwas! Aufgestauter Ärger und Frustrationen lassen sich durch Jogging, schwere Gartenarbeit oder Sport abbauen. Machen Sie einen Spaziergang, spielen Sie Golf oder Tennis, gehen Sie Tanzen oder Schwimmen. Körperliche Betätigung reduziert die Anspannung.
- Entfliehen Sie der Anspannung, den Problemen, für ein Weilchen. Gehen Sie ins Kino, besuchen Sie einen Freund/eine Freundin oder spielen Sie mit Ihren Kindern. Wenn Sie dann zurückkommen, können Sie sich mit Ihren Schwierigkeiten viel besser auseinandersetzen. (Aber machen Sie das nicht zu einem Dauerzustand; lernen Sie es, Probleme so schnell wie möglich anzupacken und sie zu bewältigen.)
- Wenn Sie sich entspannen, entspannen Sie sich wirklich richtig. Manche Leute sehen fern oder liegen an einem Strand und sind immer noch angespannt. Verbannen Sie Ihr Problem aus Ihren Gedanken und lassen Sie sich in die Entspannung fallen.
- Genießen Sie Ihre Familie. Ob es sich nun um Ihre Eltern, Ihren Mann/Ihre Frau oder Ihre Kinder handelt; von diesen Menschen können Sie sowohl Verständnis als auch Unterstützung erwarten, und Spaß können Sie mit ihnen auch haben.
- Falls Langeweile oder Einsamkeit ein Problem für Sie sind, bringen Sie Abwechslung und Freude in Ihr Leben. Nehmen Sie sich Zeit zum Spielen und Lachen und Zeit für Intimität. Bereichern Sie Ihr Leben mit positiver Energie. Schließen Sie sich irgendeiner neuen Gruppe an, erklären Sie sich bereit, bei der Lösung eines lokalen Problems zu helfen. Lernen Sie zu lachen — sehen Sie sich einen komischen Film an, ein paar lustige Fernsehshows, lesen Sie ein Buch, versuchen Sie neue Freunde zu finden, die positiv denken und Humor haben.

Sie müssen nicht immer perfekt sein

Bemühen Sie sich im Rahmen Ihrer Möglichkeiten. Tun Sie das wirklich. Bedenken Sie aber, daß Sie kein schlechtes Gewissen haben müssen, falls Ihnen das Unmögliche nicht gelingen sollte. Es reicht aus, wenn Sie zum Perfektionisten/zur Perfektionistin werden, solange es um wirklich wichtige Dinge geht — bei Kleinigkeiten ist das jedoch nicht nötig.

Das Streben nach Perfektion wurde von einem Forscher als »Rollenmodell-Streß« bezeichnet. Bei Frauen mag er aus dem Bedürfnis herrühren zu versuchen, »alles richtig zu machen« — eine perfekte Mutter und Ehefrau, daneben im Beruf erfolgreich zu sein und ein ausgefülltes gesellschaftliches Leben zu führen. Bei Männern ist er möglicherweise in dem Gefühl begründet, nie Trauer, Versagen, Niederlagen oder Frustrationen zugeben oder zumindest nie bekennen zu dürfen, daß etwas schiefgegangen ist.

Sie können alles (ver-)ändern

Wenn Sie in heller Aufregung sind, müssen Sie innehalten, sich irgendwo hinsetzen und über Ihre ganz persönlichen Anliegen nachdenken. Stellen Sie fest, was nicht richtig läuft, und stellen Sie einige Überlegungen an, wie es vielleicht in Ordnung gebracht werden könnte. Die meisten Menschen gehen einfach davon aus, da sei nichts zu retten und es gebe keinen Ausweg für sie. Das ist selten richtig. Lesen Sie unsere Vorschläge noch einmal und suchen Sie selbst nach einigen neuen. Wählen Sie ein paar rationale Alternativen und probieren Sie eine aus. Falls das Ergebnis nicht das ist, das Sie erwarten, ist das trotzdem vermutlich nicht der letzte Schluß. Sie können immer noch — und immer wieder — zu der Methode zurückkehren, mit der Sie solche Dinge früher erledigt haben, falls der neue Weg nicht funktionieren sollte — oder Sie können noch eine weitere Möglichkeit ausprobieren.

Außerdem können Sie sich Ihrer Welt tagtäglich ein-, zweimal entziehen, können sozusagen eine mentale Pause einlegen. Falls es möglich ist, legen Sie dann die Füße hoch, schließen die Augen, atmen langsam und tief durch und entspannen die Muskeln. Machen Sie einen Drei-Minuten-Urlaub auf Tahiti, indem Sie sich vorstellen, am Strand in der Sonne zu liegen, oder wenden Sie eine der Entspannungstechniken an, die wir in Kapitel 7 beschrieben haben. Eine solche Entspannungspause ist ein Drei-Minuten-Urlaub, den Sie sich an jedem Tag des Jahres leisten können.

Falls Sie all dies ausprobiert haben und nichts zu funktionieren scheint, falls Sie das Gefühl haben, Anspannung und Streß seien Ihre Hauptprobleme und Sie könnten einfach nichts dagegen unternehmen, ist es möglicherweise an der Zeit, sich professioneller Hilfe zu versichern, um endlich auf den richtigen Weg zu kommen. Sprechen Sie mit Ihrem Arzt, einem Psychologen, einem Psychiater, einer Klinik in Ihrer Nähe, einer Universitätsklinik vielleicht, oder suchen Sie nach Biofeedback-, Zeit-Management- oder anderen Kursen, die Sie für geeignet halten, den tagtäglichen Streß zu reduzieren. Einige Firmen bieten Ihren Angestellten inzwischen sogar Workshops zur Streß-Reduzierung an.

Selbst wenn es häufig schwierig ist, den Lebensstil zu ändern, ist der Versuch die Mühe doch durchaus wert. Streß und Anspannung gegen ein Gefühl der Kontrolle einzutauschen, kann Ihnen ein schweres Gewicht von der Seele nehmen. Sie werden sich sicherer fühlen und so etwas wie Seelenfrieden finden. Je besser Sie Ihr Leben tagsüber meistern, desto besser, tiefer und befriedigender werden Sie mit größter Wahrscheinlichkeit nachts wieder schlafen können.

9

»Nahrung« für besseren Schlaf

Die Indianer Nordamerikas griffen zum Öl der Muskatnuß, um den Schlaf herbeizuholen. Traditionelle deutsche Rezepte gegen Schlaflosigkeit sind heiße Milch mit gemahlenem Anis und Honig, Baldrian- oder Kamillentee. In den Schweizer Bergdörfern pflanzen die Bewohner in ihren Gärten Melisse an. In England brüht man zur Schlafenszeit einen Tee aus Schlüsselblumen. Und Ihre Großmutter hat Ihnen möglicherweise zu einem Glas heißer Milch geraten.
Die Forschung hat verläßlich bewiesen, daß das, was man zu sich nimmt, den Schlaf durchaus beeinflussen kann. Bereits Dr. Nathaniel Kleitman, der Schlafpionier von der Universität von Chicago, verglich die Wirkungen der verschiedensten »Betthupferl« miteinander. Er und seine Kollegen stellten fest, daß ein Glas Milch, ein Glas Milch mit Getreideflocken oder ein Malzgetränk vor dem Schlafengehen tatsächlich zu einer besseren Nachtruhe verhelfen können. 1969 fanden Dr. J. W. Fara und seine Kollegen heraus, daß Katzen besser schlafen, wenn sie Milch oder Fett im Magen haben. 1975 stellten Dr. F. Phillips und seine Mitarbeiter am *St. George's Hospital* in London fest, daß Unterschiede im Gehalt von Kohlenhydraten und Fett in der Ernährung eine Auswirkung auf den relativen Anteil von Delta-(Tief)-Schlaf und REM-(Traum)-Schlaf haben. Dr. Harris Lieberman vom *Massachusetts-Institute for Technology* bewies, daß Testpersonen nach einem Mittagessen mit hohem Stärkeanteil verlangsamte Reaktionszeiten aufwiesen und schläfriger waren als nach einem Essen mit hohem Proteinanteil.
In diesem Kapitel wollen wir die neuesten ernährungswissenschaftlichen Ratschläge für Menschen diskutieren, die an Insomnie leiden.

Mit diesen Ratschlägen sollten Sie genauso umgehen wie mit den anderen, die Teil dieses Programms sind: Seien Sie Ihr eigener Therapeut. Ändern Sie Ihre Ernährungsweise und stellen Sie fest, wie sich das auf Ihren Schlaf auswirkt. Bleiben Sie wenigstens eine Woche lang dabei. Nur so können Sie die Resultate wirklich bewerten, weil Ihr Körper Zeit braucht, um sich an die Veränderung zu gewöhnen.

Die Ernährung generell

Egal, um welche anderen Faktoren es noch gehen mag, Sie schlafen besser, wenn Sie gesund sind. Einer der Schlüssel zur Gesundheit ist die Ernährung allgemein. Die Richtlinien fürs gute Essen sind ganz leicht einzuhalten, wenn Sie einige wesentliche Punkte beachten. (Diese Richtlinien beruhen übrigens sowohl auf den Erkenntnissen und Ratschlägen der *American Heart Association*, des gegenwärtigen *Surgeon General* und des Ministeriums für Landwirtschaft und Ernährung, den Empfehlungen der *American Cancer Society* wie auch auf unseren eigenen klinischen Erkenntnissen. Wenn Sie diese Ratschläge also befolgen, dürfte Ihre Ernährungsweise Sie auch vor Herzkrankheiten, hohem Blutdruck, Diabetes, Krebs, Fettleibigkeit und anderen gesundheitlichen Problemen bewahren.)
Die Ernährungsweise kann für einen Menschen, der an Insomnie leidet, von großer Bedeutung sein. Bei Menschen, deren Nahrung nicht die richtigen Nährstoffe enthält, hat man festgestellt, daß sie sowohl unter Insomnie als auch unter Müdigkeit, Gereiztheit, Anspannung, Depressionen und anderen Problemen leiden. Denn es kann sowohl zu körperlichen wie auch zu seelischen Problemen kommen, wenn in der Nahrung nicht die nötigen Vitamine, Mineralstoffe und sonstigen Nährstoffe enthalten sind.
Essen Sie überlegt. Wenn Sie Kalorien zu sich nehmen, sollten Sie darauf achten, auch genügend Nährstoffe zu bekommen.

Regel 1. Essen Sie viel Salat und frisches Gemüse.
Vermeiden Sie, wann immer möglich, eingeschweißte, vorgekochte und mit Chemikalien angereicherte, konservierte Nahrungsmittel. Entwickeln Sie Geschmack an frischen Lebensmitteln, die keinen Konser-

vierungsprozessen unterworfen wurden — an Lebensmitteln, die direkt vom Feld oder Baum kommen: von »A« wie Apfel bis »Z« wie Zucchini. Den größten Ernährungsnutzen erzielen Sie, wenn Sie frisches Gemüse kaufen, es nach möglichst kurzer Zeit zubereiten und es nicht zu lange garen. Gedämpftes Gemüse, das noch ein wenig fest und knackig ist, hat mehr Vitamine als verkochtes, weiches. Bereits gegarte Gemüsereste sollte man eher als Salat essen, als sie noch ein zweites oder gar drittes Mal aufzuwärmen.

Regel 2. Essen Sie viele Vollkornprodukte und achten Sie auf einen ausreichenden Anteil an Ballaststoffen.
Statt zu vorgezuckerten Frühstücksflocken, zu Gebäck, Kuchen und Weißbrot sollten Sie lieber zu komplexen Kohlenhydraten greifen, wie sie in Kartoffeln, Obst, Salaten, Gemüse, Vollkornbrot und ungezuckerten Müslis enthalten sind. Das reduziert mit größter Wahrscheinlichkeit das Infarkt-Risiko, die Gefahr, Diabetes zu bekommen, und sogar das Risiko, an bestimmten Krebsarten zu erkranken — beispielsweise an Dickdarmkrebs. Außerdem senkt es mit ziemlicher Sicherheit die Cholesterin- und Triglyzeridwerte, reduziert hohen Blutdruck und verbessert die Verdauung. Und die vielen B-Vitamine des ganzen Korns lindern die Gereiztheit und Anspannung, die häufig für die Insomnie verantwortlich sind.

Regel 3. Achten Sie auf Nahrungs-Vielfalt.
Der Körper braucht mehr als fünfzig Nährstoffe, um wirklich gesund zu bleiben. Kein einziges einzelnes Nahrungsmittel enthält all diese wesentlichen Nährstoffe, deshalb ist es wichtig, auf Nahrungsvielfalt zu achten. Dazu kommt, daß diese Vielfalt in der Ernährung Ihnen helfen wird, die Chancen zu erhöhen, daß Sie wirklich alle Nährstoffe bekommen, die Ihr Körper möglicherweise braucht, da wir die Nährstoffbedürfnisse des Körpers immer noch nicht ganz genau kennen.

Regel 4. Limitieren Sie Fette.
Meiden Sie Bratensaft, Panaden und schwere Soßen. Essen Sie weniger Fleisch (mit Ausnahme von Geflügel) und mehr Fisch. Schneiden Sie sichtbares Fett vor dem Zubereiten ab. Braten Sie im Backofen, grillen, dämpfen oder schmoren Sie, statt zu fritieren. Achten Sie auch auf verborgene Fette: Es ist nämlich nicht nur der Zucker in Ku-

chen, Plätzchen, Torten, Eiscreme und Schokolade, der schlecht für die Gesundheit ist — es ist auch das Fett.
Deshalb müssen Sie noch lange nicht beschließen, niemals mehr Fett zu essen. Ihr Körper braucht sogar eine gewisse Menge an Fett und Cholesterin. Manche Menschen schränken die Fettaufnahme derartig ein, daß sie Menstruationsbeschwerden oder sexuelle Schwierigkeiten bekommen, weil Ihren Körpern nun Fett fehlt, mit dessen Hilfe die notwendigen Hormone produziert werden. Fette helfen auch, Hungergefühle zu unterdrücken, und vermitteln ein Sättigungsgefühl, und außerdem sind sie für die Absorption fettlöslicher Vitamine unbedingt notwendig.
Auch auf Eier müssen Sie nicht total verzichten. Selbst wenn Sie einen hohen Cholesterinspiegel haben, können Sie wöchentlich zwei bis drei Eier essen. Das entspricht den neuesten Forschungsergebnissen. Bei normalen Cholesterinwerten dürfen es sogar mehr sein.

Regel 5. Limitieren Sie den Alkohol- und Koffeinkonsum.
Darüber, daß Alkohol und Koffein zu Insomnie führen können, haben wir bereits gesprochen. Sie wissen also, daß eine drastische Reduzierung des Konsums zu den wichtigsten Maßnahmen gehört, wenn es um die Verbesserung Ihres Schlafs geht.
Falls Sie meinen, auf einen Nachttrunk nicht verzichten zu können, sollten Sie es mit prickelndem Mineralwasser oder einem Kräutertee versuchen, statt Alkohol zu trinken. Oder trinken Sie Sodawasser oder Leitungswasser mit einer Zitronenscheibe. Trinken Sie tagsüber sechs bis acht Glas Wasser, statt ein koffeinhaltiges Getränk oder Alkohol zu sich zu nehmen.

Wann Sie essen, kann Ihren Schlaf beeinträchtigen

Eine logische Schlußfolgerung scheint es zu sein, spätabends eine opulente Mahlzeit zu sich zu nehmen, da ein schweres Essen einen schläfrig zu machen scheint — allerdings führt das auch dazu, daß das Verdauungssystem auf Hochtouren arbeiten muß, was einen nachts wachhalten kann. Also essen Sie lieber vor dem Zubettgehen

nichts Schwerverdauliches. Damit würden Sie schlechten Schlaf geradezu »herbeiessen«.
Um den tiefen und gesunden Schlaf sicherzustellen, sollten Sie statt dessen ausgiebig frühstücken, gemäßigt zu Mittag essen und ein leichtes Abendessen einnehmen — und essen Sie vor dem Schlafengehen niemals etwas Schweres. (Das kann Ihnen auch helfen abzunehmen. Denn die neuesten Forschungsergebnisse beweisen, daß früh am Tag aufgenommene Kalorien vom Körper besser genutzt werden.)
Also essen Sie abends nur etwas Leichtes und achten Sie darauf, daß es proteinhaltig ist — wie Fisch, Geflügel oder Gemüse. Das Protein wird dazu beitragen, Ihnen nächtliche Hungergefühle zu ersparen.
Einige Ernährungswissenschaftler geben sogar noch präzisere Instruktionen: Falls Sie unter Einschlafschwierigkeiten leiden, sollte Ihr Abendessen Protein, Kohlenhydrate und Fett enthalten. Einnehmen sollten Sie es ungefähr vier Stunden vor dem Zubettgehen. Zwei Stunden vorher können Sie sich noch einen Vollkorn-Imbiß leisten. Falls Sie jedoch dazu neigen, mitten in der Nacht aufzuwachen, empfehlen sie Ihnen, erst zwei Stunden vor dem Zubettgehen zu Abend zu essen und zur Schlafenszeit noch einen Imbiß zu nehmen. Wir haben diese Tips bislang noch nicht hinreichend erprobt, schlagen Ihnen aber vor, sie selbst zu testen und dann weiterhin so zu verfahren, wie Sie selbst es für richtig halten.

Was Sie nicht essen sollten

Lassen Sie die Finger von »Betthupferln«, die Verstopfung oder Sodbrennen verursachen könnten. Dazu gehören fetthaltige Speisen, stark mit Knoblauch gewürzte oder sehr scharfe Gerichte. Falls Blähungen Ihren Schlaf beeinträchtigen, sollten Sie Bohnen, Gurken oder andere Speisen meiden, von denen Sie wissen, daß sie bei Ihnen Blähungen verursachen.
Viele Menschen reagieren empfindlich auf den Geschmacksverstärker Glutamat. Glutamat kann viele Symptome — einschließlich Insomnie — hervorrufen. Falls Sie beobachten, daß die Insomnie an den Abenden auftritt, an denen Sie etwas Chinesisches gegessen haben, könnte es das Glutamat gewesen sein, das Ihr Problem ausgelöst hat.

Falls Sie gerade eine Schlankheitskur machen

Menschen, die Gewicht verlieren, schlafen möglicherweise schlecht und wachen häufig auf, besonders in der zweiten Nachthälfte. Auch Menschen, die an nervöser Magersucht litten, die ernste Gewichtsverluste mit sich bringt, haben festgestellt, daß ihr Schlaf sich verbesserte, sobald sie wieder essen konnten und zunahmen. Wir wollen Ihnen zwar nicht vorschlagen, Ihre Diätkur abzubrechen, Sie aber zu einem kalorienreduzierten »Betthupferl« ermutigen, das das nächtliche Aufwachen verhindern kann.
Manchmal beeinträchtigt die Schilddrüsenfunktion sowohl das Gewicht wie auch den Schlaf. Eine Überfunktion ist mit Gewichtsverlust und Kurzschlaf — mit einem übermäßigen Anteil an Delta-Schlaf — verbunden. Eine Unterfunktion schlägt sich in Gewichtszunahme und langem Schlaf nieder.

Insomnie durch eine Nahrungsmittel-Allergie

Nahrungsmittel-Allergien können Insomnie verursachen. Allergien der Atemwege können einen ebenfalls wachhalten. Solcher Allergien ist man sich allerdings mit größter Wahrscheinlichkeit eher bewußt, da ihre Symptome — wie Niesen und brennende Augen — weit offensichtlicher sind. Gewöhnlich weiß man auch, worauf sie zurückzuführen sind: auf Blütenpollen, Hausstaub, Milben, Schimmel oder Katzenkot. Nahrungsmittel-Allergien sind da weit subtiler. Wahrscheinlich hält man sie nicht einmal für einen möglichen Grund für die Insomnie.
Bei Säuglingen und Kleinkindern können Nahrungsmittel-Allergien zu Koliken, längeren Wachperioden und Schreien mitten in der Nacht führen. Bei Erwachsenen sind die Reaktionen auf eine Nahrungsmittel-Allergie möglicherweise an Einschlafschwierigkeiten und häufigem nächtlichem Erwachen schuld.
Bei Säuglingen und Kleinkindern ist häufig Milch der Übeltäter.

Dr. A. Kahn vom Kinder-Schlaflabor der Freien Universität von Brüssel in Belgien machte eine Studie mit 33 Kleinkindern, die an Insomnie litten, und fand heraus, daß fast alle auf Milch allergisch reagierten. Ihr Schlafverhalten wurde wieder normal, nachdem die Milch von ihrem Ernährungsplan gestrichen worden war. Die Insomnie kehrte dann auch prompt zurück, als sie versuchsweise wieder Milch bekamen.

Manchmal kann man die Koliksymptome bei einem Baby dadurch mildern, daß man ihm statt warmer kalte Milch gibt. Falls das nicht hilft, könnte es sich um eine Allergie handeln. Dann sollte man mit dem Kinderarzt besprechen, ob das Kind lieber Muttermilch oder eine Babynahrung bekommen sollte, die keine Milch enthält.

Möglicherweise sollte man einen Experten für Allergien aufsuchen, um festzustellen, was genau die allergische Reaktion hervorgerufen hat. Sowohl bei Kindern wie auch bei Erwachsenen gehören Milch, Mais, Weizen, Schokolade, Nüsse, Eiweiß, Meeresfrüchte, rote und gelbe Farbstoffe und Hefe zu den Nahrungsbestandteilen, die am häufigsten zu Allergien führen. Verwandte der verdächtigten Lebensmittel könnten ebenfalls Probleme auslösen: Falls Sie beispielsweise gegen Mais allergisch sind, werden Sie vermutlich auch auf die Nahrungsmittel allergisch reagieren, die aus oder unter Zusetzung von Mais hergestellt werden.

Ein Verzicht auf die verdächtigen Lebensmittel führt häufig zu einer sofortigen Rückkehr zu normalem Schlaf. Es könnte aber auch ein, zwei Wochen dauern, bis sich eine Besserung einstellt. Geben Sie also nicht zu früh auf. Falls Sie beweisen wollen, daß ein bestimmtes Lebensmittel tatsächlich für Ihre Insomnie verantwortlich ist, sollten Sie es nach einigen Wochen wieder in den Speiseplan aufnehmen, um zu sehen, ob die Schlafstörungen zurückkehren. Seien Sie also Ihr eigener Schlaf-Therapeut und experimentieren Sie.

Wenn jemand glaubt, nachts noch etwas essen zu müssen

Diese Konditionierung, manchmal »Nächtlicher Hunger«, »Essen zur Schlafenszeit« oder »Dagwood-Syndrom« genannt, tritt dann auf, wenn jemand mitten in der Nacht aufwacht und nicht wieder in den Schlaf finden kann, ohne vorher noch etwas zu essen. Manchmal ist der Drang, den Kühlschrank zu plündern, nicht kontrollierbar. Das Syndrom könnte von gewissen organischen Konditionierungen wie beispielsweise Magengeschwüren ausgelöst werden. Auch wenn man tagsüber nicht ißt oder eine strenge Diät einhält, könnte es auftreten. In vielen Fällen handelt es sich jedoch um ein konditioniertes Verlangen nach Nahrung. Erwachsene wie auch Kleinkinder können unter Umständen konditioniert sein, mitten in der Nacht noch etwas Eßbares zu erwarten.

Falls Sie unter diesem Problem leiden, sollten Sie zunächst Ihren Arzt aufsuchen, um festzustellen, ob es ein organisches Leiden ist, das behandelt werden kann. Ist das nicht der Fall, sollten Sie versuchen, sich diese Angewohnheit langsam abzugewöhnen, nachdem Sie sich darüber klargeworden sind, daß es sich vermutlich um konditionierten Hunger handelt. Sobald Sie diese Gewohnheit abgelegt haben, werden Sie wahrscheinlich auch dann gut schlafen, wenn Sie nichts essen. Möglicherweise hilft es, wenn Sie tagsüber häufiger kleine Mahlzeiten einnehmen oder ein Glas Wasser trinken, sobald Sie nachts wach werden.

Eine weitere Ursache für das Nacht-Eß-Syndrom kann auch Hypoglykämie (niedriger Blutzucker) sein. Obwohl diese Konditionierung umstritten ist, erkennt selbst die American Medical Association an, daß sie bei einigen Patienten existiert. Wenn der Blutzuckerspiegel abfällt, wacht man hungrig auf. Ein proteinhaltiger Imbiß vor dem Schlafengehen könnte dieses Problem lösen. Das Protein wird nur langsam umgesetzt und hilft, einen Abfall des Blutzuckerspiegels zu verhindern. Essen Sie aber nichts, was viel Zucker enthält. Zucker läßt den Blutzuckerspiegel zwar rasch in die Höhe schnellen, ihn aber auch genauso rapide wieder absacken. Experimentieren Sie und testen Sie es selbst. Möglicherweise sollten Sie sich einem Fünf- oder Sechs-Stunden-Glukose-Toleranztest unterziehen, um festzustellen, ob Sie an Hypoglykämie leiden.

Vitamine und Mineralstoffe, die Ihnen zu besserem Schlaf verhelfen können

Nährstoffmangelerscheinungen oder die schlechte Absorption von Nährstoffen kann chronische Insomnie verursachen. Von den B-Vitaminen, Kalzium, Magnesium, Zink, Kupfer und Eisen ist bekannt, daß sie den Schlaf beeinflussen.
Heute, da so viele Menschen eilig etwas Eßbares herunterschlingen, da den wenigsten wirklich frische Lebensmittel zugänglich sind, ist es durchaus sinnvoll zu Vitamin- oder Mineralstoffsupplementierungen zu greifen, besonders wenn man irgendwelche besonderen Gesundheitsprobleme wie Schlafstörungen hat.
In diesem Abschnitt wollen wir über die Vitamine und Mineralstoffe sprechen, die den Schlaf beeinflussen.

Die B-Vitamine

Die B-Vitamine regulieren den Verbrauch des Körpers an Tryptophan und anderen Aminosäuren, und deshalb muß es zwischen ihnen und dem Schlaf einen Zusammenhang geben. (Zum Thema Tryptophan werden wir später mehr sagen.) Der lebenswichtige Komplex der B-Vitamine wird durch Rauchen, Alkohol und Streß aufgezehrt und fehlt möglicherweise besonders Frauen, die die Anti-Baby-Pille nehmen.
Mit den verschiedenen B-Vitaminen und dem Schlaf haben sich etliche Studien beschäftigt. Supplementierungen von Vitamin B_3 (auch Nikotinsäure oder Niacinamid genannt) zum Beispiel sind oft hilfreich bei Menschen, die an Depressionen in Verbindung mit Insomnie leiden. Manchmal können 50 bis 100 Milligramm Nikotinsäure pro Tag leichte Depressionen ebenso mildern, wie die sie begleitende Schlaflosigkeit verbessern. Außerdem hat sich herausgestellt, daß die Nikotinsäure die Effizienz von Tryptophan steigert, jener Aminosäure, die schlaffördernd wirkt. Untersuchungen von Dr. Connie Robinson an der Universität von Alabama beweisen, daß Nikotinsäure den REM-Schlaf verlängert und die Wachphasen bei Insomnie-Patienten verkürzt. Den Berichten zufolge hilft

das besonders jenen, die relativ leicht einschlafen, aber nicht wieder in den Schlaf zurückfinden können, nachdem sie nachts wach geworden sind. Nikotinsäure kann möglicherweise zu Erröten führen, doch das ist eine natürliche Reaktion, die nicht besorgniserregend ist.

Auch Vitamin B_{12} kann hilfreich sein. 1983 wurde im Fachblatt *Sleep* von drei Wissenschaftlern des *National Institute of Mental Health* über eine Studie berichtet, in deren Rahmen bei einem Mann, der an Insomnie litt, mit Hilfe von Vitamin B_{12} normaler Schlaf wiederhergestellt wurde. Laut Dr. Behrooz Kamgar-Parsi, Dr. Thomas Wehr und Dr. J. Christian Gillin war der Patient, der Einschlafschwierigkeiten hatte und nachts häufig erwachte, zum erstenmal seit zehn Jahren in der Lage, einen normalen Schlaf-Wach-Zyklus aufrechtzuerhalten, nachdem er eine Vitamin B_{12}-Supplementierung genommen hatte.

Die Folsäure, die ebenfalls zur Vitamin-B-Familie gehört, kann in einigen Fällen von Insomnie helfen. Dr. J. S. Howard III. berichtete im Fachblatt *Psychosomatics*, Insomnie könne eine Nebenwirkung eines Folsäuremangels sein; Menschen, deren Schlaflosigkeit darauf zurückzuführen ist, können täglich mit zwei bis fünf Milligramm Folsäure behandelt werden.

Inosit und Pantothensäure, zwei weitere Verwandte aus der Vitamin-B-Familie, können ebenfalls einigen Patienten helfen, wenn man sie ein, zwei Stunden vor dem Zubettgehen nimmt.

Andererseits können die B-Vitamine bei manchen Menschen auch als Energiespender wirken und zu Überreizung und Schlaflosigkeit führen. Idiosynkrasien (angeborene Überempfindlichkeiten gegen bestimmte Stoffe) wie diese, sind einer der Gründe dafür, aus denen Sie möglichst den Rat eines Experten/einer Expertin einholen sollten, falls Sie Supplementierungen nehmen, ganz besonders, wenn es sich um größere Mengen handelt.

Kalzium

Es ist allgemein bekannt, daß Kalzium eine beruhigende Wirkung auf das zentrale Nervensystem hat und für normalen Schlaf unbedingt erforderlich ist. Eine Untersuchung an der Universität von Alabama hat 1978 bewiesen, daß selbst ein geringfügiger Kalziummangel zu Muskelverspannung und Insomnie führen kann.

Kalzium ist für das Nervensystem einer der wichtigsten Mineralstoffe. Kalzium und sein Partner Magnesium agieren als natürliche Entspannungsmittel, werden aber in belastenden Situationen rapide abgebaut.
Die Fähigkeit, Kalzium über die Nahrung aufzunehmen, sinkt häufig mit zunehmendem Alter, weshalb Insomnie bei Menschen über fünfzig häufig das Resultat schlechter Kalzium-Absorption sein kann. Diese Konditionierung fällt oft mit dem progressiven Knochenschwund durch die Osteoporose zusammen.
Der Kalziumbedarf wird von Experten auf diesem Gebiet derzeit (die diesbezüglichen Empfehlungen ändern sich häufig) mit 800 Milligramm bei erwachsenen Frauen und Männern veranschlagt. Bei Teenagern und schwangeren Frauen, bei stillenden Müttern und Frauen nach dem Klimakterium rät man zu 1200 Milligramm. Doch für die meisten Menschen ist es schwierig, die empfohlenen Mengen wirklich zu bekommen. Viele Erwachsene haben den Milchkonsum eingeschränkt oder verzichten wegen einer Allergie oder einer Milchzucker-Unverträglichkeit darauf, und viele andere mögen Milch ganz einfach nicht. Für sie ist es eine gute Sache, zu einer Kalzium-Supplementierung zu greifen. Nehmen Sie sie kurz vor dem Schlafengehen. Die Kalzium-Supplementierung sollte auch Magnesium und Kalium enthalten, was die Absorption unterstützt und das Gleichgewicht mit anderen Mineralstoffen herstellt.

Magnesium

Magnesium ist ein natürliches Sedativum; es beruhigt und schützt vor Ängsten. Bei manchen Patienten, die Insomnie haben, hat sich erwiesen, daß sie unter einem Magnesiummangel leiden. Etliche Kliniker sind der Meinung, bei diesen Menschen korrigiere eine Magnesium-Tagesdosis von 250 bis 300 Milligramm gewöhnlich den Mangelzustand und könne zu gutem, tiefem Schlaf beitragen.
Von einer Untersuchung, an der mehr als 200 Insomnie-Patienten beteiligt waren, berichteten Dr. W. Davis und Dr. F. Ziady von der Universität von Pretoria (Südafrika). Danach hat sich der Zustand vieler Patienten gebessert, nachdem man ihnen eine Magnesium-Supplementierung gegeben hatte. Sie schliefen schneller ein, schliefen durch

und erwachten erholt. Außerdem stellten die Ärzte fest, daß die Patienten tagsüber weniger unter Ängsten und Anspannung litten.
Außerdem wurde festgestellt, daß Magnesium (in Verbindung mit Kalium) Menschen half, die über ständige Müdigkeit klagten. Eine Untersuchung, die im *Current Therapeutic Research* veröffentlicht wurde, zeigte, daß 87 von hundert Menschen, die darüber geklagt hatten, ständig müde zu sein, innerhalb von fünf bis zehn Tagen nach Beginn der Einnahme von Magnesium- und Kalium-Supplementierungen von gesteigerter Energie zu berichten wußten. Bei einer anderen Studie, die das *Journal of Abdominal Surgery* veröffentlichte, sagten 75 von 80 Testpersonen, Müdigkeit und Schwäche seien bei ihnen innerhalb von drei Tagen bis zu zwei Wochen völlig geschwunden, nachdem sie begonnen hatten, Magnesium- und Kalium-Supplementierungen zu nehmen. Sie gaben an, besser zu schlafen und morgens nicht mit der üblichen Erschöpfung zu erwachen.
Eine Magnesium-Supplementierung sollte ausgewogen sein. Das heißt: ein Teil Magnesium mit zwei Teilen Kalzium.

Zink

Menschen, die Insomnie haben, leiden möglicherweise auch unter einem Mangel an Zink. Gelegentlich wurde dieser Mangel für das häufige nächtliche Aufwachen und Schreien bei Kleinkindern verantwortlich gemacht. Sie sollten versuchen, Zink-Supplementierungen ein paar Wochen lang zu nehmen, um festzustellen, ob sich Ihr Schlafproblem dadurch bessert. Säuglingen und Kindern sollten Zink-Supplementierungen allerdings nur gegeben werden, wenn ein auf diesem Gebiet erfahrener Kinderarzt sie verschrieben hat. Lesen Sie das Etikett auf der Vitamin-Flasche Ihres Kindes; falls kein Zink in der Supplementierung enthalten ist und Ihr Kind nachts häufig aufwacht, sollten Sie möglicherweise mit dem Arzt sprechen, ob für Ihr Kind nicht vielleicht eine Supplementierung geeigneter wäre, die Kalzium, Magnesium und Zink enthält.

Kupfer und Eisen

Schlechter Schlaf kann nach Meinung der Psychologen des amerikanischen Landwirtschaftsministeriums (USDA) auf einen Mangel an Kupfer oder Eisen in der Ernährung zurückzuführen sein. 1988 berichtete Dr. James G. Penland vom landwirtschaftlichen Forschungsinstitut des USDA über eine Serie von fünf sorgfältig kontrollierten Langzeitstudien, bei denen es um die Spurenelemente in der Ernährung und den Schlaf ging. Er befragte die Frauen jeden Morgen, wie lange und wie gut sie in der vergangenen Nacht geschlafen hätten. Ihre Antworten wurden später mit der Aufnahme des fraglichen Elements in der Nahrung und in den Blutplasmawerten verglichen.

Von den sieben Elementen, die untersucht wurden, änderten Kupfer, Eisen und Aluminium die Schlafmuster am stärksten. Wurde die Tagesdosis von Kupfer und Eisen reduziert, »stieg die Schlafzeit und senkte sich die Schlafqualität«, erklärte Dr. Penland. Hohe Aluminiumdosen — ein nicht lebensnotwendiges Element, das in vielen Antaziden (säureneutralisierenden Mitteln) zu finden ist — reduzierten die Schlafqualität. Dr. Penland meint, Menschen, die regelmäßig Antazide nähmen, könnten »leicht auf eine tägliche Dosis von 1000 Milligramm Aluminium kommen« — das war die Menge, die im Rahmen der Studie benutzt wurde.

Bei einer weiteren USDA-Studie am *Human Nutrition Research Center* in Grand Forks, North Dakota, bekamen Freiwillige Mahlzeiten mit nur geringen Eisen- und Kupferwerten. Drei Monate lang wurden einer Gruppe von Frauen Speisen verabreicht, die weniger als ein Drittel der vom USDA empfohlenen Kupfermenge enthielten. Eine zweite Gruppe bekam weniger als ein Drittel der Eisenmenge, zu der allgemein geraten wird. Nachdem sie sich dann drei Monate lang wieder normal ernährt hatten, wurden beide Gruppen noch einmal untersucht.

Die Frauen berichteten, sie hätten schlecht geschlafen, während man ihnen die normale Kupfer- und Eisenmenge vorenthielt. Doch es gab da durchaus Unterschiede. Diejenigen, die zuwenig Kupfer bekommen hatten, stellten fest, daß sie zwar länger geschlafen, sich aber beim Aufwachen schlechter gefühlt hätten, wenn sie ihren Schlaf mit dem verglichen, den sie bei normaler Kupferaufnahme hatten. Die, die zuwenig Eisen bekommen hatten, hatten im Schnitt ebenfalls länger geschlafen, waren aber nachts öfter aufgewacht.

Forscher wissen seit Jahren, daß Kupfer und Eisen sich auf die Hirntätigkeit auswirken. Kupfer ist an der Noradrenalin-Produktion beteiligt: an der Produktion einer Hirnchemikalie also, die für die allgemeine Stimulation des Gehirns verantwortlich ist. Eisen ist für die Dopamin-Produktion essentiell. Dopamin ist eine Chemikalie, die sich in den Hirnregionen findet, die die Motorik steuern und die auch für die Hämoglobin-Produktion nötig ist. Hämoglobin befördert den Sauerstoff über den Blutstrom durch den Körper und das Gehirn. Folglich ist es nicht überraschend, daß unterschiedliche Kupfer- und Eisenpegel den Schlaf beeinflussen konnten.
Kupfer- und Eisensupplementierungen sollten ausschließlich unter Anleitung eines Arztes genommen werden, der auf diesem Gebiet über die nötige Erfahrung verfügt. Denn ein Zuviel an Eisen kann ebenso wie ein Zuviel an Kupfer schwere Nebenwirkungen haben. Weshalb der Anteil beider Mineralstoffe sorgfältig auf den der anderen Körpermineralien abgestimmt werden muß. Besonders bei Männern kann eine Überdosierung von Eisen problematisch sein, weil das überschüssige Eisen die Absorption von Zink beeinträchtigen und in den weicheren Körpergeweben abgelagert werden könnte.

Wie man auf dem laufenden bleibt

Die wenigsten von uns sind daran gewöhnt, ständig über das Vitamin- und Mineralstoffgleichgewicht nachzudenken, doch falls Ihnen die bisherigen Schritte unseres Programms nicht hinreichend geholfen haben, werden Sie sich vielleicht selbst mit diesem Gebiet beschäftigen wollen. Führen Sie ein Schlafprotokoll, während Sie die Vitamin- und Mineralstoffsupplementierungen und weitere Umstellungen der Ernährung ausprobieren. Sobald Sie glauben, etwas gefunden zu haben, das Ihnen nützt, sollten Sie es noch einmal ein, zwei Wochen lang überprüfen, indem Sie absetzen, was Sie ausprobiert haben, und es dann wieder aufnehmen, um festzustellen, ob Sie damit nach wie vor gute Resultate erzielen.

Kräuter-Arzneien

Kräuterkundler sagen, die Tees, die dem Schlaf am förderlichsten seien, seien die, die aus Kamille, Baldrian, der Nachtkerze, echter Katzenminze, Mandeln, Fenchel, Melisse, der Passionsblume, Rosmarin, Helmkraut oder Hopfen gebrüht werden. Die ersten amerikanischen Siedler schworen auf Pfefferminztee, Flohkraut und Zitronenmelisse. Eine Tinktur aus Enzianwurzeln ist in Europa jahrhundertelang als Schlaf- und Entspannungsmittel benutzt worden. Die Hopi-Indianer dagegen schwören nach wie vor auf Verbene.

Dr. Peter Leathwood vom Nestlé-Forschungslabor in der Schweiz führte eine Untersuchung mit dem wäßrigen Extrakt der Baldrianwurzel durch. Im Fachblatt *Pharmacology, Biochemistry and Behavior* berichtete er, bei einer kontrollierten Studie mit 128 Patienten habe der frisch zubereitete Baldrian die Schlafqualität deutlich verbessert, und am folgenden Tag sei es nicht zu einem Katzenjammer-Effekt gekommen. Die Testpersonen brauchten auch weniger Zeit zum Einschlafen. Besonders fiel das bei denen auf, die normalerweise schlecht schliefen. Ein kommerzielles Baldrianpräparat zeigte jedoch nicht denselben wohltuenden Effekt. Baldrian wird in den Vereinigten Staaten und Großbritannien selten verwendet, ist aber in Frankreich, Deutschland und der Schweiz für seine beruhigende Wirkung bekannt.

Uns fehlt es an persönlicher Erfahrung mit Kräuterpräparaten. Falls Sie sich entschließen sollten, einige auszuprobieren, sollten Sie deshalb mit jemandem zusammenarbeiten, der sich auf dem Gebiet auskennt, da Überdosierungen von Kräutern oder falsche Kombinationen — wie bei anderen Substanzen auch — zu unangenehmen Nebenwirkungen führen können. Naturkostläden und Reformhäuser bieten gewöhnlich Kräutermischungen gegen Insomnie an. Versuchen Sie es zunächst aber mit einer niedrigen Dosierung und tun Sie lieber nicht zuviel des Guten.

10

Setzen Sie Bewegung ein — das läßt Sie besser schlafen

Es gibt da eine Geschichte, die Ärzte zu gern erzählen: Ein Mann war deprimiert, konnte nicht schlafen, versagte bei der Arbeit und fühlte sich so schlecht, daß er beschloß, Selbstmord zu begehen. Und zwar wollte er so lange laufen, bis er tot umfiel, damit seine Familie die Lebensversicherungssumme kassieren konnte. Also verließ er das Haus und rannte, bis er tatsächlich umfiel. Doch er war nicht tot. Deshalb entschied er sich, es am nächsten Tag noch einmal zu versuchen. Diesmal aber wollte er schneller und weiter laufen. Er blieb bei seinem Entschluß, lief sechs Wochen lang jeden Abend. Und danach fühlte er sich so pudelwohl, daß er beschloß, am Leben zu bleiben.
Körperliche Betätigung kann zu einem Wohlgefühl und gutem Schlaf verhelfen. Das funktioniert nicht immer. Es gibt durchaus Sportler, die unter Insomnie leiden, darunter auch einige Olympiastars, also keine Garantie dafür, daß körperliche Ertüchtigung oder anstrengendes Training einem tatsächlich zu wohligem Schlaf verhelfen. Trotzdem gehört sportliche Betätigung zu den wichtigsten Hilfsmitteln, die Sie einsetzen können, um ihre Insomnie in tiefen, gesunden Schlaf zu verwandeln.
Als Teil unseres Gesamt-Insomnie-Programms sollten Sie sportliche Betätigung in Ihren Tages- oder Wochenplan aufnehmen. Körperliche Fitneß erleichtert es Ihnen mit Sicherheit, gut in den Schlaf zu finden. Das ist im Schlaflabor des *Royal Edinburgh Hospital* in Schottland nachgewiesen worden. Armee-Rekruten, die den ganzen Tag über hart trainierten, um fit zu sein, brauchten dort weniger Zeit zum Einschlafen und wachten nachts weniger häufig auf.

Viele der Menschen, die über Insomnie klagen, verbringen die meiste Zeit des Tages sitzend, bewegen sich so gut wie gar nicht und treiben erst recht keinen Sport. Regelmäßige körperliche Betätigung verhilft aber nicht nur zu schnellerem und leichterem Einschlafen, sondern vertieft den Schlaf auch. Sportler und Menschen, die körperlich fit sind, weisen längere Phasen von Delta-Schlaf auf als Nichtsportler. Das heißt allerdings nicht, daß Sport, den man irgendwann am Tag treibt, tatsächlich auch den Schlaf der folgenden Nacht vertieft. Der wohltuende Effekt ist abhängig von der Tageszeit, zu der man trainiert hat. Sportliche Betätigung am Vormittag oder spätabends wirkt sich nämlich weit weniger aus als Sport am späten Nachmittag oder frühen Abend.
Man muß zwar nicht bis zur Erschöpfung trainieren, muß sich nicht die Seele aus dem Leib rackern, sollte aber schon bis zu dem Punkt aktiv sein, an dem der Puls auf einer regelmäßigen, vorher geplanten Basis schneller schlägt. Das hilft nämlich nicht nur dem Schlaf auf die Sprünge, sondern hat auch noch einige andere wohltuende Nebenwirkungen. Es verbrennt Kalorien, beschleunigt die Blutzirkulation, stärkt Herz und Lungen, baut die Knochen auf, was der Osteoporose entgegenwirkt, stärkt die Muskulatur, senkt den Cholesterinspiegel und reduziert den Blutdruck. All dies führt dazu, daß man besser aussieht und sich wohler fühlt.
Ein weiterer Grund, aus dem Sie sich wohler fühlen werden, ist der, daß bei sportlicher Betätigung auch Stimmungsheber (*Endorphine* genannt) produziert werden, wobei es sich um natürlich auftretende Gehirnchemikalien handelt, die Depressionen entgegenwirken und ein Gefühl des Wohlbehagens hervorrufen. Einem 34jährigen Patienten, der unter schwerer Insomnie litt, wurde empfohlen, sich regelmäßig sportlich zu betätigen, bevor man mit einer langfristigen Psychotherapie oder einer medikamentösen Behandlung beginnen wollte. Denn es schien, als sei seine Insomnie auf eine Kombination von Ängsten und Depressionen zurückzuführen. Er entschied sich fürs Laufen und fühlte sich nach mehreren Wochen, in denen er täglich gelaufen war, so kräftig und so wohl, daß seine Ängste und Depressionen sich gelöst hatten und die Insomnie völlig geschwunden war.

Die Temperatur-Verbindung

Der Nutzen von Sport — oder körperlicher Betätigung überhaupt — beim Kampf gegen die Insomnie ist seit langem gut bekannt, doch kürzlich kamen Schlafforscher einer noch faszinierenderen neuen Erkenntnis auf die Spur. Sie haben herausgefunden, daß es nicht nur die Bewegung an sich ist, die sich wohltuend auswirkt, sondern vor allem der Anstieg der Körpertemperatur.

Das funktioniert folgendermaßen: Falls Sie zu denen gehören, die tagsüber arbeiten, wird Ihre Körpertemperatur im allgemeinen im Lauf des Tages ansteigen und dann etwa zwischen 16 und 17 Uhr wieder absinken. Die Spitzentemperaturen liegen um zirka 1,1 Grad Celsius höher als die Tiefpunkte, wenn Sie noch jung sind, sinken jedoch mit zunehmendem Alter. Wir wissen nicht, warum das so ist, doch es scheint sich hier um einen eingebauten biologischen Rhythmus zu handeln, dem wir alle unterliegen. Bei Insomnie-Patienten ist dieser Rhythmus freilich viel flacher als bei Normalschläfern. Ihre Körpertemperatur steigt im Lauf des Tages nicht im selben Maße an, da sie wegen des Schlafmangels weniger munter und aktiv sind; ihre Körpertemperatur fällt abends auch nicht so stark ab, und ihr Schlaf ist flacher und häufiger von Unterbrechungen bedroht.

Wenn es Ihnen gelingt, die Körpertemperatur ungefähr fünf, sechs Stunden vor dem Schlafengehen in die Höhe zu treiben, wird der Temperaturabfall etwa dann eintreten, wenn Sie ins Bett gehen wollen. Der Tiefpunkt fällt dann weiter ab, und der Schlaf wird ebenfalls tiefer ausfallen. Außerdem dürfte es zu weniger Wachphasen kommen.

Inzwischen sind wir der Meinung, daß sportliche Betätigung deshalb gut für den Schlaf ist, weil sie den Anstieg der Körpertemperatur auslöst. Falls Sie also Tennis spielen und ein paar Stunden später müde sind, liegt das möglicherweise nicht nur an der physischen Anstrengung, sondern auch daran, daß die Körpertemperatur abgefallen ist. Jede Art von körperlicher Betätigung ist gut, sofern sie nur intensiv genug betrieben wird, um die Kernkörpertemperatur für etwa 20 Minuten um ungefähr 1,1 Grad Celsius zu steigern. Sie sollten sich eine Sportart aussuchen, die Ihnen Spaß macht und dem Grad Ihrer allgemeinen Fitneß angemessen ist. Probieren Sie ruhig zunächst verschiedene Sportarten aus, um festzustellen, wie Sie sich auf Ihren Schlaf auswirken.

Die Temperatur-Theorie spricht auch für die schlaffördernde Wirkung eines heißen Bades, weshalb Sie dieses Phänomen möglicherweise für Ihre Zwecke nutzen können, um das System auszutricksen. An Tagen, an denen es Ihnen an Zeit fehlt, Sport zu treiben, sollten Sie einmal folgendes versuchen: Steigern Sie die Körpertemperatur, indem Sie am späten Nachmittag oder frühen Abend ein heißes Bad nehmen. Zwanzig Minuten sollten Sie in der Wanne bleiben. Das Wasser muß wirklich heiß sein, nicht nur angenehm warm, weshalb Sie ständig heißes Wasser einlaufen lassen sollten. Eine Dusche wird ihre Wirkung nur dann tun, wenn Sie bereit sind, wirklich zwanzig Minuten lang unter dem heißen Wasserstrahl auszuharren. Sie können dies ausprobieren, um zu sehen, wie es sich auf Ihren Schlaf auswirkt und zu welchem Zeitpunkt es am besten funktioniert.

Die Aktivitäts-Verbindung

Es hört sich zwar vielleicht seltsam an, doch viele der Insomnie-Patienten, die zu uns kommen, scheinen »wie erstarrt« zu sein. Sie scheinen sich niemals zu entspannen, und es sieht auch nicht so aus, als reckten und streckten sie sich jemals. Sie machen den Eindruck, als hätten sie Angst, gar nicht die Kraft zu haben, etwas zu unternehmen, oder danach völlig ausgelaugt zu sein. Wir müssen ihnen häufig beibringen, daß sie sich auch einmal einen Schubs geben müssen — hart arbeiten, sich ins Vergnügen stürzen und sowohl die Freuden sportlicher Betätigung als auch die totaler Entspannung kennenlernen müssen. Diese Hochs und Tiefs scheinen für guten Schlaf besser zu sein als ein kompletter Stillstand, eine abwartende, erstarrte Haltung.
Neuere Forschungsergebnisse zeigen, warum das so ist. Dr. Charles Follak vom *New York Hospital-Cornell Medical Center* fand heraus, daß bei Menschen, die unter Insomnie leiden, der Tag-Nacht-Zyklus ihrer Aktivitäten dieselbe Flachheit aufweist wie die Temperaturschwankungen. Tagsüber bewegen sie ihren Körper weniger, nachts bewegt er sich dafür um so mehr. Das ist natürlich nicht der einzige Faktor, doch es ist einer, über den nachzudenken sich lohnt. Versuchen Sie also, tagsüber so aktiv wie möglich zu sein, und erstarren Sie nicht in Langeweile und Routine.

Effiziente Trainingsmethoden

Wenn es um körperliche Ertüchtigung geht, raten wir den Patienten, die an unserem Programm teilnehmen, bevorzugt zu flotten Spaziergängen. Manchmal kann schon ein einziger Spaziergang am Tag einem eine schlaflose Nacht ersparen. Schreiten Sie flott aus — lassen Sie die Arme schwingen —, gehen Sie so rasch, daß sich Herzschlag und Atmung beschleunigen und Aktivitätspegel und Kerntemperatur steigen. Schon nach ein paar Minuten werden Sie dann merken, wie Anspannung und Ängste förmlich von Ihnen abfallen.

Falls Sie lieber radfahren wollen, ist das auch in Ordnung. Wenn Sie ein Fitneßrad zu Hause haben, können Sie dabei sogar fernsehen oder lesen. Wichtig ist nur, daß Sie etwas tun, das Ihnen Spaß macht. Wenn Sie Freude dran haben, werden Sie gar nicht erst auf die Idee kommen, das Training ausfallen zu lassen, sondern es regelmäßig machen.

Ihr Aktivitäts- und Temperatur-Steigerungs-Training können Sie beim Laufen, Schwimmen, Radfahren, Spazierengehen, Tanzen, Roll- oder Schlittschuhlaufen oder bei aeroben Übungen absolvieren. Sie können sich aber auch für mehr als eine »Sport«-Art entscheiden und sie jeweils an verschiedenen Tagen ausüben. (Haus- oder Gartenarbeit zählt nur dann, wenn Sie sich dabei wirklich Anstrengungen unterziehen — wie es zum Beispiel beim Staubsaugen oder Blätterzusammenharken der Fall ist. Mit anderen Worten: Es muß eine Tätigkeit sein, die die Körpertemperatur und die Herzfrequenz erhöht.)

Denken Sie daran: Je mehr Sie sich anstrengen, desto mehr werden Sie tun können. Falls Sie sich irgendwann einmal nicht wohl fühlen, können Sie Ihr Training für diesen Tag ausfallen lassen. Nehmen Sie es aber am nächsten Tag unbedingt wieder auf. Falls Sie Ihr Übungsprogramm nämlich für einen zu langen Zeitraum unterbrechen, ist die Fitneß innerhalb von nur 72 Stunden dahin. Dann besteht die Gefahr, daß auch Ihre Schlafprobleme wiederkommen. Es ist bewiesen, daß Menschen, die daran gewöhnt sind, sich regelmäßig körperlich zu betätigen, nachts prompt weniger tief schlafen, wenn sie ihr übliches Trainingsprogramm ausfallen ließen.

Was ist, falls Sie das Gefühl haben, für Ihr Training zu müde zu sein? Schieben Sie es bloß nicht bis zu jenem Zeitpunkt in nebulöser Zukunft auf, an dem Sie möglicherweise wieder mehr Energie haben. Im Gegensatz zu dem, was die meisten Menschen glauben, kann ein gemäßigtes sportliches Programm Sie gerade dann, wenn Sie müde sind, richtiggehend aufmöbeln, so daß Sie sich hinterher viel wohler fühlen. Es hilft übrigens auch, chronischer Müdigkeit entgegenzuwirken. Falls Sie zu müde sind, vor die Tür zu gehen, oder falls Sie sich keiner Gruppe anschließen mögen, weil Sie wegen Ihrer Figur oder mangelnder Kondition Komplexe haben, können Sie Ihr Training ja während der Fitneßübungen im Fernsehen machen oder sich eine entsprechende Videokassette kaufen.

Sie müssen sich einem Trainingsprogramm unterziehen, selbst wenn Sie glauben, vor Müdigkeit keinen Finger rühren zu können. Die meisten Insomnie-Patienten reden sich ein, sie müßten erst besser schlafen, bevor sie sich körperlich verausgaben könnten. Es ist aber genau umgekehrt: Man muß erst trainieren und wird dann besser schlafen.

Vorsicht: Manche Menschen machen zuviel, wenn sie denn schon ein Trainingsprogramm beginnen, und sie machen es zu schnell. Das aber kann nur zu Muskelkater und Schmerzen führen. Vermeiden Sie Überanstrengung. Reden Sie mit Ihrem Arzt, planen Sie das Programm so, daß es Ihrem Fitneßpegel entspricht, und steigern Sie den Aktivitätspegel dann im Lauf einiger Wochen ganz allmählich. Jedesmal dann, wenn Ihr Puls rast oder unregelmäßig schlägt, oder wenn Sie sich nach einer Übungsphase unwohl fühlen, sollten Sie das Programm augenblicklich abbrechen und Ihren Arzt konsultieren, bevor Sie in dem Tempo weitermachen.

Die Absprache mit dem Arzt ist auch deshalb wichtig, weil er Ihre organischen Leiden kennt und weiß, welche Auswirkungen die Übungen darauf haben könnten. Falls Sie beispielsweise unter Diabetes oder hohem Blutdruck leiden, könnte das Trainingsprogramm für Sie auch bei diesen Leiden wohltuend sein. Möglicherweise kann nämlich die Dosierung der Medikamente gesenkt werden, die Sie dagegen nehmen müssen!

Auf jeden Fall sollten Sie sich mit Ihrem Arzt beraten und sich spezielle Anweisungen geben lassen, bevor Sie mit Ihrem Trainingsprogramm beginnen, wenn:

- Sie Übergewicht haben
- Sie über 45 und nicht an regelmäßiges Training gewöhnt sind
- Sie irgendwelche Herzprobleme haben oder sogar einen Herzinfarkt hatten

- Ihr Arzt Ihnen erklärt hat, Ihr Blutdruck sei zu hoch und nicht unter Kontrolle, oder Sie nicht sicher wissen, daß Ihr Blutdruck normal ist
- Sie häufig Schmerzen oder ein Druckgefühl in der Brust, im Nacken, den Schultern oder Armen haben, sobald Sie Ihr Trainingsprogramm beendet haben
- Sie schon nach leichter Anstrengung extrem kurzatmig sind
- Sie Knochen- oder Gelenkschmerzen haben
- in Ihrer Familie Herzleiden in relativ frühen Jahren aufgetreten sind
- Sie sich häufig kraftlos, matt und benommen fühlen, Sie eine organische Konditionierung wie Diabetes haben, die beobachtet werden muß.

Weitere Richtlinien

Es ist nicht unbedingt nötig, jeden Tag zu trainieren. Die üblichen Empfehlungen lauten, sich den Übungen dreimal pro Woche zu unterziehen (das bedeutet, daß einer Aufwärmphase von fünf bis zehn Minuten 20 Minuten im aeroben Bereich folgen — in dem die Herzfrequenz gesteigert ist — und danach eine Abkühlphase und eine Dusche kommt).

Während der Vorbereitungsphase sind leichte, nicht belastende Übungen angebracht. Lassen Sie einfach Ihre Gelenke den vollen Bewegungsablauf durchlaufen. Heben Sie die Arme, lassen Sie sie kreisen, strecken Sie die Beine, stellen Sie sich auf die Zehenspitzen. Oder machen Sie dieselben Übungen, die Sie sich für den zweiten Teil des Programms vorgenommen haben, allerdings jetzt noch langsam und weniger kraftvoll. Aufwärmübungen steigern die Körpertemperatur, machen die Muskeln geschmeidiger und treiben den Blutfluß an, so daß mehr Sauerstoff für die Energieproduktion zur Verfügung steht. Streck- und Dehnübungen helfen — auch das ist wichtig — Muskel- und Bänderüberdehnungen zu vermeiden, zu denen es bei körperlichen Anstrengungen leicht kommen kann. Beim Aufwärmen und den Streck- und Dehnübungen sollten Sie allerdings allzu energische oder ruckhafte Bewegungen unbedingt unterlassen und sich auf die

Lockerung und Entspannung der Muskulatur konzentrieren, wobei Sie langsam zum eigentlichen Übungs-Programm übergehen können. Wenn Sie fit sind, ziehen Sie das Programm, für das Sie sich entschieden haben, danach zwanzig Minuten lang so intensiv durch, daß es zu dem erwünschten Temperaturanstieg kommt. Sind Sie nicht so fit, sollten Sie sich zunächst mit weniger als zwanzig Minuten zufriedengeben, in denen Sie Ihren Körper auf Hochtouren laufen lassen. Fangen Sie vielleicht mit fünf Minuten an und arbeiten Sie allmählich auf die zwanzig Minuten hin.

Obwohl die Forderung der Schlafforscher lautet, einen Anstieg der Körpertemperatur um 1,1 Grad Celsius zu erreichen, ist es doch kaum vorstellbar, daß jemand beispielsweise joggt und dann innehält, um seine Körpertemperatur zu messen, was rektal geschehen müßte. Das ist auch nicht nötig. Man kann nämlich die Herzfrequenz-»Zielzone« als Richtlinie benutzen. Und das geht so: Nehmen Sie 220 und ziehen Sie Ihr Alter ab. Das entspricht der maximalen Herzfrequenz für ein bestimmtes Alter. Subtrahieren Sie von dieser Zahl nun einmal 60 und einmal 75 Prozent — zwischen diesen beiden Werten liegt Ihre »Zielzone«. Während des aeroben Teils Ihres Trainingsprogramms sollten Sie sich bemühen, die Herzfrequenz so zu steigern, daß sie in diesem Bereich liegt. (Nehmen Sie zehn Sekunden lang Ihren Puls und multiplizieren Sie diese Zahl mit sechs, um die Herzfrequenz zu errechnen.)

Sie können auch die Tabelle auf Seite 195 benutzen.

Falls Sie sich all diese Messungen ersparen wollen, können Sie einfach trainieren, bis Sie leicht außer Atem, doch immer noch in der Lage sind zu sprechen; Experten halten dies in etwa für die aerobe Schwelle. Liegen Sie unter dem Zielbereich, haben Sie einfach nicht hart genug trainiert. Liegen Sie darüber, könnten Sie sich mehr schaden als nützen. Wieder einmal müssen Sie Ihre Toleranz überprüfen. Am Anfang sollten Sie nicht mehr als ein paar Minuten in diesem Zielbereich bleiben, sofern Sie völlig außer Form sind. Ganz allmählich sollten Sie die Zeit steigern, zuerst auf zehn, dann auf 15, danach auf 20 Minuten — plus der Aufwärm- und Abkühlzeiten. Nach sechs oder mehr Monaten regelmäßigen Trainings können Sie — falls Sie es wünschen — in einem Bereich trainieren, der etwa 85 Prozent Ihrer maximalen Herzfrequenz entspricht.

Sie sollten allerdings jede Übung abbrechen und sich ausruhen, sobald Sie ein Gefühl der Enge in der Brust spüren, sich benommen fühlen oder unter schwerer Atemlosigkeit, Schwindelgefühlen, abnormer Herzfrequenz, übermäßigem Schwitzen oder plötzlichen grippeähnlichen Symptomen leiden. Falls diese Symptome häufiger auftreten, sollten Sie einen Arzt aufsuchen.

Wie schnell werden Sie Resultate erzielen?

Innerhalb von zwei, drei Wochen nach Beginn Ihres Trainingsprogramms sollten Sie die ersten Fortschritte sehen. Sie werden sich wohler fühlen, werden vermutlich über mehr Energie verfügen und tagsüber und abends weniger abgespannt sein — und mit größter Wahrscheinlichkeit werden Sie auch besser schlafen.
Bleiben Sie bei Ihrem Programm. Sie werden es vermutlich ohnehin nicht wieder aufgeben wollen, weil Sie sich so wohl fühlen.

IHRE AEROBE HERZFREQUENZ-ZIELZONE

Alter in Jahren	Zielzone Schläge/Minute	Maximale Herzfrequenz Schläge/Minute
20	120—150	200
25	117—146	195
30	114—142	190
35	111—138	185
40	108—135	180
45	105—131	175
50	102—127	170
55	99—123	165
60	96—120	160
65	93—116	155
70	90—113	150

Um Ihre Zielzone zu finden, suchen Sie nach der Alterskategorie, die Ihrem Alter am nächsten kommt, und achten auf die rechts daneben stehenden Werte. Wenn Sie beispielsweise 30 sind, liegt Ihre Zielzone bei 114 bis 142 Schlägen pro Minute. Sind Sie 43, ist die nächste Altersklasse in der Tabelle für Sie die 45; die Zielzone entspricht also 105 bis 131 Schlägen pro Minute.

Mit freundlicher Genehmigung der *American Heart Association.*

11

Wie Sie Ihre Schlafuhr zurückstellen

1938 zogen sich Dr. Nathaniel Kleitman von der Universität von Chicago und sein Assistent Dr. Bruce H. Richardson in die feuchtkalten, stockdunklen Tiefen von Mammoth Cave, einer Höhle in Kentucky, zurück. Die beiden wollten sehen, was passiert, wenn Menschen in einer Umgebung leben, in der es den täglichen Rhythmus von Licht und Dunkelheit nicht gibt. 33 Tage lang lebten die beiden Schlafforscher unter der Erde. Die ganze Zeit über war eine dunstige Kühle um sie herum. Die Temperatur lag etwa zwei Grad unter Null. Und die ganze Zeit über hatten sie keine Ahnung, wie spät es gerade war. Die Wissenschaftler lebten in einer künstlichen Routine. 19 Stunden des Wachseins folgten neun Stunden Schlaf. In den wachen Stunden untersuchten sie die Wechselbeziehungen zwischen der Körpertemperatur und anderen Faktoren.
1962 war es ein junger französischer Geologe, der ein Leben studieren wollte, in dem es keine Hinweise auf die Zeit gab. Michel Siffre fand in den Alpen eine Höhle in einer Höhe von 2250 Metern. Die Höhle verlief etwa 27 Meter vertikal, dann folgte ein S-förmiger Tunnel, und dahinter ging es noch einmal gut 120 Meter abwärts. Die Höhle lag in völliger Dunkelheit, der Boden bestand aus massivem Eis. Zwei Monate lang blieb Michel Siffre in dieser Eiseskälte, hatte aber wenigstens telefonischen Kontakt zu zwei Freunden draußen. Er rief sie jedesmal an, bevor er sich schlafen legte, wenn er wieder aufgewacht war, und wenn er vorhatte zu essen. Er führte Tagebuch über seine Aktivitäten und eine Tabelle, in die er Datum und Uhrzeit eintrug — Daten, die er allerdings nur schätzen konnte. Seine Freunde draußen führten ebenfalls solche Listen, jedoch mit den exakten Daten.

Solche Untersuchungen verlaufen heute unter weit weniger harten Bedingungen. Die Testpersonen leben gewöhnlich in »Zeitisolationsbunkern«, schalldichten Appartements, in denen die Fenster zugemauert und aus denen sämtliche Uhren entfernt wurden. Dort gibt es meist ein Bett, einen Trainingsraum, ein Arbeitszimmer, eine Küche, eine Stereoanlage und einen Videorecorder — aber natürlich weder ein Radio noch einen Fernsehapparat, weil die den Testpersonen einen Hinweis auf die Zeit geben könnten. Die Freiwilligen können arbeiten, essen und schlafen, wann immer sie wollen. Gelegentlich haben sie sogar Kontakt mit der Außenwelt. Allerdings nur mit Technikern, die geschult sind, den Bewohnern keinerlei Hinweise zu geben, ob es Tag oder Nacht ist. Bevor ein Techniker eine der Wohnungen betritt, muß er sich jeweils rasieren, damit die Patienten nicht von der Länge des Bartes auf die Uhrzeit schließen können. Die Mahlzeiten werden auf Verlangen serviert. Körpertemperatur, Hormonwerte und andere vitale Funktionen werden gewöhnlich überwacht und ebenso vom Computer analysiert wie psychische und Verhaltensänderungen. Die Freiwilligen werden von draußen mit Videokameras beobachtet, und wenn sie schlafen, werden die Hirnstromkurven aufgezeichnet.
Trotzdem bieten Höhlen nach wie vor die beste Isolation gegen Lärm und das intensivste Gefühl völliger Abgeschiedenheit, weshalb es 1989 eine weitere Höhlenbewohnerin gab, die wissenschaftliche Motive hatte. Stefania Follini kletterte neun Meter in die Tiefe und lebte 131 Tage in einer Höhle in der Nähe von Carlsbad, New Mexico. Sie wohnte dort in einem kleinen Plexiglashaus. Zur Unterhaltung hatte sie einen Computer und etwa 400 Bücher mit. Teil ihres Forschungsprojektes war es, herauszufinden, wie Menschen wohl bei langen, einsamen interplanetarischen Raumflügen reagieren würden.
All diese Experimente kamen und kommen zu ein und demselben Ergebnis: Menschen, die aus der Synchronisation der Gesellschaft herausgelöst werden, geraten schnell aus dem angelernten Rhythmus und entwickeln ihren eigenen Schlaf-Wach-Zyklus, wobei ihre Tage häufig mehr als 24 Stunden haben. Stefania Follini beispielsweise blieb anfangs 23 Stunden wach und schlief dann für zehn Stunden; später blieb sie sogar noch länger wach. Andere Menschen, die in einer solchen Umgebung leben, in der »weder Zeit noch Stunde« zählen, entwickelten Schlaf-Wach-Rhythmen, die irgendwo zwischen 26 und 30 Stunden lagen.

Eine Rhythmus-Störung kann möglicherweise die Ursache sein

Den üblichen Rhythmus von etwa 24 Stunden nennt man den zirkadianischen. Das kommt vom Lateinischen *circa*, was *etwa* bedeutet, und dem Neulateinischen *dian*, was *ein Tag* heißt. Da er für unser Schlafen und Wachen unerläßlich ist und leicht aus dem Tritt geraten kann, kann er ein wesentlicher Faktor für Insomnie sein.

Wenn Sie gut schlafen, aber nicht zu der Zeit, zu der Sie schlafen wollen — oder zu der Sie meinen, schlafen zu müssen —, könnten Sie unter einer Störung des zirkadianischen Rhythmus leiden. Manche Menschen schlafen beispielsweise zwischen sechs Uhr morgens und zwei Uhr nachmittags hervorragend oder von sieben Uhr abends bis zwei Uhr nachts, können aber zwischen elf Uhr abends und sieben Uhr morgens, wenn sie eigentlich schlafen sollten, überhaupt nicht in den Schlaf finden. In seltenen Fällen zeigt sich die Insomnie, die von einer Rhythmus-Störung herrührt, nur periodisch — sagen wir, die Patienten schlafen alle fünf Wochen etwa zwei Wochen lang schlecht. Falls Sie glauben, bei Ihnen könne eine solche Störung vorliegen, sollten Sie für wenigstens zwei Monate ein Schlafprotokoll führen, um festzustellen, ob Ihre Insomnie einem rhythmischen Zyklus unterliegt.

Unterschiedliche Menschen haben unterschiedliche Rhythmen

Die Forscher haben herausgefunden, daß die Länge unserer Schlaf-Wach-Rhythmen sich im Laufe unseres Lebens verändert. Neugeborene unterliegen dem zirkadianischen Rhythmus noch nicht, stellen sich aber innerhalb der ersten paar Lebensmonate darauf ein. Etwa vom sechsten Monat an bis zum 14. Lebensjahr liegt der Rhythmus sehr nahe bei den berühmten 24 Stunden. Die meisten Kinder stehen morgens zu einer geregelten Zeit auf und schlafen abends gewöhnlich immer zur selben Stunde ein.

Dann, irgendwann in den Teenagerjahren, verlangsamt sich dieser Rhythmus. Das heißt, die innere Uhr tickt von diesem Zeitpunkt an langsamer als die an der Wand. Das ist der Grund, aus dem Heranwachsende nicht mehr um 23 Uhr schlafen gehen wollen. Ihre Körperuhr sagt ihnen nämlich, es könne keine Minute nach 20 Uhr sein. Heranwachsende haben natürlich auch Schwierigkeiten, morgens aus dem Bett zu kommen, wenn sie zur Schule müssen. Wenn die Uhr an der Wand zeigt, daß es sieben Uhr ist, sagen ihnen ihre Körper vermutlich, es könne höchstens vier sein. Wenigstens zehn Jahre lang müssen die meisten Heranwachsenden gegen eine innere Uhr ankämpfen, die nachgeht. Ihr innerer Tag hat zwischen 26 und 30 Stunden. Der einzige Weg, diesen langen Tag in den 24-Stunden-Rhythmus zu pressen, dem unsere Welt unterliegt, ist es, jeden Morgen früher aufzustehen, als der Körper es will. Das ist nicht leicht — tatsächlich ist es ein ständiger Kampf, den die Gesetze der Biologie den Heranwachsenden und jungen Erwachsenen da jeden Morgen abverlangen. Es ist nicht so, daß die junge Generation faul oder träge wäre — ihre innere Uhr läuft nur einfach zu langsam, geht nach.
Glücklicherweise laufen die Uhren mit Ende Zwanzig, Anfang Dreißig dann wieder schneller, so daß es uns für den Rest unserer Tage leichterfällt, mit dem 24-Stunden-Rhythmus unseres Planeten zu leben.
Während wir älter werden, läuft die innere Uhr jedoch gewöhnlich (nicht immer) sogar noch ein wenig schneller. Der innere Tag hat dann möglicherweise weniger als 24 Stunden. Das ist der Grund, aus dem die Großmama üblicherweise früh zu Bett geht — vielleicht schon um sieben oder acht Uhr abends. Ihr Körper sagt ihr nämlich dann, es sei schon Mitternacht. Großmama wacht dann auch prompt schon gegen zwei, drei Uhr morgens auf, weil ihre Körperuhr, die ja vorgeht, ihr mitteilt, es sei schon heller Morgen.
Was freilich mit fortgeschrittenen Jahren noch dazukommt, ist, daß der Rhythmus auch viel flacher wird. Während der junge Erwachsene gewöhnlich eine Schwankung der Kernkörpertemperatur zwischen Tag und Nacht von etwa 1,1 Grad Celsius aufweist, kann man sich mit 75 Jahren glücklich schätzen, wenn der Unterschied zwischen Tag und Nacht noch 0,2 Grad beträgt. Andere Schlafcharakteristika flachen ebenfalls ab. Das ist der Grund, aus dem wir in jüngeren Jahren, wenn wir einen starken zirkadianischen Zyklus haben, entweder ganz

wach sind oder sehr tief schlafen. Nachts erleben wir eine Periode, in der wir schlafen, und tagsüber eine andere Periode, in der wir wach sind. Während wir älter werden und unsere Rhythmen sich abflachen, sind wir dem Dösen meist viel näher — egal ob tagsüber oder nachts. Manchmal machen wir am Tag ein Nickerchen und sind in der Nacht viel häufiger wach als früher, was jedoch nicht bedeutet, daß wir jetzt länger oder kürzer schlafen, sondern Schlafen und Wachsein sind nun nur gleichmäßiger über die gesamten 24 Stunden verteilt.

Tatsächlich ist die Situation sogar noch wesentlich komplizierter. In jeder Altersklasse, so scheint es, gibt es in unseren Körpern nicht eine Uhr, sondern zwei Uhren. Für die Forscher ist die eine die neurologische Uhr. Sie siedeln sie im Gehirn an, sehen sie als einen Kern von Nervenzellen, nahe der Stelle, wo die Sehnerven zusammenkommen. Bei der anderen Uhr scheint es sich eher um den Auf- und Abbau irgendeiner Chemikalie zu handeln, die tagsüber aufgebraucht und erst im Schlaf wieder aufgefüllt wird. Die verschiedensten Körperfunktionen werden von diesen beiden Uhren gesteuert. Unsere Temperatur-Rhythmen scheinen von der neurologischen Uhr (natürlich auch von der Umgebung) betrieben zu werden. Unser Schlaf-Wach-Verhalten und viele andere Funktionen dagegen werden von der Auf- und Abbau-Uhr beherrscht. Das Problem dabei ist, daß diese beiden Uhren nicht genau gleich laufen.

Beim jungen Erwachsenen läuft die neurologische Uhr im allgemeinen 25 Stunden, die Auf- und Abbau-Uhr dagegen etwa 28 Stunden. Stellen Sie sich vor, Sie hätten zwei Wecker im Schlafzimmer — einen, der etwa eine Stunde und einen, der ungefähr vier Stunden nachgeht. Würden Sie diese beiden Wecker ein, zwei Wochen nebeneinander laufen lassen, hätten Sie bald wohl nicht mehr die blasseste Ahnung, wie spät es ist. Müßten Sie mit diesen beiden Uhren leben, würden Sie sie jeden Morgen neu stellen müssen; den Rest des Tages über könnten Sie also recht gut sagen, wie spät es ist. Am nächsten Morgen aber würden sie sich wieder um ein paar Stunden unterscheiden, und Sie würden sie wieder neu stellen müssen. Das ist genau das, was wir mit unseren Körpern tun müssen. Um unsere beiden Uhren nahe genug beieinanderzuhalten, müssen wir sie einmal alle 24 Stunden neu stellen, damit unsere Körper als Einheit funktionieren können und wir mit dem Rest der Welt im

Einklang sind. Das Signal, die Uhren zurückzustellen, nennt man »Zeitgeber«.
Der beste Zeitgeber für die Jungen ist eine regelmäßige Aufwachzeit. Es ist egal, um welche Zeit es sich dabei genau handelt, es muß nur eine gewisse Regelmäßigkeit gewährleistet sein. Junge Menschen müssen ihre Uhren dadurch zurückstellen, indem sie früh aufstehen. Der beste Zeitgeber für die Älteren ist eine regelmäßige Schlafenszeit. Ältere Menschen müssen die Zeit dehnen, indem sie zu einem späteren Zeitpunkt schlafen gehen, als sie es eigentlich möchten, damit sie nicht schon morgens um drei Uhr aufwachen. (Natürlich schadet es Ihnen überhaupt nicht, wenn Sie um zwei oder drei Uhr morgens wach sind, solange Sie sich deshalb keine Sorgen machen.)
Es gibt zwei Wege, die Uhren neu zu stellen: einmal durch Licht und einmal durch Aktivität. Wenn Ihr Körper zu einer Zeit schlafen möchte, da Sie eigentlich wach sein wollen, kann es ein starkes Stimulans sein, wenn Sie hinaus in den Sonnenschein gehen und sich bewegen. Das stellt die Uhren neu. Sie können sich freilich zu einem solchen Zeitpunkt auch im Haus hellem Licht aussetzen.

Was Ihren Rhythmus durcheinanderbringen könnte

Obwohl der zirkadianische Rhythmus eigentlich unserem Körper entspringt, kann unser Lebensstil ihn durcheinanderbringen. Falls wir unserem Körper nicht jeden Morgen oder jeden Abend einen starken Zeitgeber geben, sondern willkürlich schlafen oder wach sind, wie es uns gefällt, können nicht nur unsere beiden inneren Uhren aus dem Gleichgewicht geraten, sondern uns können darüber hinaus schließlich auch noch die meisten Aspekte der Rhythmik verlorengehen. Danach sind wir — ob Tag oder Nacht — nur noch fähig, wie ein neugeborenes Kind für kurze Phasen von einer halben Stunde bis drei Stunden zu schlafen oder zu wachen. Dann haben wir den regelmäßigen Rhythmus völlig verloren.
Gewöhnlich beginnt die Zerrüttung mit ein paar Nächten der Schlaflosigkeit. Da man nachts nicht gut geschlafen hat, schläft man am

nächsten Morgen länger und hat in der darauffolgenden Nacht prompt Einschlafschwierigkeiten. Daraufhin schläft man am darauffolgenden Morgen noch länger. Schon bald passiert es, daß sich unser gesamtes Schlafsystem auf einen späteren Zeitpunkt verschiebt. Dann ist es so gut wie unmöglich, zu der Zeit einzuschlafen, zu der man früher schlief.

Wenn man am der Schlaflosigkeit folgenden Tag ein Nickerchen macht, ist man vermutlich in der darauf folgenden Nacht nicht fähig, tief durchzuschlafen. Ein Teufelskreis beginnt, in dem Schlafen und Wachen sich langsam, aber sicher gleichmäßig über 24 Stunden ausdehnen. Der zirkadianische Rhythmus ist hin. Die Lage kann so ernst werden, daß man fast den ganzen Tag im Bett verbringt, was den Schlaf noch weiter verschlechtert. Um dieses Problem gar nicht erst aufkommen zu lassen, sollte man morgens immer zur selben Zeit aufstehen.

Tom Mustopheles, ein 25jähriger Mechaniker, war unter einen Zug gekommen, hatte drei Monate im Krankenhaus gelegen, sich in dieser Zeit erstaunlich gut erholt und schien — von leichten Sprachschwierigkeiten und einigen Gedächtnislücken abgesehen — wieder relativ normal. Seine Anwälte rieten ihm trotzdem, erst dann wieder zu arbeiten, wenn der Prozeß um seine Schadenersatzansprüche abgeschlossen sei.

Tom war immer ein Einzelgänger gewesen, verbrachte die beiden folgenden Jahre deshalb allein in seiner kleinen Wohnung. Er las, saß vor dem Fernseher und tat ansonsten sehr wenig. Wenn er Lebensmittel brauchte, holte er sie aus dem Supermarkt in der Nähe seiner Wohnung, der rund um die Uhr geöffnet war. In seiner Umgebung, in seinem Leben gab es so gut wie keine Zeitgeber. Nach ungefähr zwei Monaten, die er ohne jeglichen Zeitplan gelebt hatte, verschlechterte sich sein Schlaf, und er fühlte sich zunehmend müder. Bald verbrachte er den größten Teil der Zeit im Bett — er döste, schlief jedoch kaum einmal richtig. Außerdem wurde er immer schwächer.

Nach zwei Jahren — der Prozeß zog sich noch immer hin — wurde Tom in die Schlafklinik eingewiesen. Aufzeichnungen über 24 Stunden ergaben, daß er tagsüber und nachts zwar etliche kurze Nickerchen machte, jedoch kaum einmal länger als 30 Minuten schlief und kaum einmal länger als eine Stunde am Stück wach war. Seine Körpertemperatur wies ebenfalls keinen erkennbaren zirkadianischen Rhythmus mehr auf. Bei ihm gab es nur starke und willkürliche Schwankungen.

Tom wurde gedrängt, wieder einen regelmäßigen Tag-Nacht-Rhythmus aufzunehmen, war allerdings nicht dazu in der Lage, weil er ständig zu müde war und nicht wußte, was er dagegen unternehmen sollte. Schließlich heuerte er einen Freund an, der ihn tagsüber wach und aktiv halten sollte. Und so gelang es ihm ganz allmählich, seine Zeit im Bett auf die Nacht zu beschränken. Das mußte langsam geschehen. Anfangs stand er nur in der Zeit zwischen elf Uhr morgens und zwei Uhr nachmittags auf. Von Woche zu Woche hängte er dann jeweils eine Stunde an diese Zeit an.
Darüber hinaus war ihm empfohlen worden, die Mahlzeiten regelmäßig einzunehmen und die sportliche Betätigung in der Mittagszeit langsam zu steigern, damit der zirkadianische Rhythmus wiederhergestellt werden konnte. Es waren sechs sehr schwierige Monate, bis Tom wieder einen normalen Schlaf-Wach-Rhythmus aufgenommen hatte und sich besser fühlte.
Dann kam es zu einer Einigung in dem Gerichtsverfahren. Von der Schadenersatzsumme kaufte Tom eine kleine Farm in Neuengland. Der überaus regelmäßige Schlaf-Wach-Rhythmus, den ein Bauer einhalten muß, der Milchwirtschaft betreibt, vollbrachte bei ihm Wunder. Inzwischen betreibt er den Hof sehr effizient, und seine Insomnie ist völlig verschwunden.

Wenn Sie unter Insomnie leiden, müssen Sie sich an einen regelmäßigen Rhythmus halten

Die Situation ist selten so dramatisch wie bei Tom Mustopheles. Doch es kann in jedem Fall Wunder wirken, wenn man sich an regelmäßige Schlafenszeiten hält. Je stärker man unter Insomnie leidet, desto wichtiger ist es, einen regelmäßigen Schlaf-Wach-Rhythmus beizubehalten, selbst wenn das sehr schwierig sein sollte. Das ist auch der Grund, aus dem wir Ihnen empfehlen, sich selbst nach einer schlaflosen Nacht aus dem Bett zu wälzen und zu versuchen, tagsüber physisch möglichst aktiv zu sein.

Sie müssen jeden Tag zur selben Zeit aufstehen — egal, was auch immer geschieht. Vielleicht ist es ja nötig, daß Ihr Partner/Ihre Partnerin Sie morgens unter die Dusche schleppt oder drei Wecker für Sie stellt und die dann im Zimmer versteckt. Wichtig ist allein, daß Sie pünktlich aufstehen — jeden Tag zur selben Zeit.
Falls Sie gewöhnlich nicht vor fünf Uhr morgens einschlafen können, sollten Sie versuchen, sich zu zwingen — sagen wir —, um acht Uhr aufzustehen. Nach ein paar Tagen oder Wochen werden Sie mit ziemlicher Sicherheit nachts früher schlafen können, besonders dann, wenn Sie sich in den frühen Morgenstunden zusätzlich der Lichttherapie (Seite 208) bedienen.
In den meisten Fällen können Sie es allein schaffen, Ihren Rhythmus wieder regelmäßig zu gestalten, doch das funktioniert nicht immer. Möglicherweise müssen Sie doch ein Zentrum für Schlafstörungen aufsuchen und professionelle Hilfe in Anspruch nehmen.

Sonntagnacht-Insomnie

Eine Art der Rhythmusstörung, die viele Menschen kennen, ist die »Sonntagnacht-Insomnie«. Sie haben die größten Schwierigkeiten, in der Nacht vom Sonntag zum Montag in den Schlaf zu finden, und möglicherweise halten sie sich selbst (oder hält sie ihre Familie) für faul und denken (denkt) vielleicht, sie wollten sich nur vor der neuen Arbeitswoche drücken. Aber in diesem Fall kann es sich genausogut um einen verschobenen Rhythmus handeln. Denn dazu kann es leicht kommen: Mary beispielsweise blieb am Freitag länger auf, weil am nächsten Tag weder die Kinder in die Schule mußten noch sie zur Arbeit. Und deshalb schlief sie am Samstagmorgen ein paar Stündchen länger als üblich. Daraufhin ging ihre Körperuhr etwa zwei Stunden nach. Samstagnacht blieb sie noch länger auf und schlief Sonntagmorgen noch einmal länger, so daß ihre innere Uhr nun bereits vier Stunden nachhinkte. Als sie am Abend zur (die Woche über) üblichen Zeit ins Bett ging, vermittelte ihr ihre Körperuhr das Gefühl, es sei erst früher Abend. Kein Wunder also, daß sie nicht müde war.
Falls die Sonntagnacht-Insomnie ein Problem für Sie ist, sollten Sie am Freitag- und Samstagabend zu einer vernünftigen Zeit zu Bett ge-

hen und am Samstag- und am Sonntagmorgen auch zur üblichen Zeit aufstehen. Und selbst wenn Sie an einem der Abende länger aufbleiben wollen, sollten Sie den Wecker auf Ihre reguläre Aufwachzeit stellen. Sie werden dann morgens zwar ein bißchen müde sein, haben aber Ihren Rhythmus nicht durcheinandergebracht. Und so werden Sie Sonntagnacht gut einschlafen können und am Montagmorgen munter sein.

Natürlich kann das Problem der Sonntagnacht-Insomnie auch auf andere Ursachen zurückzuführen sein. Zum Beispiel auf die Fußballspiele, die man sich am Wochenende im Fernsehen ansieht. Wenn man den ganzen Nachmittag und/oder Abend auf der Couch hockt, kann sich kaum Müdigkeit einstellen, und so kommt es leicht zur Insomnie.

Selbstverständlich verlangen wir nicht, daß jedermann am Freitag und Samstag früh zu Bett geht. Und wir haben auch nichts dagegen, wenn jemand am Samstag oder Sonntag länger als üblich schläft. Es gibt viele Menschen, die die Sonntagnacht-Insomnie nicht kennen. Außerdem wird man manchmal am Wochenende ganz bewußt länger aufbleiben, weil man die Zeit mit Freunden verbringen möchte, auch wenn man genau weiß, daß man am Montagmorgen eventuell dafür wird zahlen müssen. Das ist völlig in Ordnung, solange man sicher ist, daß man es nicht mit echter Insomnie zu tun hat, sondern nur mit einer zeitweiligen Verwirrung des Schlaf-Wach-Rhythmus.

Menschen, die lange aufbleiben

Kürzlich schrieb eine Frau einer Briefkastentante, sie habe Probleme mit ihrem Gesellschaftsleben, weil sie eine Nachteule sei, wogegen alle ihre Freunde mit den Hühnern zu Bett gingen. Vermutlich litt sie unter dem *verzögerten Schlafphasen-Syndrom.* Menschen mit diesem Syndrom haben Körperuhren, die nachgehen, was bedeutet, daß sie erst gegen drei oder vier Uhr morgens müde werden, weil ihre inneren Uhren ihnen sagen, es sei gerade zehn oder elf Uhr. Aus diesem Grund gehen sie gewöhnlich spät zu Bett — die Frau, die schrieb, erst um sechs Uhr —, um dann bis mittags zu schlafen, manchmal sogar noch länger. Wir kennen einen pensionierten Regierungsbeamten, dessen innere Uhr immer noch nachgeht, obwohl er inzwischen hoch in den Siebzigern ist. Sein ganzes Leben lang war es für ihn ein harter Kampf gewesen, gegen sieben Uhr morgens aufzustehen. Immer hatte er das Gefühl gehabt, länger schlafen zu wollen. Endlich kam die Pensionierung. Er fühlte sich wie im siebten Himmel, als er schließlich in der Lage war, morgens bis neun oder zehn Uhr schlafen zu dürfen. Unglücklicherweise folgte der großen Glückseligkeit nach ein paar Wochen ein im wahrsten Sinn des Wortes böses Erwachen. Plötzlich litt er unter enormen Einschlaf-Schwierigkeiten. Anfangs dauerte es bis zwei, drei Uhr, bis er endlich schlief. Daraufhin blieb er natürlich auch morgens länger im Bett. Was wiederum zur Folge hatte, daß er meist erst gegen sechs oder sieben Uhr einschlief. Und je später er einschlief, desto länger schlief er in den Tag hinein. Denn da er länger und länger schlief, wurde er später und später müde.

Manche Menschen haben Uhren, die nur ein wenig nachgehen. Sie sind zwar ebenfalls Nachteulen, aber in einer wesentlich milderen Form. Sie mögen die stillen Nachtstunden. Bei manchen Patienten sind die Verschiebungen allerdings wesentlich bedeutsamer.

Das war bei Helen Roberts der Fall. Die 26jährige Journalistin suchte wegen ihrer Schlafanfälle bei uns Hilfe, nachdem sie gefeuert worden war, weil sie mit schöner Regelmäßigkeit verschlafen hatte. Sie erzählte, sie läge immer vier bis sechs Stunden im Bett, bevor sie einschlafen könne, und habe dadurch die größten Schwierigkeiten, am nächsten Tag aus den Federn zu kommen. Abgesehen von einer gewissen Verteidigungshaltung, was ihre Unfähigkeit betraf, pünktlich aufzustehen, schien sie mental völlig gesund.

Helen hatte sich bei dem Versuch, aus dem Bett zu kommen, außerordentliche Mühe gegeben. Sie hatte Freunde gebeten, morgens bei ihr vorbeizukommen und sie unter die kalte Dusche zu schleppen. Sie hatte sich unzählige Wecker gekauft, die so laut waren, daß sie ihre Nachbarn aus dem Schlaf schreckten (aber nicht sie). Sie hatte versucht, regelmäßige Zubettgehzeiten einzuhalten — aber was immer sie auch tat, sie konnte niemals vor den frühen Morgenstunden einschlafen. Trotz aller Bemühungen hatte sie es nicht geschafft, pünktlich an ihrem Arbeitsplatz zu sein. Samstags und sonntags »gönnte« sie es sich, von sechs Uhr bis in den späten Nachmittag hinein zu schlafen, und danach fühlte sie sich jeweils ganz fabelhaft.

Helen Roberts erklärte sich bereit, an einer Forschungsstudie teilzunehmen. Sie wurde in eine »zeitlose« Umgebung eingewiesen, einen

Zeitisolationsbunker. Da sie inzwischen freie Journalistin war, nahm sie eine Unmenge Arbeit mit und schrieb nun, bis sie müde war. Dann entspannte sie sich etwa eine Stunde und ging danach schlafen. Ihr kam es so vor, als sei ihre Insomnie wie durch ein Wunder völlig verschwunden in dieser Umgebung, in der weder Tag noch Stunde zählen. Denn sie schaffte jeden Tag unglaubliche Mengen von Arbeit.
Die Überraschung für Helen kam, als sie nach Beendigung der Studie erfuhr, wieviel Zeit sie in dieser Umgebung verbracht hatte. Sie glaubte, sie sei etwa 16 Tage dort gewesen — in Wirklichkeit waren es 23. Gewöhnlich hatte sie zwanzig Stunden am Stück gearbeitet und dann 15 Stunden geschlafen. Das bedeutete, daß ihr Tag im Durchschnitt 35 Stunden lang war. Auf einem Planeten, der sich alle 35 Stunden um seine Achse dreht, wäre sie eine hervorragende Arbeitnehmerin gewesen.
Nach dieser Erkenntnis versuchte Helen Roberts einen Lebensstil zu verwirklichen, in dem weder Tag noch Stunde zählen. Sie ging zu Bett und stand auf, wann immer ihr danach war. Doch obwohl das eine Zeit guten Schlafs, hoher Produktivität und eines Gefühls des Wohlbehagens war, spürte sie doch eine gewisse gesellschaftliche Isolation. Da sie niemals im voraus wußte, wann sie an einem bestimmten Tag schlafen würde, konnte sie sich auf keine verbindlichen Verabredungen mehr einlassen.
Wir werden Ihnen gleich erzählen, wie Helen Roberts geholfen werden konnte.

Lichttherapie: Wie man eine vor- oder nachgehende innere Uhr behandeln kann

Bei einer verblüffenden Studie, an der 200 Blinde teilnahmen, klagten neun von zehn über Schlafstörungen. Die meisten sagten, sie seien tagsüber außerordentlich müde, litten unter Einschlafschwierigkeiten oder wachten häufig mitten in der Nacht auf. Auch Menschen, die die meiste Zeit ihres Lebens in geschlossenen Räumen verbringen oder sehr isoliert leben, leiden mit erstaunlicher Häufigkeit an Schlafstörungen.

Licht ist ein wichtiger Zeitgeber. Bei Menschen mit einem kurzen oder langen Schlaf-Wach-Rhythmus kann eine Behandlung mit Licht (Lichttherapie) sehr nützlich sein.
Und so wird sie gehandhabt: Man setzt sich ein, zwei Stunden lang vor eine helle Lichtquelle. Das Licht muß wirklich sehr hell sein; im allgemeinen verwendet man Lampen einer Stärke von 2500 Lux (die üblicherweise benutzten Lichtquellen bringen es auf 150 bis 200 Lux, heller Sommersonnenschein dagegen entspricht 100 000 Lux). Die Wohnzimmerlampe oder der Strahler an der Decke sind also auf jeden Fall nicht intensiv genug, um irgendeine Wirkung zu erzielen.
Gewöhnlich setzt man sich dem starken Licht anfangs eine Stunde lang aus. Falls das zu plötzlicher Hyperaktivität führen sollte, kann man die Zeit auf eine halbe Stunde beschränken. Zeigt das Licht dagegen keine Wirkung, kann die Zeitspanne ohne weiteres auf bis zu zwei Stunden verlängert werden. Natürlich muß man sich täglich dem Licht aussetzen.
Eine der Möglichkeiten, das Licht »therapeutisch« an den Mann/an die Frau zu bringen, ist eine Lichtbox, die mit acht Leuchtstoffröhren bestückt ist. Eine solche Einheit kann man sogar selbst zusammenbauen. Dazu sollte man beispielsweise vier Leuchten kaufen, wie man sie aus den meisten Läden und Kaufhäusern kennt. Sie verfügen jeweils über zwei 1,20 Meter lange Leuchtstoffröhren. Die kann man nun entweder an in der Zimmerdecke verschraubten Halterungen aufhängen oder sie auf einen Rahmen montieren und wie eine Staffelei aufstellen. Ein Blendschutz aus Plastik hat sich dabei als recht hilfreich erwiesen. Vor diese Lichtquelle — und zwar etwa einen guten halben Meter von ihr entfernt — setzt man sich dann zu der Tageszeit, zu der der Körper schlafen, man selbst aber wach sein will. Während der Therapie kann man essen, lesen oder turnen, kann also tun, was man will. Man sollte allerdings keine Sonnenbrille tragen, da die Lichttherapie über die Retina des Auges wirkt.
Innerhalb von nur ein paar Tagen ist gewöhnlich eine Verbesserung zu spüren. Der Schlaf pendelt sich ein, und man fühlt sich wacher und munterer, und zwar genau zu dem Zeitpunkt, da man alert sein will. Trotzdem darf man die Lichttherapie nicht einfach absetzen, denn es kann leicht zu einem Rückfall kommen, wenn man ein paar

Tage damit aufgehört hat. Man sollte versuchen, die Therapie einen Monat lang beizubehalten und sie erst dann abzusetzen, wenn man wirklich sicher ist, daß der neue Zeitplan einem tatsächlich in Fleisch und Blut (und damit auch in die innere Uhr) übergegangen ist. Danach sollte man beobachten, was passiert, um besser entscheiden zu können, ob man die Therapie nicht vielleicht doch über einen längeren Zeitraum fortsetzen sollte.

Chronotherapie: So wird die innere Uhr neu eingestellt

Falls die innere Uhr eines Menschen nachgeht — so beispielsweise bei Teenagern, die während der Sommerferien erst morgens um fünf zu Bett gegangen sind und jetzt wieder zur Schule müssen —, gibt es keine Behandlung, mit der man die Zeiger der Uhr mit einem Schlag und ein für allemal zurückdrehen kann. Die einzige Technik, mit der man den Stundenplan des Körpers verändern kann, heißt Chronotherapie. Bei den meisten Menschen muß die innere Uhr nämlich vorgestellt und nicht zurückgedreht werden.

Wenn Sie glauben, Chronotherapie könne Ihnen helfen, sollten Sie versuchen, die Umstellung dann zu vollziehen, wenn Sie nicht unter Druck stehen. Das heißt, dann, wenn Sie nicht zu einem bestimmten Zeitpunkt in der Schule oder bei der Arbeit sein müssen. In der ersten Nacht sollten Sie nicht zu der für Sie üblichen späten Stunde — sagen wir um fünf Uhr — zu Bett gehen, sondern noch später — sagen wir um acht Uhr — und so lange schlafen, wie Sie mögen. Am nächsten Tag gehen Sie wieder drei Stunden später ins Bett und schlafen bis zum späten Nachmittag. In etwa einer Woche können Sie so einmal »um die Uhr« schlafen, so daß Sie jetzt um zehn oder elf Uhr abends zu Bett gehen.

Sobald Sie bei der Uhrzeit angelangt sind, zu der Sie regelmäßig schlafengehen wollen, müssen Sie hart gegen sich selbst sein und von nun an jeden Tag ganz pünktlich aufstehen. Tun Sie das nicht, wird Ihre innere Uhr diesen Zyklus noch einmal von vorn beginnen. Möglicherweise sollten Sie sich morgens zusätzlich der Lichttherаpie unterziehen, damit die innere Uhr bei dieser Regelmäßigkeit bleibt.

Ein Student, mit dem wir schon länger bekannt sind, hatte immer Probleme, morgens aus dem Bett zu kommen, schaffte es aber irgendwie, seinen Stundenplan während der Studienmonate einigermaßen einzuhalten. In den Semesterferien hatte er einen Nachtjob angenommen, weil das seinem »natürlichen« Lebensstil entgegenkam. Er fing um 17 Uhr an und arbeitete bis ein Uhr nachts. Danach traf er sich noch mit seinen Freunden. Gegen Ende des Sommers ging er zwischen sechs und sieben Uhr morgens zu Bett und schlief bis gegen 15 Uhr.

Zurück im College konnte er sich allerdings nicht daran gewöhnen, nun wieder so früh aufzustehen. Er hatte bereits die Hälfte der Vormittagsvorlesungen geschwänzt und Angst, bei den Prüfungen durchzufallen.

An einem langen Wochenende im November versuchte er es deshalb mit Chronotherapie, unterzog sich ihr aber weit schneller als üblich. Am ersten Tag schlief er von fünf Uhr morgens bis zwei Uhr nachmittags. Dann ging er fünf Stunden weiter und ging erst um zehn Uhr morgens zu Bett. Am nächsten Tag legte er sich um drei Uhr nachmittags schlafen. Am Tag danach um sieben Uhr abends und am nächsten Tag war es Mitternacht — die Zeit, bei der er bleiben wollte. Seine Chronotherapie mußte sehr schnell gehen, weil er nicht viel Zeit hatte, war aber trotzdem erfolgreich. Wir erklärten ihm, ab sofort müsse er ständig darauf achten, nie zu lange zu schlafen. Würde er das nämlich tun, würde seine innere Uhr ihm wieder davonlaufen. Wie sich dann herausstellte, hatte ein einmaliger Ausrutscher keine nachteiligen Folgen. Blieb er jedoch an zwei Nächten länger auf und schlief an den beiden darauffolgenden Tagen länger, mußte er seine »Tour rund um die Uhr« von vorn beginnen.

Helen Roberts, die Journalistin, über die wir bereits berichteten, wurde ebenfalls mit Chronotherapie behandelt. Sie arbeitete sich innerhalb von vier Tagen einmal um die Uhr. Danach versuchte sie, ihre Aufwachzeit konstant bei sieben Uhr morgens zu halten, was ihr auch etwa zwei Wochen lang gelang. Allerdings hatte sie während dieser Zeitspanne zunehmend unter Einschlafschwierigkeiten gelitten, so daß sie schließlich wieder in ihre alte Angewohnheit verfiel. Sie blieb lange auf und schlief dann bis in den Nachmittag hinein. Da-

nach unterzog sie sich wieder vier Tage lang der Chronotherapie. So konnte sie voraussehen, wann sie wieder einen normalen 24-Stunden-Zyklus haben würde, und während der paar Tage der Chronotherapie ihre gesellschaftlichen und beruflichen Pflichten genau planen. Kürzlich ließ sich Helen Roberts übrigens die hellen Lampen für die Lichttherapie in ihr Arbeitszimmer installieren, so daß sie sich morgens zusätzlich der Lichttherapie unterziehen kann. Das hat ihre innere Uhr entscheidend beschleunigt, weshalb sie jetzt nicht mehr so häufig auf Chronotherapie zurückgreifen muß.
Fälle, die so extrem sind wie diese, sind selten. Doch falls Ihre Körperuhr sich allzuweit vom 24-Stunden-Rhythmus entfernt haben sollte, könnten Chrono- und Lichttherapie Ihnen gewiß helfen, sie neu zu stellen und ihren Rhythmus zu kontrollieren.
Niemand ist für alle Ewigkeit an seinen Schlaf-Wach-Rhythmus gefesselt. Manche Menschen ziehen es jedoch vor, ihren Zyklus nicht zu verändern und ihren Lebensstil dessen Gegebenheiten anzupassen. Ein Patient, von Beruf Fernsehmechaniker, machte es so. Da er immer erst mitten in der Nacht zu Bett gegangen war, einigte er sich mit seinem Arbeitgeber darauf, daß er erst abends ins Geschäft kommen mußte. Er arbeitete die ganze Nacht durch und reparierte die Apparate, die tagsüber gebracht worden waren. Morgens ging er nach Hause, und die Tagschicht lieferte die reparierten Apparate aus.
Man kann also entweder seinen Rhythmus verändern oder sein Leben dem eigenen Zyklus anpassen. Insomnie-Patienten sollten allerdings in jedem Fall darauf achten, den Schlaf-Wach-Rhythmus konstant zu halten.

12

Nachtarbeit, Jet-lag und jahreszeitlich bedingte Störungen

Es gibt drei mit der Uhrzeit in Verbindung stehende Kriterien, die den Schlafrhythmus durcheinanderbringen und Probleme verursachen können. Das sind Nachtarbeit, Jet-lag und jahreszeitlich bedingte Störungen.

Nachtarbeit

Menschen sind geschaffen, nachts zu schlafen — nicht zu arbeiten. Wir verfügen zwar über das biologische Potential, aufzubleiben und auch zu Zeiten zu arbeiten, zu denen wir eigentlich schlafen sollten, doch im allgemeinen sind unsere Hormone und Körperrhythmen darauf eingerichtet, tagsüber wach zu sein.
Die moderne Zivilisation erfordert allerdings inzwischen einen 24-Stunden-Betrieb, muß den ganzen Tag und die ganze Nacht funktionieren. Was es vielen Menschen abnötigt, wider ihre Natur zu leben und nachts zu arbeiten. Manche Nachtarbeiten sind tatsächlich unvermeidbar. Wir brauchen Sicherheitskräfte, die nachts da sind, wir brauchen Krankenhäuser, die geöffnet sind, damit Patienten versorgt werden können, die in einem kritischen Zustand sind. Und in einigen Fabriken müssen die Maschinen aus technischen Gründen ebenfalls Tag und Nacht laufen. Dennoch sind wir weit über das un-

bedingt nötige Maß hinausgegangen. Es ist gewiß nicht notwendig, daß fast alle Fabriken in Tag- und Nachtschichten arbeiten.
Wenn wir die Profite der Betriebe berechnen, die rund um die Uhr arbeiten, vergessen wir häufig, daß Menschen ein Großteil der Zeche zu zahlen haben. Diese Kosten der Schichtarbeit finden sich nämlich nicht in den Bilanzen.
Der zirkadianische Rhythmus ist ein fein abgestimmtes Phänomen, in dem sich Hunderte von Körperfunktionen miteinander verbinden. Wenn wir von einer Schicht zur anderen wechseln, brauchen wir Zeit, dieses Gleichgewicht wiederherzustellen. Gewöhnlich braucht man zwei Wochen, bis man sich der totalen Umkehrung des Tag-Nacht-Rhythmus völlig angepaßt hat, es sei denn, man vollzieht diese Umkehrung dadurch, daß man sich sehr hellem Licht aussetzt.
Es wäre gar nicht so schwierig, sich an eine permanente Arbeit in der Nachtschicht zu gewöhnen, wenn wir der wirklich ständig nachgehen könnten. Peter Hauri blieb, als er seine Doktorarbeit schrieb, 45 Tage in Folge nachts auf und schlief tagsüber. Nach zwei Wochen hatte er sich völlig an diesen neuen Zeitplan gewöhnt. Er fühlte sich nachts putzmunter und wohl und schlief tagsüber tief und fest — es war alles genauso wie vor dieser totalen Umkehrung. Doch so läuft Schichtarbeit im allgemeinen nicht ab. Die Menschen, die Nachtschicht machen, bleiben gewöhnlich fünf Tage bei dieser Schicht und haben dann zwei Tage frei. Diese Zeit möchten sie natürlich mit ihren Familien verbringen, weshalb sie versuchen, nachts zu schlafen und tagsüber wach zu sein. Danach beginnt eine neue Nachtschicht, für die sie ihre Schlafgewohnheiten wieder verändern müssen. Da man ungefähr zwei Wochen braucht, um sich an die völlige Tag-Nacht-Umkehrung zu gewöhnen, gewöhnen sich Menschen, die permanent in Schichten arbeiten, möglicherweise nie ganz daran. Sie verbringen ihr Leben — manchmal bis zu vierzig Jahre — sozusagen in einem permanenten Jet-lag.
Unter solchen Bedingungen verschlechtert sich die Stimmung. Die Leistungsfähigkeit sinkt drastisch, und die gesundheitlichen Konsequenzen bleiben ebenfalls nicht aus. Da die Verdauungssekrete beispielsweise nach einem zirkadianischen Muster produziert werden, füllt man — ißt man während der Nachtschicht — seinen Magen zu einer Zeit, zu der er nicht aufs Verdauen eingerichtet ist. Und man läßt ihn dann leer, wenn die Sekrete zur Verfügung stehen. Das ist vielleicht auch der Grund, weshalb Schichtarbeiter weit häufiger an Ma-

gengeschwüren leiden als Menschen mit einem stets regelmäßigen Tagesablauf.

Fünf Nächte zu arbeiten und sich dann umzustellen, um das Wochenende mit der Familie und Freunden zu verbringen, ist schon schlimm genug, was aber möglicherweise noch schlimmer ist, ist, in Wechselschichten arbeiten zu müssen — eine Woche nachts, eine Woche Spätschicht und eine Woche Frühschicht. Menschen, deren Beruf eine solche Wechselschicht erfordert, müssen ja völlig aus dem Rhythmus kommen. Viel besser wäre es, eine längere Phase bis zum Wechsel zur nächsten Schichtperiode zu haben, sagen wir drei Wochen. Während der Nachtschicht weist man vermutlich Rhythmusstörungen auf, weil man fünf Nächte arbeitet und dann zwei Tage frei hat, die man mit der Familie verbringen möchte. Doch während der Wochen der Früh- und Spätschicht kann man in etwa bei seinem normalen Zeitplan bleiben und von Mitternacht bis sechs Uhr morgens schlafen. Dadurch verschafft man sich sechs Wochen, in denen man wieder in den Rhythmus kommen kann. Deshalb ist eine Rotation, die alle drei Wochen vollzogen wird, weit weniger gesundheitsschädlich als eine wöchentliche.

Es gibt noch einen weiteren Weg, die Störungen im Schlafzyklus zu reduzieren, die die Schichtarbeit verursacht. Meist finden die Schichtwechsel so statt, daß einer Woche Frühschicht (sieben Uhr bis 15 Uhr) eine Woche Nachtschicht (von 23 Uhr bis sieben Uhr) folgt, an die sich eine Woche Spätschicht (15 Uhr bis 23 Uhr) anschließt. Weil Schichtarbeiter gewöhnlich jünger sind, gehen ihre inneren Uhren meist nach. Deshalb sollte man die Reihenfolge der Schichten folgendermaßen ändern: Frühschicht, Spätschicht, Nachtschicht. Die Schichten sollten sich also dem Uhrzeigersinn anpassen, statt gegen ihn zu arbeiten. (Bei Menschen, die das 55. Lebensjahr hinter sich haben, sollten sie freilich lieber umgekehrt laufen — eine Woche Nachtschicht, dann Spätschicht, dann Frühschicht.)

Dr. Charles Czeisler und seine Kollegen am *Center for the Design of Industrial Schedules* an der Harvard Medical School machten eine Studie über Schichtarbeit. Dafür hatten sich die Mitglieder der Polizei von Philadelphia zur Verfügung gestellt. Die Mediziner suchten nach Möglichkeiten, den zeitlichen Ablauf der Polizeiarbeit so zu verändern, daß er den Regeln des zirkadianischen Rhythmus besser entgegenkommt. Als die Untersuchung begann, arbeiteten die Polizisten sechs Tage hintereinander, hatten dann zwei Tage frei und arbeiteten wieder sechs Tage in einer anderen Schicht. Die Rotation verlief gegen den Uhrzeigersinn: Von der Früh- zur Nachtschicht und dann folgte die Spätschicht — genau das Gegenteil dessen also, was empfohlen wird. Czeislers Team fand heraus, daß mindestens die Hälfte der Polizisten über zumindest geringfügige Schlafprobleme klagte. Ein Viertel der Beamten war im Lauf des letzten Jahres wegen übergroßer Müdigkeit entweder in einen Autounfall verwickelt gewesen oder hatte ihn eben noch vermeiden können. Und 80 Prozent der Männer berichteten, sie seien während ihrer Nachtschichten wenigstens einmal pro Woche eingeschlafen.

Nach einem Alternativplan wurden die Schichten fortan im Uhrzeigersinn gewechselt, und die Zeit zwischen den Schichtwechseln wurde von acht auf achtzehn Tage ausgedehnt. Daraufhin ließen die Klagen wegen schlechten Schlafs um mehr als ein Drittel nach, und auch die Klagen über Müdigkeit tagsüber fielen von vierzig auf zwanzig Prozent. Die Zahl der Unfälle mit jeglicher Art von Dienstfahrzeugen sank ebenfalls. Und die Einnahme von Schlaftabletten sowie der Alkoholkonsum wurden halbiert.

Studien der Industrie zeigen, daß ähnliche Schichtänderungen die Produktivität steigern können. Durch einen dreimonatigen Versuch bei einer Firma bewies Dr. Richard Coleman von der *Stanford University Medical School*, daß man die Produktivität um zwanzig Prozent steigern kann, wenn man die Schichten im Uhrzeigersinn wechselt und sie jeweils wenigstens drei Wochen beibehält. Die Studie wies auch auf eine »drastische Verbesserung der Zufriedenheit mit dem Job, Zufriedenheit mit dem zeitlichen Ablauf und eine Besserung des Gesundheitszustands der Arbeiter« hin. Also dient eine Änderung der Schichtpläne sowohl den Interessen der Arbeitgeber als auch denen der Arbeitnehmer.

Beim Jahrestreffen der Vereinigung der Schlafforscher 1989 in Washington berichteten Dr. Czeisler und Dr. Richard Kronauer von der Harvard Universität von ihren Erfolgen bei der Korrektur der biologischen Uhr bei 14 Männern im Alter zwischen 18 und 24 Jahren. Sie hatten diese Männer an drei aufeinanderfolgenden Tagen zu dem Zeitpunkt, da ihre Körpertemperatur am niedrigsten war (der Zeit, da Menschen am müdesten sind), fünf Stunden lang sehr hellem Licht ausgesetzt. Bei der dritten Lichtbehandlung reagierten ihre Tag-Nacht-Zyklen, als wäre es heller Tag — egal, wie spät es zu diesem Zeitpunkt tatsächlich war. Das könnte bedeuten, daß man durch Lichttherapie die Umstellung auf eine neue Schicht in nur drei Tagen vollziehen kann statt in den üblichen zwei Wochen.

Gefahren für die Allgemeinheit

Die Gefahren, die der Allgemeinheit durch übermüdete Arbeitnehmer drohen, die nichtsdestotrotz ihren Job ausüben müssen, ist so heftig diskutiert worden, daß verschiedene Gruppen größere Studien zu diesem Problem durchgeführt haben. Dr. James Mason, der stellvertretende Gesundheitsminister, erklärte, das Thema sei sowohl für die breite Öffentlichkeit wie für den Gesetzgeber von größtem Interesse.

Eine wichtige Analyse wurde 1987 von der Vereinigung der professionellen Schlafforscher vorgelegt. Deren *Commitee on Catastrophes, Sleep and Public Policy* stellte fest, daß fast jedermann in den frühen Morgenstunden — von etwa zwei bis sieben Uhr — zunehmend die Tendenz aufweist, einzuschlafen, und daß die Fähigkeit sinkt, Leistung zu erbringen. Weniger schlimm ausgeprägt ist diese Neigung am Nachmittag, etwa zwischen 14 und 17 Uhr. Zu diesem Zeitpunkt ergreift uns mit größter Wahrscheinlichkeit Müdigkeit. Und falls wir ohnehin unter Schlafmangel leiden, sinkt die Leistungsfähigkeit noch stärker.

Dr. Merrill Mitler, Vorsitzender des Komitees und wissenschaftlicher Direktor des Zentrums für Schlafstörungen an der Scripps Klinik in La Jolla, Kalifornien, erklärte, die zusammengetragenen Daten deuteten darauf hin, daß die Arbeitgeber »dem menschlichen Körper möglicherweise zuviel abverlangten ... daß sie glaubten, wenn der Verdienst hoch genug und das Management stark genug sei, hätte man hellwache Beschäftigte. Wir haben nachgewiesen, daß es gefährlich ist, so zu denken«.

Übermüdung kann für die Gesundheit des einzelnen ebenso gefährlich sein wie für die der Allgemeinheit. Dr. John K. Lauber vom *National Transportation Safety Board* gab beim Treffen der Vereinigung der professionellen Schlafforscher 1988 dazu einen Bericht ab. Seine Schlußfolgerung: »Wir haben viele Unfälle untersucht, die mit Gewißheit die Folge von Schlafmangel, Schlafstörungen, Müdigkeit und zirkadianischen Faktoren waren. Ich glaube jedoch nicht, daß wir auch nur die blasseste Ahnung vom wahren Ausmaß dieser Faktoren bei den Unfällen im Transportsystem haben ... Wir haben einige wahre Horrorgeschichten gehört.« Zum Beispiel stießen am 13. April 1984 um vier Uhr morgens bei Wiggins, Colorado, zwei

Frachtzüge frontal zusammen. Sieben Lokomotiven und vierzig Waggons entgleisten, und fünf Eisenbahner kamen ums Leben. Das Sicherheitsgremium des Transportgewerbes kam zu dem Schluß, es sei zu dem Unfall gekommen, weil der Lokomotivführer und das übrige Bedienungspersonal des einen Zuges eingeschlafen gewesen sein müßten und deshalb die Haltesignale nicht beachtet hätten.

Am 31. Mai 1985 kollidierte ein nach Norden fahrender Sattelschlepper in North Carolina mit einem Auto und einem Schulbus, die in Richtung Süden fuhren. Von den 26 Insassen des Schulbusses starben sechs, und zwölf erlitten schwere Verletzungen. Der Fahrer des Sattelschleppers hatte in den 36 Stunden vor dem Unfall nur anderthalb Stunden geschlafen.

Die drei Nuklear-Katastrophen — Three Mile Island, Peachtree und Tschernobyl — geschahen alle am frühen Morgen. Menschliches Versagen wurde in allen drei Fällen als Ursache angegeben. War auch Übermüdung ein Faktor? Sind Menschen diese Fehler unterlaufen, weil sie entweder eingeschlafen oder sehr schläfrig waren?

Die Pilotenvereinigung fügt hinzu, daß eine Störung des Biorhythmus und nicht ausreichende Ruhezeiten das Urteilsvermögen eines Piloten beeinträchtigen könnten, was möglicherweise zu etlichen schweren Unglücksfällen und Abstürzen beigetragen haben könne. Um weitere Tragödien zu vermeiden, müßten feste Regeln für Flug- und Ruhezeiten der Piloten festgelegt werden, und die Schichtpläne müßten dem zirkadianischen Rhythmus Rechnung tragen.

Es zahlt sich aus, zwischen zwei und sieben Uhr morgens zu schlafen. Das ist am besten für den, der arbeitet, und am besten für die Allgemeinheit. In dieser Zeit kann sich die Müdigkeit als geradezu überwältigend erweisen, besonders dann, wenn man allein in einem Fahrzeug sitzt oder konzentriert Kontrollschirme beobachten soll. Und je größer das Schlafdefizit, desto größer auch die Wahrscheinlichkeit, daß man unversehens wegdämmert. Es ist ein Mythos, daß Menschen ihre Grenzen kennen. Falls Sie glauben, Sie persönlich wüßten genau, wann Sie ins Bett gehen und schlafen müssen, könnte sich das als fataler Fehler erweisen.

Besserer Schlaf trotz Schichtarbeit

Es ist ganz offensichtlich, daß man überhaupt nicht in Schichten arbeiten sollte, wenn man ohnehin schon schlecht schläft. Falls es jedoch unvermeidbar sein sollte, wollen wir Ihnen hier sagen, wie Sie sich die Sache erleichtern können.

Wenn Sie von der Arbeit nach Hause kommen, sollten Sie sich viel Zeit nehmen, sich zu entspannen, bevor Sie zu Bett gehen. Sie können nicht davon ausgehen, daß man bis 23 Uhr arbeiten und um 23.30 Uhr einschlafen kann.

Planen Sie Ihre Schlafenszeiten im voraus und verteidigen Sie sie nachdrücklich und energisch. Wenn Sie von der Nachtschicht kommen und von acht bis 14 Uhr schlafen wollen, dürfen Sie nicht aufstehen, wenn ein Nachbar um elf Uhr auf ein Schwätzchen vorbeikommen möchte. Um diese Zeit mal eben bei einem Schichtarbeiter reinschauen zu wollen, ist ebenso ungezogen, als würde man einen Tagarbeiter um vier Uhr morgens besuchen wollen.

Achten Sie darauf, daß Ihr Schlafzimmer so dunkel und schalldicht wie möglich ist. Neben Ihrem Schlafzimmer sollte nicht gerade der Raum liegen, in dem sich die ganze Familie aufzuhalten pflegt. Auch neben der Küche oder dem Bad sollten Sie nicht unbedingt schlafen. Eine Schlafmaske zu tragen und sich Watte in die Ohren zu stopfen, kann auf jeden Fall nützlich sein.

Beschränken Sie den Konsum von Kaffee, Tee und Cola-Getränken. Koffeinhaltiges sollten Sie nur zu Beginn Ihrer Schicht trinken. Wenn Sie nachts essen, sollten Sie alle schweren, stark gewürzten oder schwerverdaulichen Speisen meiden.

Falls Sie in Wechselschichten arbeiten müssen, sollten Sie versuchen, sich bereits an Ihren freien Tagen vor dem Schichtwechsel auf die neuen Schlafbedürfnisse einzustellen. Wenn eine Spätschichtperiode auf Sie zukommt, sollten Sie abends ein wenig länger aufbleiben und morgens länger schlafen, damit Sie dann, wenn es darauf ankommt, besser in den neuen Rhythmus kommen.

Planen Sie von vornherein Zeit ein, die Sie mit der Familie und/oder Freunden verbringen, die Sie für sportliche Aktivitäten, Entspannung und Vergnügungen nutzen wollen. Und machen Sie einen präzisen Zeitplan. Falls Sie verheiratet sind, sollten Sie mit Ihrer Frau/Ihrem Mann über Ihre speziellen Bedürfnisse sprechen. Viele Schichtarbeiter haben uns erklärt, Unterstützung und Verständnis zu Hause seien die wichtigsten Aspekte, wenn es darum ginge, die Umstellung erfolgreich zu vollziehen, die die Schichtarbeit erfordert. Sie müssen darüber reden, wie Sie das gemeinsame Leben den ungewöhnlichen Arbeitszeiten anpassen können. Für Schichtarbeiter ist es — wie für alle arbeitenden Menschen — vielleicht wichtig, sich regelmäßig jede Woche Zeit zu reservieren, in der sie über das sprechen können, was am Arbeitsplatz passiert ist, und zu erfahren, was die Familie unternommen hat. Planen Sie für die freien Tage etwas Besonderes. Wenn Sie Ihren Sohn oder Ihre Tochter mit zu einem Sportereignis nehmen oder allein mit ihm/ihr einkaufen gehen, könnte das den Kindern mehr bedeuten, als wenn Sie ein paar Abende lang mit ihnen vor dem Fernseher sitzen.

Jet-lag — und wie man ihn vermeidet

Jet-lag tritt auf, wenn man schnell durch verschiedene Zeitzonen reist. Er führt dazu, daß der interne biologische Rhythmus nicht mit der neuen Ortszeit in Einklang zu bringen ist. Am Zielort fühlt man sich müde und ausgelaugt. Trotz der offensichtlichen Müdigkeit ist der Schlaf, in den man schließlich fällt, von vielen Wachphasen durchsetzt und alles andere als erholsam. Gut drei von vier Reisenden leiden einer Untersuchung zufolge unter Jet-lag. Das Gehirn ist umnebelt, man hat Mühe, sich zu konzentrieren, man ist gereizt, reagiert mit Verzögerung und kann auch unter Magen- und Verdauungsproblemen leiden.

Zu einer Miniform von Jet-lag kommt es bei einigen Menschen schon bei der Umstellung von der Winter- auf die Sommerzeit, wenn die Uhr um eine Stunde vorgestellt wird. Während manche Menschen damit keine Probleme haben, brauchen andere bis zu einer Woche, um sich wieder wohl zu fühlen in ihrer Haut.

Nach der Überquerung von drei oder mehr Zeitzonen macht sich Jetlag besonders bemerkbar; beispielsweise dann, wenn man von Hawaii nach New York fliegt. Den meisten Menschen, besonders aber den jüngeren, die einen langsameren zirkadianischen Rhythmus haben, fällt die Umstellung leichter, wenn sie von Ost nach West fliegen. Sie haben größere Schwierigkeiten, wenn die Reise von West nach Ost geht, weil das bedeutet, daß sie die lange Zeit, die ihre Körperuhr anzeigt, nun in einen Tag pressen müssen, der kürzer als 24 Stunden ist. Älteren Menschen geht es meist umgekehrt: Sie haben größere Probleme, wenn sie von Osten nach Westen fliegen.

(Wenn man vom Norden in den Süden fliegt, kommt es nicht zu Jetlag, weil Nord- und Südpol in derselben Zeitzone liegen.)

Studien über Jet-lag nach Langstreckenflügen sind sowohl mit Geschäftsleuten, Piloten, Stewardessen, Schauspielern, Schachspielern, Sportlern — und sogar mit Rennpferden — durchgeführt worden. Nach der Überquerung mehrerer Zeitzonen auf einer West- oder Ostroute funktionierte niemand während der ersten paar Tage optimal — nicht einmal die Rennpferde. Wenn man einen wichtigen Termin hat, hellwach und wirklich auf dem Posten sein möchte, rebelliert der Körper, weil er Anpassungsschwierigkeiten hat. Für einen Diplomaten oder Manager, der gleich nach der Ankunft wichtige Entscheidungen treffen soll, kann es da problematisch werden. (Henry Kissinger schrieb in *White House Years*, er habe bei den Vietnam-Friedensverhandlungen einige Probleme gehabt, weil sie sofort nach einem Langstreckenflug begannen.)

Falls Sie ein wichtiges Gespräch vor sich haben, sollten Sie Ihr Ziel ein paar Tage früher ansteuern, so daß Ihr Körper sich der neuen Ortszeit besser anpassen kann. Falls es allerdings nötig ist, bereits während der ersten paar Tage nach der Ankunft an Verhandlungen teilzunehmen, sollten Sie versuchen, sie auf Termine zu legen, zu denen Sie zu Hause wach und putzmunter sein würden. Ein Amerikaner könnte die Zusammenkünfte in England beispielsweise während der ersten Tage auf den späten Nachmittag legen, denn das entspräche den morgendlichen Arbeitsstunden in den Vereinigten Staaten. Ein Termin am frühen Vormittag dagegen würde in ihm das Gefühl erwecken, es sei noch mitten in der Nacht.

Sie können sich vor Jet-lag schützen, indem Sie die Schlafzeiten und die Zeiten, zu denen Sie die Mahlzeiten einnehmen, schon vor dem Abflug allmählich der Zeitzone anpassen, in die Sie fliegen. Falls Sie beispielsweise vorhaben, von Deutschland nach New York zu fliegen, könnten Sie im Verlauf mehrerer Tage später und später zu Bett gehen, bis Sie zu einer Zeit zu Bett gehen und zu einer Zeit aufstehen, die der der amerikanischen Ostküste schon recht nahe kommt. Und essen Sie in etwa zu einer Zeit, zu der Sie in Amerika die Mahlzeiten einnehmen würden. Selbst wenn Sie es zu unbequem finden sollten, sich der neuen Zeitzone völlig anzupassen, bevor Sie abreisen, könnten Sie Ihren Tagesablauf aber doch zumindest so planen, daß er ein wenig in diese Richtung geht.

Im Flugzeug sollten Sie viel trinken, um die Dehydration zu verhüten, die durch die niedrige Luftfeuchtigkeit in der Kabine ausgelöst werden kann. Die Dehydration scheint es den Körperrhythmen zu erschweren, sich anzupassen. Wenn Sie Angst vor Jet-lag haben, sollten Sie außerdem weder rauchen noch Alkohol oder zuviel Kaffee oder Tee trinken, weil das Ihre Körpersysteme noch zusätzlich belasten würde.

Sobald Sie an Ihrem Bestimmungsort angekommen sind, sollten Sie sich augenblicklich auf die neue Zeit einstellen. Gehen Sie nicht gleich zu Bett, nur weil Sie müde sind, sondern warten Sie bis zu dem Zeitpunkt, der der Zeitzone entspricht. Gehen Sie an die frische Luft, und machen Sie einen Spaziergang, selbst wenn Sie müde sind. Oder gehen Sie in ein Straßencafé. Versuchen Sie auf jeden Fall, so viel Sonne zu bekommen wie möglich. Auch am zweiten Tag sollten Sie möglichst viel Zeit an der frischen Luft verbringen. Wenn am dritten Tag die Sonne aufgeht, ist Ihre Körperuhr gewiß voll auf die Ortszeit abgestimmt.

Dr. Roger Cole und Dr. Daniel Kripke aus San Diego berichteten beim Kongreß der professionellen Schlafforscher 1989, ihre Forschungsergebnisse wiesen darauf hin, daß man zusehen müsse, früh am Morgen in die Sonne zu kommen, wenn man morgens früher aufwachen wolle (wenn man von Westen nach Osten geflogen ist), und daß Sonne am Spätnachmittag oder frühen Abend nützlich ist, wenn man morgens länger schlafen will (wenn man von Osten nach Westen geflogen ist). (Falls Sie vergessen sollten, wie man da am besten verfährt, sollten Sie sich als Faustregel merken, daß Sie dann an die frische Luft gehen sollten, wenn Ihr Körper nach Schlaf verlangt, Sie aber wach bleiben wollen.)

Dr. Mitsuo Sasaki aus Tokio berichtete bei derselben Konferenz, *Japan Airlines* habe in San Francisco einen speziellen, hell erleuchteten Raum eingerichtet, in dem die Piloten sich der Lichttherapie unterziehen könnten, damit ihnen die Umstellung ihrer Körperuhren leichterfiele und sie um den Jet-lag herumkämen. Die Testpersonen nahmen in den zwei Wochen vor dem Flug und in der Woche danach Vitamin

B12. Diese Maßnahme hat laut Dr. Sasaki die Reaktion der Piloten auf das Licht gesteigert, was wiederum seine Wirkung vergrößerte.
Vor ungefähr zwei Jahrzehnten mußte die US-Armee den Nato-Verbündeten demonstrieren, daß sie in der Lage ist, ganze Divisionen aus Amerika nach Europa zu transportieren, und beweisen, daß sie innerhalb von 24 Stunden einsatzbereit sind. Das geschah, und die US-Soldaten begannen augenblicklich nach ihrer Landung in Deutschland mit ihren Manövern. Zur allgemeinen Überraschung hatten sich die US-Infanteristen der europäischen Zeitzone innerhalb von zwei Tagen angepaßt, während die Offiziere noch zwei Wochen später schrecklich unter Jet-lag litten. Frische Luft, Sonnenschein und Aktivität sind starke Zeitgeber, wie wir bereits in den vorangegangen Kapiteln festgestellt haben. Und sie sind bei der Neueinstellung unserer inneren Uhr von größter Effizienz. Die Infanteristen bekamen jede Menge davon. Die Offiziere dagegen saßen in schwach beleuchteten Bunkern, hatten also keine Zeitgeber. Das ist der Grund, weshalb wir Wert darauf legten, daß Sie nach einer Reise so schnell wie möglich zusehen sollten, ins Freie zu kommen und aktiv zu werden.
Kürzlich wurde viel über eine Reihe von Diäten geschrieben, die gegen Jet-lag helfen sollen. Die meisten empfehlen, daß man an einem Tag richtig schlemmen und am nächsten hungern solle, um den Körper für den Sprung über die Zeitzonen fit zu machen. Wir waren nicht besonders beeindruckt von diesen Ernährungsplänen, sind nicht sicher, ob sie sich als wirksam erweisen. (Es widerspricht allerdings keineswegs dem Geist unseres Programms, wenn Sie das selbst ausprobieren möchten.) Viel wahrscheinlicher ist jedoch, daß Passagiere in einigen Jahren mit großen Schutzbrillen herumlaufen werden, durch die sie zu dem Zeitpunkt helles Licht bekommen, wenn sie am Zielort wach sein und Dämmerlicht zu den Zeiten, da sie am Zielort schlafen sollten.
Auch mit dem Gebrauch der Chemikalie Melatonin hat sich die Forschung beschäftigt. Melatonin ist ein Hormon, das durch Lichteinwirkung gehemmt wird. Die ersten Ergebnisse deuten darauf hin, daß die Verabreichung von Melatonin an Menschen, die einige Tage später einen Langstreckenflug vor sich haben, möglicherweise die Jet-lag-Symptome reduziert. Auch als Bestandteil einer Schlaftablette der Zukunft könnte Melatonin sich als vielversprechend erweisen, weil es den Patienten hilft, deren zirkadianische Uhren der Umstellung bedürfen.

Schlafen Sie im Winter länger, und neigen Sie in der kalten Jahreszeit zu Depressionen?

Anfang der achtziger Jahre behandelte Dr. Peter S. Mueller, Psychiater am *National Institute of Mental Health*, eine 29jährige Frau wegen nur im Winter auftretender Depressionen. Die Patientin war im Lauf der letzten Jahre verschiedentlich umgezogen. Dr. Mueller hatte den Kontakt zu ihr gehalten und festgestellt, daß die Depressionen um so früher im Herbst auftraten, je weiter nördlich sie lebte. Und daß sie dann auch länger ins Frühjahr hineinreichten. Als sie im Winter in die Karibik reiste, waren die Depressionen jedoch innerhalb von Tagen verschwunden. Dr. Mueller vermutete daraufhin, daß der Sonnenschein, der der Patientin normalerweise fehlte, in irgendeiner Form mit den Depressionen in Zusammenhang stehen könne, und beschloß, diese Theorie zu überprüfen. Er setzte sie daraufhin an aufeinanderfolgen Vormittagen dem vollen Lichtspektrum aus. In weniger als einer Woche hatte sie sich von ihren Depressionen erholt.
Dr. Norman Rosenthal, Dr. Thomas Wehr und Dr. Alfred Lewy, die sich ebenfalls mit Depressionen beschäftigten, wurden auf Dr. Muellers Erkenntnisse aufmerksam. Sie begannen mit einer großangelegten Studie zum Thema Winterdepressionen und fanden auch schnell eine große Zahl Freiwilliger, die bereit waren, sich beobachten und behandeln zu lassen.
Dies war der Anfang. Allmählich begann man das zu verstehen, was heute als »jahreszeitlich bedingte Störung« bekannt ist.
Zu den klassischen Symptomen gehören Depressionen, Lethargie und verlängerte Schlafphasen in einer Kombination mit einem Heißhunger nach Kohlehydraten. Diejenigen, die darunter leiden, gehen früh schlafen und bleiben neun oder zehn Stunden im Bett; ihr Schlaf wird jedoch häufig unterbrochen und ist auch alles andere als erholsam. Tagsüber fühlen sich diese Patienten häufig benommen und haben Schwierigkeiten, sich zu konzentrieren. Außerdem hungern sie geradezu nach Licht. Diese Menschen knipsen zu Hause gewöhnlich alle verfügbaren Lampen an (in der Regel mit dem einzigen Resultat, daß der Rest der Familie sie sofort wieder ausschaltet, um Licht zu sparen).

Die Symptome treten im Spätherbst oder gegen Winteranfang auf und dauern gewöhnlich bis ins Frühjahr hinein an. Danach sind die SAD-Patienten wieder voller Energie, Kreativität und Lebenslust, und auch ihr Heißhunger auf Kohlenhydrate legt sich schnell.

Zu den jahreszeitlich bedingten Störungen scheinen eine Reihe von Faktoren beizutragen: das Hormon Melatonin, das die Stimmung und die Energiepegel beeinflußt (und von Licht unterdrückt wird); die Chemikalie Serotonin, die mit dem Nervensystem zusammenhängt und auch den Appetit eines Menschen auf kohlenhydratreiche Speisen reguliert; und die erste von zwei »Oszillatoren« — oder Stechuhren — im Körper, diejenige nämlich, die vom Licht gesteuert wird.

Für einige Menschen, die in kalten Klimazonen leben, gibt es in den Wintermonaten nicht genügend Licht, um diese Stechuhr zu regulieren. Das könnte eine Erklärung für die Schlafstörungen sein, die bei diesen Patienten auftreten.

Die Antwort für viele Patienten ist es, im Winter einen möglichst langen Urlaub in einem sonnigen Gebiet zu machen.

Anderen kann durch die Anwendung von Lichttherapie geholfen werden (die Details entnehmen Sie dem vorangegangenen Kapitel). Einigen der Forscher zufolge ist die Anwendung der Therapie frühmorgens effektiver als später am Tag; andere behaupten, es sei gleichgültig, ob man sich dem Licht am Morgen oder am Nachmittag aussetzt, das müßten die Patienten selbst herausfinden. Außerdem sähe es so aus, als könne die Behandlungsdauer um so kürzer sein, je heller das Licht sei. Viele Patienten brauchen ein bis zwei Stunden der Therapie bei 2500 Lux, bei anderen reichen dreißig Minuten bei 10000 Lux.

Falls Sie die Geldausgabe für eine Lichtbox scheuen, sollten Sie versuchen, täglich eine Stunde im Sonnenschein zu sitzen oder in der frischen Luft spazierenzugehen. Dr. Anna Wirz-Justice aus Basel in der Schweiz berichtete 1989 bei der Konferenz der professionellen Schlafforscher, das habe bei einer Reihe ihrer Patienten ebenso gut funktioniert, müsse allerdings wirklich regelmäßig geschehen.

Zu unseren typischsten Patienten gehörte Kate Norris, eine 38jährige Bäuerin mit zwei Kindern. Sie arbeitete den ganzen Sommer lang von Sonnenauf- bis Sonnenuntergang auf dem Hof. Doch sobald die Ernte eingebracht war, fiel sie gewöhnlich in eine Art Winterschlaf. Sowohl sie selbst als auch ihr Mann glaubten, sie habe sich im Sommer einfach überarbeitet und brauche ein paar Monate Ruhe. Denn zur

Pflanzzeit war sie gewöhnlich wieder auf den Beinen und außerordentlich aktiv.

Dann kam die Farmkrise in Amerika. Die Norris' verloren ihren Hof und mußten in die Stadt ziehen. Kate Norris arbeitete als Kellnerin, was sie nicht besonders anstrengend fand, doch dann kam — zu ihrer großen Überraschung — auch in jenem Jahr die gleiche »Winterschlafphase«, die sie aus den vorangegangenen Jahren kannte. Sie kam kaum aus dem Bett, um zur Arbeit zu gehen, und ihre Kinder und ihr Mann mußten die Hausarbeit im Winter weitgehend allein erledigen.

Das ging drei Jahre so. Mit einer Ausnahme. Kates Mann bekam wegen guter Leistungen in seinem Job eine Kreuzfahrt durch die Karibik als Prämie. Nach den ersten beiden Tagen auf dem Kreuzfahrtschiff hatte Kate ihre Lebensfreude wiedergefunden. Ein paar Tage nach der Heimkehr jedoch setzte die Müdigkeit wieder ein.

Seit ihrem zweiten Jahr in der Stadt hatte Kate Norris jedesmal dann, wenn sie sich deprimiert fühlte und müde war, einen Psychiater aufgesucht. Der probierte eine Reihe von Antidepressiva aus. Als der Psychiater jedoch von der wunderbaren Erholung auf dem Kreuzfahrtschiff erfuhr, stellte er die Diagnose »jahreszeitlich bedingte Störung« und verschrieb ihr helles Licht. Ihr Mann installierte eine Lichtstation, vor der sie jeden Morgen eine Stunde lang sitzen konnte. Sie las oder frühstückte dort, und innerhalb von zwei Wochen gehörten die Depressionen und das extreme Schlafbedürfnis der Vergangenheit an. Sie wurde sogar ein wenig hyperaktiv, weshalb die Lichttherapie ab sofort auf vierzig Minuten beschränkt wurde.

Während der folgenden zwei Jahre verbrachte Kate Norris von November bis März jeden Morgen vierzig Minuten vor der Lichtstation. Das extreme Schlafbedürfnis und die Depressionen sind nie wieder aufgetreten.

Verschiedene Studien zeigen, daß viele Menschen an einem normalen Tag weniger als eine Stunde an der frischen Luft, das heißt im hellen Sonnenschein, verbringen. Es könnte sowohl ihren Schlaf als auch ihre Stimmung verbessern, wenn sie — besonders die, die in geschlossenen Räumen arbeiten — sich darauf einstellten, mehr Zeit im Freien zu verbringen.

13

Gesundheitsstörungen als Auslöser der Insomnie

Scott, Brendas Mann, hatte zu Hause keinerlei Schlafprobleme. Doch sobald sie im Herbst für ein paar Tage im Sommerhaus von Brendas Eltern waren, warf er sich jede Nacht ruhelos im Bett hin und her und verschlief anschließend den halben Tag. Brenda beschuldigte ihn jedesmal, er wolle sich nur davor drücken, mit ihren Eltern zusammenzusein. Das aber war weit von der Wahrheit entfernt. Scott litt nämlich unter einer Katzenhaar-Allergie, und Brendas Eltern hatten eine Katze. Wenn er der zu entfliehen suchte und nach draußen ging, schwirrten Geißkrautsamen in der Luft herum, und gegen die war er ebenfalls allergisch. Wegen dieser Allergien schlief er nachts schlecht und war den ganzen Tag über müde.

Auch Scotts Bruder hatte ein Problem. Bob litt seit einer Knieoperation an Arthritis. Jedesmal dann, wenn er sich tagsüber nicht genügend bewegt hatte, konnte er nachts vor Schmerzen nicht schlafen.

Das sind nur zwei Beispiele dafür, daß gesundheitliche Beschwerden Insomnie verursachen können. Falls es Ihnen nicht gelungen sein sollte, Ihre Insomnie mit Hilfe der Richtlinien zu überwinden, die wir Ihnen bislang gegeben haben, sollten Sie ernsthaft in Erwägung ziehen, Ihren Arzt aufzusuchen und sich einmal gründlich durchchecken zu lassen.

Manchmal sind die körperlichen Beschwerden, die schlechten Schlaf auslösen, ganz offensichtlich. Arthritisschmerzen, Zahn- oder Kopfweh oder ein Muskelkater beispielsweise würden so gut wie jeden wach halten. In anderen Fällen liegt die Insomnie möglicherweise nicht gerade auf der Hand. Zum Beispiel gibt es auch einige Infektionskrankheiten, die Insomnie verursachen können. Und es ist durchaus möglich, daß es nicht der Gesundheitszustand ist, der zu Schlafproblemen führt, sondern ein Medikament, das man einnimmt.

Anthony, 26, Student der Zoologie, wachte Nacht für Nacht immer wieder und wieder auf und war tagsüber die meiste Zeit müde. Er machte sich ernsthafte Sorgen, weil das Examen in ein paar Monaten anstand und er einfach zu erschöpft war, um sich darauf vorzubereiten. Er war immer sehr erfolgsorientiert, der Viertbeste in seiner College-Abschlußklasse gewesen, und der Gedanke, durchs Examen zu rasseln, ängstigte ihn. Er hatte häufig Alpträume, in denen genau das passierte.

Er war ein solches Nervenbündel, daß ich bei ihm auf die eigentlich bei allen Patienten übliche gründliche Untersuchung verzichtete und gleich mit der Verhaltenstherapie begann. Ich fing mit Entspannungstraining an, lehrte ihn Streßmanagement und bessere Schlafhygiene. Er wurde ruhiger und konzentrierter. Trotzdem blieb es bei den nächtlichen Wachphasen. Also ging ich noch einmal an den Anfang zurück und tat, was ich gleich hätte tun sollen: Ich erstellte eine gründliche Diagnose — und fand den Schlüssel.

Vor etwa sechs Monaten hatte Anthony einen Sommerkurs in Brasilien belegt, wo er das tropische Tierleben studierte. Dort hatte er sich eine »fieberhafte Erkältung« eingefangen, die ihn während der beiden letzten Wochen des Aufenthalts völlig geschwächt hatte.

Ich schickte Anthony nicht nur zu einer gründlichen ärztlichen Untersuchung, sondern überwies ihn auch zu einem Spezialisten für Tropenkrankheiten. Und der entdeckte einen tropischen Parasiten, der behandelt wurde. Sein Schlafverhalten besserte sich, doch obwohl Anthony behauptete, meine Lektionen in Streßmanagement hätten ihm geholfen, durchs Examen zu kommen, schämte ich mich und beschloß, nie wieder mit einer Verhaltenstherapie zu beginnen, ohne den Patienten vorher gründlich zu untersuchen und mich mit seiner Krankengeschichte auseinanderzusetzen — und zwar egal, wie eindeutig der Fall auch erscheint.

Beeinträchtigungen des Gesundheitszustandes, die Schlafprobleme verursachen können

Es gibt eine Reihe von Beschwerden, die zu Insomnie führen können. Asthma kann Husten verursachen, Allergien können zu einer verstopften Nase oder Augenbrennen führen. Bronchitis und Emphyseme können Atemschwierigkeiten verursachen, Herzbeschwerden Brustschmerzen oder Atemnot zur Folge haben; Verdauungsprobleme können Sodbrennen auslösen und Schluckbeschwerden zu Husten und Brechreiz führen. Geschwüre oder Arthritis können Schmerzen verursachen. Eine Harnwegsinfektion kann zu häufigen Wachphasen führen. Das Jucken von Insektenstichen oder bei Nesselsucht kann einen die ganze Nacht wach halten. Die Hitzewallungen des Klimakteriums lassen manche Frau aus dem Schlaf aufschrecken und sie nicht wieder einschlafen. Tatsächlich kann fast jede Gesundheitsstörung bei manchen Patienten entweder Insomnie oder tagsüber ein geradezu überwältigendes Müdigkeitsgefühl hervorrufen.

Andere Gesundheitsstörungen, die nicht so klar auf der Hand liegen, sind beispielsweise Infektionen, Hirntumoren, Parkinsonismus, Nierenleiden, Probleme mit der Schilddrüse oder Stoffwechselstörungen wie Diabetes. Schlechter Schlaf kann seine Ursache in Alkoholismus oder Drogenmißbrauch haben. Selbst zu niedrige Östrogenwerte nach dem Klimakterium können Insomnie herbeiführen (was durch eine Östrogenersatz-Therapie verbessert werden kann). Weitere mögliche Ursachen für Insomnie schließen Anämie, eine Kohlenmonoxydvergiftung, multiple Sklerose, Arsen-, Quecksilber-, Kupfer- oder andere Schwermetallvergiftungen oder die Nebenwirkungen der Strahlen- oder Chemotherapie ein.

Und nicht zu vergessen: psychische Störungen. In Kapitel 2 haben wir bereits darauf hingewiesen, daß Insomnie eines der Symptome für Depressionen oder andere psychische Krankheiten sein kann. Patienten, die unter Depressionen leiden, wachen oft sehr früh auf, haben jedoch nachts kaum Einschlafschwierigkeiten. Sie sollten unbedingt mit Ihrem Arzt sprechen, wenn Sie glauben, Depressionen könnten möglicherweise die Ursache Ihrer Insomnie sein, besonders dann, wenn Sie auch unter Ap-

petitlosigkeit leiden, das Interesse am Leben verloren haben, sich einsam fühlen und keine Hoffnung auf eine Besserung Ihres Zustands haben.
Bei Kindern sind die häufigsten Ursachen schlechten Schlafs Schmerzen beim Zahnen, Magen- und Darmstörungen, Mandelentzündungen oder Polypen, Koliken, schmerzende Gelenke oder Würmer. (Falls Ihr Kind Einschlafschwierigkeiten hat, unruhig ist und sich am After kratzt, deutet das auf einen Wurmbefall hin, weshalb Sie auf jeden Fall einen Arzt aufsuchen sollten.) Wesentlich seltener ist die Schlaflosigkeit ein Hinweis auf Chorea, Encephalitis oder Rachitis. Zu den weiteren üblichen Ursachen gehören die Irritation wegen eines durchnäßten Bettchens sowie schlechtes Verhaltenstraining durch die Eltern.
Wenn man feststellt, daß Insomnie auf eine Gesundheitsstörung zurückzuführen ist, hat das ein Gutes: Behandelt man die Gesundheitsstörung, ist auch die Beeinträchtigung des Schlafes meist schnell verschwunden. Sobald beispielsweise eine Depression behandelt wird, bessert sich das Insomnieproblem ebenfalls meist rasch. Tatsächlich ist es so, daß die Verbesserung der Schlafqualität bei einem depressiven Patienten als Zeichen dafür gesehen werden kann, daß auch die Erholung von der Depression bereits begonnen hat.
Liegt es im Bereich des Möglichen, daß irgendeine dieser Gesundheitsstörungen bei Ihnen Insomnie ausgelöst hat? Falls Sie das glauben, sollten Sie diese Frage mit Ihrem Arzt diskutieren, damit die körperliche oder seelische Beeinträchtigung richtig behandelt werden kann und Sie wieder tief und fest schlafen können.

Schlafstörungen in der Schwangerschaft

Die meisten Frauen sind im ersten Trimester (den ersten drei Monaten) einer Schwangerschaft tagsüber sehr schläfrig. Das ist häufig das erste Anzeichen einer Schwangerschaft. Sie tritt sogar noch früher auf als die morgendliche Übelkeit. Diese Müdigkeit am hellen Tag könnte gerade in den ersten Schwangerschaftsmonaten von einem Anstieg des Gelbkörperhormons verursacht werden, von dem man weiß, daß es eine beruhigende Wirkung hat.

Später in der Schwangerschaft haben Frauen möglicherweise Schlafschwierigkeiten, weil sie einfach nicht bequem liegen können. Doch egal, wie unangenehm das auch sein mag, Sie sollten auf keinen Fall irgendwelche Schlaftabletten nehmen, nicht einmal rezeptfreie. Auch Alkohol sollten Sie nicht trinken, um zur Ruhe zu kommen. Jede Droge und jedes Medikament kann dem Ungeborenen schaden. Schwangere Frauen sollten sich in jedem Fall der Verhaltenstechniken bedienen, die wir in den Kapiteln über Entspannung (Kapitel 7) und Streß (Kapitel 8) beschrieben haben.

Das Sonnenuntergangs-Syndrom und die gesundheitlichen Probleme des Alterns

Wenn das Gehirn altert, scheinen manche Menschen eine stärkere Stimulation zu brauchen, um normal und rational funktionieren zu können. Einige dieser älteren Menschen, besonders die, die unter einer leichten Form von Altersdemenz leiden, agieren und funktionieren tagsüber orientiert und völlig normal, sobald aber die Nacht anbricht, läßt die Stimulierung nach, und sie reagieren aufgeregt und verwirrt. Das ist das, was man Sonnenuntergangs-Syndrom nennt.
Ein weiteres Problem älterer Menschen ist, daß Medikamente weit langsamer umgesetzt werden. Häufig erweist sich die Dosis, die früher durchaus angebracht war, jetzt als Überdosis. Schlaftabletten beispielsweise, die bislang in den acht Stunden des Schlafs umgesetzt wurden, bleiben nun möglicherweise doppelt so lange im System, was zu Benommenheit am Tage führen kann. Tabletten, die bei einem 30jährigen eine leichte Insomnie auslösen, können deshalb bei einem 70jährigen zu schwerer Insomnie führen.
Um das fünfzigste Lebensjahr herum beginnt bei den meisten Menschen die Phase, in der sie nicht mehr so tief schlafen wie bisher. Sie wachen nachts häufiger auf, bleiben länger wach und dösen tagsüber leichter einmal ein. Manch älterer Mensch hat nachts Dutzende kurzer Wachperioden von 15 oder weniger Sekunden. Das vermittelt ihm

manchmal das Gefühl, er hätte die ganze Nacht kein Auge zugetan, auch wenn es sich in Wirklichkeit anders verhält. (Die meisten empfinden die Situation als etwas erträglicher, wenn sie wissen, daß es sich um eine natürliche Entwicklung handelt.)
Wenn Sie die mittleren Jahre bereits hinter sich haben und schlecht schlafen, sollten Sie sich fragen, ob nicht möglicherweise einer dieser Faktoren bei Ihnen eine Rolle spielt.
Wenn Sie alt genug sind, an den Ruhestand zu denken, sollten Sie zwei Regeln beachten. Erstens: Sitzen Sie nicht den ganzen Tag über herum, sondern bewegen Sie sich. Sie brauchen tagsüber Stimulierung und Aktivität, wenn Sie nachts gut schlafen wollen. Zweitens: Gewöhnen Sie sich nicht an, sich morgens noch einmal herumzudrehen und weiterzuschlafen. Das mag Ihnen zwar als ein Privileg des Ruhestandes erscheinen, doch wenn Sie unter Insomnie leiden, kann es sich als schlimmer Fehler erweisen. Denn es erschwert Ihnen nur das Einschlafen in der nächsten Nacht. Und das kann bald zu einem Teufelskreis werden.
Das war beispielsweise bei Duke Franconi der Fall, der tagsüber als Expedient bei einer Schiffahrtslinie gearbeitet und sich danach noch ein paar Stunden als Barmann verdingt hatte. Er schlief gut, bis er in den Ruhestand trat und beide Jobs gleichzeitig aufgab. Ein paar Wochen lang fühlte er sich wie ein König, weil er morgens nicht aufstehen und zur Verladebrücke gehen mußte. Er blieb nun im Bett, wann immer ihm danach war. Ein paar Monate nach seinem Eintritt ins Rentenalter litt er jedoch unter schwerer Insomnie. Jede Nacht war er von Mitternacht bis zum frühen Morgen hellwach, weshalb er bald anfing, Schlaftabletten zu nehmen. Nach einer Weile wirkten die allerdings nicht mehr, und er kam ins Schlaflabor, um sich Rat zu holen.
Nachdem wir ihn über seine Vorgeschichte befragt hatten, war uns klar, daß er vor seiner Pensionierung pro Nacht nur etwa sechs Stunden geschlafen hatte — und zwar von ungefähr 23 Uhr bis fünf Uhr morgens. Diese Stundenzahl hatte ihm durchaus ausgereicht, denn er hatte auch an den Wochenenden nicht das Bedürfnis gehabt, länger zu schlafen. Jetzt aber machte Duke Franconi morgens ein einstündiges Nickerchen, »weil ich nachts ja nicht geschlafen hatte«. Am Nachmittag zwischen 16 und 18 Uhr folgte ein weiteres Nickerchen, und nach dem Abendessen war er gewöhnlich so müde, daß er sich bereits kurz nach 20 Uhr hinlegte. Und um Mitternacht war er dann so hellwach, daß es ihm unmöglich war, wieder einzuschlafen!

Zählte man zusammen, stellte sich heraus, daß Duke Franconi jetzt insgesamt sieben Stunden schlief, eine mehr als vor der Pensionierung. Er brauchte keine Schlaftabletten — er brauchte weniger Schlaf. Er schlief einfach eine Stunde zuviel!
Wir versuchten, Duke zu überreden, sein Morgen- und Nachmittagsschläfchen aufzugeben und später zu Bett zu gehen. Das hätte seinen Schlaf konsolidiert und ihn befähigt, nach Mitternacht durchzuschlafen. Er war jedoch der Meinung, er habe sein ganzes Leben lang hart gearbeitet und es sich verdient, sich hinzulegen, wann immer er Lust habe. Und er bestand auf die Schlaftabletten.
Die Hilfe für ihn kam von unerwarteter Seite. Seine Tochter hatte einen Autounfall gehabt und mußte mehr als einen Monat im Krankenhaus liegen. Sie war geschieden und hatte zwei Kinder im Vorschulalter, und um die mußte Duke sich nun kümmern. Sie hielten ihn den ganzen Tag in Atem! Hatte er sie endlich ins Bett gebracht, hatte er kaum noch Zeit, sich ein wenig zu entspannen, bevor er total erschöpft in einen tiefen, festen Schlaf fiel. Zuerst fiel ihm das morgendliche Aufstehen schwer, doch nach zwei Wochen eines erzwungenen regelmäßigen Schlaf-Wach-Zyklus fühlte er sich so wohl, daß er sich schwor, nie wieder in den langweiligen Trott der ersten Ruhestands-Monate zu verfallen.
Ganz offensichtlich waren hier verschiedene Faktoren involviert. Duke Franconi hatte wieder das Gefühl, gebraucht zu werden. Außerdem kann es ausgesprochen belebend sein, seine Zeit mit kleinen Kindern zu verbringen. Doch ausschlaggebend war die Tatsache, daß er zu einem regelmäßigen Schlaf-Wach-Rhythmus zurückgekehrt war.

Vergiftungen durch toxische Metalle

Insomnie oder extreme Müdigkeit am Tag können möglicherweise auch Symptome einer akuten Vergiftung durch Schwermetalle oder andere Gifte sein.
In einem Artikel in *Archives of Environmental Health* wurden die Auswirkungen von Blei auf die Arbeiter einer Batteriefabrik beschrieben, die dem toxischen Schwermetall ständig ausgesetzt waren. Die Hälfte der 92 Beschäftigten litt unter Insomnie, Müdigkeit,

klagte über ein Schwächegefühl und Benommenheit. Eine weitere Studie in demselben Fachblatt zeigte, daß ähnliche Schlafstörungen, Müdigkeit und das Schwächegefühl auch bei den 680 Arbeitern einer Kupferschmelzhütte auftraten, die ebenfalls Blei und außerdem noch Arsen ausgesetzt waren. Über Schlafstörungen und Müdigkeit klagten einer Studie zufolge auch die 1200 Bewohner einer kleinen Stadt in Deutschland, die dem Thallium ausgesetzt waren, das eine Zementfabrik in der Nähe ausschied. Das Thallium, das in Urin- und Haarproben gefunden wurde, hatten sie mit dem Gemüse und Obst aus ihren Gärten aufgenommen. Denn auf die rieselte stetig Zementstaub nieder.

Manchmal läßt sich nicht so eindeutig feststellen, daß man giftigen Metallen ausgesetzt war. Bei Marie Louise Megan beispielsweise. Sie hatte im Mittelwesten gelebt, eifrig Tennis gespielt und die Hausarbeit spielend gemeistert. Ein paar Monate, nachdem ihr Mann nach Los Angeles versetzt worden war, litt sie jedoch fast ständig unter Kopfschmerzen, Insomnie und Müdigkeit. Es war so schlimm, daß sie nicht einmal mehr Tennis spielen konnte. Bei einer gründlichen Untersuchung wurden in ihrem Körper extrem hohe Bleiwerte festgestellt. Wir ermittelten, daß die Megans ein Haus direkt am Freeway gekauft hatten, damit Marie Louises Mann einen kürzeren Arbeitsweg hatte. Die Abgase der ständig vorbeiratternden Autos und Lastwagen hatten zu einer schweren Bleivergiftung geführt. Medikamente und zusätzlich noch eine Mineralstoff-Supplementierung sorgten für eine bessere Ausscheidung des Bleis. Und bald fühlte sie sich wieder wohl.

Ständige Schläfrigkeit und Lethargie können auch bei Kindern die ersten Anzeichen einer Bleivergiftung sein. Kleine Kinder stecken gern abgekratzte Farbspritzer in den Mund oder essen Eiszapfen, die mit Blei verunreinigt sind. Menschen, die in Unternehmen arbeiten, in denen ständig giftige Chemikalien und Schwermetalle verarbeitet werden, leben ebenfalls mit einem hohen Risiko.

Falls Sie vermuten, Sie seien bei der Arbeit oder zu Hause Blei oder anderen Schwermetallen ausgesetzt, können Sie das durch eine Urin- und Haarmineral-Analyse testen lassen.

Medikamente können Ihren Schlaf gefährden

Vor einigen Jahren diskutierte eine Gruppe von Schlafforschern Insomnie, die auf die Nebenwirkungen verschiedener Medikamente zurückzuführen ist, und suchte nach Wegen zur Abhilfe. Einer sagte ironisch: »Ich bin der Meinung, zunächst sollten wir die Patienten an den Füßen packen, sie auf den Kopf stellen und sie so lange schütteln, bis alle Pillen aus ihren Taschen gefallen sind.« Tatsache ist nämlich, daß Medikamente häufig schlechten Schlaf auslösen.

Falls Sie ein bestimmtes Medikament wirklich nehmen müssen, dürfen Sie es natürlich nicht einfach absetzen. Oft gibt es jedoch für eine bestimmte Krankheit alternative Behandlungsmethoden, die weniger — oder andere — Nebenwirkungen haben; beispielsweise Tabletten gegen Depressionen, die einen schläfrig machen. Nimmt man nachts eine davon, wird man vermutlich schlafen können. Andere Antidepressiva dagegen haben einen wach haltenden Effekt. Und dann gibt es noch Psychopharmaka, die gar keine Auswirkungen auf den Schlaf haben.

Vor allem aber sollte man sich vor »Polypharmazie« hüten. Es kommt tatsächlich oft vor, daß die Tablettenflut ausufert. Man nimmt eine Tablette wegen einer Gesundheitsstörung, dann eine zweite Pille, um die Nebenwirkungen der ersten zu bekämpfen, der zweiten folgt eine dritte, die einem ein anderer Arzt wegen der Nebenwirkungen der zweiten verschreibt, und so geht es weiter und weiter. Falls man zu mehr als einem Arzt geht, verschreibt einem wahrscheinlich jeder ein Medikament, ohne zu wissen, was einem die anderen bereits verschrieben haben.

Viele der verschreibungspflichtigen und viele der frei verkäuflichen Medikamente können Schlafprobleme verursachen. Medikamente gegen Asthma, Schilddrüsenstörungen und Mittel, die zur Gewichtsabnahme verhelfen sollen, können Insomnie auslösen.

Hier sind einige der Medikamente, von denen man weiß, daß sie zu Insomnie führen:

- etliche Antidepressiva, besonders Monoaminoxydase-Inhibitoren
- alle Medikamente, die Amphetamine enthalten, wie zum Beispiel rezeptpflichtige Diätpillen
- einige der Medikamente gegen Bluthochdruck

- einige empfängnisverhütende Pillen, obwohl das selten vorkommt
- Mittel, die die Bronchien erweitern sollen, wie beispielsweise die gegen Asthma, die Ephedrin, Aminophyllin oder Noradrenalin enthalten
- Medikamente mit Koffeinbeigaben
- Schlaftabletten und Tranquilizer (Insomnie könnte das Resultat der Entzugserscheinungen in den Nächten sein, in denen man sie nicht nimmt)
- Steroide
- einige Schilddrüsen-Präparate
- einige Agenten der Krebs-Chemotherapie
- das adrenokortikotrope Hormon
- Levodopa gegen Parkinsonismus

Diese Medikamente können den Schlaf auf drei Arten beeinträchtigen: Sie können zu Einschlafschwierigkeiten führen, die Ursache für häufige Wachphasen sein oder ein sehr frühes Aufwachen auslösen.

Falls Sie vermuten, es könne ein Medikament sein, das Ihre Insomnie verursacht, sollten Sie das Etikett lesen. Enthält es Amphetamine oder Koffein? Falls das so ist, ist die Chance groß, daß dieses Medikament für Ihre Schlafstörungen verantwortlich ist. Seien Sie besonders auf der Hut vor Schmerzmitteln. Da Schmerzen, gleich welcher Ursache, uns die ganze Nacht über wach halten können, ist es meist verlockend, eine schmerzstillende Tablette zu nehmen, um endlich einschlafen zu können. Einige dieser Schmerzmittel enthalten jedoch Koffein, was noch mehr als der Schmerz dazu beitragen kann, uns wach zu halten.

Neben dem Etikett sollten Sie noch die Packungsbeilage lesen, um festzustellen, ob Schlafstörungen als mögliche Nebenwirkungen aufgeführt sind. Falls Sie den Beipackzettel nicht mehr haben, sollten Sie Ihren Apotheker bitten, wegen der möglichen Nebenwirkungen nachzuschlagen.

Auch über die Wechselwirkungen mit anderen Medikamenten sollten Sie Bescheid wissen. Vielleicht wird Ihre Insomnie ja nicht von einem einzelnen Medikament ausgelöst, es könnte genausogut sein, daß sie auf die Wechselwirkung zweier Medikamente zurückzuführen ist. Falls Sie regelmäßig mehr als ein Medikament nehmen, sollten Sie

unbedingt mit Ihrem Arzt oder Apotheker über mögliche Wechselwirkungen der Mittel sprechen.
Warnung: Wenn die Wahrscheinlichkeit besteht, daß es ein Medikament ist, das Ihre Schwierigkeiten auslöst, dürfen Sie es auf keinen Fall auf eigene Faust absetzen. Diskutieren Sie das Problem mit Ihrem Arzt. Es könnte eine Lösung sein, die Dosis zu verändern oder ein anderes, ähnliches Mittel auszuprobieren, das keine Schlafstörungen verursacht. Diese Entscheidung kann nur ein Arzt treffen, der das Medikament kennt und mit Ihrem Fall vertraut ist.

Die Auswirkungen von Marihuana und anderen illegalen Drogen

Der aktivste Bestandteil von Marihuana ist Tetrahydrocannabinol (THC). Es verändert die Hirnchemikalien, die für den Schlaf verantwortlich sind, und verursacht Veränderungen der hirnelektrischen Ströme. Nach den Erkenntnissen der Vereinigung der Zentren für Schlafstörungen läßt der Marihuana-Gebrauch die Zeit in die Höhe schnellen, die man zum Einschlafen braucht, und reduziert den REM-Schlaf — und zwar über eine längere Periode. Kurz: Es ist keine gute Schlafhilfe.
Kokain ist ein Stimulans, das ein Euphoriegefühl hervorruft, dem einige Stunden später Depressionen folgen. Es wirkt aufputschend und birgt ein starkes Suchtrisiko. Das liegt an der Transmittersubstanz Dopamin, einem Hormon, das für die Überleitung gewisser nervöser Erregungen zuständig ist. Zu den von Kokain verursachten Schlafveränderungen gehört die Insomnie, und zwar sowohl die Reduktion der Tiefschlafphasen als auch die des REM-Schlafs. Wird Kokain abgesetzt, wird der Patient sehr schläfrig und kommt möglicherweise zu der Ansicht, er brauche das Kokain schon deshalb, um überhaupt funktionieren zu können. Ein besonders hohes Abhängigkeitsrisiko besteht, wenn Kokain in seiner sehr kurz wirkenden Form genommen wird, die als Crack bekannt ist.
Amphetamine und amphetaminähnliche Aufputschmittel (als Speed oder Crack bekannt) sind starke Stimulanzien, die dem Kokain in vie-

lerlei Hinsicht ähneln. Auch sie regen die für das Wachsein verantwortlichen Hirnchemikalien an und führen zu Veränderungen der hirnelektrischen Ströme. Amphetaminähnliche Aufputschmittel verursachen eine Verkürzung des Delta-Schlafs und erschweren das Ein- und Durchschlafen. Wie beim Kokain wird der Patient ausgesprochen schläfrig, sobald das Amphetamin abgesetzt wird, und hat möglicherweise das Gefühl, er brauche mehr Amphetamin, um funktionieren zu können. Die Absetzung von Amphetaminen führt außerdem zu einer starken Zunahme des REM-Schlafs, als REM-*Rebound* (Rückprall) bekannt, der von Alpträumen begleitet sein könnte. (Amphetamine und den Amphetaminen verwandte Drogen sind jedoch aus ärztlicher Sicht manchmal nötig, um Schlafstörungen wie Narkolepsie unter Kontrolle zu halten, die die Patienten tagsüber außerstand setzen, etwas zu tun.)

Heroin wirkt depressorisch. Es verzögert intellektuelle Funktionen und führt auch zu einer Verlangsamung der Atmung. Es vermindert die Tiefschlaf- und REM-Phasen. Außerdem wirkt es schlafstörend, weil es verschiedene Stadium-I-Schübe und Wachphasen hervorruft. Wenn es abgesetzt wird, kann es zu Entzugserscheinungen wie intensivem Schmerz und einem extremen Verlangen nach mehr Heroin kommen. Auch während des Heroinentzugs kann der von schrecklichen Alpträumen begleitete REM-Rebound möglicherweise auftreten.

Kranke brauchen mehr Schlaf

Jahrhundertelang haben Ärzte und Mütter zu Bettruhe geraten, wenn es darum ging, daß sich jemand von einer Krankheit erholen mußte. Und es ist auch genau das, wonach den meisten Patienten der Sinn steht. Forschungsergebnisse beweisen, daß unser Körper tatsächlich nach Schlaf verlangt, wenn wir krank sind, und daß Schlaf dann wirklich hilft.

Die meisten Menschen spüren eine verstärkte Schläfrigkeit, wenn sie unter einer Infektionskrankheit leiden. Interessanterweise hat sich jetzt herausgestellt, daß eine Substanz, die der in gewissen Bakterien ähnlich ist, schlaffördernd wirkt. Dieser *Faktor S*, wie man sie genannt hat, stimuliert auch die Produktion von Interleukin-1 und Interferon — den Schlüsselsubstanzen der Immunität.

Der neueste Beweis für die Verbindung zwischen Schlaf und Immunfunktionen kommt aus dem Labor von Dr. Harvey Moldofsky, Professor für Psychiatrie und Medizin am *Western Hospital* in Toronto. Er fand heraus, daß Interleukin sowohl bei Tieren wie Menschen während des Delta-Schlafs aktiver ist als zu jeder anderen Tages- oder Nachtzeit. Vielleicht ist die Anfälligkeit gegen eine Krankheit ja während des Delta-Schlafs geringer, und vielleicht wird der Heilungsprozeß ja in dieser Phase beschleunigt. Es stellte sich heraus, daß die Injektion einer großen Menge Tuberkulin, wenn sie einem gesunden Menschen um 23 Uhr verabreicht wurde — just bevor die längste Delta-Schlafphase beginnt —, eine weit geringere entzündliche Reaktion erbrachte, als bei einer Verabreichung um sieben Uhr morgens. Nachdem man zehn Männer im Schlaflabor vierzig Stunden lang wach gehalten hatte, waren ihre Immunreaktionen entschieden schwächer als nach normalen Nächten.

Symptome, von denen Ihr Arzt nichts wissen kann

Es gibt eine Reihe von Symptomen, die in der Praxis eines Arztes nicht diagnostiziert werden können, weil sie nur im Schlaf auftreten. Tatsächlich ist es so, daß man sie mit ziemlicher Wahrscheinlichkeit selbst nicht einmal kennt, weil man ja schläft, wenn sie sich ereignen.
Was kann man da tun? Bitten Sie Ihren Bettpartner/Ihre Bettpartnerin oder jemand anders, ein paar Stunden aufzubleiben und Sie zu beobachten, während Sie schlafen. Die Erkenntnisse werden Sie wahrscheinlich überraschen.
Der/die, der/die Sie beobachtet, könnte möglicherweise feststellen, daß Sie zu den vielen Menschen gehören, die häufig aufwachen, weil sie unter Schlafapnoe leiden. Diese Episoden, in denen die Atmung stillsteht, können zehn bis neunzig Sekunden dauern. Sie treten häufig nur in bestimmten Schlafpositionen auf (beispielsweise, wenn man auf dem Bauch liegt), oder auch lediglich während gewisser Schlafphasen (beispielsweise im REM-Schlaf), oder nur beim Einschlafen. Die meisten von uns haben gelegentlich einen Atem-Stillstand, der jedoch nicht sonderlich besorgniserregend sein muß. Sorgen muß man sich nur machen, wenn man wiederholt um Luft ringen muß (im Durchschnitt

mehr als fünfzehnmal pro Stunde). Das nennt man *Schlafapnoe-Syndrom.* Falls Ihr Beobachter/Ihre Beobachterin viele solcher Atemstillstandsepisoden registriert, sollten Sie mit Ihrem Arzt darüber sprechen oder in einem Zentrum für Schlafstörungen Hilfe suchen.
Ein weiteres Problem, das diese Beobachtung aufdecken könnte, ist das periodische Gliederzucken (PLM von *periodic limb movement*) während des Schlafs. Es können die Arme sein, doch gewöhnlich sind es die Beine (»unruhige Beine«), die zucken oder sich alle zehn bis vierzig Sekunden bewegen. Manchmal können diese Bewegungen die ganze Nacht über anhalten. Sie können aber auch in Episoden auftreten, die nur ein paar Minuten dauern.
Über Apnoe, nächtliches Zucken, unruhige Beine und weitere Schlafstörungen werden wir in Kapitel 15 sprechen.

Noch etwas, das Sie nicht vergessen sollten

Selbst wenn Sie herausfinden, daß Ihre Insomnie von einer Beeinträchtigung des Gesundheitszustandes herrührt, oder von einem Medikament, das Sie auf ärztliche Anweisung nehmen, und wenn Sie dieses Problem korrigieren können, könnte es für Sie trotzdem weitere Probleme mit der Schlaflosigkeit geben.
Falls diese Insomnie sich über einen längeren Zeitraum erstreckt haben sollte, könnten Sie einige schlechte Gewohnheiten angenommen haben — möglicherweise sind Sie inzwischen so beunruhigt, daß Sie begonnen haben, Schlafen mit Anspannung und Frustration zu assoziieren, worüber wir bereits in Kapitel 6 gesprochen haben. Selbst wenn ein Zauberstab Ihnen die Krankheit nehmen könnte, die die Insomnie ausgelöst hat, könnte die Insomnie dennoch bleiben, weil Sie nun einmal diese schlechten Gewohnheiten angenommen haben.
Also müssen Sie zunächst alles behandeln lassen, was behandelt werden kann, doch unter Umständen auch Ihr Denken korrigieren. Dafür sollten Sie noch einmal zu Kapitel 6 zurückblättern und sich mit mit den »richtigen« Gewohnheiten für guten Schlaf beschäftigen.

14

Wie man von Schlaftabletten wieder loskommt

Es gab einmal eine Zeit, da waren Schlaftabletten und Tranquilizer die am häufigsten und freigebigsten verschriebenen Medikamente der Welt. Heute geben die meisten Ärzte sie — Gott sei Dank — nicht mehr so aus, als handle es sich um Zuckerpillen. Sie verordnen sie gezielter und vor allem für kürzere Perioden.

Dennoch werden unserer Meinung nach und unseres Wissens noch immer zu viele Schlafmittel verschrieben. Es gibt zwar nicht einen einzigen Hersteller von Schlaftabletten, der behauptet, seine Pillen sollten jeden Abend und auf Dauer genommen werden, doch viele Ärzte schreiben die Rezepte aus, als sei es genau so. Und dazu kommt natürlich, daß es überall auf der Welt in Apotheken (manchmal auch in Drogerien) rezeptfreie Schlafmittel gibt, die man einfach kaufen kann.

Nach einem 1979 herausgegebenen Spezialreport des *Institute of Medicine — National Academy of Sciences* sind Schlaftabletten möglicherweise weit gefährlicher und weit weniger nützlich, als Ärzten und Patienten bewußt ist. Zu jedermanns Entschuldigung muß man allerdings anmerken, daß die Verschreibung von Schlaftabletten seit 1971 um die Hälfte zurückgegangen ist. Trotzdem gilt die Warnung nach wie vor. Den Patienten wird es noch immer zu leicht gemacht, ein neues Rezept zu bekommen, und Millionen von Menschen nehmen die Pillen über zu lange Zeitspannen hinweg.

Lassen Sie uns deshalb einige der Tatsachen näher beleuchten, die heute über Schlaftabletten bekannt sind.

Schlaftabletten wirken nur über einen kurzen Zeitraum

Schlaftabletten sind keineswegs so lange wirksam, wie die meisten Menschen glauben. Die älteren Schlaftabletten — wie beispielsweise die Barbiturate — verlieren gewöhnlich spätestens nach ein, zwei Wochen an Effektivität. Die neueren Pillen behalten ihre Wirksamkeit zwar vielleicht über ein paar Monate hinweg, doch gewiß nicht über die Jahre oder gar Jahrzehnte, in denen manche Leute sie fortlaufend nehmen.

Insomnie-Rebound

Sobald Ihr Körper sich daran gewöhnt hat, sich auf die Schlaftabletten zu verlassen, könnte ein Weglassen der Tabletten dazu führen, daß die Insomnie viel schlimmer wird, als sie es vor der Zeit war, da man Pillen nahm. Das nennt man Insomnie-Rebound. Manchmal kann dieser Insomnie-Rebound über Wochen anhalten.

Wenn man Schlaftabletten nimmt, ist das etwa so, als borge man sich Geld von einer Bank. Ein Weilchen kann man sich Schlaf »borgen«, indem man Tabletten nimmt. Schließlich aber muß man den Schlaf »zurückzahlen« — durch Insomnie. Es gibt jedoch weder eine andere Pille noch irgendein Wundermittel oder einen Zaubertrank, der einen vor dieser Rückzahlung schützen könnte. Dem Insomnie-Rebound kann man sich auch nicht dadurch entziehen, daß man eine Woche lang die eine Tablettensorte nimmt und in der nächsten eine andere. Denn sie sind alle untereinander tolerant, und die Wirkung wird dieselbe sein, als wäre man bei einer Pillensorte geblieben. Gelegentlich mag es durchaus nützlich sein, sich Schlaf auszuborgen, wenn man es aber tut, sollte man gleich daran denken, daß man später dafür wird bezahlen müssen.

Schlaftabletten bergen ein Suchtrisiko

Insomnie-Rebound kann zu Abhängigkeit von Schlaftabletten führen. Obwohl die Pillen einem in Wirklichkeit gar nicht mehr zu Schlaf verhelfen, nimmt man sie weiter — weil man nun unter einer Schlaflosigkeit leidet, die weit schlimmer ist als die, unter der man litt, bevor man anfing, Schlafpillen zu nehmen.

Sobald man beginnt, Schlaftabletten zu benutzen, besteht immer die Chance, daß man von ihnen abhängig wird. Das ist auch der Grund, aus dem viele Schlafexperten grundsätzlich gegen ihren Einsatz sind. Bevor man damit anfängt, sollte man sich deshalb die Frage stellen, ob man über den Mut und die Willenskraft verfügt, sie nur gelegentlich zu nehmen. Falls man in diesem Punkt an sich zweifelt, sollte man seinen Arzt bitten, einem jeweils nur ein paar Schlaftabletten zu verschreiben.

Es gibt Menschen, die von so gut wie allem abhängig werden. Wenn sie eine Schmerztablette nehmen, werden sie abhängig davon; wenn sie Alkohol trinken, werden sie Alkoholiker; wenn sie sich in einem Glücksspiel versuchen, werden sie spielsüchtig. Und wenn sie Schlaftabletten nehmen, werden sie süchtig nach ihnen. Falls Sie bereits Erfahrungen zum Thema Sucht gesammelt haben — Alkohol, Zigaretten, übermäßiges Essen —, sollten Sie sehr vorsichtig sein. Es ist besser, ganz ohne Schlaftabletten auszukommen, als von ihnen abhängig zu werden.

T. R. Dutch, 62, der Besitzer einer kleinen Firma, wurde 1976 ins Zentrum für Schlafstörungen in Dartmouth überwiesen. Er schlief sehr wenig, wenn überhaupt, obwohl er regelmäßig jede Nacht wenigstens 40 Milligramm Valium, 90 Milligramm eines schweren Schlafmittels und 400 Milligramm eines anderen starken Schlafmittels nahm! (Das sind extrem hohe Dosen.) Jedesmal, wenn ihm diese Mischung nicht zu Schlaf verhalf, trank er noch bis zu einem fünftel Liter Whiskey. T. R. war nach einem schlimmen Blackout in die Schlafklinik eingewiesen worden. »Solche Blackouts treten gelegentlich auf«, sagte er, »jedesmal dann, wenn ich eine ganze Handvoll Schlafpillen genommen habe.« Viermal hatte seine Frau ihn in der Vergangenheit bereits bewußtlos am Boden liegend gefunden, und es war ihr nicht gelun-

gen, ihn dann aufzuwecken. Bei einer Gelegenheit hatte er ganze fünf Tage in einem komatösen Zustand verbracht!
Im Schlaflabor erwies sich, daß seine übliche nächtliche Dosis von Schlafmitteln nicht zu normalem Schlaf führte. Obwohl das EEG gegen Morgen für etwa zwei Stunden etwas flacher wurde (was darauf schließen ließ, daß er döste), behauptete er, der Laborschlaf sei sehr viel besser gewesen als sein üblicher Schlaf.
Wir konnten T. R. Dutchs Krankengeschichte kaum glauben. Genau zwei Wochen nach dem Angriff auf Pearl Harbor hatten seine Schlafprobleme begonnen. Damals war er nämlich zum Direktor der Fabrik ernannt worden, in der er gearbeitet hatte. Er hatte den Posten nur bekommen, weil die meisten anderen Männer zur Armee gegangen waren. Und er war überhaupt nicht darauf vorbereitet gewesen, eine solche Aufgabe zu übernehmen. Die Sorgen ließen ihn nicht in den Schlaf finden. Daraufhin wurde ihm ein Barbiturat verschrieben. 35 Jahre später griff er immer noch Nacht für Nacht zu Schlaftabletten.
Nachdem wir ihn als stationären Patienten aufgenommen hatten, begannen wir, nach und nach alle Medikamente bei ihm abzubauen. Er lernte Biofeedback und Entspannungsübungen, ging zu den Anonymen Alkoholikern, um sein Alkoholproblem in den Griff zu bekommen, und nahm auch wieder die Verbindung zum weiteren Verwandten- und Freundeskreis auf. Eine nicht allzu schwere chronische Depression wurde mit einem Antidepressivum behandelt, und innerhalb von sechs Monaten funktionierte er wieder. Vier Jahre später schlief er zwar auch nur drei bis fünf Stunden pro Nacht, erwachte aber erfrischter als früher. Jetzt benutzt er nur noch sehr selten Schlaftabletten — und ausschließlich dann, wenn er ein paar besonders schlechte Nächte nacheinander hinter sich hat. Und natürlich nimmt er immer nur eine kleine Dosis.
Passen Sie auf, daß Sie sich nicht denselben Ärger einhandeln, den T. R. Dutch hatte. Denn schließlich werden Sie — wie er — den Schlaf zurückbezahlen müssen, den Sie sich geborgt haben.

Schlaftabletten können andere Probleme verschleiern

Eine Schlaftablette kann die wahren Ursachen schlechten Schlafs verschleiern — die Gesundheits- oder Verhaltensstörungen oder die psychischen Probleme, über die wir gesprochen haben — und möglicherweise die Behandlung verzögern, die die Insomnie heilen könnte, statt sie nur niederzuhalten. Wir stimmen völlig mit den Empfehlungen des *National Institute of Health* zum Thema Insomnie überein: Die Behandlung von Insomnie sollte mit einer Korrektur der Schlafhygiene und der schlechten Gewohnheiten beginnen. Auf keinen Fall sollte man gleich Medikamente verschreiben, die Schlaf herbeiführen. Helfen die Korrekturen nicht, sollte »Patienten die kleinst-wirksame Dosis für die kürzest-klinisch-notwendige Periode verschrieben werden«, wenn Pillen denn schon sein müßten.
Schlaftabletten werden manchmal auch benutzt, wenn jemand sich Langeweile ersparen will. Das gilt besonders für ältere Menschen. In den Schlaf flüchten sich häufig Menschen, die ein sehr ödes, langweiliges Leben führen, wenn ihnen die Zeit gar zu lang wird. Sie empfinden ihr Leben als so eintönig, daß sie ins Bett gehen, regelrecht vor der Realität flüchten. Die Insomnie entspringt bei ihnen der schlichten Tatsache, daß sie zu lange im Bett bleiben. Und der Insomnie folgt das Verlangen nach Schlaftabletten.
Auf einen besonders erschreckenden Fall trafen wir bei einer Forschungsaufgabe. Wir untersuchten in unserem Labor die Wirkung eines neuen Schlafmittels. Besonders die Dosis, die für ältere Menschen empfohlen wurde, galt es zu überprüfen. Unter den Freiwilligen war Anna Park, eine 85jährige Witwe. Sie war eine stille, sehr nette Person, und sie klagte über Schlafprobleme. Zehn Nächte lang kam sie im Rahmen des Forschungsprojekts ins Schlaflabor. Sie wurde in dieser Zeit jeden Tag frühmorgens von einem Taxifahrer nach Hause gebracht und abends wieder abgeholt. Jeden Abend, wenn wir sie nach Nebenwirkungen befragten, sagte die alte Dame nur: »Großartig, diese Pillen sind einfach großartig. Ich schlafe so tief und fest. Nebenwirkungen gibt es überhaupt nicht.« Das ging sechs Tage lang so.

Am Abend des siebten Tages bekamen wir einen panischen Anruf von dem Taxifahrer: »Ich bin hier in ihrem Haus — sie hat auf mein Klingeln nicht geöffnet, also bin ich reingegangen. Und da lag sie auf der Couch — wie tot.« Wir sagten ihm, er solle sie sofort in die Klinik bringen. Als er ankam, hatten wir schon alle Notfallvorbereitungen getroffen. Wir machten sofort ein EEG und maßen die Herzfrequenz. Anna Park war im Tiefschlaf. Ansonsten war sie völlig in Ordnung. Das Notfallteam entschloß sich, sie im Labor weiterschlafen zu lassen, wo wir sie die ganze Nacht würden beobachten können.

Als Anna Park am nächsten Morgen aufwachte, fragten wir sie, was passiert sei. »Doktor, das sind die absolut besten Schlaftabletten«, erwiderte sie. »Aber wir haben Sie auf der Couch gefunden, und nichts und niemand hat Sie aufwecken können!« erklärten wir ihr. »Das ist es ja gerade, was ich an diesen Pillen so großartig finde. Wenn ich sie genommen habe, schlafe ich nicht nur im Labor, sondern auch im Taxi auf der Heimfahrt und den ganzen Tag zu Hause.«

Sie hatte also eine starke Überdosis bekommen, hielt deren Auswirkungen aber für phantastisch, mußte sie sich doch kaum noch mit dem Leben auseinandersetzen. Sie schlief den größten Teil des Tages und den größten Teil der Nacht, und genau das war ihr Ziel gewesen.

Ältere Menschen brauchen tagsüber Stimulation, um nachts gut schlafen zu können. Die Familie kann da eine wichtige Rolle spielen: Machen Sie Besorgungen für ältere Angehörige und bleiben Sie danach ein Weilchen, das macht das Leben weniger langweilig; sorgen Sie dafür, daß die Kinder nach der Schule für zehn Minuten hereinschauen — tun Sie alles, um das Leben für sie interessanter zu machen. Alters- oder Pflegeheime könnten stimulierende Aktivitäten bieten und den Insassen erlauben, mehr persönliche Habe und Hobbyzubehör mitzubringen sowie Radios, Stereoanlagen und Telefone in ihren Zimmern zu haben.

Schlaftabletten können den »Tag danach« beeinträchtigen

Gewöhnlich nimmt man Schlaftabletten aus einem von zwei Gründen: Man will versuchen, nachts besser zu schlafen, oder hofft, dann am nächsten Tag munterer zu sein. Pillen mögen zwar zu etwas besserem Schlaf verhelfen, Forschungsergebnisse belegen jedoch, daß sie die geistige oder körperliche Leistung am folgenden Tag keineswegs verbessern.

Versuche an Fahrsimulatoren beispielsweise bewiesen, daß die Leistungen nach einer Nacht, in der eine Schlaftablette verabreicht worden war, häufig weit schlechter waren als nach einer Nacht mit schlechtem Schlaf, in der die Patienten ein Placebo bekommen hatten. Insomnie kann dazu führen, daß man sich am nächsten Tag kaputt und müde fühlt — und Schlaftabletten können dieselben Folgen haben, manchmal allerdings schlimmere.

Dutzende von Studien haben dieses Resultat bestätigt. Ob die Patienten nun aufgefordert wurden, Zahlen zu addieren, Videospiele zu machen, Zeichnungen zu kopieren, Entscheidungen zu treffen oder etwas zu memorieren — ihre Leistungen waren grundsätzlich nach einer Nacht, in der sie mit Hilfe einer Tablette gut geschlafen hatten, nicht besser als nach einer Nacht, in der sie ein Placebo bekommen und schlecht geschlafen hatten. Eine typische Studie der Forscher des *Naval Health Research Center* in San Diego bewies beispielsweise, daß Menschen, die Schlaftabletten schluckten, am nächsten Tag in keinem Fall bessere Resultate vorzuweisen hatten als an Tagen, an denen sie in der Nacht davor auf die Pille verzichtet hatten.

Der Grund dafür ist, daß gewöhnlich eine Teilmenge der Schlafmedikation viel länger im Körper bleibt als nur für die paar Stunden, in denen sie zu Schlaf verhelfen sollte, was dazu führt, daß man sich noch am nächsten Tag benommen und kaputt fühlt. Dieser Kater-Effekt ist bei den Schlaftabletten am schlimmsten, die sehr langsam umgesetzt werden.

Das Beste, was man über die Schlaftabletten sagen kann, die gegenwärtig auf dem Markt sind, ist, daß die Leistung am Tag nach der Nacht, in der man sie geschluckt hat, so gut sein kann, als hätte man überhaupt keine Pille genommen. Und das kann man auch nur von jenen Schlaftabletten behaupten, die schnell umgesetzt werden. Falls Sie vor diesen langen, schlaflosen Nächten Angst haben sollten, verhilft Ihnen eine Pille möglicherweise zu Schlaf, doch es ist ein Mythos, daß sie Ihnen auch dazu verhelfen wird, am nächsten Tag besser zu funktionieren.

Schlaftabletten können Nebenwirkungen haben

Einem Artikel in *Physician's Drug Alert* (Juli 1988) zufolge verursachte eine einzige hohe Dosis einer triazolamhaltigen Schlaftablette bei fünf älteren Krankenhaus-Patienten eine Kurzzeit-Amnesie. Ein weiterer Report über dasselbe Schlafmittel enthüllte, daß es auch bei drei Männern in mittleren Jahren zu zeitweiliger Amnesie geführt hatte. Die Männer hatten die Pillen genommen, um die Auswirkungen des Jet-lag zu mildern. Obwohl man davon ausgehen kann, daß diese Pillen sicher sind, solange man sie nur gelegentlich und niedrig dosiert nimmt, darf man doch nicht vergessen, daß hohe Dosen zu ernsthaften Schwierigkeiten führen können.
Das Unheimliche daran ist, daß die Patienten sich keineswegs verwirrt fühlen und sich ihrer Gedächtnisausfälle nicht bewußt sind. Sie funktionieren gut, können sich aber später einfach nicht mehr erinnern, was sie getan haben. Ein Professor hatte beispielsweise eine Vorlesung gehalten; als jedoch später ein Student zu ihm kam und ihm eine Frage zu einem der Themen stellte, wußte er überhaupt nichts mehr davon!
Um die Dinge wieder in die richtige Perspektive zu rücken: Massive Gedächtnisverluste sind nur bei sehr hohen Dosen dieses Schlafmittels aufgetreten. Unseres Wissens kam es nie dazu, wenn es in der gegenwärtig empfohlenen Dosierung von 0,125 oder 0,25 Milligramm verabreicht wurde. Wir erzählen Ihnen diese Geschichten nicht, um Ihnen die Einnahme zu verleiden oder Sie abzuschrecken, sondern nur, um Sie davor zu warnen, die Dosierung irgendeines Schlafmittels impulsiv zu verdoppeln — und danach eventuell noch einmal zu

verdoppeln —, wenn die einfache Dosis nicht mehr wirkt. Sprechen Sie mit Ihrem Arzt, bevor Sie die Dosierung *irgendeines* Medikaments erhöhen.

Alle Schlafmittel, das ist bewiesen, haben Nebenwirkungen. Sie können zu hohem Blutdruck, Angstgefühlen, Benommenheit, Schwächegefühlen, Unruhe, Schwindel, Verwirrung, Koordinationsstörungen, verzögerten Reaktionszeiten, Verdauungsstörungen, Appetitlosigkeit, Sehstörungen, Hautausschlägen und Harndrang führen.

Schlaftabletten verlangsamen auch die Atmung. Das macht gewöhnlich nicht viel aus, es sei denn, man hat ein schwaches Atmungssystem oder leidet unter Schlafapnoe. Wenn man eine Schlaftablette nimmt, atmet man langsamer und flacher. Wenn die Atmung sich verlangsamt, können Apnoen von bislang zehn bis 15 Sekunden sich über bis zu 40 Sekunden erstrecken, was die Sauerstoffsättigung im Blut auf einen Pegel abfallen läßt, der so niedrig ist, daß man die ganze Nacht wach bleibt. Das ist einer der Gründe, aus denen manche Menschen sagen: »Mit Schlaftabletten schlafe ich noch schlechter als ohne.«

Falls Sie unter ernster Schlafapnoe leiden, ist das mit der Einnahme eines Schlafmittels verbundene Risiko erschreckend hoch. Das galt beispielsweise für einen 72jährigen, der an schwerer Schlafapnoe litt und im Rahmen eines Forschungsprojekts die Standarddosis einer populären Schlaftablette nahm. Seine Apnoen dauerten gewöhnlich ungefähr 45 Sekunden — auch wenn er keine Schlaftabletten nahm. In der Nacht, in der er das Schlafmittel schluckte, stand sein Atem fünf Minuten lang still — so lange, daß die Forscher um das Leben des Mannes fürchteten und ihn weckten. Schwere Schlafapnoe und Schlafmittel passen einfach nicht zusammen.

Diese Verschlimmerung der Apnoe durch Schlafmittel kann bereits bei Menschen in mittleren Jahren auftreten. Dr. Wallace Mendelson aus Stony Brook, New York, legte einen Bericht über einen 38jährigen vor, der in Nächten ohne Pillen zwei bis 18 Apnoen hatte — das gilt nicht gerade als besorgniserregend —, in der zweiten Nacht, in der er Schlaftabletten geschluckt hatte, waren es jedoch hundert.

Wegen all der möglichen Nebenwirkungen wollen wir Ihnen dringend ans Herz legen, immer nur die niedrigst mögliche Dosis eines Schlafmittels zu nehmen. Viele Menschen brauchen nicht einmal die Standarddosierung. Finden Sie das für sich selbst heraus. Erklären

Sie Ihrem Arzt, daß Sie es gern mit der Hälfte der gewöhnlich verschriebenen Dosis versuchen würden. Wenn das funktioniert, großartig! Falls nicht, können Sie am nächsten Abend immer noch die volle Dosis nehmen. Aber erhöhen Sie diese Dosis nie, und nehmen Sie nie mehr Tabletten, als Ihr Arzt Ihnen verschrieben hat. Denn damit könnten Sie großen Schaden anrichten.

Was wir über die Nebenwirkungen von Schlafmitteln bei Insassen von Pflegeheimen gehört haben, kann einen nur traurig stimmen. Wegen der übermäßigen Verordnung von Schlaftabletten und anderer Sedativa schleppen sich die Insassen mancher Pflegeheime teilnahmslos und müde durch den Tag. Einige sehen aus, als seien sie im Drogenrausch. Und weil die Pillen zu Koordinationsstörungen führen können, gibt es eine Menge unnötiger Unfälle und Stürze. Manchmal kommt es beispielsweise vor, daß ein älterer Mensch, der mitten in der Nacht aufstehen muß, um auf die Toilette zu gehen, stolpert und fällt, sich möglicherweise sogar die Hüfte bricht, weil er wegen der starken Schlafmitteldosis völlig desorientiert ist. Manchmal kommt es zu Gedächtnisverlust, Verwirrung oder sogar zum Delirium.

Ein Artikel im *Journal of the American Medical Association* konstatiert, daß in Alters- und Pflegeheimen sowohl Schlaftabletten als auch Sedativa nach wie vor im Übermaß und falsch verabreicht werden. In einer Studie, die im *American Journal of Psychiatry* (November 1988) veröffentlicht wurde, legen Dr. Michael G. Moran, Dr. Troy L. Thompson II und Dr. Alan Nies dar, zwanzig Prozent der Insassen von Pflegeheimen mangele es aufgrund der Schlaftabletten an Koordinationsvermögen, oder sie neigten zu Halluzinationen. Dr. Mark Beers, jetzt an der Universität von Kalifornien, und seine Kollegen an der *Harvard Medical School* in Boston untersuchten die Insassen von zwölf Alters- und Pflegeheimen und stellten ebenfalls die starke Anwendung hoher Dosen von Sedativa, Schlaftabletten und antipsychotischer Mittel fest. Die Pillen wurden weit häufiger nach einem vorher festgelegten Schema verabreicht denn nach wirklichem Bedarf. Die Drogen würden nicht aufgrund spezieller Bedürfnisse verschrieben, erklärten die Autoren, sondern als eine Art »chemische Zwangsruhestellung« eingesetzt.

Der Fall Ray Rothman zeigt auf dramatische Weise, was passieren kann. Er war 43 Jahre glücklich verheiratet gewesen, hatte aber mit zunehmendem Alter Probleme mit den Beinen bekommen. Schließlich mußte er sich mit einem Rollstuhl vorwärtsbewegen. Da er zunehmend gebrechlicher wurde, war seine Frau, die ja selbst nicht mehr die Jüngste war, nicht in der Lage, ihn allein zu versorgen. Seine Familie entschied sich widerstrebend, ihn in einem Pflegeheim unterzubringen. Ray Rothman versuchte sich dagegen zu wehren, erklärte, er sei durchaus fähig, allein für sich zu sorgen. Im Pflegeheim erwies er sich als schwieriger Patient, dachte ständig an Flucht. Bei einigen Gelegenheiten schaffte er es, bis in die Lobby zu kommen oder sogar bis auf die Straße, wo er versuchte, seinen Rollstuhl auf die Fahrbahn zu lenken, um die Autofahrer zum Anhalten zu bewegen, damit sie ihn nach Hause fuhren.

Das Pflegepersonal band seinen Rollstuhl daraufhin an seinem Bett fest, um weitere Fluchtversuche zu unterbinden. Ray Rothman gab auf und lag nun die meiste Zeit des Tages dösend im Bett. Das Resultat war, daß er nachts oft wach war, im Pflegeheim herumstöberte, für Aufruhr sorgte, Krach machte und schließlich wieder zu entfliehen suchte — zweimal. Die Nachtschwester, die den Dienst allein versah, war nicht in der Lage, mit ihm fertig zu werden. Es gab schließlich noch vierzig weitere Patienten, um die sie sich kümmern mußte. Weshalb der diensthabende Arzt bald, wenn auch wider besseres Wissen, Schlaftabletten verschrieb, um Mr. Rothman nachts ruhigzustellen. Da der alte Herr aber tagsüber ebenfalls häufig schlief, mußte der Doktor eine relativ hohe Dosis verordnen.

Ray Rothman war nun zwar fügsamer, jedoch auch häufig äußerst verwirrt. Wenn seine Familie zu Besuch kam, besonders dann, wenn er von seinen Angehörigen aus einem Traum gerissen wurde, reagierte er oft desorientiert, glaubte, er sei wieder ein Kind, oder war nicht fähig, zwischen Traum und Wirklichkeit zu unterscheiden. In seiner Verwirrung beschuldigte er andere, ihn zu mißhandeln, hatte das Gefühl, das Personal wolle ihn berauben, verlangte zu wissen, warum er eingekerkert sei, und verhielt sich alles in allem völlig irrational. Um dem entgegenzuwirken, wurde ihm ein antipsychotisches Mittel verschrieben. Unter dem Einfluß der Kombination des Sedativums mit dem antipsychotischen Mittel ließ Ray Rothmans Koordinationsfähigkeit jedoch weiter nach, und er konnte sich nicht mehr klar ausdrücken. Eines Nachts versuchte er auf die Toilette zu gehen, fiel und brach sich die Hüfte. Anschließend hatte er keine Ahnung,

woher der Gips kam, glaubte sogar, es handle sich um eine Zwangsjacke, die nun einmal zu einer Zwangsverwahrung gehöre.
Glücklicherweise kam zu diesem Zeitpunkt ein neuer Arzt, der sich in der Geriatrie besser auskannte. Er ließ die Medikation allmählich auslaufen, und Ray Rothmans Denken wurde zunehmend klarer. Der Arzt ermutigte das Personal, sich mit dem alten Herrn zu beschäftigen, ihn tagsüber mit Gesprächen über die Vergangenheit wach zu halten. Und den Kindern Ray Rothmans riet er, den Vater gelegentlich zu Spazierfahrten abzuholen. Einmal wurde ihm sogar erlaubt, seine Frau in der alten Wohnung zu besuchen. Er machte drastische Fortschritte, verstand von Tag zu Tag besser, was geschehen war. Und so endete der Alptraum, der mit der völlig sinnlosen Verschreibung der Schlaftabletten begonnen hatte.
In vielen Alters- und Pflegeheimen ist die routinemäßige Verschreibung von Schlaftabletten ein Personalproblem. Nachts stehen nur wenige Schwestern zur Verfügung, weshalb man sich häufig entscheidet, die Patienten ruhigzustellen. Heute gibt es zwar weniger Alters-und Pflegeheime als noch vor zwanzig Jahren, die so verfahren, trotzdem kommt so etwas immer noch vor.
Auch in den Krankenhäusern nimmt die Anwendung von Schlaftabletten ab. Die meisten Ärzte ordnen heute an, Schlaftabletten nur dann zu verabreichen, wenn der Patient ausdrücklich danach verlangt, oder wenn die Schwester glaubt, der Patient brauche eine. Das heißt aber nicht, daß es keine Routine-Verabreichungen mehr gibt. Wir kennen alle den Witz über die Krankenschwester, die den Patienten aufweckt, weil es Zeit ist für seine Schlaftablette. So etwas passiert heute zwar seltener, doch es passiert nach wie vor.
Schlaftabletten führen aber nicht nur dazu, daß der Kranke sich am nächsten Tag groggy fühlt. Es kann — wie wir wissen — auch zu Wechselwirkungen mit anderen Medikamenten kommen. Und außerdem können die Schlafpillen Testresultate verfälschen. Das Schlimmste aber ist, daß die Patienten so möglicherweise in eine langandauernde Abhängigkeit von Schlaftabletten hineinrutschen — obwohl sie sie im Krankenhaus vielleicht nicht einmal gebraucht hätten.

Falls Sie schwanger sind

Die meisten Menschen haben gewiß schon von Contergan gehört, jenem früher einmal häufig benutzten Sedativum, das dazu führte, daß so viele Babys mit Fehlbildungen geboren wurden. Vorausgegangene Forschungsprojekte deuten darauf hin, daß einige andere Schlaftabletten, wenn auch nur in sehr seltenen Fällen, ebenfalls zu Fehlbildungen des Fötus führen könnten, besonders dann, wenn eine Schwangere sie im ersten Trimester einnimmt.

Ein weiteres Problem: Wenn eine Mutter von Schlaftabletten abhängig ist, wäre es möglich, daß das Neugeborene unter denselben Entzugssymptomen leiden muß, die einem Erwachsenen bevorstünden — Gereiztheit, Insomnie, Muskelzittern und Hyperaktivität.

Kein Medikament hat sich für ein Ungeborenes als völlig harmlos erwiesen, und Schlaftabletten machen da gewiß keine Ausnahme. Nehmen Sie keine Schlaftabletten, wenn Sie schwanger sind oder auch nur die Möglichkeit besteht, daß Sie schwanger sein könnten — das heißt, wenn Sie eine Frau im gebärfähigen Alter sind und keine sichere Empfängnisverhütungsmethode benutzen.

Denken Sie auch daran, daß Sie Schlafmittel auch durch die Milch an Ihr Baby weitergeben könnten, wenn Sie ihm die Brust geben. Das könnte bei dem Säugling zu erheblichen Gesundheitsschäden führen.

Schlaftabletten können zu Unfällen führen

Weil Schlaftabletten Reaktionszeiten und Denkvorgänge verlangsamen, kann ihre Einnahme für Menschen, die Auto fahren oder mit gefährlichen Maschinen umgehen, ausgesprochen verheerend sein. Studien, die in Finnland und Großbritannien durchgeführt wurden, beweisen, daß Menschen, die Schlaftabletten schlucken, eine höhere Zahl von Autounfällen hatten als andere.

Am Tag nach der Nacht, in der man eine Schlaftablette genommen hatte, zeigen sich möglicherweise die Auswirkungen eines Katers, die dazu führen, daß man langsamer reagiert als sonst. Man kann sicn sogar munter fühlen, obwohl man es nicht ist. Also nehmen Sie keine Schlaftabletten, die zu Benommenheit am nächsten Tag führen, wenn Sie früh am nächsten Morgen eine längere Fahrt vor sich haben oder eine Aufgabe, die womöglich gefährlich sein könnte.

Zwischen Schlaftabletten und anderen Medikamenten kann es zu Wechselwirkungen kommen

Falls Sie neben Schlaftabletten noch andere Medikamente nehmen, muß die Dosierung des anderen Arzneimittels dieser Tatsache möglicherweise angepaßt werden. Eine bestimmte gegen Magen- beziehungsweise Zwölffingerdarmgeschwüre verschriebene Tablette wird beispielsweise von denselben Leberenzymen umgesetzt, die auch die meisten Schlaftabletten umsetzen. Falls Sie solche Schlaftabletten nehmen, würde das bedeuten, daß der Pegel des gegen das Geschwür eingesetzten Medikaments sich verschiebt und Ihr Arzt ihn korrigieren müßte.

Alle Schlaftabletten wirken depressorisch auf das zentrale Nervensystem. Wie Antihistaminika und Tranquilizer verlangsamen sie die Aktivität des Nervensystems. Falls Sie eines dieser Medikamente nehmen und dazu noch eine Schlaftablette, würde das die Aktivität Ihres Nervensystems noch weiter reduzieren.

Falls Ihr Arzt Ihnen Schlaftabletten verschreibt, Sie aber schon andere Medikamente nehmen, sollten Sie ihn daran erinnern, besonders dann, wenn die Ihnen von einem anderen Arzt verordnet wurden.

Schlaftabletten plus Alkohol — eine tödliche Mischung

Den meisten Menschen ist nicht bewußt, wie gefährlich ein Cocktail aus Schlaftabletten und Alkohol sein kann. Da »unterstützt« eines die Wirkung des anderen. Das trifft besonders auf die Atmung zu; jede dieser Drogen verlangsamt die Atemgeschwindigkeit, und gemeinsam können sie die größten Schwierigkeiten verursachen.

Es ist geradezu erschreckend, wie oft diese beiden Drogen noch immer kombiniert werden. Menschen, die an Insomnie leiden, nehmen manchmal ein paar Drinks zur Entspannung und später dann eine hohe Schlafmitteldosis, wobei ihnen die Gefahr, in die sie sich damit begeben, keine Minute bewußt ist. In einigen Fällen kann schon ein einziges Glas Wein oder Likör/Schnaps gefährlich sein. Deshalb sollten Sie niemals, wirklich *niemals*, Alkohol trinken, wenn Sie eine Schlaftablette genommen haben oder noch nehmen wollen.

Die Schlaftabletten der neuen Generation sind zwar nicht ganz so gefährlich wie die älteren Schlafmittel, trotzdem besteht immer noch die Gefahr, versehentlich eine Überdosis zu nehmen, besonders wenn die Pillen mit Alkohol oder anderen Medikamenten gemischt werden. Schlafmittel spielten beim viel zu frühen Tod vieler berühmter Leute eine Rolle. Dorothy Kilgallen, Marilyn Monroe und erst kürzlich der Radikale Abbie Hoffman starben an Überdosen.

Schlaftablette ist nicht gleich Schlaftablette

Einige Schlaftabletten wirken schnell, andere dagegen mit Verzögerung. Einige wirken nur für ein paar Stunden, andere können bis in den nächsten Tag hinein wirken. Alle diese Faktoren sind wichtig, falls Sie und Ihr Arzt beschließen, daß Sie ein Schlafmittel brauchen. Einige Tabletten werden schnell aufgenommen, so daß man sie erst nehmen sollte, bevor man ins Bett geht. Andere werden langsamer aufgenommen, weshalb man sie bereits eine halbe Stunde vor dem

Zubettgehen nehmen sollte. (Die schnelle oder langsame Aufnahme bezieht sich auf die Zeit, die die Chemikalien brauchen, um im Hirn zu wirken, nachdem man eine Tablette genommen hat.) Auch wenn Sie jemals mitten in der Nacht eine Tablette nehmen wollten, würden Sie sich gewiß für eine schnell wirkende entscheiden.

Wichtig ist auch die *Halbwertzeit* — die Zeit, die der Körper braucht, um die Hälfte der verabreichten Tablette in ihre Bestandteile zu zerlegen und auszuscheiden. Einige haben einen kurzen Halbzeitwert von fünf Stunden (nach fünf Stunden ist die Hälfte abgebaut). Weil der Körper sich der Tablette schnell entledigt, hat sie auch geringere Auswirkungen auf die Leistung am nächsten Tag. Die lange wirkenden Schlaftabletten dagegen beeinflussen die Tagesleistung entscheidend. Und falls man sie in mehr als einer Nacht nimmt, können sie Sucht auslösen und einen für Tage schläfrig machen.

Unter den Schlafexperten gibt es große Meinungsverschiedenheiten darüber, ob eine kurz oder länger wirkende Tablette besser ist. Einige meinen, man solle länger wirkende Schlaftabletten nehmen, wenn der Patient übererregt und nervös ist und auch tagsüber eine Sedierung wünscht. Denn statt nachts eine Schlaftablette zu nehmen und tagsüber noch einen Tranquilizer, müsse er dann nur eine länger wirkende Schlaftablette schlucken, die einen Teil ihrer beruhigenden Wirkung noch mit in den nächsten Tag hinübernimmt. Falls man tagsüber alert und aktiv sein will, sind kürzere Halbzeitwerte besser. Bei älteren Patienten, die dazu neigen, Arzneibestandteile langsamer auszuscheiden, können länger wirkende Schlaftabletten mit größerer Wahrscheinlichkeit zu mentalen und motorischen Schäden führen. Schlechte Koordination und Probleme mit dem Erinnerungsvermögen und Denken sind mögliche Komplikationen. Ähnliche Schwierigkeiten können bei jüngeren Menschen auftreten, die Nieren- oder Leberschäden haben, wie es zum Beispiel bei manchen Alkoholikern der Fall ist.

Die ideale Schlaftablette müßte gerade die richtige Menge der Chemikalie ins Blut bringen, um zu wirken, dürfte keine Nebenwirkungen haben und am nächsten Tag keinen Leistungsverlust und keinen Kater verursachen. Unglücklicherweise gibt es keine solche Schlaftablette.

Die verschiedenen Arten von Schlaftabletten

Benzodiazepine

Benzodiazepine sind im Augenblick in den meisten Situationen die besten Schlaftabletten. Sie werden auch als Tranquilizer und zur Muskelentspannung angeboten.
Diese Drogen sind die sichersten Schlaftabletten, und sie haben auch die geringsten Nebenwirkungen. Trotzdem besteht auch bei ihnen Suchtgefahr, trotzdem können auch sie — wie die anderen Schlaftabletten — die Atmung unterdrücken, trotzdem können auch sie Insomnie-Rebound auslösen, wenn man sie absetzt, und trotzdem können auch sie zum Tod führen, wenn man sie in Kombination mit Alkohol nimmt. Außerdem weiß man von allen Benzodiazepinen, daß sie das Gedächtnis schädigen können, wenn man hohe Dosen nimmt. Deshalb ist auch ihre Verwendung nur für kurze Zeit vertretbar.

Fluorazepam HCI

Fluorazepam wird schnell absorbiert; seine Halbwertzeit liegt bei acht bis zwölf Stunden. Unglücklicherweise wird etwas davon jedoch in eine andere Chemikalie umgewandelt, die ebenfalls schlaffördernd ist und deren Halbwertzeit von fünfzig bis dreihundert Stunden reichen kann. Das hängt ganz von den Leberfunktionen des Patienten ab. Deshalb verursacht die Einnahme von Fluorazepam auch tagsüber eine Sedierung. Außerdem ist sie durch verschiedene Episoden von Depressionen, Gereiztheit und Wutausbrüche (paradoxe Reaktion, tritt vorwiegend bei älteren Menschen auf) belastet.
Bei den meisten Patienten ist die 15-Milligramm-Dosis ebenso wirksam wie die 30-Milligramm-Dosis. Und außerdem verursacht sie geringere Nebenwirkungen. Auch hier gilt: Einnahme nur über einen kurzen Zeitraum, sonst Suchtgefahr.

Temazepam

Temazepam-Präparate haben eine langsamere Absorptionsrate als viele andere Benzodiazepine und eine Halbwertzeit von etwa acht Stunden. Sie sollten eine halbe Stunde vor dem Zubettgehen verabreicht werden. Folglich ist es wichtig, früh genug zu wissen, daß man eine Schlaftablette nehmen will. Mitten in der Nacht genommen, sind sie nicht von Nutzen.

Triazolam

Triazolam hat eine schnellere Absorptionsrate und eine Halbwertzeit von etwa fünf Stunden bis zur Ausscheidung. Dieses Medikament wird bevorzugt angewandt, wenn eine Sedierung am Tage vermieden werden muß (wogegen Fluorazepam vorgezogen wird, sofern die Sedierung erwünscht ist). Tatsächlich scheinen Patienten, die beim Zubettgehen Triazolam genommen haben, tagsüber munterer zu sein. Das wird von einigen Ärzten als Vorteil empfunden, andere jedoch lehnen es wegen eines möglichen Angst-*Rebounds* ab. Bis zu einer Dosis von 0,25 Milligramm halten wir es für sicher, sind aber strikt gegen jede höhere Dosierung.

Barbiturate

Die Barbiturate waren zu Beginn des zwanzigsten Jahrhunderts die meistverkauften Schlaftabletten. Die ersten Barbituratpräparate hatten eine so lange Wirkungsdauer, daß die, die sie nahmen, nicht nur nachts schliefen, sondern auch den Tag über schläfrig waren. Später kamen Barbiturate mit kürzerer Wirkungsdauer auf den Markt. Trotzdem sind Überdosen an Barbituraten weitaus gefährlicher als Überdosen von Benzodiazepinen. Barbiturate haben mehr Nebenwirkungen, führen leichter zu Abhängigkeit und können häufige Wachphasen und beunruhigende Träume auslösen. Viele Menschen entwickeln schnell eine Toleranz gegen Barbiturate, werden von ihnen abhängig und neigen dann möglicherweise dazu, die Dosis zu erhöhen, ohne ihren Arzt zu fragen, haben allerdings keine Vorstellung

davon, wie gefährlich das sein kann. Die Kombination von Barbituraten und Alkohol kann lebensbedrohlich sein. Außerdem gibt es zwischen Barbituraten und anderen Medikamenten stärkere Wechselwirkungen.
Zu den Barbituraten gehören Secobarbital, Amobarbital, Hexobarbital und Cyclobarbital. Daneben gibt es noch etliche Kombinationen von Barbituraten. Sie haben Halbwertzeiten von 14 bis 48 Stunden.

Chloralhydrat

Chloralhydrat, eine ältere Schlaftablettenart, ist möglicherweise nützlich für Patienten, die keine Benzodiazepine oder Barbiturate nehmen können. Das Problem ist, daß es in hohen Dosen schwere Nebenwirkungen haben kann, weshalb Chloralhydrat nur in Ausnahmesituationen oder im Krankenhaus verabreicht werden sollte, wo man besonders gründlich auf Nebenwirkungen achten kann. (Es war Chloralhydrat, das — in einen Cocktail gemischt — zu dem berühmten Mickey-Finn-Knockout geführt hat.)

Antihistaminika

Werden Antihistaminika gegen Allergien verabreicht, ist Benommenheit ein unerwünschter Nebeneffekt. Für Menschen, die unter Insomnie leiden, ist diese Nebenwirkung der Grund, aus dem sie diese Medikamente nehmen.
Schlafexperten sind von den Antihistaminika nicht gerade beeindruckt. Richtig: 100 Milligramm bestimmter Präparate können wie eine leichte Schlaftablette wirken, doch ihre Nebenwirkungen sind schlimmer als die einer ähnlich effektiven, aber niedrigen Dosis eines Benzodiazepins.

Antidepressiva

Obwohl auf diesem Gebiet noch weiter geforscht werden muß, scheint es, als könnten sehr niedrige Dosen (beispielsweise 25 Milligramm) trizyklischer Antidepressiva bei einigen Patienten Schlaf herbeiführen, besonders bei denen, deren Insomnie schon in der Kindheit begann, und bei denen, deren Schlaf nicht erholsam ist. Tatsächlich scheinen die trizyklischen Antidepressiva ein geringeres Abhängigkeitsrisiko als die Benzodiapine zu beinhalten, wenn sie als Schlaftabletten verabreicht werden.

Wenn Ihr Hausarzt also möchte, daß Sie es einmal mit einer sehr niedrigen Dosis eines Antidepressivums versuchen, heißt das nicht unbedingt, daß er Sie für depressiv hält. Er tut es, weil einige Antidepressiva Ihnen zu Schlaf verhelfen können. Dennoch haben auch sie Nebenwirkungen, sogar dann, wenn sie in niedrigen Dosen verabreicht werden. Sie können beispielsweise zu Mundtrockenheit, Verstopfung, Beschleunigung des Pulses, Problemen beim Wasserlassen und Impotenz führen.

Tranquilizer

Tranquilizer sind dazu da, Entspannung zu erzeugen und Ängste abzubauen. Sie können aber auch als Schlaftabletten eingesetzt werden. Sie sind relativ ungefährlich, solange man sie in geringen Dosen nimmt, können aber auch zu Abhängigkeit führen. Nimmt man eine zu hohe Dosis, kann das Verwirrungszustände auslösen, eine Beeinträchtigung des Urteilsvermögens, Benommenheit, Gereiztheit und sogar Bewegungsstörungen.

Tatsächlich ist es so, daß Tranquilizer und Schlaftabletten im Grunde dasselbe sind. Ein Tranquilizer, der in einer höheren Dosis verabreicht wird, wirkt wie eine Schlaftablette, und eine Schlaftablette, in einer niedrigeren Dosis gegeben, kann tagsüber wie ein Tranquilizer wirken. Der Unterschied bezieht sich häufig nur auf die Basis der Vermarktung. Man kann ein Medikament nicht anpreisen, bevor man nachgewiesen hat, daß es auch wirkt — und das ist teuer. Aus diesem Grund ist beispielsweise Valium nie richtig als Schlafmittel getestet worden. Es hätte einfach zuviel Geld gekostet, das Medikament auch auf diesen Aspekt seiner Wirkung hin zu überprüfen. Schlaftabletten, die beruhigend wirken, sind aus demselben Grund nie als Tranquilizer getestet worden. In der Praxis aber wenden Ärzte Valium häufig als Schlafmittel an.

Rezeptfreie Schlafmittel

Diese Mittel machen groggy und benommen, was beim Einschlafen helfen kann. Sie sind möglicherweise nützlich, wenn man sich wegen versäumten Schlafs sorgt oder wenn man sich zu krampfhaft bemüht, einzuschlafen.

Bei den Rezeptfreien gibt es freilich dasselbe Problem wie bei den Rezeptpflichtigen: Wenn man sie Nacht für Nacht nimmt, wirken sie bald nicht mehr. Deshalb sollten Sie in der ersten Nacht, in der Sie schlecht schlafen, auch kein Schlafmittel nehmen, das Sie ohne Rezept bekommen, sondern abwarten, bis Sie einige Tage nacheinander schlecht geschlafen haben und anfangen, sich deshalb zu sorgen, oder wenn die Schlaflosigkeit Sie bei der Ausübung Ihres Jobs behindert.

Nicht rezeptpflichtige Medikamente, die als Schlafmittel angeboten werden, enthalten gewöhnlich Antihistaminika. (Bis vor kurzem enthielten sie manchmal Pyrilamin, Skopolamin und Bromide, doch die wurden vom Markt genommen, weil ihre Wirkung nicht nachzuweisen war.) Obwohl der Anteil an Antihistaminika bei diesen Medikamenten gering ist, kann es trotzdem zu Nebenwirkungen kommen, wenn man dagegen empfindlich ist.

Die Ingredienzen bei nicht rezeptpflichtigen Schlaftabletten ändern sich so häufig, daß man sich der Inhaltsstoffe nur dann sicher sein kann, wenn man das Etikett der Packung liest, die gerade im Handel ist. Die Namen bleiben nämlich häufig gleich, auch wenn die Zusammensetzung geändert wird.

Aspirin

Als ich in Dartmouth war, erzählten mir so viele Insomnie-Patienten, Aspirin wirke bei ihnen wie eine Schlaftablette, daß mein Kollege Dr. Peter M. Silberfarb und ich beschlossen, es zu testen. Acht Männer und Frauen, die wenigstens zwei Jahre lang unter schwerster Insomnie gelitten hatten, stellten sich für die Studie freiwillig zur Verfügung. In einigen Nächten bekamen sie Placebos, in anderen zwei Aspirin (650 Milligramm). Bei sechs der Patienten brachte das Aspirin eine Verbesserung des Schlafs.

Die überraschendste Erkenntnis war, daß es eine vierstündige Verzögerung bei der Wirkung gab. Wenn wir Aspirin zur Schlafenszeit verabreichten, zeigte es kaum Wirkung, wenn es ums Einschlafen ging. Es wirkte dann erst in der zweiten Nachthälfte. Das Aspirin schien zu ziemlich normalem Schlaf zu führen, da keine der Schlafphasen gestört und am nächsten Tag kein Katereffekt zu beobachten war.

Falls Sie also das Problem haben sollten, nachts häufig aufzuwachen, könnten Sie beim Schlafengehen einmal Aspirin ausprobieren, statt eine Schlaftablette zu nehmen. Schlucken Sie zwei Aspirin mit einem großen Glas Wasser, bevor Sie sich hinlegen. Doch das scheint nur ein paar Tage lang zu wirken, weshalb Sie es höchstens zweimal pro Woche versuchen sollten.

Wenn Sie allerdings ein Geschwür, Magen-, Darmstörungen oder eine Blutungstendenz haben, sollten Sie kein Aspirin nehmen, da Aspirin dazu neigt, das Blut zu verdünnen.

Wie man die Gewohnheit ablegt

Wie wir bereits erläutert haben, werden Sie — falls Sie Schlafmittel genommen haben und dann abrupt damit aufhören — üblicherweise ein paar Nächte lang — gelegentlich auch über Wochen — unter Insomnie leiden. Ironischerweise ist dieser Insomnie-Rebound gewöhnlich weit schlimmer als die Insomnie, unter der man litt, bevor man anfing, die Schlaftabletten zu nehmen. Es sieht so aus, als hielten die Entzugssymptome um so länger an, je höher die Dosis war. (Denken Sie daran, daß Sie Schlaf nicht kaufen, sondern be-

stenfalls borgen können — später werden Sie ihn dann zurückzahlen müssen.)
Zu den Entzugsschwierigkeiten könnte gehören, daß Sie ernsthafte Einschlafprobleme bekommen oder häufig mitten in der Nacht aufwachen. Hin und wieder, wenn auch selten, kann es auch zu Alpträumen kommen. Falls Sie Tabletten genommen haben, die den REM-Schlaf unterdrücken (beispielsweise Antidepressiva), werden Sie unter REM-Rebound leiden — zu lange Traumphasen und möglicherweise häufige Wachphasen nach Alpträumen.
Es ist wichtig, nicht wieder mit den Schlaftabletten anzufangen. Das würde nur dazu führen, daß das Problem fortbesteht. Der Insomnie-Rebound und die Alpträume treten nur zeitlich begrenzt auf. Häufig ist die erste Nacht auch die schlimmste.
Zu den weiteren Entzugssymptomen, falls Sie eine radikale Entziehungskur machen, gehören möglicherweise: Erschöpfung, Schwächegefühle, Depressionen, Zittern, Schwindelgefühle, Veränderungen des Geschmacks- und Riechvermögens, Krämpfe, Kopfweh und sogar Zuckungen (wenn Sie Barbiturate in hohen Dosen genommen haben und sie plötzlich absetzen). Aus diesem Grund empfehlen wir den allmählichen Entzug, falls Sie die Schlaftabletten über einen langen Zeitraum genommen haben.
Hier sind die Schritte, die Sie unternehmen sollten, falls Sie derzeit Schlaftabletten nehmen und beschlossen haben, damit aufzuhören:

1. Achten Sie darauf, daß Sie mit den Entspannungstechniken und den anderen Teilen unseres Programms wirklich gekonnt umgehen können. Mit anderen Worten: Polieren Sie die Waffen auf, die gegen Insomnie helfen, aber keine Tabletten sind.
2. Suchen Sie sich einen besonderen Zeitpunkt zum Aufgeben aus, und geben Sie sich wenigstens vier Wochen für den Entzug. Manche Menschen sehen den Urlaub als streßfreie Zeit an und wählen diesen Zeitpunkt. Andere sagen sich, daß sie ohnehin nicht schlafen können, wenn sie unter Streß stehen, versuchen den Entzug also in einer stressigen Zeitspanne und bringen ihn hinter sich.
3. Kündigen Sie Ihren Plan an, informieren Sie andere. Sprechen Sie über den »letzten Tag der Pillenabhängigkeit«, der Ihnen bevorsteht. Haben Sie allen, denen Sie etwas bedeuten, von Ihrem Plan erzählt, wird es Ihnen später leichterfallen, sich daran zu halten.

4. Machen Sie einen eigenen Entzugsplan. Behalten Sie nur die Medikamente, die Sie brauchen werden, um die Entzugsperiode zu überstehen. Geben Sie alle überschüssigen Medikamente einem Freund/einer Freundin, dem/der Sie trauen. In der ersten Woche schränken Sie die Dosis auf ein Viertel der derzeitigen ein. In jeder nachfolgenden Woche nehmen Sie nur noch die Hälfte dessen, das Sie in der Vorwoche genommen haben, bis in der letzten Woche nur noch ein wenig Staub übrigbleibt. (Schneiden Sie die Tabletten mit einem scharfen Messer durch. Falls Sie ein Schlafmittel in Kapselform genommen haben, öffnen Sie die Kapsel und schütten Sie ein wenig heraus. Diesen Vorgang wiederholen Sie dann Woche für Woche, bis so gut wie nichts übriggeblieben ist.) Falls Sie damit Schwierigkeiten haben sollten, können Sie es auch mit kleineren Schritten versuchen und die Entzugsperiode auf sechs bis acht Wochen ausdehnen; welches Stadium Sie aber auch immer erreicht haben, gehen Sie nie auch nur einen Schritt zurück.
5. Für die Nächte, die Sie möglicherweise schlaflos verbringen werden, sollten Sie sich einen Vorrat an Büchern oder Materialien für Ihr Lieblingshobby anlegen. Fahren Sie mit Ihren Übungen und dem Entspannungstraining fort. Und lassen Sie auch Ihr Gesellschaftsleben nicht brachliegen. Denken Sie daran, wieviel besser Ihr Schlaf sein wird und wieviel besser Sie sich ab sofort tagsüber fühlen werden.
6. An dem Tag, an dem Sie die letzte Pille nehmen, sollten Sie feiern. Bevor die Feier beginnt, sollten Sie alle Tabletten, die Sie noch haben, in die Apotheke zurückbringen.

Falls Ihnen der Entzug allein zu schwerfällt, sollten Sie möglicherweise mit einem Arzt oder einem anderen Experten zusammenarbeiten oder unter Umständen sogar eine Woche oder mehr im Krankenhaus verbringen, wo man Ihnen helfen und beratend zur Seite stehen kann. Denn es ist tatsächlich so, daß der Entzug von Schlafmitteln, die in hohen Dosen genommen wurden, manchmal weit schwieriger ist als der Heroinentzug. In einigen Fällen war es sogar nötig, Patienten bis zu vier Wochen lang unserem Alkohol- und Drogenabhängigkeitsprogramm zu unterziehen, bis sie es schafften, auf die Pillen zu verzichten.

Der gelegentliche Gebrauch von Schlaftabletten

Es ist keine Frage, daß natürlicher Schlaf der beste ist, trotzdem gibt es Zeiten — beispielsweise in Perioden der Trauer oder wenn man Schmerzen oder eine Operation hinter sich hat —, in denen Pillen, die zu Schlaf verhelfen, durchaus von Nutzen sein können.

Louise Ludlow war sehr emotional, übernervös und organisch nicht ganz gesund. Sie hatte immer Magenprobleme gehabt, häufig war es sogar nötig gewesen, sie künstlich zu ernähren, weil sie das Essen nicht bei sich behalten konnte. Jetzt stand ihre Heirat bevor, und sie konnte überhaupt nicht schlafen. Fünf Tage vor der Eheschließung hatte sie dunkle Ringe unter den Augen und war nicht in der Lage, normal zu funktionieren. Weinend kam sie in die Klinik. Wir rieten ihr, in den Nächten bis zur Heirat Schlaftabletten zu nehmen, wiesen sie aber gleichzeitig darauf hin, daß sie diese »Hilfe« später mit Insomnie würde bezahlen müssen. »Sie sollten sich bewußt sein, daß Sie nach der Heirat ein paar Nächte lang sehr schlecht schlafen werden«, sagten wir ihr. Die Schlaftabletten halfen ihr, die schwierige Zeit zu überstehen.

Die meisten Schlafexperten halten es für akzeptabel, wenn gelegentlich Pillen verabreicht werden. Falls jemand beispielsweise zwei oder drei Nächte nicht geschlafen hat, oder wenn es ein Uhr nachts ist und man sich hellwach und voller Sorge im Bett dreht und wälzt, weil man am nächsten Tag eine wichtige Aufgabe bewältigen muß, kann es manchmal von Nutzen sein, eine Schlaftablette zu nehmen. Bevor Sie das tun, sollten Sie allerdings so etwas wie einen Vertrag mit sich selbst abschließen. Nämlich den, daß Sie in dieser Woche keine weiteren Tabletten nehmen werden. Beschränken Sie sich also auf ein Maximum von einer Tablette pro Woche.

Nach unserer Meinung ist es in Ordnung, wenn Sie ein paar Schlaftabletten in Ihrem Medizinschrank haben (nicht fünfzig oder hundert). Allein der Gedanke, daß man ein paar Schlaftabletten zu Hause hat, kann die Sorgen manchmal eindämmen und Ihnen helfen, zu schlafen.

Falls Sie sich entschließen, eine Schlaftablette zu nehmen

Zusammenfassung: Es gibt nur zwei Situationen, in denen die Einnahme von Schlaftabletten möglicherweise angezeigt ist.

1. Sie durchleiden eine akute, kurzfristige Krise und glauben, nicht damit fertig zu werden, ohne Schlaftabletten zu nehmen.
2. Sie haben chronische, schwere Insomnie und möchten hin und wieder mit Hilfe einer Pille etwas Schlaf borgen, um einmal richtig auszuruhen.

Falls Sie der Meinung sind, Sie seien in einer Lage, in der Ihnen eine Schlaftablette wirklich helfen könnte, ist hier eine Zusammenfassung der Richtlinien, die Sie befolgen sollten:

- Kaufen Sie die Tabletten in der niedrigsten Dosierungsform, und nehmen Sie dann nur eine halbe Tablette, um zu sehen, ob sie wirkt. Nehmen Sie immer die geringstmögliche Dosierung, die bei Ihnen wirkt, besonders, wenn Sie die 60 bereits überschritten haben.
- Vergewissern Sie sich, daß Sie keine Krankheit haben, die durch die Schlaftabletten noch verschlimmert werden könnte. Falls Sie ein Leber- oder Nierenleiden haben, sprechen Sie mit Ihrem Arzt, ob Sie eine geringe Dosis oder gar keine Tabletten nehmen sollten.
- Nehmen Sie nie eine höhere Dosierung als die, die Ihr Arzt Ihnen empfohlen hat, selbst dann, wenn Sie trotz Tablette Einschlafschwierigkeiten haben oder mitten in der Nacht aufwachen. Erhöhen Sie die Dosis auch dann nicht, wenn die alte Dosierung nicht mehr hilft. Sollte sich die Wirkung verflüchtigen, setzen Sie die Schlaftabletten für einen Monat ab — eventuell auch für zwei. Danach wird sie Ihnen wieder helfen.
- Nehmen Sie die Tablette — so wie wir es diskutiert haben — nach ihrer Aufnahmezeit, abhängig davon, wann und wie lange sie wirken soll.
- Falls Sie irgendwelche anderen Medikamente nehmen, müssen Sie Ihren Arzt darüber informieren, da zwischen Schlaftabletten und

anderen Arzneimitteln Wechselwirkungen auftreten können. Selbst dann, wenn Sie nicht verschreibungspflichtige Schlafmittel nehmen, sollte Ihr Arzt davon erfahren.

- Falls Schmerzen daran schuld sind, daß Sie schlecht schlafen, bitten Sie um ein Schmerzmittel, nicht um eine Schlaftablette. Falls Sie unter Depressionen leiden, sollten Sie mit Ihrem Arzt darüber sprechen, ob er Ihnen nicht statt einer Schlaftablette ein Antidepressivum verschreiben kann.
- Nehmen Sie keine Tablette nach Mitternacht, denn sonst könnten Sie am nächsten Tag einen Tablettenkater haben.
- Nachdem Sie eine Tablette genommen haben, sollten Sie weder Auto fahren noch gefährliche Maschinen bedienen.
- Falls Sie sich tagsüber benommen, unsicher, wenig alert oder sogar schläfrig fühlen, sollten Sie mit Ihrem Arzt über eine Änderung der Dosierung sprechen oder vielleicht auch darüber, ob ein anderes Schlafmittel nicht geeigneter wäre.
- Trinken Sie keinen Alkohol, wenn Sie Schlaftabletten nehmen — diese Kombination kann zu schweren Komplikationen, sogar zum Tod führen.
- Nehmen Sie die Schlaftabletten für eine kurze, überschaubare Periode. Ein neues Rezept sollten Sie auf keinen Fall verlangen, ohne mit Ihrem Arzt gesprochen zu haben. Sobald die Krise vorbei ist, sollten Sie die Tabletten augenblicklich absetzen.
- Denken Sie jedesmal, wenn Sie eine Tablette nehmen, daran, daß Sie den geborgten Schlaf später werden zurückzahlen müssen.

Wann Sie keine Schlaftabletten nehmen sollten

- Geben Sie niemals einem Kind eine Schlaftablette.
- Nehmen Sie niemals Schlaftabletten, wenn Sie schwanger sind oder auch nur glauben, schwanger werden zu können.
- Nehmen Sie keine Schlaftabletten, falls Sie jemals irgendein Suchtproblem hatten (Alkohol, Drogen, Spielen).
- Nehmen Sie niemals Schlaftabletten, wenn Sie ständig laut

schnarchen oder man Ihnen gesagt hat, Sie hätten offenbar beim Schlafen Atemschwierigkeiten. Gehen Sie in ein Zentrum für Schlafstörungen, um feststellen zu lassen, ob Sie unter Apnoe leiden.

- Statt eine Schlaftablette zu nehmen, sollten Sie, wann immer möglich, all die anderen Dinge tun, die wir in diesem Buch diskutiert haben. Wenn Sie unserem Programm folgen, werden Sie hoffentlich keine Pillen brauchen, weil Sie andere, bessere Mittel gefunden haben, um gegen Ihre Insomnie anzugehen.

15

Weitere Schlafstörungen

Neben der Insomnie gibt es noch weitere Schlafstörungen. Obwohl wir sie nicht so ausführlich diskutieren können, ist es doch wichtig, zumindest ein wenig über sie zu wissen, weil sie häufig mit der Insomnie in Zusammenhang stehen und ihr manchmal sogar sehr zu ähneln scheinen, weil sie zu Symptomen führen, die man mit denen der Insomnie verwechseln könnte.
Generell fallen diese Schlafstörungen in zwei Kategorien: extreme Tagesschläfrigkeit und Parasomnien. Beide werden wir in diesem Kapitel diskutieren. Außerdem wollen wir Sie über einige Schlafstörungen informieren, die in keine dieser Kategorien passen.

Extreme Tagesschläfrigkeit

Eine Frau schrieb der Briefkastentante einer großen Tageszeitung, weil sie wegen ihres Freundes besorgt war, der »in den ungewöhnlichsten Situationen« einschlief. »Sie können sich nicht vorstellen, wie ich mich fühle, wenn er plötzlich völlig weggetreten ist, nachdem wir uns eben noch unterhalten oder sogar Liebe gemacht haben«, berichtete sie.
Die Briefkastentante schlug vor, der Freund solle — so bald wie möglich — einen Arzt aufsuchen. Das war tatsächlich der beste Rat, den sie der jungen Frau geben konnte. Obwohl dieses Buch darauf angelegt ist, daß jeder sich selbst helfen sollte und kann, gibt es doch Konditionierungen, bei denen man einen Arzt zu Rate ziehen muß, und die extreme Tagesschläfrigkeit zählt dazu.

Wenn man unter dieser Störung leidet, ist man tagsüber auch dann extrem müde, wenn man nachts eigentlich genügend Schlaf bekommen hat. Man ist nicht einfach nur müde, deprimiert oder gelangweilt, man ist nicht einfach nur matt — man schläft tatsächlich in Situationen ein, in denen sonst niemand schlafen würde. Wir kennen zum Beispiel einen Arbeiter, der sich vor einem Disziplinarausschuß verantworten mußte, weil er häufiger bei der Arbeit eingeschlafen war. Und während ihn sein Chef wütend und lautstark wegen seiner Faulheit beschimpfte und ihn abkanzelte, schlief der Mann schon wieder ein! Wir haben auch einen Witwer kennengelernt, der, wenn er seine ungezogenen Töchter im Teenageralter ärgerlich ermahnte, ganz plötzlich einschlief. Wenn er dann wieder aufwachte, waren die Töchter natürlich über alle Berge.

Wie findet man nun heraus, ob man einfach nur müde oder deprimiert ist oder wirklich unter extremer Tagesschläfrigkeit leidet, die ein Grund zur Sorge wäre? Ein Mensch, der deprimiert ist, sagt gewöhnlich: »Wenn ich jetzt nur ein Nickerchen machen könnte, würde ich mich sicher wohler fühlen. Doch das geht nicht, ich bin ja nicht einmal schläfrig. Ich bin nur ständig müde. Mir fehlt es völlig an Antrieb, meine Gedanken schweifen ab — aber ich kann nicht einschlafen.« Ein Mensch, der unter extremer Tagesschläfrigkeit leidet, schläft dagegen tagsüber ein. Dieselbe Frage würde er so beantworten: »Gewöhnlich kann ich nicht einmal eine Fernsehshow sehen, schreiben oder nähen, ohne einzudösen. Manchmal schlafe ich sogar im Auto ein, wenn ich an der Ampel auf Grün warte. Selbst auf Partys oder mitten in einer wichtigen Besprechung bin ich schon eingeschlafen.«

Wir benutzen im allgemeinen den MSLT, den multiplen Schlaf-Latenz-Test, um festzustellen, wie schläfrig jemand wirklich ist. Die Patienten schlafen eine Nacht im Labor, damit sichergestellt ist, daß sie tatsächlich eine ganze Nacht lang geschlafen haben; tagsüber werden sie dann aufgefordert, sich alle zwei Stunden für zwanzig Minuten hinzulegen. Die Techniker messen zu diesen Zeiten, ob und wie schnell sie einschlafen. Ein munterer Mensch schläft möglicherweise bei einem der vier Nickerchenversuche ein, gewöhnlich nach dem Mittagessen. Die Diagnose extreme Tagesschläfrigkeit wird dann gestellt, wenn der Patient jedesmal nach durchschnittlich fünf Minuten oder noch kürzerer Zeit einschläft. (Menschen, die dieses Problem nicht haben, würden nur dann jedesmal nach fünf Minuten einschlafen, wenn sie wenigstens 48 Stunden lang überhaupt nicht geschlafen hätten.)

Einen solchen MSL-Test können Sie auch zu Hause machen, um herauszufinden, ob Sie unter extremer Tagesschläfrigkeit leiden. Schlafen Sie zunächst eine Nacht lang durch. Am nächsten Tag legen Sie sich alle zwei Stunden hin — sagen wir, um neun Uhr, um elf Uhr, um 13 Uhr und um 15 Uhr. Halten Sie dabei ein Schlüsselbund mit den Fingern fest, und lassen Sie die Hand leicht über die Bettkante hängen, wenn Sie sich hinlegen. Sollten Sie einschlafen, werden die Schlüssel herunterfallen, und das Geräusch wird Sie aufwecken. Fallen die Schlüssel während dieser Tests herunter, bevor mehr als fünf Minuten vergangen sind, haben Sie einen ziemlich sicheren Beweis dafür, daß Sie unter extremer Schläfrigkeit leiden.

Falls Sie extrem schläfrig sind, ist unser erster Rat, zunächst eine Woche lang wenigstens eine oder sogar zwei Stunden länger zu schlafen als üblich. Menschen, die unter extremer Tagesschläfrigkeit leiden, machen nämlich erfahrungsgemäß häufig den Fehler, nachts einfach nicht genug zu schlafen. Möglicherweise bleiben sie zu lange auf, möglicherweise sind sie aber auch von Natur aus Langschläfer, die neun bis zehn Stunden Schlaf brauchen, bevor sie sich wirklich frisch und ausgeruht fühlen. Falls Sie nach einer Woche, in der Sie mehr Zeit im Bett verbracht haben, weniger müde sind, müssen Sie in Zukunft nachts ganz einfach länger schlafen.

Dr. Howard R. Roffwarg vom *Medical Center* der Universität von Texas in Dallas erzählte uns die Geschichte eines Pflegers aus Puerto Rico, den er vor vielen Jahren kennengelernt hatte. Der Mann war tagsüber extrem schläfrig und bat ihn schließlich um Rat. Juan machte sich ziemliche Sorgen um seine Gesundheit und hatte keine Ahnung, was da nicht stimmen könne. Er schlief während der Untersuchung ein. Eine sorgfältige Befragung brachte dann den Grund zutage: So wie es in seiner Heimat üblich ist, blieb Juan jede Nacht bis ein oder zwei Uhr auf. Da er allerdings in einem Krankenhaus arbeitete, mußte er morgens um fünf Uhr wieder aufstehen und konnte auch nicht die traditionelle Siesta halten. Er litt also schlicht unter Schlafmangel.

Falls Ihnen der zusätzliche Schlaf nicht helfen sollte und falls Sie tagsüber nach wie vor extrem schläfrig sind, sollten Sie sich in einem

Zentrum für Schlafstörungen untersuchen lassen. Es besteht immerhin die Möglichkeit, daß ein organisches Leiden Ihr Problem verursacht und etwas unternommen werden kann, das Ihnen hilft. Manchmal werden Menschen jahrelang gehänselt, weil sie ständig einschlafen. Manchmal hält man sie auch für faul oder dumm. In Wahrheit werden diese Störungen jedoch ganz selten von psychiatrischen oder psychologischen Problemen verursacht. Gewöhnlich sind es Leiden wie Schlafapnoe, Narkolepsie, automatisches Beinzucken während des Schlafs oder andere Gesundheitsstörungen wie Infektionen, neurologische Störungen oder der Entzug von bestimmten Drogen, die die extreme Tagesschläfrigkeit auslösen.
Es gibt vier einfache Fragen, die die Diagnose erleichtern, wenn es um die Ursache der extremen Tagesschläfrigkeit geht:

1. Schnarchen Sie nachts laut oder scheint es, als käme es im Lauf der Nacht zu Atemstillstand? Fragen Sie Ihren Partner/Ihre Partnerin. Falls das so ist, leiden Sie möglicherweise unter Schlafapnoe.
2. Fühlen Sie sich manchmal plötzlich ganz schwach, so daß Sie sich hinsetzen müssen? Falls das passiert, besonders wenn Sie aufgeregt, verärgert oder wütend (und unter 35) sind, haben Sie möglicherweise Narkolepsie.
3. Zucken Ihre Beine nachts häufig oder treten Sie im Schlaf um sich? Fragen Sie auch zu diesem Punkt Ihren Partner/Ihre Partnerin. Falls das zutrifft, haben Sie ein Leiden, das man periodisches Gliederzucken nennt (früher nannte man es nächtlichen Myoklonus).
4. Haben Sie erst in jüngster Zeit begonnen, ein bestimmtes Medikament zu nehmen oder es abgesetzt? Viele Medikamente können extreme Schläfrigkeit verursachen. Und das Absetzen von Stimulanzien, Schlaftabletten, Tranquilizern, Alkohol oder sogar das von Koffein kann zu Benommenheit und dem Bedürfnis führen, öfter mal ein Nickerchen zu machen.

Falls Sie irgendeine dieser Fragen bejaht haben, sollten Sie mit Ihrem Arzt darüber sprechen. Falls ein Medikament mit der Situation zusammenhängt, muß möglicherweise die Dosierung verändert oder ein anderes Medikament verschrieben werden, das keine Auswirkun-

gen auf den Schlaf hat. Falls Sie unter Apnoe, Narkolepsie oder periodischem Gliederzucken leiden, sollten Sie sich in ein Zentrum für Schlafstörungen überweisen lassen.
Falls Ihr Arzt übrigens beginnt über »DIMS« und »DOES« zu sprechen, geht es im ersten Fall um Störungen, die das Ein- und Durchschlafen betreffen und im zweiten um extreme Somnolenz. Bei der ersten handelt es sich einfach um einen Modenamen für Insomnie. Ihr Arzt könnte auch von Dyssomnie reden, wobei es sich entweder um Insomnie, extreme Somnolenz oder ein Problem des zirkadianischen Rhythmus handelt.

Schlafapnoe

Der Begriff Apnoe bedeutet Atemstillstand. Eine Episode von Schlafapnoe dauert möglicherweise nur zehn Sekunden, kann aber ebensogut zwei bis drei Minuten andauern. Der Patient wacht dann auf, schlägt vielleicht um sich, ringt ein paarmal nach Luft und schläft wieder ein. Bald jedoch beginnt gewöhnlich die nächste Apnoe.
Es gibt zwei Arten der Apnoe. Bei der zentralen Apnoe sinkt — wie stets bei Schlafbeginn — der Aktivierungsgrad des Atmungszentrums im Gehirn. Die daraus resultierende Atemnot weckt den Schläfer zehn bis sechzig Sekunden später auf. Das kann zu Beginn der Schlafphase für ein paar Minuten der Fall sein, aber auch die ganze Nacht über andauern. Bei der anderen Art, der obstruktiven Schlafapnoe, fällt der obere Luftweg beim Einschlafen tatsächlich deutlich ein (das geschieht auch bei »normalen« Schläfern, die dann allerdings tief und langsam weiteratmen), und man kann nicht atmen, obwohl man sich bemüht. Bei Apnoikern kann die Ursache eine anatomische Fehlbildung sein, wie beispielsweise ein sehr großes Zäpfchen (Uvulum, das Gewebe, das hinten in den Rachen hineinhängt), oder eine Zunge, die zu tief im Mund sitzt, so daß sie beim Atmen quasi eingeatmet wird. In manchen Fällen sind es auch Fettablagerungen, die den Luftweg einengen. Gelegentlich ist der Luftweg einfach zu eng und schlaff und schließt sich beim Einatmen.
Patienten, die unter schwerer Schlafapnoe leiden, klagen gewöhnlich über extreme Tagesschläfrigkeit. Menschen, die unter einer leichteren

Form leiden, klagen jedoch häufig über Insomnie, sagen, sie wachten aus unerfindlichen Gründen nachts sehr häufig auf.
Jerry Kern war einer der ersten Schlafapnoefälle. Er kam vor fast zwanzig Jahren nach Dartmouth. Er war 45 Jahre alt und extrem fettleibig (310 Pfund). Der Akademiker klagte, er sei den ganzen Tag über schläfrig. Sein Problem begann mit Anfang Dreißig. Bis dahin war er recht erfolgreich gewesen, hatte eine kleine Firma aufgebaut. Die hatte er aufgeben müssen, und danach hatte er keinen Job länger als zwei, drei Wochen behalten. Gewöhnlich war er wegen »Faulheit« gefeuert worden, weil er tagtäglich fünf- bis zehnmal eingeschlafen war. In den 15 Jahren, bevor er ins Schlaflabor kam, hatte Jerry Kern überall im Land Ärzte konsultiert und mehr als 20000 Dollar ausgegeben, um den Grund für seine Schläfrigkeit herauszufinden. Die Ärzte hatten aber außer extremer Fettsucht, hohem Blutdruck und einer gewissen Vergrößerung des Herzmuskels nichts feststellen können.
Jerry Kerns Privatleben war eine absolute Katastrophe — zwei Frauen hatten ihn verlassen, eine Scheidung dem Leben mit einem Mann vorgezogen, der ständig schläfrig und außerdem noch fettleibig war, gräßlich schnarchte und keinen Job behalten konnte. Wegen der fortwährenden Müdigkeit hatte er auch seine Freunde verloren, und zudem war er inzwischen total pleite.
Im Schlaflabor erwies er sich als freundlich und höflich. Die Lichter waren kaum fünf Sekunden gelöscht, da schlief er auch schon — und sein Atem stand still; 35 Sekunden später wachte er wieder auf und rang nach Luft. Das wiederholte sich ständig während der zehn Stunden »Schlaf«. Sobald sein EEG Zeichen von Schlaf zeigte, stand sein Atem still, und er wachte nach Luft ringend auf. Im Lauf der ganzen Nacht schlief er nie länger als drei Minuten durchgehend. Gegen Morgen hatte er es auf insgesamt 562 Wachphasen gebracht und 75 Prozent seines »Schlafs« nicht atmend zugebracht!
Am Morgen war Jerry Kern müder als beim Zubettgehen. Er schätzte, er sei »fünf- bis achtmal« aufgewacht im Lauf der Nacht, war sich aber seines schweren Atmens, des starken Schnarchens und der mehr als 500 Atemstillstände überhaupt nicht bewußt.
Wir erklärten ihm, er litte unter Schlafapnoe, und gaben ihm verschiedene Empfehlungen mit auf den Weg, rieten ihm ganz entschieden zu einer Abmagerungskur, was manchmal hilft. Er jedoch wei-

gerte sich, sich wegen eines »simplen Schlafproblems« behandeln zu lassen.

Der Fall endete tragisch: In den vier darauffolgenden Monaten wurde Jerry Kern ein Trinker und ein paar Monate danach bei einem bewaffneten Raubüberfall festgenommen — er hatte versucht, Alkohol zu stehlen. Elf Monate später starb er in einem Staatsgefängnis. Er endete im Schlaf — aus »ungeklärten Gründen«.

Apnoe kann in jedem Alter auftreten. Dennoch steigt die Häufigkeit ihres Auftretens mit zunehmendem Alter drastisch. Nach Untersuchungen, die Dr. Daniel Kripke und Dr. Sonia Ancoli-Israel in San Diego vornahmen, findet man kaum einen über 75jährigen, der nicht wenigstens gelegentlich unter Schlafapnoe leidet. Vor dem Klimakterium überwiegt die Zahl der Männer die der Frauen im Verhältnis 30 zu eins. Nach dem Klimakterium gleicht sich das Verhältnis dann in etwa aus. (Progesteron scheint ein starkes Atmungsstimulans zu sein, das dazu beiträgt, Frauen vor Schlafapnoe zu schützen.)

Eine gelegentliche Apnoe ist relativ üblich und nicht besorgniserregend. Trotzdem besteht ein Grund zur Sorge, wenn pro Stunde mehr als 15 bis 20 Apnoen auftreten oder mehr als hundert pro Nacht — oder wenn ein Mensch neben den Schlafapnoen noch über extreme Tagesschläfrigkeit klagt. Falls dieser Mensch ein Herzleiden hat, sollte man die Schlafapnoen sehr ernst nehmen, da das Herz Schwierigkeiten hat zu schlagen, wenn ein Mensch verzweifelt nach Luft ringt und der Luftdruck in den Lungen nicht normal ist. Herzarrhythmien sind üblich, und gelegentlich tritt Herzblock auf. Tatsächlich hat die Schlafapnoe viele Konsequenzen. Dr. Anthony Kales und seine Kollegen von der medizinischen Hochschule der *Pennsylvania State University* berichten, daß Patienten mit Schlafapnoe auch unter Morgenkopfschmerz, hohem Blutdruck und einer kognitiven Schwächung leiden. (Sie können nicht mehr klar denken.)

Bei Kindern ist Apnoe besonders tragisch. Solche Kinder werden häufig für träge, unmotiviert oder dumm gehalten, obwohl sie in Wirklichkeit nur schlicht müde sind, weil sie nachts nie genügend Schlaf bekommen. Falls Ihr Kind Ihnen also schläfrig und träge erscheint, horchen Sie nachts einmal seinem Atem: Ist er schwer, oder kommt es zu Pausen?

Bei Kindern liegt die Ursache der Apnoe häufig bei angeschwollenen Rachenmandeln oder Polypen. Eine gelegentliche Nebenwirkung der vielen nächtlichen Wachphasen bei Kindern ist Bettnässen. Dr. Dudley Weider, früher ein Kollege an der medizinischen Hochschule von Dartmouth, stellte fest, daß das Bettnässen manchmal aufhörte, sobald die Mandeln des Kindes entfernt worden waren. Im Schlafzentrum machten wir daraufhin eine Untersuchung und fanden heraus, daß diese Kinder häufig unter Schlafapnoe litten.

BEHANDLUNG

Nach den Erkenntnissen des führenden Schlafforschers Dr. William Dement sind 75 Prozent der Fälle von Schlafapnoe nach wie vor noch nicht einmal diagnostiziert worden sind. Falls Sie vermuten, Sie könnten unter Schlafapnoe leiden, müssen Sie sich in einem Zentrum für Schlafstörungen untersuchen lassen. Daran führt kein Weg vorbei. In der Zwischenzeit sollten Sie folgendes beachten:

Nehmen Sie keine Schlaftabletten.

Trinken Sie keinen Alkohol.

Rauchen Sie nicht.

Nehmen Sie ab, falls Sie übergewichtig sind.

Für den Moment können Sie sich Erleichterung verschaffen, indem Sie viele Kissen nehmen, damit der Kopf höher liegt, oder in einem Sessel mit verstellbarer Rückenlehne schlafen.

Meiden Sie auf jeden Fall die Rückenlage. Dabei kann Ihnen ein Tennisball helfen, den Sie in einen Strumpf stecken und ans Rückenteil Ihres Pyjamas oder Nachthemdes nähen oder mit einer Sicherheitsnadel befestigen. (Dr. Rosalind Cartwright vom *Rush-Presbyterian Medical Center* in Chicago hat ein Trainingsprogramm entwickelt, bei dem die Patienten nachts einen Schalter tragen, der ein lautes Pfeifen ertönen läßt, sobald sie sich auf den Rücken rollen. Wird man jedesmal aus dem Schlaf gerissen, wenn man auf dem Rücken liegt, lernt man nach ein paar Tagen, diese Position zu meiden.)

Sobald die Diagnose erfolgt ist, gibt es viele Behandlungsmöglichkeiten.

Ständiger positiver Druck auf die oberen Luftwege (CPAP = *continuous positive airway pressure*) ist augenblicklich die am häufigsten angewendete Behandlungsmethode. Dabei befestigt der Patient vor dem Schlafengehen eine Maske an der Nase, und ein kleiner Kompressor liefert ihm Luft, die leicht über Raumtemperatur liegt. Dieser verstärkte Luftdruck hält die Luftwege offen, was es dem Patienten ermöglicht, normal zu atmen und zu schlafen. Obwohl die Patienten häufig Schwierigkeiten haben, sich daran zu gewöhnen, stellen sie meist überrascht fest, wieviel besser sie sich bereits nach ein, zwei Nächten fühlen. Eine korrektive Operation kann ebenfalls helfen, falls die oberen Luftwege irgendwelche Abnormitäten aufweisen. Das kann zum Beispiel eine Zunge sein, die zu weit hinten sitzt. Eine rekonstruktive Kieferoperation kann sie weiter nach vorn verlagern.

Gelegentlich wird auch eine Prozedur empfohlen, die UPPP (Uvulopalatopharyngoplastie) genannt wird. Sie wirkt wie eine innere Gesichtsstraffung, strafft loses Gewebe. Die Patienten ziehen eine Operation der CPAP häufig vor, weil sie sich dann nicht Nacht für Nacht mit dem Anlegen der Maske herumschlagen müssen. Eine UPPP ist allerdings nur in etwa fünfzig Prozent der Fälle erfolgreich.

Eine Tracheostomie ist da schon drastischer. Dabei wird ein kleines Loch in den oberen Luftweg geschnitten, durch das an der Halsvorderseite ein Tubus eingeführt wird. Tagsüber wird der Tubus geschlossen, nachts wird er geöffnet, um das Atmen zu erleichtern. Diese Behandlungsmethode ist zwar sehr effektiv, doch es ist sehr schwer, die Tracheostomie sauberzuhalten, denn manchmal entzündet sie sich, oder die Öffnung wird von fibrösem Gewebe überwuchert.

Etliche Medikamente, einschließlich gewisser Atmungsstimulanzien und Progesteron, werden bereits getestet, doch bislang hat sich noch kein Mittel gefunden, das bei schwerer Schlafapnoe hilft.

Eine weitere Behandlungsmethode, die sich in einigen Fällen als wirkungsvoll erwiesen hat, ist die Benutzung eines Geräts, das die Zunge festhält. Der Apparat zieht die Zunge nach vorn, so daß sie nicht in den Rachen zurückfallen kann. Diese Vorrichtung wird nachts über das Gebiß gestülpt. Außerdem gibt es noch etliche Geräte, die den Unterkiefer vorn halten. Ihr Arzt wird Sie gern darüber informieren.

WO SIE HILFE FINDEN

Wenn Sie glauben, Sie litten unter Schlafapnoe — nächtlichen Atemstillständen —, sollten Sie sich an die Kassenärztliche Vereinigung in Ihrer Nähe wenden. Dort wird man Sie informieren, welcher Arzt bei der Diagnose und Behandlung der Schlafapnoe Erfahrung hat.

Klinische Erfahrung mit der Schlafapnoe hat das Zentrum für Innere Medizin — Klinikum der Philipps-Universität, Abteilung Poliklinik, Marburg, Zeitreihenlabor, Dr. Jörg H. Peter, Marburg /Lahn.

Narkolepsie

Buck Ulene, ein 52jähriger verheirateter Offizier, wurde in unser Zentrum für Schlafstörungen eingewiesen, weil er unter extremer Tagesschläfrigkeit litt. Er war — selbst nach gutem Nachtschlaf — den ganzen Tag über extrem müde. Und er litt unter Schlafanfällen, bei denen der Drang so stark wurde, daß er ihm nicht widerstehen konnte. Diese Schläfrigkeit war bereits während seiner Ausbildung aufgetreten. Die peinlichen Situationen setzten sich fort. Besonders unangenehm waren sie ihm, wenn er während der Besprechungen mit Offizieren einschlief. Um über seinen Zustand hinwegzutäuschen, hielt er ständig ein Schlüsselbund in der Hand. Sobald er einschlief, fielen die Schlüssel zu Boden, das Geräusch weckte ihn auf, und wenn er sich dann bückte, ermöglichte ihm die Tatsache, sich bewegen zu müssen, den Schlaf für ein paar Minuten abzuwehren.
Etliche Jahre später war ihm aufgefallen, daß ihm die Knie schwach wurden, sobald er sich aufregte, aber auch, wenn er lachte. Hin und wieder kollabierte er bei solchen Gelegenheiten und fiel. Das erste Mal kam es dazu, als er mit seiner Tochter fischen war. Er fing einen Fisch und fiel prompt in den See, weil ihm vor lauter Aufregung die Knie weggesackt waren. (Perioden, in denen kein Muskeltonus da ist, nennt man Kataplexie.) Diese Attacken wurden immer unangenehmer, bis es fast täglich zu zwei bis drei Episoden kam, die einen so gut wie totalen Kollaps verursachten. Je älter er wurde, desto besser lernte er seine Emotionen zu kontrollieren, und je gleichmütiger er wurde, desto seltener traten die Kataplexie-Attacken auf.
Dazu kam, daß es ihm etwa drei- bis viermal wöchentlich völlig unmöglich war, sich während der Einschlafphase zu bewegen. (Das nennt man Schlaflähmung.) Bei anderen Gelegenheiten — ebenfalls kurz vor Beginn der Schlafphase — hatte er das starke Gefühl, es seien andere Menschen im Zimmer, gelegentlich »sah« oder »hörte« er sie sogar, obwohl er genau wußte, daß er allein war. (Diese traum-

ähnlichen Erlebnisse kurz vor dem Einschlafen werden *hypnagoge Visionen* genannt.)
Die organischen und neurologischen Untersuchungsbefunde wiesen keine Besonderheiten auf. Im Labor aber schlief Buck Ulene sehr schlecht, und der Schlaf war von vielen Wachphasen unterbrochen. Der MSL-Test zeigte, daß der Schlaf nach etwa zwei Minuten einsetzte und die REM-Perioden gewöhnlich gleich nach Schlafanbruch auftraten. Diese Ergebnisse wiesen darauf hin, daß Buck Ulene unter Narkolepsie litt.
Die Kombination eines stimulierenden Medikaments mit einem Antidepressivum verschaffte Buck Ulene ganz erhebliche Erleichterung. Doch allmählich gewöhnte er sich an diese Mittel und sprach nicht mehr auf sie an. Nach einigen Versuchen mit veränderten Dosierungen wurden sie schließlich abgesetzt — jedenfalls auf der Basis der täglichen Anwendung. Heute nimmt er nur dann ein stimulierendes Mittel, wenn er glaubt, es zu brauchen, beispielsweise vor langen Autofahrten.
Buck Ulene sprach mit seiner Frau und seinen Vorgesetzten über seine Narkolepsie. Er stieß auf Verständnis. Seine Vorgesetzten stellten ihn von gefährlichen Missionen frei und erlaubten ihm sogar, täglich zwei Nickerchen von je zwanzig Minuten in seinen Tagesplan einzubauen. Das half ihm sehr. Obwohl er nach wie vor pro Woche ein bis zwei Episoden von Kataplexie, Schlaflähmung oder hypnagogen Visionen hat, setzen sie ihn heute weniger in Schrecken als zu der Zeit, da er nicht wußte, worum es sich handelte. Er versteht nun schließlich, was da vorgeht.
Neben extremer Tagesschläfrigkeit, Kataplexie, hypnagogen Visionen und Schlaflähmung können Narkolepsie-Patienten auch zu *automatischem Verhalten* neigen — das heißt, sie benehmen sich völlig normal, können sich aber später an längere Phasen nicht erinnern. Ein Narkoleptiker/eine Narkoleptikerin kann sich beispielsweise plötzlich auf der Autobahn ein paar Abfahrten weiter wiederfinden, als er/sie sich erinnert, gefahren zu sein.
Paradoxerweise schlafen Narkolepsie-Patienten nachts häufig ausgesprochen schlecht. Zu uns kamen Patienten, die glaubten, all die Symptome, die am hellen Tag auftraten, seien einfach Konsequenzen des schlechten Nachtschlafs. Sie ließen sich ins Schlaflabor einweisen, weil sie auf Insomnie untersucht werden wollten, nicht wegen ihrer extremen Tagesschläfrigkeit.

Narkolepsie beginnt normalerweise zwischen dem zehnten und dreißigsten Lebensjahr. Die Symptome sind anfangs recht subtil, bestehen meist nur aus einer extremen Tagesschläfrigkeit. Das kann relativ mild verlaufen, möglicherweise aber eben auch progressiv, so daß dieser Mensch nach einigen Jahren unter Umständen am Schreibtisch oder mitten in einem Gespräch, beim Essen oder Sex plötzlich einschläft. In besonders schweren Fällen kann die Krankheit so verheerend sein, daß die Patienten keinen Job behalten können und völlig arbeitsunfähig sind.

Narkolepsie wird von physischen, nicht von psychischen Faktoren verursacht, und die Anfälle haben nichts mit Epilepsie zu tun, wie manchmal angenommen wird.

Die Schätzungen über die Zahl der Narkoleptiker variieren. Nach einem Bericht des US-Gesundheitsministeriums schätzt man die Zahl der Narkolepsie-Fälle auf etwa 100 000 bis 250 000. Die *American Medical Association* geht dagegen von 400 000 bis 600 000 Fällen aus. In Deutschland spricht man von etwa 40 000 Narkoleptikern.

Bei der Narkolepsie gibt es ganz gewiß einen Vererbungsfaktor. Nahe Verwandte eines Narkoleptikers sind mit weit größerer Wahrscheinlichkeit Narkoleptiker als der Rest der Bevölkerung. Erst kürzlich stand die Narkolepsie im Mittelpunkt verschiedener genetischer Studien, die nützliche Resultate zum Verständnis dieser Krankheit erbrachten.

BEHANDLUNG

Gegenwärtig gibt es zwar keine Heilung für Narkolepsie, doch es wird an verschiedenen Medikamenten gearbeitet, auf die einige Hoffnungen gesetzt werden. In der Zwischenzeit können stimulierende Arzneimittel dem Patienten helfen, alert zu bleiben, und Antidepressiva können REM-Schlaf unterdrücken, was dabei hilft, Kataplexie-Attacken zu verhüten. (Für einen 80jährigen Narkoleptiker waren sie besonders lästig, wenn er Poker spielte: Jedesmal, wenn er ein gutes Blatt hatte, löste die Erregung darüber eine Kataplexie-Attacke aus, und seine Mitspieler wußten Bescheid. Das ärgerte ihn. Ansonsten hatte er keinerlei Beschwerden. Deshalb löste er das Problem, indem er vor jedem Pokerabend seine Medizin einnahm.)

Manchmal hilft es auch, morgens und nachmittags ein Nickerchen zu

machen; selbst zehn oder fünfzehn Minuten bringen schon eine Besserung. Als nützlich kann es sich auch erweisen, sich möglichst viel Schlaf zuzubilligen und, sofern das machbar ist, morgens zu schlafen, bis man von selbst aufwacht.
Falls Sie unter schwerer Narkolepsie leiden, sollten Sie weder Auto fahren noch gefährliche Maschinen bedienen, bevor Sie sich einer Behandlung unterzogen haben.

SELBSTHILFEGRUPPEN

Neben einem Arzt, der sich mit dieser Krankheit auskennt und sie unterstützt, brauchen Narkoleptiker die Hilfe anderer, die an derselben Krankheit leiden und die mit der Problematik vertraut sind. Auskunft über Selbsthilfegruppen erteilt die Deutsche Narkolepsie-Gesellschaft e. V. (DNG), Vorsitzender Ernst-Friedrich Breuhaus, Klauberg 1, 42651 Solingen, Telefon 0212/16248. Die DNG veranstaltet für ihre Mitglieder Tagungen und Treffen, gibt ein Mitteilungsblatt heraus und berät in allen Fragen, die mit der Krankheit und ihren Folgen in Zusammenhang stehen. Sie gibt auch Empfehlungen zur medikamentösen Behandlung. Zu ihrem wissenschaftlichen Beirat gehören: Prof. Dr. med. Mathias Berger, Psychiatrische Universitätsklinik, Freiburg i. Br.; Prof. Dr. med. H. Cramer, Neurologische Universitätsklinik, Freiburg; Prof. Dr. med. W. Kuhl, Deutsche Klinik für Diagnostik, Wiesbaden; Prof. Dr. med. K. Meier-Ewert (Vorsitzender), Neurologische Klinik Hephata, Schwalmstedt-Treysa; Doz. Dr. sc. med. Detlef Müller, Medizinische Akademie »Carl Gustav Carus«, Dresden; Dr. phil. habil. H. Schulz, Psychiatrische Klinik der Freien Universität Berlin.

Periodische Zuckungen der Beine oder Arme

Menschen, deren Beine (gelegentlich auch die Arme) sich im Schlaf ruckartig bewegen und zucken, haben eine Konditionierung, die man *periodisches Gliederzucken* nennt. Jedes Zucken, jeder Ruck kann eine bis drei Sekunden andauern, und die Bewegungen der Beine erstrecken sich über zehn bis 60 Sekunden. Die Zuck-Episoden dauern möglicherweise nur ein paar Minuten, können aber auch Stunden andauern, zwi-

schen denen Intervalle tiefen, festen Schlafs liegen; in schweren Fällen können diese Zuckungen die ganze Nacht über auftreten.
Die Bewegungen an sich scheinen keinen Schaden anzurichten, und gute Schläfer haben überhaupt keine Probleme damit. Wenn die Zuckungen aber sehr stark werden oder wenn sie bei jemandem auftreten, der einen leichten Schlaf hat, können sie zum Wachwerden führen. Man erkennt nicht, weshalb man wach geworden ist, weil das Zucken schließlich noch im Schlaf aufgetreten ist.
Falls das periodische Gliederzucken dazu führt, daß man nachts nur ein paarmal wach wird, wird man mit ziemlicher Wahrscheinlichkeit über Insomnie klagen. Falls die Bewegungen einen häufiger aus dem Schlaf reißen, klagt man mit größerer Wahrscheinlichkeit über extreme Tagesschläfrigkeit. Wir hatten eine Patientin, die unter extremer Tagesschläfrigkeit litt und zu ihrer Überraschung feststellte, daß sie etwa alle drei Monate neue Bettlaken und -bezüge kaufen mußte, weil sie sie mit den Füßen völlig durchgescheuert hatte. Gelegentlich werden die Zuckungen von bestimmten Medikamenten — wie Antidepressiva — verursacht (wenn der Arzt zu einem anderen Medikament übergeht, kann das schon helfen) oder durch den Entzug anderer Medikamente — wie beispielsweise Tranquilizer und Sedativa. Gelegentlich können auch schlechte Durchblutung, eine Stoffwechselstörung, ein Nierenleiden oder ein Folsäuremangel daran schuld sein. Doch gewöhnlich ist die Ursache unbekannt.
Periodisches Gliederzucken nimmt mit dem Alter zu. Forscher am *Veterans Administration Medical Center* in San Diego fanden bei Studien mit Menschen über 65 heraus, daß einer von dreien unter diesem Problem litt.
Wir sprechen hier nicht von dem gelegentlich auftretenden Ganzkörperzucken, zu dem es beim Einschlafen kommen kann. Niemand weiß, was diese Zuckung zu Beginn der Schlafphase verursacht, doch sie hat keinerlei medizinische Bedeutung und steht auch in keinerlei Beziehung zum periodischen Gliederzucken.

BEHANDLUNG

Es gibt sehr wenig, was man gegen das periodische Gliederzucken unternehmen kann. Da sind einige Medikamente, die die Zuckungen unterdrücken, und andere, die einem helfen können, trotz der Zuckungen durchzuschlafen — doch sie können die Zuckungen nicht kurie-

ren, sondern führen eventuell zur Abhängigkeit von diesem Medikament. Das beste Medikament scheint derzeit eine Tablette zu sein, die auch gegen Parkinsonismus verschrieben wird.
Einige Ärzte haben es mit Vitamin- und Mineralstoffsupplementierungen versucht, weil sie da eine Verbindung vermuteten, und sie haben tatsächlich einige Erfolge erzielt. Klinische Studien dazu gibt es allerdings noch nicht. Vielleicht möchten Sie ja eine Woche lang eine solche Supplementierung ausprobieren, um zu sehen, ob sich die Zuckungen bessern.
Wenn schlechte periphere Zirkulation als Ursache vermutet wird, könnten Sie es mit einer Vitamin-E-Supplementierung versuchen. Bei einigen klinischen Versuchen hat sich erwiesen, daß Vitamin E die periphere Zirkulation fördert. Außerdem könnte ein warmes Bad vor dem Zubettgehen helfen.

Das »Unruhige-Beine-Syndrom«

Viele Menschen, die unter periodischem Gliederzucken leiden, kennen auch das »Unruhige-Beine-Syndrom« (RLS = *restless legs syndrome*), und fast alle Menschen mit diesem Syndrom erleben auch Episoden periodischen Gliederzuckens. Bei RLS kommt es tief in den Beinmuskeln und Knien zu »Gefühlen«, die das dringende Bedürfnis hervorrufen, sich bewegen zu müssen. Eine Frau erklärte ihrem Arzt beispielsweise, in ihren Muskeln müßten irgendwelche Käfer herumkrabbeln. Solange sie sich bewege, hielten die Käfer still, doch sobald sie sich hinsetze, könne sie fühlen, wie sie wieder zu krabbeln begännen. Glücklicherweise kannte der Arzt das Syndrom und überwies sie in unser Zentrum für Schlafstörungen, wo wir RLS diagnostizierten.
RLS allein verursacht gewöhnlich eher Einschlafschwierigkeiten denn extreme Tagesschläfrigkeit. Tritt RLS aber in Kombination mit periodischem Gliederzucken auf, ist es häufig mit extremer Tagesschläfrigkeit verbunden.
Michael Malone, ein 35jähriger Elektriker, litt sowohl unter unruhigen Beinen wie auch unter Beinzuckungen. Er sagte, er fühle sich ständig ausgelaugt und habe Einschlafschwierigkeiten, weil seine Beine »nervös« seien. Er erklärte, sobald er versuche, sich zu entspannen, habe er tief in seinen Beinen ein ganz unangenehmes Ge-

fühl. Es sei, als ob da etwas krieche. Der Drang, sich die Beine vertreten zu müssen, sei so stark, daß er gewöhnlich aufstehen und fünf bis zehn Minuten umherlaufen müsse, bevor er sich wieder hinlegen könne. Gelegentlich bestünde dieses Problem bis vier oder fünf Uhr morgens. Selbst dann, wenn er eigentlich genügend Schlaf gehabt habe, fühle er sich nicht erholt. Häufig sei er nicht in der Lage zu arbeiten und habe sich deshalb mit Jobs als Gelegenheitsarbeiter begnügen müssen, wenn er dann überhaupt fähig war zu arbeiten.
Die neurologischen und psychiatrischen Untersuchungen waren negativ, weshalb an zwei aufeinanderfolgenden Abenden eine Schlafbewertung durchgeführt wurde. In beiden Nächten stand Michael Malone noch zweimal auf, nachdem die Lichter gelöscht waren. Er »mußte sich die Beine vertreten«. Als er zwei Stunden, nachdem die Lichter gelöscht waren, schließlich einschlief, wurden Episoden periodischen Beinzuckens aufgezeichnet, die ihn pro Nacht etwa 350mal aus dem Schlaf schreckten.
Zunächst wurden alle Reizstoffe — einschließlich Kaffee und Tee — abgesetzt. Dann wurde mit einem Übungsprogramm begonnen, das allmählich gesteigert wurde. Michael Malone schwamm und machte Aerobic. Daneben wurde ihm eine Reihe verschiedener Medikamente verabreicht, die anfänglich allesamt halfen. Sobald ihre Wirkung nachließ, wurden sie jeweils für einige Monate abgesetzt, danach durfte er sie wieder nehmen. Das schien zu wirken.
In einer Reihe von Fällen ist RLS mit Bewegungsmangel verbunden. Beginnt man dann mit einem Übungsprogramm, verschlimmert sich die Situation zunächst überraschenderweise für ein, zwei Wochen, bevor eine Besserung eintritt. Gelegentlich scheint auch schlechte Durchblutung die Ursache zu sein; beispielsweise in der Schwangerschaft. In anderen Fällen sind Mangelerscheinungen von Eisen, Kalzium, Folsäure und gewissen Vitaminen nachgewiesen worden — besonders häufig ging es dabei um Vitamin E. Einige Fälle konnten auch mit bestimmten Leiden wie chronischer Urämie, Diabetes oder Stoffwechselerkrankungen in Zusammenhang gebracht werden. Bei einer beachtlichen Zahl von Fällen sind die »unruhigen« Beine einfach die Folge eines zu hohen Koffeinkonsums. Ungefähr bei einem Drittel aller RLS-Fälle scheint Vererbung eine Rolle zu spielen.

BEHANDLUNG

Zu den Selbsthilfetechniken gehören die absolute Eliminierung von Stimulanzien wie Kaffee, Tee und Schokolade, ein Übungsprogramm für die Beine, das allmählich gesteigert wird und die Exploration von Eisen-, Kalzium-, Folsäure- und Vitamin E-Supplementierungen. Falls Sie es mit Supplementierungen versuchen wollen, möchten wir Ihnen ans Herz legen, ein Schlafprotokoll zu führen, wobei Sie Aufzeichnungen darüber machen sollten, wie Ihre Nächte in der Woche verlaufen, in der Sie Supplementierungen nehmen, und wie die Nächte in der Woche sind, in der Sie auf die Supplementierung verzichten. Nur so können Sie zu einer objektiven Bewertung kommen. Dr. M. I. Botez berichtete im *Canadian Medical Association Journal*, einige seiner RLS-Patienten hätten unter einem Folatmangel gelitten und sich nach der Einnahme von Folsäure-Supplementierungen bemerkenswert erholt. Die Symptome seien abgeklungen. Dr. Wayne Hening und Dr. Arthur Walters vom *Lyons Veterans Administration Medical Center* konnten nach der Behandlung von RLS-Patienten mit Opioiden Erfolge vermelden. Trotz einer Langzeittherapie konnten die Opioide in einer so niedrigen Dosierung verabreicht werden, daß es nicht zu einer Abhängigkeit kam.
Konsultieren Sie Ihren Arzt. Es gibt einige Medikamente, die die Symptome für einige Tage unterdrücken, RLS allerdings nicht heilen können. Andere Arzneimittel werden noch getestet und können möglicherweise zu einer längerfristigen Erleichterung beitragen.

Nebenwirkungen von Medikamenten

Wie wir in den Kapiteln 13 und 14 bereits erwähnten, kann die extreme Tagesschläfrigkeit eine Nebenwirkung einiger Medikamente sein. Beispielsweise kann sie von Antihistaminika und Tranquilizern ausgelöst werden, die man nimmt. Sie kann aber auch eine Nebenwirkung von Medikamenten sein, die man eben erst abgesetzt hat: Falls Sie beispielsweise eine Tablette mit einem Stimulans, Pillen zur Gewichtsreduzierung, Herzmittel, Asthma-Medikamente oder die Antibabypille genommen und dann mit der Einnahme aufgehört haben, kann das möglicherweise der Grund für die Teilnahmslosigkeit sein und einige Tage lang zu extremer Tagesschläfrigkeit führen. Auch illegale Drogen können extreme Tagesschläfrigkeit auslösen.

BEHANDLUNG

Falls Sie das Gefühl haben, irgendein Schlafproblem (sei es nun extreme Tagesschläfrigkeit oder Insomnie) träte in Verbindung mit einem Medikament auf, sollten Sie Ihren Arzt um Rat bitten. Er könnte die Dosierung ändern, es mit einem alternativen Medikament versuchen oder das Medikament ganz allmählich absetzen.
Wann immer ein Mensch extrem schläfrig oder es besonders schwierig ist, ihn zu wecken, ist es wichtig, augenblicklich Hilfe zu holen. Falls Sie Ihren Arzt nicht erreichen können, verständigen Sie die Notaufnahme des nächsten Krankenhauses oder rufen Sie den Notarzt an. Selbst dann, wenn die Reaktion auf illegale Drogen zurückzuführen ist, ist es besser, in ein Krankenhaus zu gehen und eine mögliche Strafverfolgung in Kauf zu nehmen, als zu riskieren, daß der Betroffene stirbt.

Kleine-Levin-Syndrom

Beim Kleine-Levin-Syndrom wechseln sich Perioden extremer Schläfrigkeit, die einige Wochen andauern können, mit Perioden anscheinend normalen Schlafs ab. Während der schläfrigen Phasen kann es vorkommen, daß ein Mensch pro Tag 20 bis 22 Stunden lang schläft. Eigenartigerweise sind in dieser Zeit andere Triebe gesteigert: Gewöhnlich ißt der Patient unmäßig, trinkt große Mengen und legt ein unpassendes sexuelles Verhalten an den Tag. Auch zu Apathie, Gereiztheit und Verwirrungszuständen kann es kommen.
Kleine-Levin ist ein seltenes Syndrom. Normalerweise tritt es in den Teenagerjahren oder mit Anfang Zwanzig auf. Und gewöhnlich verschwindet es zwischen dem dreißigsten und fünfzigsten Lebensjahr von selbst. Es sind mehr Männer als Frauen, die daran leiden.
Viele Menschen erleben Perioden extremer Tagesschläfrigkeit, die

über Wochen und Monate zu- und abnimmt. Wenn sie während dieser Schläfrigkeitsperioden jedoch keinen übermäßig gesteigerten Appetit haben, ist die Wahrscheinlichkeit gering, daß sie unter dem Kleine-Levin-Syndrom leiden.

Menstruationsbedingte Hypersomnie

Da Hormone wie Östrogen und Progesteron einen entscheidenden Einfluß auf den Schlaf haben, wissen die meisten Frauen zu berichten, daß sie während gewisser Phasen ihres Zyklus besser schlafen als während anderer. Einige Patientinnen leiden während ihres Monatszyklus unter einer so extremen Tagesschläfrigkeit, daß sie kaum in der Lage sind, einen Acht-Stunden-Arbeitstag wach zu überstehen. Andere erleben während gewisser Teilphasen ihres Zyklus Insomnie-Perioden.

In jedem dieser Fälle sollte zunächst ein Endokrinologe oder Gynäkologe aufgesucht werden.

Parasomnien

Parasomnien werden jene Probleme genannt, die während des Schlafs auftreten. Dazu gehören Alpträume, Bettnässen und Schnarchen.

Alpträume

Die meisten Menschen bezeichnen alles das mit Alptraum, was während des Schlafs auftritt und mit Ängsten verbunden ist. Schlafforscher dagegen unterscheiden vier verschiedene Konditionierungen: Alpträume, Nachtangst, Panikanfälle im Schlaf und das posttraumatische Streßsyndrom nach dem nächtlichen Wiederaufleben eines schrecklichen Erlebnisses.

Schlafforscher nennen einen bösen Traum dann einen Alptraum, wenn er den Patienten aus dem REM-Schlaf weckt und wenn dieser Mensch sich an den Traum erinnern kann. Obwohl Alpträume meist außergewöhnlich angsteinflößend sind, kommt es gewöhnlich kaum zu irgendwelchen körperlichen Reaktionen: Der Patient schwitzt nicht, die Herzfrequenz steigt nicht wesentlich, und der Atem bleibt ruhig.

Alpträume treten gewöhnlich im letzten Teil der Nacht auf.

Seine Alpträume lieferten Edgar Allen Poe eine Menge Ideen für seine Geschichten.

Rose Wellington besuchte die letzte Klasse der höheren Schule und hatte vor, aufs College zu gehen, fürchtete aber, daß sie sich wegen ihrer immer wiederkehrenden Alpträume im Studentenwohnheim lächerlich machen könne. Zwei- bis dreimal pro Woche wachte sie frühmorgens von Angst geschüttelt auf. Sie schrie nie, sondern warf sich stöhnend und ächzend im Bett herum, weshalb ihre Schwester häufig ebenfalls aus dem Schlaf schreckte. In ihren Alpträumen kamen gewöhnlich Fremde vor, die ihr hinter irgendwelchen Häusern auflauerten, sie jagten, schließlich packten und versuchten, sie zu vergewaltigen. Psychologische Tests deuteten darauf hin, daß Rose leicht zu beunruhigen und etwas unreif war. Und daß sie gerade dabei war, sich gegen ihre überfürsorgliche Familie aufzulehnen. Gefragt, was sie denn im Wachzustand gegen einen solchen Angriff unternehmen würde, dachte sie über eine Reihe von Möglichkeiten nach und entschied schließlich, daß sie den Mann mit einer Hutnadel niederstechen würde. Wir halfen Rose wiederholt, die Hutnadel-Szene einzustudieren, wenn sie wach war. Außerdem wurde ihr nahegelegt, einen Karatekurs zu machen, was ihr zusätzlich zu Selbstvertrauen verhelfen sollte. Innerhalb einiger Wochen war sie aus einer ganzen Reihe von Alpträumen siegreich hervorgegangen; sie verschwanden bald ganz, und sie kam im College hervorragend zurecht.

Roses Geschichte illustriert die elementaren Bestandteile von Alpträumen. Gewöhnlich treten sie spät in der Nacht auf, gewöhnlich ist der Körper kaum in Mitleidenschaft gezogen, und gewöhnlich erinnert sich der Patient an den ganzen Traum. Alpträume deuten darauf hin, daß irgendein psychisches Problem oder eine psychische Thematik nicht völlig bewältigt ist (zum Beispiel, was man denn tun würde, wenn man angegriffen wird), und sie verschwinden oft, sobald das Problem gelöst ist, sobald man sich mit der Thematik auseinandergesetzt hat. Zu Alpträumen kann es auch nach dem Entzug bestimmter Medikamente kommen, besonders von jenen, die den REM-Schlaf unterdrücken.

Nachtangst

Nachtangst tritt während des Delta-Schlafs auf, des tiefsten Schlafs der ganzen Nacht. Es ist ziemlich schwer, aus dem Delta-Schlaf aufzuwachen. Manchen Menschen ist das ganz unmöglich. Falls ein solcher Mensch im Delta-Schlaf gestört wird, ist das Gehirn halbwach, die andere Hälfte schläft weiter, und in diesem Verwirrungszustand tritt Nachtangst auf.

Bei Kindern ist der Delta-Schlaf ausgedehnter als bei Erwachsenen, weshalb sie für Nachtangst anfälliger sind. Weil die Delta-Schlafphasen im ersten Teil der Nacht am häufigsten sind, tritt Nachtangst gewöhnlich in der ersten Stunde des Schlafs oder gleich nach dem Einschlafen auf. Sie beginnt oft mit einem grauenvollen Schrei, und es folgt eine Reihe körperlicher Reaktionen — weit aufgerissene Augen, ein heftig klopfendes Herz, Zittern und Schwitzen. Der Mensch ist ganz offensichtlich in Panik. Es ist schwierig, mit dem/der Betroffenen zu sprechen; er oder sie weiß gar nicht richtig, daß man da ist. Nach einer Weile rollt sich das Opfer zusammen und schläft wieder ein — und hat die ganze Szene völlig vergessen, wenn man es am nächsten Morgen befragt. Das liegt daran, daß der/die Betroffene während des Nachtangstanfalls nicht wirklich wach ist.

Mark Trane war zehn Jahre alt und wollte den Sommer gern in einem Ferienlager verbringen. Seine Eltern zögerten jedoch, ihn fahren zu lassen, weil Mark drei- bis viermal wöchentlich — etwa zu der Zeit, zu der sie selbst zu Bett gingen — schreiend und schwitzend aufwachte und wild mit den Armen um sich schlug. Am nächsten Tag konnte er sich nie an seine Nachtangst erinnern. Marks Nachtangst steigerte sich gewöhnlich jedesmal dann, wenn er unter irgendeiner neuen Belastung stand, und seine Eltern machten sich Sorgen, daß sie in dem Ferienlager möglicherweise wieder häufiger auftreten könnte.

Mark wurde zwei Nächte lang im Schlaflabor beobachtet, hauptsächlich deshalb, um eine mit dem Schlafzustand verbundene Epilepsie und andere mögliche Ursachen seiner Angstanfälle ausschließen zu können. Es wurden keine gefunden. Auch die psychologischen Tests waren normal. Wir rieten den Eltern, Mark möglichst viel Schlaf zuzubilligen — weil der Delta-Schlaf um so kürzer ist, je mehr Schlaf man bekommt. Für die Zeit im Zeltlager wurden Mark zwei Milligramm Valium verschrieben, um den Delta-Schlaf zu unterdrücken. Nehmen sollte er sie vor dem Zubettgehen. Als das Valium nach seiner Rückkehr aus dem Zeltlager wieder abgesetzt wurde, kam die Nachtangst für kurze Zeit zurück, doch danach trat sie immer seltener auf. Sie kam allerdings verstärkt zurück, als Mark umgeschult wurde, verschwand aber wieder, sobald er anfing, sich an der neuen Schule wohl zu fühlen.

Alpträume lassen sich leicht von Nachtangst unterscheiden: Nachtangst tritt früh in der Nacht auf, zu Alpträumen kommt es sehr viel später; bei Nachtangst zeigt sich starke körperliche Agitatio, bei Alpträumen nicht; man erinnert sich nur an kurze Bruchstücke eines Nachtangstanfalls, erinnert sich aber an lange, furchteinflößende Szenen aus Alpträumen.

Bei Kindern ist es wichtig, diese Unterschiede zu kennen, weil ein Kind, das häufig unter Alpträumen leidet, möglicherweise eine Psychotherapie braucht, die ein Kind mit Nachtangst nicht nötig hat. Nachtangst bei Erwachsenen sollte man dagegen ernst nehmen. Sie deutet häufig auf außergewöhnliche Agitatio, Ängste und manchmal auch auf aggressive Impulse hin. Aus diesem Grund würden Erwachsene, die häufig unter Nachtangst leiden, gut daran tun, einen Psychiater zu konsultieren.

Nachtangst kann es einem Kind sehr erschweren, in ein Ferienlager zu fahren oder woanders zu übernachten. In diesen Fällen kann es nützlich sein, die Nachtangst für kurze Zeit mit einer niedrigen Dosis Valium auszuschalten. Wir empfehlen natürlich nicht die ständige Verabreichung von Valium. Doch man kann es durchaus ein, zwei Nächte zu Hause testen, bevor man das Kind ins Ferienlager schickt oder es bei Freunden übernachten läßt, um zu sehen, ob die Dosierung stimmt, und um dem Kind Selbstvertrauen zu geben.

Gelegentlich können auch bestimmte Medikamente oder das Absetzen bestimmter Medikamente Nachtangst auslösen. Falls Sie glauben, daß das bei Ihnen der Fall sein könnte, sollten Sie mit Ihrem Arzt darüber sprechen.

Menschen, die unter Nachtangst leiden, sollten versuchen, ihre Delta-Schlafphasen zu verkürzen, indem sie länger schlafen. (Je länger man schläft, desto flacher wird der Schlaf — das, was Insomnie-Patienten vermeiden sollten, wird also denen empfohlen, die Nachtangst haben.)

Panikanfälle im Schlaf

Im Rahmen einiger Studien zu Forschungszwecken, die ich mit Dr. Matthew Friedman und Dr. Charles Ravaris an der Dartmouth Medical School durchführte, untersuchten wir Patienten, die tagsüber unter Panikattacken litten. Bei diesen Patienten traten im Wachzustand extreme Panikschübe auf — dazu gehörten Atemschwierigkeiten, Herzrasen, Schweißausbrüche, Zittern und die Angst, zu sterben oder wahnsinnig zu werden. Manchmal scheinen diese Attacken von bestimmten Ereignissen ausgelöst zu werden, beispielsweise, wenn jemand das Gefühl hat, von einer großen Menschenmenge zerquetscht zu werden. Bei anderen Gelegenheiten scheint es kein auslösendes Element zu geben. Diese Patienten könnten möglicherweise auch unter nächtlichen Panikanfällen leiden, die sie aus dem Schlaf reißen. Typisch ist, daß diese Panikattacken in der Nacht nicht während des REM-Schlafs auftreten wie die Alpträume, auch nicht während des Delta-Schlafs wie die Nachtangst, sondern während der Schlafstadien II oder III.

Posttraumatisches Streßsyndrom

Patienten, die unter dem posttraumatischen Streßsyndrom leiden, erleben gewöhnlich am Übergangspunkt zwischen Wachen und Schlafen (im Stadium I oder im leichten Stadium II) ein Wiederaufflackern realer Erlebnisse, die sie in Angst und Schrecken versetzten. Hier handelt es sich also um einen völlig anderen Typ des »Alptraums«.
Bei diesen Panikattacken und dem Wiederaufleben realer Ängste wird eine psychiatrische Behandlung des Problems empfohlen, das den Betroffenen/die Betroffene am Tage beschäftigt.

Nachtschweiß

Fortwährendes Schwitzen in der Nacht ist für Ärzte ein Warnsignal, weil es sich dabei möglicherweise um die ersten Anzeichen eines ernsten Leidens — wie Tuberkulose, eine Infektion der Schilddrüse oder Malaria — handeln kann. Nachtschweiß tritt außerdem häufig im Klimakterium auf. Falls Sie nachts völlig verschwitzt aufwachen, sollten Sie die Raumtemperatur senken oder eine dünnere Bettdecke benutzen. Überprüfen Sie Ihre Körpertemperatur, um festzustellen, ob Sie Fieber haben. Falls nicht und falls der Nachtschweiß häufiger auftritt, sollten Sie sich von Ihrem Arzt gründlich durchchecken lassen.

Sprechen im Schlaf

Im Schlaf sprechen Menschen möglicherweise während der REM-(Traum-)Phase oder während des unvollständigen Aufwachens aus der Delta-(Tiefschlaf-)Phase. Falls man während des REM-Schlafs spricht, ist die Aussprache klar, und jedes Wort ist gut verständlich. Spricht man während des Delta-Schlafs, werden die Worte eher gemurmelt und sind meist unverständlich.
Gewöhnlich sind während des REM-Schlafs alle Muskeln — die Augenmuskeln ausgenommen — quasi gelähmt. Gelegentlich sind jedoch die Sprechmuskeln von dieser Lähmung nicht betroffen, und der Schläfer plaudert einfach all die Dinge aus, von denen er träumt. Manchmal kann ein Mensch, der im Schlaf spricht, sogar hören, was jemand aus der Welt der Wachen sagt, bezieht das oft in seinen Traum ein und antwortet darauf. Menschen, die im Schlaf sprechen, erinnern sich fast nie daran, selbst dann nicht, wenn man sie aufweckt, nachdem sie eben erst etwas gesagt haben.

Schlaflähmung

Muskelerschlaffung am Tage ist als *Kataplexie* bekannt; eine ähnliche Muskelerschlaffung, die beim Einschlafen oder Aufwachen auftritt, nennt man *Schlaflähmung.* Ihr Opfer kann — von den Augenmuskeln abgesehen — keinen Muskel (bewußt) rühren und hat manchmal das Gefühl, Schlangen oder Käfer kröchen über seinen Körper. Diese »Lähmung« kann zwei bis fünf Minuten anhalten.
Totale Bewegungsunfähigkeit bei Schlafanbruch ist häufig ein Symptom der Narkolepsie. Der Verlust des Muskeltonus beim Aufwachen jedoch ist gutartig und weist nicht auf irgendeine Erkrankung hin, obwohl er natürlich furchteinflößend sein kann.

Falls Sie unter Schüben von Schlaflähmung leiden, können Sie die Rückkehr des Muskeltonus beschleunigen, indem Sie heftig mit den Augen zwinkern, die Augäpfel kreisen lassen, sie von links nach rechts und von rechts nach links und von oben nach unten bewegen. Danach spannen Sie die Gesichts- und Mundmuskeln an, bewegen den Kiefer und die Zunge. Sobald der Spannungszustand der Muskeln zurückkehrt, bewegen Sie Hals, Schultern, Arme, Finger, Beine, Knöchel und Zehen. Setzen Sie sich danach auf, und wiederholen Sie den Vorgang.

Beinkrämpfe

Nächtliche Beinkrämpfe können zu einem unsanften Erwachen mit unangenehmen Schmerzen in der Fußsohle und den Wadenmuskeln führen. Diese Krämpfe treten häufig bei Frauen auf, die statt flacher plötzlich hochhackige Schuhe tragen, und umgekehrt.

Manchen Menschen verschafft eine Massage sofort nach dem Aufwachen Erleichterung. Andere müssen aufstehen, umherlaufen und die Beine ausschütteln, damit die Muskeln sich wieder entspannen. Eine Waden-Dehn-Übung hilft da möglicherweise: Stellen Sie sich mit dem Gesicht zur Wand, ungefähr einen Meter von ihr entfernt, und lehnen Sie sich nach vorn, wobei die Fersen auf dem Boden und die Beine gestreckt bleiben müssen. Dabei werden Sie ein Ziehen in den Wadenmuskeln spüren. Halten Sie diese Stellung für zehn Sekunden, entspannen Sie sich danach fünf Sekunden und wiederholen Sie die Übung. Falls die Krämpfe häufig auftreten, machen Sie diese Übung dreimal täglich vorbeugend, bis die nächtlichen Krämpfe verschwunden sind.

Beinkrämpfe können auch von einem Kaliummangel herrühren, besonders wenn ein Diuretikum eingenommen wird, oder bei Kalzium-und Magnesiummangel. Falls Sie wiederholt Beinkrämpfe haben, sollten Sie möglicherweise Kalium-, Kalzium- und Magnesium-Supplementierungen nehmen, um festzustellen, ob dadurch vielleicht eine Besserung eintritt. Ein Arzt aus Florida berichtete auch, ihm habe es geholfen, das Kopfteil seines Bettes durch das Unterschieben von Holzklötzen um 22 Zentimeter anzuheben. Seit dieser Maßnahme seien seine Wadenkrämpfe verschwunden.

Schlafwandeln (Somnambulismus)

Schlafwandeln kommt ziemlich häufig vor: Laut der *American Medical Association* haben sich etwa vier Millionen Amerikaner wegen Schlafwandelns in ärztliche Behandlung begeben.
Früher glaubte man, Schlafwandler setzten ihre Träume um. Doch das hat sich als unzutreffend erwiesen. Schlafwandeln wird eher von demselben Mechanismus ausgelöst, der Nachtangst verursacht — das heißt, vom unvollständigen Erwachen aus dem Delta-Schlaf.
Während eines Schlafwandelschubs ist das Gehirn halb wach und halb im Schlaf. Gelegentlich kann es simple Operationen — der Schlafwandler ist beispielsweise in der Lage, einem Hindernis auszuweichen — ausführen, es kann aber auch völlig verwirrt sein, was dann dazu führt, daß der Schlafwandler eine Treppe hinunterfällt oder ein Fenster mit einer Tür verwechselt.
Es gibt Geschichten über Schlafwandler, die Auto fuhren, an Bord eines Flugzeugs gingen, schwammen oder andere komplexe Tätigkeiten ausführten. Dies gehört wohl ins Reich der Phantasie. Obwohl Schlafwandler in ihrem Verwirrungszustand möglicherweise in der Lage wären, in ein Auto zu steigen und es zu starten, würden sie doch niemals über die schnellen Reflexe verfügen, die zum Fahren erforderlich sind, und würden wahrscheinlich schon einen Unfall bauen, bevor sie noch auf der Fahrbahn sind.
Um das Risiko einzuschränken, daß sich ein Schlafwandler etwas antun könnte, sollte er — wenn möglich — im Parterre schlafen. Falls ein Schlafwandler im Haus lebt, sollte man außerdem darauf achten, gefährliche Gegenstände und Autoschlüssel aus dem Weg zu räumen und in Erwägung ziehen, die Haustür mit einem Spezialschloß oder einem Schnappriegel zu versehen.
Schlafwandeln kommt bei Kindern recht häufig vor, doch gewöhnlich verliert sich diese Konditionierung, sobald sie älter werden. Wie Nachtangst kommen auch Schlafwandelschübe häufig während Perioden der Anspannung und Angst vor, doch schlafwandelnde Kinder sind psychisch genauso gesund wie andere Kinder. Es scheint da aber einen Vererbungsfaktor zu geben: Kinder neigen mit größerer Wahrscheinlichkeit zum Schlafwandeln, wenn schon ihre Eltern es getan haben.
Schlafwandeln bei Erwachsenen ist schon besorgniserregender. Ex-

tremer Streß, Ängste und — gelegentlich — Epilepsie sind mögliche Ursachen. Deshalb sollten Erwachsene, die dieses Problem haben, ärztliche Hilfe suchen, möglichst in Verbindung mit Entspannungstraining und Biofeedback. Gelegentlich hilft auch Hypnose.
Einige Medikamente könnten ebenfalls helfen. Valium und einige stimulierende Mittel haben in manchen Fällen zur Eliminierung des Schlafwandelns geführt. In Fällen, bei denen Nacht-Epilepsie als Ursache festgestellt wurde, haben sich Antikonvulsiva als nützlich erwiesen.

Bettnässen (Enuresis)

Bettnässen kommt bei Kindern relativ häufig vor. Im Alter von fünf Jahren machen etwa zehn Prozent der kleinen Mädchen und fünfzehn Prozent der kleinen Jungen noch wiederholt ins Bett. Das bedeutet nur, daß sie in ihrer Entwicklung etwas langsam sind — wenn nichts unternommen wird, bekommen sie das gewöhnlich im Lauf der Zeit unter Kontrolle. Manche Menschen bleiben jedoch auch als Erwachsene Bettnässer. Nach einer Studie sind ein bis drei Prozent scheinbar gesunder Marinerekruten gelegentlich Bettnässer.
Manchmal ist ein Kind schon einige Monate trocken gewesen und fängt dann wieder an, ins Bett zu machen. Das wird gewöhnlich als Hinweis auf eine psychische Störung gesehen. Die Geburt eines kleinen Bruders oder einer kleinen Schwester könnte beispielsweise eine solche Störung auslösen. Bettnässen kann aber auch die Folge einer Störung der Harnwege, der Nieren oder einer Hormonstörung sein. Es kann ein Symptom für eine Infektion, für Madenwürmer, Diabetes, Epilepsie oder Sichelzellenanämie sein.

BEHANDLUNG

Bestrafen Sie ein Kind niemals, wenn es ins Bettchen macht, und sagen Sie auch nie »pfui, schäm dich«. Wenn das Kind alt genug ist, sollten Sie es das Problem soweit wie möglich allein bereinigen lassen. Kann es die Bettwäsche allein wechseln und die Laken in die Waschmaschine stecken, hilft ihm das, sein schlimm geschädigtes Selbstbewußtsein wieder aufzurichten.

Lassen Sie das Kind spätnachmittags und frühabends nicht mehr allzuviel Flüssigkeit zu sich nehmen. Achten Sie darauf, daß es die Blase leert, bevor es zu Bett geht. Wenn Sie das Kind wecken, bevor Sie selbst schlafen gehen, sollten Sie sicher sein, daß es auch wirklich ganz wach ist, wenn es aufs Töpfchen geht. Denn lassen Sie's schlafen, während Sie es ins Bad bringen, lernt es nur, daß man im Schlaf urinieren kann. Legen Sie ihm vielleicht einen Teppich vor das Bettchen, damit es ihm leichterfällt, das warme Bett zu verlassen. Ein kleines Nachtlicht wäre ebenfalls gut, damit das Kind den Weg leichter findet.
Dr. Nathan Azrin, Professor für Psychologie an der Nova-Universität in Fort Lauderdale, und seine Kollegen haben ein effizientes Ein-Tages-Programm für Bettnässer entwickelt. An dem betreffenden Tag werden im Abstand von jeweils einer halben Stunde Praxisübungen gemacht, um alles das einzuüben, was das Kind nachts tun sollte: Das Kind legt sich ins Bett, und kaum fällt das Wort »geh«, springt es auf und geht auf die Toilette. In den ersten Stunden der folgenden Nacht wecken die Eltern das Kind etwa jede halbe Stunde auf und schicken es ins Bad. Bei 55 Kindern, die Bettnässer waren, senkte diese Methode die Frequenz des Bettnässens drastisch, dem Durchschnittskind passierten in den zwei Wochen nach dem Training etwa vier »Unfälle«, und dann war es trocken. Nur eins von fünf machte danach noch einmal ins Bett, und bei den meisten von ihnen hörte das Bettnässen nach einer zweiten Übungssession ebenfalls auf.
Eine weitere Methode ist eine Blasendehnung. Ist das Kind tagsüber zu Hause, ermuntert man es, sehr viel Flüssigkeit zu trinken. Dann fordert man es auf, den Urin so lange wie möglich zu halten. Tun Sie das jeden Tag und belohnen Sie es, wenn es sein Wasser über einen immer längeren Zeitraum halten kann. Diese Technik hilft dem Kind, die Blasenmuskeln besser kontrollieren zu lernen.
Übungen, bei denen der Harnstrom unterbrochen wird (willkürliches Starten und Stoppen), können die Kontrolle ebenfalls steigern, weil der Tonus der Schließmuskeln so gekräftigt wird.
Die Glocke-auf-Gummiunterlage-Methode hilft ebenfalls in vielen Fällen. Sobald Harn auf die Unterlage fließt, ertönt eine Glocke und weckt das Kind. Nach einigen Nächten lernt es der Schläfer gewöhnlich, aufzuwachen, bevor die Glocke klingelt. Eine Addition der Resultate von vierzig Studien, an denen mehr als tausend Kinder teilnahmen, zeigte eine Erfolgsquote von 75 Prozent.

Für welche Methode Sie sich auch entscheiden mögen, sollten Sie doch nicht vergessen, daß das Kind auch immer emotionale Unterstützung braucht, und es im Erfolgsfall belohnen. Versuchen Sie, Streß und Aufregung zu Hause abzubauen. Besprechen Sie das Problem mit Ihrem Kind. Treiben Sie es nicht zur Eile an. Schelten Sie es nicht, hacken Sie nicht auf ihm herum, bedrohen Sie es nicht, und sagen Sie ihm auch nicht, es solle sich schämen, oder was es da tue, sei schmutzig und anstößig. Die Stärkung des Selbstvertrauens und Liebe sind weit effektivere Mittel. Am wichtigsten ist es, sich zu entspannen und dem Kind zu helfen, sein Selbstvertrauen zumindest auf anderen Gebieten wieder aufzubauen.

Wenn ein Kind, das ins Bett macht, in ein Ferienlager fährt oder irgendwo anders übernachtet, hilft möglicherweise ein Medikament. Das Bettnässen tritt jedoch gewöhnlich prompt wieder auf, sobald das Mittel abgesetzt wird. Das sollten Sie am besten mit dem Kinderarzt besprechen.

Bei erwachsenen Bettnässern sollte in erster Linie der Koffeinkonsum gestoppt werden. Wie wir bereits sagten, sind mehr als 60 Prozent der Fälle von Inkontinenz auf den Konsum von Koffein zurückzuführen, und der Harndrang kann häufig allein durch die Tatsache normalisiert werden, daß man alles Koffeinhaltige vom Ernährungsplan streicht.

Eine Ursache des Bettnässens und ständigen Harndrangs bei Männern kann eine vergrößerte Prostata sein. (Die Prostata ist eine hufeisenförmige Drüse, die den unteren Blasenhals umschließt. Ist sie vergrößert, kann sie gegen die Blase drücken.) Eine Prostatavergrößerung kann man durch einen chirurgischen Eingriff beheben. Es kann aber auch helfen, mit dem Rauchen aufzuhören, Koffein zu eliminieren, Alkohol sowie Fette vom Ernährungsplan zu streichen, sich mehr Bewegung zu verschaffen und abzunehmen, sofern man übergewichtig ist.

Falls ein Kind oder ein Erwachsener allerdings beim Harnlassen Schmerzen oder Blut im Urin hat, falls es/er sehr, sehr häufig urinieren muß oder tagsüber bei ihm ständig Urin tröpfelt, sollte man auf der Stelle einen Arzt aufsuchen.

Bruxismus (Zähneknirschen) im Schlaf

Einige Menschen knirschen nur nachts mit den Zähnen; andere tun's sowohl am Tage als auch nachts, häufig dann, wenn sie unter besonderen Belastungen leiden.
Den Patienten ist gewöhnlich gar nicht bewußt, daß sie nachts mit den Zähnen knirschen; trotzdem kann das zum Wachwerden führen und dazu, daß sie über Insomnie, schmerzende Kiefer oder Kopfweh klagen. Ein Zahnarzt kann das Problem jedoch entdecken, weil die Zahnoberflächen gewöhnlich Zeichen außergewöhnlicher Abnutzung aufweisen.
Falls Sie tagsüber mit den Zähnen knirschen, könnte Biofeedback helfen, beim nächtlichen Zähneknirschen macht es dagegen weniger Sinn. Wo das Zähneknirschen auf eine Malokklusion (Gebißanomalie) zurückzuführen ist, kann das Problem orthodontisch (durch Kieferorthopädie) korrigiert werden. Falls keine dieser Möglichkeiten in Frage kommt, können die Patienten eine Gummi- oder Plastikschiene tragen, die die Zähne schützt.

Schlaf-Epilepsie

Bei einem von vier Menschen, die unter Epilepsie leiden, kommt es hauptsächlich nachts zu Anfällen. Diese nächtlichen Anfälle, Schlaf-Epilepsie genannt, treten in allen Altersklassen auf, sind aber bei Kindern am häufigsten. Sie können die Ursache für Bettnässen, Schlafwandeln oder andere Körperbewegungen sein (diese Symptome können natürlich auch auftreten, wenn keine Epilepsie vorliegt). Falls Sie Epilepsie vermuten, sollte ein Neurologe konsultiert werden.
Bei einer Standarduntersuchung in einem Schlaflabor kann Schlaf-Epilepsie nicht diagnostiziert werden, weil normalerweise zu wenige EEG-Elektroden benutzt werden und das Papier mit zu niedriger Geschwindigkeit durchläuft. Besteht allerdings der Verdacht auf einen Anfall oder eine Störung, kann natürlich auch nachts ein vollständiges EEG gemacht werden, um dem Problem auf den Grund zu gehen.

Gastroösophagealer Reflux im Schlaf

Obwohl es einen Schließmuskel gibt, der verhüten soll, daß Magensaft in den Ösophagus (die Speiseröhre) zurückfließt, geschieht das manchmal doch. Das nennt man gastroösophagealen Reflux und wird häufig als Sodbrennen empfunden.
Manchmal kommt es nach einem schweren Essen dazu oder — weniger häufig — im Schlaf. Möglicherweise leiden die Patienten auch unter einer Hiatushernie, bei der ein Teil des Magens oberhalb des Schließmuskels liegt, was dazu führt, daß die Säure in die Speiseröhre zurückschwappt und Sodbrennen verursacht.

BEHANDLUNG

Heben Sie das Kopfende Ihres Bettes zum Schlafen an. (Legen Sie 15 Zentimeter dicke Holzpflöcke darunter.)
Reduzieren Sie den Streß in Ihrem Leben.
Meiden Sie allzu fetthaltige Mahlzeiten und Speisen mit einem hohen Säuregehalt sowie alles stark Gewürzte.
Nehmen Sie ab, wenn Sie übergewichtig sind, und tragen Sie keine Kleidungsstücke, die die Taille oder den Bauch einengen.
Falls diese Maßnahmen nicht helfen, können Medikamente verabreicht werden, entweder ein Antacidum (ein Säure neutralisierendes Mittel) oder ein Medikament, das hilft, die Säure schneller abzubauen (wie Karbamoylbetamethylcholin), oder eines, das die Säuresekretion des Magens während der Nacht unterdrückt.

Schlafbedingte Kopfschmerzen

Es gibt drei Arten von Kopfweh, die häufig mit dem Schlaf assoziiert werden: Migräne, Clusterkopfschmerz und chronische anfallsweise Hemikranie. Migräne tritt gewöhnlich nur auf einer Kopfseite auf und wird möglicherweise von Schwindelgefühlen, Erbrechen und sensorischen Störungen begleitet. Beim Clusterkopfschmerz konzentriert sich der Schmerz normalerweise auf die Augenumgebung. Der Name Cluster (engl. = Gruppe, Traube) leitet sich von der Tatsache her, daß das Kopfweh gehäuft auftritt — kopfwehfreie Perioden wechseln sich mit solchen ab, in

denen der Kopfschmerz geradezu marternd und unerträglich ist. Zur chronischen, anfallsweisen Hemikranie gehören kurzfristige Kopfschmerzen, doch sie treten weit häufiger auf als beim Clusterkopfschmerz.
Obwohl noch immer darum gestritten wird, scheint es doch so zu sein, als seien diese Kopfschmerzen mit dem REM-Schlaf verbunden, wenn sie in den frühen Morgenstunden nach dem Aufwachen auftreten. Während des Non-REM-Schlafs, besonders während des Delta-Schlafs, ziehen sich die zum Hirn führenden Blutgefäße zusammen. Während des REM-Schlafs erweitern sich diese Adern, was einen stark verstärkten Blutfluß zum Gehirn verursacht. Diese Erweiterung ruft die Kopfschmerzen hervor. Der Schmerz kommt von Dehnungsrezeptoren, die in den Wänden der Blutgefäße liegen. Je mehr sich diese Gefäße während des Non-REM-Schlafs zusammenziehen, desto stärker erweitern sie sich während der REM-Schlafperiode.

BEHANDLUNG

Die meisten Menschen, die unter mit Schlaf verbundenem Kopfweh leiden, müssen mit Medikamenten behandelt werden. Den Streß zu reduzieren, kann jedoch ebenfalls helfen. Je weniger angespannt man tagsüber ist, desto weniger ziehen sich die Blutgefäße nachts zusammen und desto weniger müssen sie sich anschließend erweitern. Außerdem dürfen Sie sich nicht selbst Schlaf entziehen — indem Sie beispielsweise sehr lange arbeiten oder lange feiern —, weil jede Einschränkung der Zeit, die Sie im Bett verbringen, den Delta-Schlaf, die intensivste Form des Non-REM-Schlafs, ansteigen läßt. Da ein weniger intensiver Non-REM-Schlaf eine geringere Vasokonstriktion (Gefäßverengung) bedeutet und deshalb auch einen weniger intensiven Erweiterungs-Rebound während des REM-Schlafs, ist es sinnvoll, lange und regelmäßig zu schlafen. Auch ein Nickerchen hin und wieder kann helfen.

SONNTAGSMORGEN-KOPFWEH

Das Kopfweh am Sonntagmorgen könnte von exzessivem Alkoholkonsum beim Feiern verursacht werden, aber genausogut von Koffeinentzug herrühren. Falls man die Woche über gewöhnlich morgens etliche Tassen Kaffee trinkt, bedeutet das, daß man das Koffein vermißt, wenn man sonntags länger schläft.

Versuchen Sie deshalb den Koffeinkonsum im Lauf der Woche einzuschränken.
Mit dem Schlaf verbundene Kopfschmerzen könnten allerdings auch auf Schlafapnoe hinweisen.

Schlafbedingter Laryngospasmus

Gelegentlich sind Patienten beim Aufwachen unfähig zu atmen, haben das Gefühl, ersticken zu müssen, und leiden unter Stridor (einem hohen, pfeifenden Atemgeräusch). Normalerweise hören diese Episoden nach etwa einer Minute auf, sind jedoch immer mit Ängsten und Agitatio verbunden. Diese Episoden werden von Spasmen im Larynx (Kehlkopf) verursacht — man kann keine Luft in die oder aus den Lungen bekommen. Diese Konditionierung hat jedoch nichts mit der Schlafapnoe zu tun.
Mit dem Schlaf verbundenen Laryngospasmus muß man von nächtlichen Panik-Attacken und Nachtangst unterscheiden. Beim mit dem Schlaf verbundenen Laryngospasmus beziehen sich die Schwierigkeiten nur aufs Atmen; in einigen Fällen sind die Spasmen möglicherweise auch auf gastroösophagealen Reflux zurückzuführen. Versuchen Sie es mit den Maßnahmen, die wir für dieses Leiden vorgeschlagen haben.

REM-Schlaf-Verhaltensstörungen

Gewöhnlich sind all unsere Muskeln bewegungsunfähig, bevor wir anfangen zu träumen. Das Gehirn weiß nicht, daß wir träumen, und gibt unseren Muskeln das Kommando, sich zu bewegen, doch unsere Körper reagieren nicht. Wenn wir beispielsweise träumen, wir liefen, bekommen unsere Beinmuskeln das Kommando, loszulaufen; da sie jedoch »gelähmt« sind, bringen sie es glücklicherweise nur zu sehr geringen Zuckungen. Gelegentlich ist die Muskellähmung jedoch aus unerfindlichen Gründen nicht ganz vollständig, weshalb die Schläfer einen Teil ihrer Träume körperlich austragen. Sie fahren aus dem Schlaf hoch und sitzen kerzengerade im Bett, werfen sich hin und her oder schlagen auf ihre Kissen ein. Hin und wieder verletzen sie bei diesen Aktivitäten sogar sich selbst oder andere.

Es gibt einige Medikamente, die da zu helfen scheinen. Es ist allerdings auch wichtig, daß Patienten mit REM-Verhaltensstörungen alles nur mögliche tun, um zu verhüten, daß sie sich selbst oder anderen weh tun. Sie könnten ihre Matratze auf den Boden legen, den Fußboden mit dicken Teppichen auslegen lassen, Möbelstücke und Lampen weiter weg stellen und in Erwägung ziehen, allein zu schlafen.

Rhythmische Bewegungsstörungen

Einige Menschen wiegen sich im Schlaf, schaukeln, schütteln sich. Wir kennen einen Achtjährigen, der so heftig schaukelt, wenn er versucht einzuschlafen, daß er mit dem Bett durch das ganze Zimmer ruckelt. Ähnlich geht es einem 46jährigen leitenden Angestellten, der unter der Angewohnheit leidet, sich — im Wachen oder Schlafen — jede Nacht drei- bis viermal im Bett aufzusetzen und sich ungefähr zehn Minuten lang hin- und herzuwiegen. Läßt man ihn in Ruhe, schläft er den Rest der Nacht tief und fest. Stört man ihn jedoch, hat er Schwierigkeiten weiterzuschlafen.

Rhythmische Bewegungsstörungen nehmen normalerweise mit dem Streß zu. Ein zwölfjähriger Junge, den wir drei Nächte lang im Schlaflabor beobachteten, schaukelte in der ersten Nacht zweieinhalb Stunden in seinem Bett, in der zweiten waren es noch 45 Minuten und in der dritten nur noch zehn Minuten. Dieses Schaukeln trat im Wachzustand und auch während der leichteren Schlafstadien auf.

Es ist durchaus möglich, daß einige Fälle von rhythmischer Bewegungsstörung eine neurologische Basis haben. Bei den meisten Patienten scheint es sich jedoch einfach um Angewohnheiten zu handeln, die — wie beispielsweise das Daumenlutschen bei Kindern — ein Wohlgefühl auslösen. Und wie beim Daumenlutschen wird heftig darum gestritten, ob die rhythmischen Bewegungen aggressiv gestoppt werden sollten, damit die Betroffenen diese Angewohnheit ablegen, oder ob man es/sie ihnen lassen sollte. In vielen Fällen hören die rhythmischen Bewegungen auf, wenn man ihr Auftreten nur für einige Wochen verhindern kann. Beispielsweise könnten die Eltern das Kind in den Arm nehmen, so daß es nicht mehr schaukeln kann. Diese Wochen sind allerdings unangenehm und anstrengend, und die meisten Kinder legen diese Angewohnheit auch ohne Behandlung irgendwann ab.

Schnarchen

»Lache, und die Welt lacht mit dir, schnarche, und du schläfst allein«, sagte Anthony Burgess.
Menschen, die schnarchen, haben wenigstens eines der folgenden Probleme:

1. Niedriger Muskeltonus in den Zungen- und Rachenmuskeln. Alkohol und andere Drogen tragen zu einer noch stärkeren Entspannung der Muskeln bei, was ein noch stärkeres Schnarchen hervorruft.
2. Übermäßig viel Gewebemasse im Rachenraum, wie beispielsweise vergrößerte Mandeln und Polypen, große Zäpfchen oder ein übermäßig langer, weicher Gaumen.
3. Verstopfte Luftwege in der Nase. Wenn die Schleimhäute anschwellen und stickig werden, werden die Luftwege enger. Dann bedarf es einer gewaltigen Kraftanstrengung, die Luft durch das enge Loch zu bekommen. Das erklärt, warum einige Menschen nur in der Heuschnupfensaison schnarchen oder dann, wenn sie sich erkältet haben.
4. Anatomische Fehlbildungen in den Luftwegen. Einige Menschen haben gebrochene und schief zusammengewachsene Nasen, was die Luftwege noch weiter einengt. Übergewicht kann ebenfalls Schnarchen auslösen, weil Fettablagerungen am oberen Luftweg diesen verengen.

Ungefähr die Hälfte aller Erwachsenen schnarcht gelegentlich, und einer von vier Erwachsenen schnarcht regelmäßig. Schnarchen tritt bei Männern — zumindest bis zum Klimakterium der Frau — weit häufiger auf als bei Frauen. Erst nach dem Klimakterium schnarchen fast genauso viele Frauen wie Männer. Kinder schnarchen selten, es sei denn, sie litten unter vergrößerten Mandeln oder Polypen.
Gewohnheitsschnarcher leiden mit doppelt so großer Wahrscheinlichkeit unter hohem Blutdruck wie Nichtschnarcher. Und Schnarchen ist natürlich häufig mit Schlafapnoe verbunden.

BEHANDLUNG

Versuchen Sie, die Luftfeuchtigkeit in Ihrem Schlafzimmer zu erhöhen. Trockene und geschwollene Membrane können Schnarchen verursachen.
Lassen Sie sich auf mögliche Allergien hin untersuchen. Sie könnten nämlich ein Anschwellen des Gewebes auslösen. Bei einem Patienten, der gegen Weizenprodukte allergisch war, hörte das Schnarchen auf, nachdem er alle von seinem Speiseplan gestrichen hatte.
Versuchen Sie, auf der Seite zu schlafen. Die meisten Menschen schnarchen stärker, wenn sie auf dem Rücken liegen.
Rauchen und trinken Sie wenig, weil sowohl Tabak als auch Alkohol zum Schnarchen führen können.
Sorgen Sie für regelmäßige Bewegung. Das wird Ihnen helfen, Gewicht zu verlieren.
Nehmen Sie vor dem Schlafengehen keine Tranquilizer und Schlaftabletten.
Außerdem sind eine ganze Reihe von Anti-Schnarch-Apparaturen auf dem Markt. Es gibt Kinn- und Kopfriemen, Halsschlingen und Kieferstützen, die dafür sorgen, daß der Kiefer nicht herunterfällt, sowie elektrische Geräte, die unangenehme Reize auslösen, sobald der Patient schnarcht. Sie scheinen in einigen Fällen zu wirken, wenn auch nicht sehr. Einige sind sogar gefährlich, können eventuell zu Verletzungen führen. Sprechen Sie deshalb mit Ihrem Arzt, bevor Sie ein teures Gerät anschaffen.
Eine Operation kann für besseren Luftfluß in den Luftwegen sorgen. Beispielsweise können die Entfernung von Rachenmandelwucherungen, die Korrektur einer verschobenen Scheidewand oder die Entfernung überflüssigen Gewebes gegen Schnarchen helfen. Eine UPPP (Uvulopalatopharyngoplastie), die wir im Zusammenhang mit der Schlafapnoe diskutiert haben, kann für Menschen mit einem ernsten Schnarchproblem sehr nützlich sein.

Nicht erholsamer Schlaf

Nicht erholsamer Schlaf wird weder als extreme Tagesschläfrigkeit noch als Parasomnie eingestuft. Menschen, die unter nicht erholsamem Schlaf leiden, wachen morgens nach relativ gutem Schlaf auf, sind aber noch müde und fühlen sich nicht erfrischt. Sie sind morgens anfälliger für Schmerzen, als sie es abends waren, und sie fühlen sich unpäßlich — das heißt, sie fühlen sich allgemein unwohl, obwohl sie nicht sagen könnten, wo es ihnen eigentlich weh tut. Sie sind häufig ganz steif, können sich kaum bewegen — etwa so wie Patienten mit primär chronischem Gelenkrheumatismus. Wenn sie einen Internisten aufsuchen, wird der vermutlich tatsächlich Fibrositis (eine Bindegewebsentzündung, auch als Fibromyalgie bekannt) diagnostizieren, ein Begriff, der benutzt wird, um arthritisähnliche Symptome zu bezeichnen, auch wenn keine weiteren körperlichen Anzeichen für eine Arthritis vorhanden sind. Wenn die gleichen Menschen zu einem Psychiater gehen, könnten sie möglicherweise als Hypochonder abgetan werden, weil sie nur unklare Beschwerden haben und es keinen objektiven Beweis für irgendeine Krankheit gibt.

Bei einer Studie, die ich 1973 mit Dr. David Hawkins an der Universität von Virginia in Charlottesville durchführte, fiel uns auf, daß das EEG bei einigen der Insomnie-Patienten während der Non-REM-Phase — der Schlafphase, in der der Körper sich erholen sollte — nicht die erwarteten flachen hirnelektrischen Wellen aufwies. Bei ihnen zeigte sich statt dessen eine Mischung aus Non-REM-Schlaf- und Alpha-Wellen, jenen Wellen, die kennzeichnend sind für entspanntes Wachsein. Mit anderen Worten: Ging man nach den Hirnwellen, schliefen diese Menschen im Verlauf der Nacht und waren gleichzeitig wach. Für diese Art Schlaf prägten wir den Begriff Alpha-Delta-Schlaf. *Uns war klar, daß diese Patienten häufig unter der chronischen Unpäßlichkeit litten, über die wir gesprochen haben.*
Dr. Harvey Moldofsky vom Clark-Institut in Toronto untersuchte daraufhin eine Gruppe von Fibrositis-Patienten und fand heraus, daß sie alle diese Intrusion von Alpha-(Wach-)Wellen im Non-REM-Schlaf aufwiesen. Er nannte das »nicht erholsamen Schlaf«, *weil er davon ausging, daß solche Patienten zwar schlafen, aber in diesem Schlaf nur wenig Erholung finden.*

Im Rahmen einer weiteren Studie störte Dr. Moldofsky den Schlaf von gesunden Freiwilligen, indem er ihren Non-REM-Schlaf immer wieder durch Töne unterbrach. Wegen dieser Töne konnten die Freiwilligen jeweils nur für kurze Zeit ununterbrochen schlafen. Nach jedem Ton waren ihre Schlafwellen mit Alpha-(Wach-)Wellen durchsetzt. Am Morgen klagten die Freiwilligen über dieselbe Unpäßlichkeit wie die Fibrositis-Patienten. Dr. Moldofsky glaubte, es sei diese Mischung von Alpha- und Non-REM-Schlaf, die bei diesen Patienten die morgendlichen Symptome verursachte.
Dann stellte Dr. Moldofsky fest, daß Sportler die erwartete Morgensteifheit und Unpäßlichkeit nicht aufwiesen, wenn ihr Schlaf die ganze Nacht über gestört wurde. Das führte zu dem Schluß, daß man einige der Symptome des nicht erholsamen Schlafs durchaus bewältigen kann, wenn man fit ist und regelmäßig trainiert.
Bei einer weiteren Studie wurde dann nachgewiesen, daß ganz geringe Dosen eines Antidepressivums (zehn bis 25 Milligramm) häufig die Alpha-Intrusionen aus dem Schlaf-EEG verbannen können — augenscheinlich nicht deshalb, weil diese Patienten unter Depressionen leiden, sondern weil das Antidepressivum die Hirnchemie auf sehr subtile Art verändert und weil das irgendwie dabei hilft, den »Schlaf-Wach-Schalter« entschiedener in Richtung Schlaf zu werfen, statt ihn in der Mitte festzuhalten.
Im Rahmen einer weiteren Studie wurde festgestellt, daß nicht erholsamer Schlaf häufig in Streßperioden seinen Anfang nimmt. Wenn wir unter Streß stehen, wird unser Schlaf von weit mehr Wachperioden unterbrochen. Und aus diesem Grund wird die Chance einer Vermischung von Alpha- und Schlafwellen größer. In vielen Fällen bleibt diese Mischung bestehen, selbst wenn die Streßperiode vorbei ist.

Die Verbindungen zwischen Ursache und Wirkung sind nicht klar. Menschen, die von Schmerzen geplagt werden, wachen im Lauf der Nacht öfter auf, was beim Schlaf-EEG für mehr Wellen dieser Alpha-Delta-Mischung sorgt. Ruft man dagegen bei gesunden Schläfern diese Alpha-Delta-Mischung künstlich hervor, indem man sie weckt, verschlimmert das jede Art von Schmerzen, die der Patient haben könnte. Hier scheint es sich also um einen Teufelskreis zu handeln — der Schlaf und der Schmerz verschlimmern sich gegenseitig.

Falls nicht erholsamer Schlaf das Problem sein sollte, werden gewöhnlich drei Dinge verschrieben: zunächst eine schwache Dosis eines Antidepressivums, dann viel Bewegung und drittens eine Therapie. Weil die Patienten normalerweise glauben, sie litten unter Arthritis, sollte mit einem leichten Trainingsprogramm begonnen werden, das allmählich gesteigert wird. Jogging oder andere zu anstrengende Übungen empfehlen wir freilich nicht. Wir schlagen statt dessen Schwimmen, leichte Aerobic-Übungen oder schnelles Gehen vor. Weil diese Störung häufig während einer Streßperiode beginnt, ist schließlich eine unterstützende Therapie empfehlenswert. Auch ein verständnisvoller Arzt ist ein wichtiger Teil der Behandlung.

16

Falls Sie noch mehr Hilfe brauchen

Wir hoffen, Sie haben die Schritte dieses Programms nachvollzogen und gehören nun zu jenen mehr als 80 Prozent, denen die von uns angesprochenen Richtlinien geholfen haben. Ein paar Menschen werden jedoch vermutlich noch mehr Hilfe brauchen. Wie können Sie feststellen, ob Sie zu denen gehören?
Sie sollten sich nach weiterer Unterstützung umsehen, wenn:

- Sie schon seit sechs oder mehr Monaten unter Insomnie leiden, die Insomnie Ihre Tagesaktivitäten stark beeinträchtigt und dieses Programm Ihnen nicht geholfen hat, obwohl Sie wirklich alle Ratschläge gründlich erprobt haben;
- die Auswirkungen Ihres Schlafproblems zu Hause, bei der Arbeit oder auf der Straße zu einem Unfall oder Beinahe-Unfall geführt haben;
- Ihr Schlafproblem Ihren Job oder Ihre gesellschaftliche Stellung gefährdet hat;
- Sie das Gefühl haben — oder jemand anderes Ihnen sagt —, Ihr Schlafverhalten sei nicht ganz »normal«; ob es sich dabei nun um Atemschwierigkeiten, Beinzucken oder Bettnässen handelt;
- es Sie tagsüber große Mühe kostet, wach zu bleiben;
- Sie neben dem Schlafproblem merkliche mentale Schwierigkeiten — wie Vergeßlichkeit oder Orientierungsschwäche — haben.

Falls bei Ihnen eines dieser Probleme vorliegt, sollten Sie mit Ihrem Arzt sprechen. Falls der Ihnen nicht helfen kann, brauchen Sie eine

Überweisung in ein Zentrum für Schlafstörungen. Sie sollten sich auf jeden Fall um Hilfe bemühen, wenn es sich bei Ihnen um ein ernstes und chronisches Problem handelt und Sie nicht allein damit fertig werden — ob Sie nun nicht einschlafen, nicht durchschlafen oder tagsüber nicht wach bleiben können.
Chronisch ist hier das Schlüsselwort. Bei kurzfristigen Problemen brauchen Sie keine professionelle Hilfe. Den meisten Menschen passiert es hin und wieder, daß sie einmal eine Woche oder einen Monat lang schlecht schlafen. Falls Ihre Schlafprobleme jedoch länger anhalten und Sie unser Programm ausprobiert haben, sollten Sie nicht länger unnütz leiden, sondern sich Hilfe suchen. Je länger Sie glauben, man könne nichts gegen Ihre Insomnie tun, desto schwieriger wird es werden, sie zu behandeln.

An wen Sie sich wenden können

Denken Sie daran, daß schlechter Schlaf organische Ursachen haben kann. Falls nichts von dem zu wirken scheint, was Sie ausprobiert haben, und Sie bislang nicht beim Arzt gewesen sind, sollten Sie einen aufsuchen und sich einmal gründlich durchchecken lassen. Erzählen Sie ihm jedoch wirklich den gesamten Verlauf Ihres Schlafproblems, und erwähnen Sie auch alles, was Sie unternommen haben, um es zu lösen. Geben Sie sich nicht mit der schnellen Verschreibung eines Schlafmittels zufrieden, sondern bitten Sie um eine gründliche Einschätzung möglicher Ursachen.
Wenn Sie glauben, Streß, Ängste oder ein gerade hinter Ihnen liegender emotionaler Schock seien der Grund dafür, daß Sie schlecht schlafen, und Sie nicht in der Lage sind, das Problem allein in den Griff zu bekommen, sollten Sie möglicherweise einen Berater für Streß-Management, einen Psychiater, einen Psychologen oder einen anderen Experten für seelische Leiden konsultieren.
Ihr Hausarzt kann Ihnen gewiß einen passenden Therapeuten empfehlen. Sie können aber auch eine psychiatrische Klinik oder Ambulanz aufsuchen. Lassen Sie sich über die jeweiligen Versorgungsmöglichkeiten und Methoden informieren, und entscheiden Sie dann, ob vielleicht eine für Sie in Frage kommt. Sie könnten sich auch an die

psychiatrische Abteilung der nächstgelegenen Universitätsklinik wenden. Oder Sie könnten sich von einem Verwandten oder Bekannten einen bestimmten Psychiater oder klinischen Psychologen mit einer Privatpraxis empfehlen lassen. Falls Sie viel Alkohol trinken oder Drogen nehmen, können Sie sich an eine Einrichtung wenden, die auf die Behandlung von Drogen- und Alkoholproblemen spezialisiert ist.

Möglicherweise entscheiden Sie sich für einen Psychiater (einen Arzt, der sich auf die Behandlung seelischer Leiden spezialisiert hat), besonders dann, wenn Sie glauben, Ihr Problem habe sowohl biologische als auch psychologische Aspekte. Als Arzt darf er Medikamente verschreiben. Falls Sie jedoch das Gefühl haben, in erster Linie eine Therapie zu brauchen, könnten Sie sich für einen Psychologen entscheiden (er hat eine wissenschaftlich-psychologische Ausbildung durchlaufen, ist möglicherweise auf Verhaltenstherapie spezialisiert, kann allerdings keine Medikamente verschreiben). Aber es gibt auch noch andere Möglichkeiten: Ihr Pfarrer/Pastor, ein Eheberater, ein Sozialarbeiter in einem Krankenhaus oder bei einer Wohlfahrtseinrichtung, ein Spezialist für Biofeedback oder ein Berater für Streß-Management.

Sie können auch zwischen einer Einzel- und Gruppentherapie wählen. In der Gruppe diskutieren Sie Ihre Probleme unter der Anleitung eines Experten mit anderen. Außerdem könnten Sie sich einer Gruppe wie den Anonymen Alkoholikern, den Anonymen Suchtabhängigen oder den Anonymen Spielern anschließen. Falls es sich um einen Notfall handelt, könnten Sie sogar bei der Telefonfürsorge oder einer anderen Organisation anrufen, die einen telefonischen Beratungsdienst für medizinische oder psychische Probleme hat. Für Alkoholiker, Suchtabhängige oder Selbstmordgefährdete gibt es ebenso besondere Rufnummern wie für Menschen mit emotionalen Problemen. Schauen Sie einfach in Ihr Telefonbuch.

Wann Sie ein Klinisches Schlafzentrum aufsuchen sollten

Bei einigen Konditionierungen sollte der Schlafspezialist nach dem Hausarzt die zweite Anlaufstelle sein. Extreme Tagesschläfrigkeit, für die man keine Erklärung findet, oder Schlaf, der nicht erholsam ist, sind nur zwei dieser Konditionierungen. Falls Ihr Bettpartner/Ihre Bettpartnerin glaubt, Sie wiesen Symptome der Schlafapnoe auf, litten unter Atemnot, periodischem Beinzucken oder anderen ruckartigen Bewegungen im Schlaf, sollten Sie ein Klinisches Schlafzentrum aufsuchen. Und wenn Sie unter Insomnie leiden, sollten Sie sich dann in einem Schlafzentrum untersuchen lassen, wenn Sie bereits mögliche psychische Probleme, schlechte Schlafhygiene, Probleme des Lebensstils und organische Leiden haben ausschließen können, aber dennoch keine Besserung erzielt haben.

Falls Sie ein Klinisches Schlafzentrum aufsuchen

Wenn Sie denn schon beschlossen haben, ein Zentrum aufzusuchen, wie kommen Sie dann hinein? Gewöhnlich ist es das beste, sich von seinem Arzt dorthin überweisen zu lassen. Dann müssen bestimmte Tests, die der Arzt bereits durchgeführt hat, nämlich im Zentrum nicht wiederholt werden. Und das Zentrum kann den Arzt über seine Erkenntnisse unterrichten. Es gibt jedoch auch einige Zentren, die Verabredungen direkt mit dem Patienten treffen.
Im Anhang dieses Buches finden Sie die offizielle Liste der Klinischen Schlafzentren im deutschsprachigen Raum, die der Arbeitsgemeinschaft der Schlafzentren e. V. angeschlossen sind.
Die meisten Schlafzentren ähneln sich ziemlich, und es geschehen dort auch in etwa dieselben Dinge. Gewöhnlich schickt man Ihnen zunächst ein Schlaf-Protokoll und einen Schlaf-Fragebogen. Sobald Sie den Fragebogen ausgefüllt und das Schlaf-Protokoll ein, zwei Wochen lang geführt haben und sobald Ihr Hausarzt dem Zentrum eine

Zusammenfassung Ihrer Krankengeschichte geschickt hat, wird ein Gesprächstermin festgesetzt. (Wir möchten Ihnen vorschlagen, auch die Schlafprotokolle, Tagesprotokolle und die Antworten auf die Fragebögen in diesem Buch mitzuschicken.)

Bei dem Gesprächstermin wird ein Schlafspezialist Ihnen Fragen stellen, um mehr über Ihren Schlaf, die psychische und soziale Thematik und Ihre Gedanken und Gefühle herauszufinden, die Ihr Schlafproblem betreffen. Es ist wichtig, bei diesem Gespräch ganz offen zu sein. Kleinste Kleinigkeiten können entscheidend sein, und egal, für wie aberwitzig oder persönlich Sie etwas halten, der Schlafexperte hat es vermutlich schon einmal gehört. Falls Sie etwas auslassen, wäre vielleicht das genau die Tatsache, die der Schlüssel zur richtigen Bewertung Ihres Problems sein könnte.

Nach diesem Gespräch, das gewöhnlich eine halbe Stunde bis zwei Stunden dauert, wird der Schlafspezialist entscheiden, ob Sie ein paar Nächte (im allgemeinen sind es drei) im Schlaflabor verbringen müssen. Bei den meisten Insomnie-Patienten ist das gar nicht nötig. Es muß nur dann sein, wenn es sich um periodisches Gliederzucken oder andere körperliche Faktoren handeln könnte.

Falls Sie im Labor schlafen, wird man Sie möglicherweise bitten, auch den folgenden Tag dort zu verbringen, damit ein Multipler Schlaf-Latenz-Test (MSLT) durchgeführt werden kann. Bei diesem Test wird festgestellt, wie schläfrig man tagsüber ist. Dabei legt man sich in Zwei-Stunden-Intervallen für jeweils zwanzig Minuten hin, und ein EEG hält fest, ob und wie schnell man einschläft.

Nach Abschluß der Untersuchungen führen Sie ein Abschlußgespräch mit dem Schlafspezialisten, in dem die Erkenntnisse der Tests diskutiert und Ihnen spezielle Empfehlungen für Ihre Insomnie gegeben werden. Falls Sie von Ihrem Hausarzt überwiesen wurden, ist es auch möglich, daß das Zentrum diese Informationen direkt an ihn weiterleitet.

Wenn Sie im Labor schlafen

Viele Menschen fragen: »Wie soll ich denn jemals in einem Labor schlafen, wo man mich an diese vielen Drähte anschließt und mich jemand die ganze Nacht lang beobachtet, wenn ich nicht einmal zu Hause schlafen kann?«
Nach unseren Erfahrungen ist das kaum je ein Problem. Tatsächlich ist es so, daß viele Insomnie-Patienten im Labor viel besser schlafen als zu Hause, und es ist meist recht schwierig, herauszufinden, was bei ihnen nicht stimmt, weil sie so gut schlafen. Dafür gibt es viele Gründe. Manche Menschen geben den Kampf um den Schlaf hier einfach auf und nehmen sich vor, nur so dazuliegen und gar nicht erst zu versuchen zu schlafen. Diesen Punkt haben wir bereits diskutiert. Natürlich schläft man um so leichter ein, je weniger man sich darum bemüht. Andere Patienten sind so erleichtert, weil sich endlich jemand aktiv ihrer Insomnie annimmt, daß sie schon deshalb besser schlafen. Und dann gibt es immer noch die, die gegen das Schlafen in ihrem eigenen Schlafzimmer konditioniert sind, weshalb sie im Labor besser schlafen können. Manche Menschen fühlen sich im Labor einfach sicherer, und andere schlafen deshalb besser, weil sie den Lärm und den Alltagsärger zu Hause gelassen haben.
Selbst wenn sich herausstellen sollte, daß Sie zu den wenigen Menschen gehören, die wirklich Schwierigkeiten haben, im Labor zu schlafen, ist das nicht schlimm — schließlich sind Sie ja dort, damit man herausfindet, warum Sie so schlecht schlafen. Auf diese Art geben Sie den Schlafexperten zumindest viel, was sie messen und untersuchen können.

Wenn Sie hinkommen

Am Tag, bevor Sie ins Labor kommen, sollten Sie keine Nickerchen machen. Solange man Ihnen keine anderen Anweisungen gibt, sollten Sie in den 24 Stunden vor der Untersuchung auch keinen Alkohol trinken, keine Aufputschmittel oder Sedativa nehmen und nach dem Frühstück auch weder Kaffee noch Tee trinken. Fragen Sie im Klinischen Schlafzentrum nach, wie Sie mit den Medikamenten verfahren sollen, die Sie regelmäßig nehmen. Sie können aber durchaus normal zu Abend essen, bevor Sie ins Labor gehen. Bringen Sie sich bequeme Nachtwäsche mit (einschließlich Morgen- oder Bademantel, Socken und Hausschuhen, damit Sie auf dem Gang spazierengehen oder sich ins Fernsehzimmer setzen können, falls es eines gibt). Und vergessen Sie die Waschutensilien nicht, die Sie vor dem Schlafengehen und am Morgen brauchen. Sobald Sie in Ihr Zimmer kommen, wird man Sie bitten, noch vor dem Schlafengehen einen Fragebogen auszufüllen, in dem es um die Tagesaktivitäten und die Medikamente geht, die Sie an diesem Tag oder in jüngster Vergangenheit genommen haben.

Was die Schlafexperten tun

Nachdem Sie Ihren Schlafanzug angezogen und sich bettfertig gemacht haben, wird ein Schlaftechniker die verschiedenen Elektroden befestigen. Das sind winzige (kleiner als ein Pfennigstück), mit einer gelartigen Masse gefüllte Metallplättchen, an denen sehr flexible Drähte befestigt sind. Die ersten Elektroden werden am Kopf angebracht. Sie messen die hirnelektrischen Ströme, die das Gehirn sowohl im Wachzustand als auch während der verschiedenen Schlafphasen produziert. Abhängig von den Gepflogenheiten des jeweiligen Schlaflabors werden möglicherweise zwei bis sechs Elektroden mit Collodium oder einer anderen Substanz auf Ihre Kopfhaut geklebt. (Das Collodium kann am nächsten Morgen mit Aceton entfernt werden; falls Sie zu Hause noch Rückstände entdecken sollten, können Sie Nagellackentferner benutzen, um sie herauszubekommen.)
Außerdem könnten möglicherweise Elektroden an Ihren Ohrläppchen angebracht werden, sozusagen als neutrale Kontrolle. Denn das Ohrläppchen ist so gut wie die einzige Stelle am Kopf, an der kaum etwas vorgeht; da gibt es keine Muskelspannung, keine Bewegung, keine hirnelektrischen Ströme oder irgend etwas anderes zu messen, weshalb es häufig als neutrale Referenz benutzt wird.
Ein Ohr-Oximeter könnte am Ohrläppchen befestigt werden, um die Sättigung des Blutes mit Sauerstoff zu messen. Wie Sie möglicherweise wissen, ist das Blut röter, wenn es stärker mit Sauerstoff angereichert ist, und blauer, wenn da weniger Sauerstoff ist. Mit dem Ohr-Oximeter wird ein Lichtstrahl ins Ohrläppchen geleitet und die

Farbe des reflektierten Lichts gemessen. Dadurch können wir feststellen, wie gut Ihr Blut während des Schlafs mit Sauerstoff versorgt ist. Falls Sie unter Apnoe leiden, hilft das häufig zu entscheiden, wie ernsthaft die Apnoe sein könnte.

Die Elektroden in der Augenumgebung messen die Augenbewegungen (Elektrookulogramm oder EOG). Die Elektroden am Kinnmuskel messen Muskelanspannung und -entspannung (Elektromyogramm oder EMG). Das EMG ist während der REM-Phase besonders wichtig, damit festgestellt werden kann, ob die Muskeln bewegungsunfähig sind, wie sie es in dieser Schlafphase sein sollten.

Vor den Nasenlöchern werden Sensoren plaziert, die Temperatur und Luftfluß direkt unter der Nase messen. (Die Luft ist kühler, wenn man einatmet, und wärmer, wenn man ausatmet; diese Werte sagen uns, ob Sie tatsächlich Luft bewegen oder nicht.) Die Atembewegungen werden gewöhnlich mit zwei Bändern gemessen. Eines liegt um den Bauch herum, das andere um den Brustkorb. Mit Hilfe dieser Bänder können wir ein Gefühl dafür bekommen, wieviel Luft tatsächlich bewegt wird oder ob Sie zwar versuchen zu atmen, aber nicht dazu in der Lage sind, weil Sie eine durch irgendein Hindernis oder eine Verstopfung verursachte Apnoe haben. (In einigen Laboratorien wird das mit Hilfe von Elektroden gemessen, die zwischen den Rippen auf der Haut befestigt werden, wo sie Muskelkontraktion und -entspannung messen, während man atmet.)

Mit an den Beinen befestigten Elektroden wird festgestellt, ob die Beine im Schlaf zucken. Schließlich werden noch Elektroden auf der Brust oder dem Rücken angebracht, die das Elektrokardiogramm (EKG) aufzeichnen.

All diese Messungen entsprechen mehr oder weniger dem Standard. Manchmal aber sind zusätzliche Messungen und Variationen nötig. Wenn beispielsweise der Verdacht besteht, daß Sie nachts unter Anfällen leiden, werden auf der Kopfhaut zusätzliche Elektroden befestigt, die eine zusätzliche Messung der hirnelektrischen Ströme vornehmen. Falls Verdacht auf Schlafapnoe besteht, wir aber durch die Bänder um Brust und Abdomen keine vernünftige Aufzeichnung Ihrer Atmung bekommen (weil Sie möglicherweise zu schwer sind), kann ein kleiner Ballon an einem Plastikröhrchen durch die Nase bis weit hinunter in die Kehle geführt werden, wodurch dann der Druck gemessen — und bewertet werden kann, wieviel Mühe es Sie kostet,

zu atmen. Das ist aber aber sehr selten nötig, und es schmerzt auch weit weniger, als man annehmen könnte.
Sie schlafen im Labor in einem richtigen Bett in einem Einzelzimmer, in dem es auch einen Schrank gibt, in den Sie Ihre Kleidung hängen können. Die Drähte werden in spezielle Steckdosen am Kopfende Ihres Bettes gesteckt, die wiederum mit verschiedenen Aufzeichnungsinstrumenten im Überwachungsraum verbunden sind. Dieser Raum sieht aus wie eine Miniversion des Kontrollraums eines Raumfahrtprogramms. Überall stehen Aufzeichnungsgeräte, die eifrig die Physiologie jedes Patienten/jeder Patientin aufzeichnen, während er/sie schläft. Techniker überwachen die Aufzeichnungen von diesem Raum aus. Sie halten Nachtwache, behalten die Hirnaktivität im Auge, während der Schläfer/die Schläferin die verschiedenen Schlafphasen durchläuft. Danach stellen sie verschiedene Berechnungen für die Schlafspezialisten an, die die sich am nächsten Tag ansehen. (Möglicherweise interessiert Sie auch, daß die Techniker, die in einem anerkannten Schlaflabor mit Ihnen arbeiten, bestens ausgebildet sind. Sie wissen, was sie tun, so daß Sie im Schlaflabor in guten Händen sind. Vermutlich sind Sie dort sicherer, als wenn Sie allein zu Hause schliefen, weil im Labor immer jemand wach ist und darauf achtet, daß bei — und mit — Ihnen alles in Ordnung ist.)
Sie müssen sich keine Sorgen machen, daß irgendeiner der Drähte, an die Sie angeschlossen sind, Ihnen einen elektrischen Schlag versetzen könnte. Die Instrumente sind nur dazu da, die Elektrizität zu messen, die Sie produzieren — geben selbst also keine Elektrizität ab, die Ihnen einen Schlag versetzen könnte.
Sobald die EEG-Elektroden verbunden sind, legt der Techniker einen Schalter um, woraufhin wenigstens acht Mehrkanalschreiber beginnen, die Werte auf einem sich bewegenden Papierstreifen in Form von langen hingekritzelten Wellen, Zacken und schlangenförmigen Windungen aufzuzeichnen. Ein paar Minuten lang sprechen Sie dann über ein Mikrophon mit dem Techniker im Kontrollraum, um die Qualität der Aufzeichnungen zu überprüfen. Der Techniker macht Tests, für die Sie die Augen öffnen oder schließen, sie dann nach rechts und links rollen müssen, für die Sie tief einatmen und den Atem anhalten, die Beinmuskeln anspannen und wieder entspannen müssen, und so weiter und so fort.
In Ihrem Bett werden Sie sich leicht bewegen und sich auch von einer

auf die andere Seite rollen können. Aus diesem Grund wurden die Elektroden schließlich an sehr flexiblen langen Drähten befestigt. Wenn Sie auf die Toilette gehen wollen, müssen die Drähte allerdings vorher herausgezogen werden, weil sie so lang nun doch nicht sind. Aber auch in diesem Punkt müssen Sie sich keine Sorgen machen, weil es in allen Schlaflaboratorien einen Techniker vom Dienst gibt, der die Kontrollgeräte überwacht und den Sie über das Mikrophon in Ihrem Zimmer erreichen können. Wenn Sie aufstehen wollen, rufen Sie ihn einfach an, und der Techniker kommt und zieht die Drähte heraus, so daß Sie auf die Toilette gehen können. Und falls ein solcher Einsatz mehr als einmal in der Nacht nötig sein sollte, macht das auch nichts. Einige Patienten sind so nervös, daß Sie alle zehn bis 15 Minuten auf die Toilette gehen müssen, und es ist der Job des Technikers, die Drähte so oft herauszuziehen und wieder anzuschließen, wie Sie es für nötig halten.

In einigen Laboratorien werden auch Videoaufzeichnungen gemacht. Dann befindet sich eine Videokamera in Ihrem Zimmer, was bedeutet, daß ständig ein schwaches oder ein infrarotes Licht leuchtet. So können die Techniker auch sehen, in welchen Positionen Sie im Lauf der Nacht schlafen. Manche Menschen schnarchen nur, wenn sie auf dem Rücken liegen, und manche zucken heftig im Schlaf. In manchen Labors gibt es sogar eigens zu diesem Zweck produzierte Positions-Monitore, mit denen die Position festgehalten wird, in der der Patient liegt.

Die Aufzeichnung der Daten

Die Daten werden auf Endlospapier aufgezeichnet, das etwa 60 Zentimeter breit und ungefähr 300 Meter lang ist. Unten sind die natürlichen Meßwerte Ihrer Atmung und in der Mitte die typischen Zacken des EKG. Weiter oben kommen gewöhnlich die Aufzeichnungen der Geräusche und Körperbewegungen, und ganz oben sieht man die Meßwerte des EEG und der Augenbewegungen. Diese Aufzeichnungen nennt man ein Polysomnogramm, das weit komplizierter ist als ein EKG und weit mehr physiologische Aspekte umfaßt.

Während der Mehrkanalschreiber die hirnelektrischen Ströme des EEG aufzeichnet, sind die gezackten Wellen zunächst schnell und flach, was auf Wachheit hindeutet. Sobald Sie schläfrig werden, tauchen regelmäßigere und größere Zacken auf — etwa zehn pro Sekunde. In der Übergangsphase zwischen Wachen und Schlafen werden die gezackten Wellen immer langsamer. Es sind dann ungefähr drei bis sieben pro Sekunde. Die ersten Anzeichen im EEG, die darauf hinweisen, daß Sie tatsächlich schlafen, sind die Schlafspindeln. Hierbei handelt es sich um schnelle Impulse rapide auftretender Zacken — etwa wie Crescendos und Decrescendos bei einem musikalischen Vortrag. Beim Einschlafen zeigen die Aufzeichnungen der Augenbewegungen ein langsames Hin- und Herrollen der Augäpfel. Ein typisches Aufzeichnungsbild sehen Sie in dem Beispiel auf Seite 42. Schon bald zeigt die Aufzeichnung eine Häufung von Spindelzacken, die von höheren, langsameren Zacken durchsetzt sind und von denen pro Sekunde etwa eine auftritt. Diese höheren Zacken, Delta-Wellen genannt, werden immer häufiger, der Schläfer/die Schläferin bewegt sich kaum noch und fällt in tiefen Delta-Schlaf. Das ist der beste Schlaf der Nacht. In seinem Verlauf regeneriert sich der Körper am besten. Abhängig von Ihrem Alter, Ihrer körperlichen Fitneß und abhängig davon, wie lange Sie wach waren, bevor Sie zu Bett gingen, können Sie fünf bis neunzig Minuten im Tiefschlaf verbringen.

Dann wiederholt sich die Sequenz. Die Delta-Wellen fallen heraus, und Sie kommen etwa neunzig Minuten nach dem Einschlafen in ein neues Stadium. Die Hirnströme beginnen so auszusehen, als seien Sie fast wach. Ihre Augen bewegen sich unter den geschlossenen Lidern, als schauten Sie sich um. Sie träumen, und Ihre Muskeln sind bewegungsunfähig, was Sie daran hindert, die Aktivitäten Ihres Traums auszuführen. Das ist REM-Schlaf.

Während die Nacht fortschreitet, tritt weniger und weniger Delta-Schlaf auf, und ungefähr alle neunzig Minuten kommt es zu einem Traum. Der erste dauert etwa fünf Minuten und ist gewöhnlich langweilig: ein simpler Aufguß der Tagesereignisse. Jeder folgende Traum ist ein wenig länger und aufregender als der vorangegangene. Falls Sie nachts sechs Stunden schlafen, haben Sie vermutlich vier Träume.

Etwas, das uns das EEG ebenfalls verrät, ist, daß jeder — sogar der beste Schläfer/die beste Schläferin — jede Nacht zehn- bis 15mal aufwacht. Der einzige Unterschied ist der, daß der gute Schläfer/die gute Schläferin innerhalb von ein paar Sekunden wieder einschläft und sich später nicht einmal daran erinnern kann, überhaupt wach gewesen zu

sein. Der schlechte Schläfer/die schlechte Schläferin dagegen bleibt länger wach und erinnert sich morgens an diese Wachphasen.
Man sollte nicht den Fehler machen, anzunehmen, im Land von Morpheus sei nichts los. Der Durchschnittsschläfer/die Durchschnittsschläferin — still, passiv — verrät kaum etwas über die heftige Aktivität, die sich in seinem/ihrem Gehirn abspielt. Doch die EEG-Aufzeichnungen im Schlaflabor dokumentieren diese Aktivitäten ganz klar und deutlich. Ein Schlafforscher erklärte das so: »Es ist nicht so, als könne man sein Gehirn die Nacht über wie ein Auto in die Garage stellen. Es läuft und läuft — 24 Stunden lang!«
Die graphische Darstellung der hirnelektrischen Ströme im EEG zeigt sozusagen den Hirncomputer bei der Arbeit. Das Hirn, das wie ein Blumenkohl aussieht und sich glibberig anfühlt, besteht aus mehr als 15 Milliarden Nervenzellen, wobei sich lange Fasern von Nervenzellen in einem ineinander verwobenen Dschungel von Schaltbrettverbindungen mit anderen verbinden. Botschaften von Bildern, Geräuschen, Düften, Glücks- und Schmerzgefühlen rasen mit atemberaubender Geschwindigkeit durch diese Verbindungen hindurch. Und in Milliarden von Zellen werden Erinnerungen, Emotionen, Tatsachen, Annahmen, Schlußfolgerungen gespeichert — all jene Aspekte, die zu unserer Persönlichkeit beitragen. Zwischen diesen Hirnzellen liegen auch die Zentren, die Körperfunktionen wie die Atmung, den Herzschlag, das Sehen und die Sprache kontrollieren — genauso wie sie auch über Wachen und Schlafen entscheiden. Es ist schon ein imposanter Computer, mit dem Sie da die Nacht verbringen.

Die Analyse

Morgens werden zunächst die Elektroden entfernt. Danach füllen Sie einen Fragebogen aus, in dem Sie aufgefordert werden zu berichten, wie Ihre Nacht war, wie lange Sie Ihrer Meinung nach zum Einschlafen brauchten, wie viele Stunden Sie Ihrer Meinung nach geschlafen haben, ob der Schlaf mit dem zu Hause zu vergleichen war — und so weiter. Diese Angaben sind nötig, damit wir Ihre Eindrücke mit dem vergleichen können, was die Aufzeichnungen uns zeigen. In einigen Fällen widerspricht das, was Patienten ehrlich glauben und Ihrem

Arzt berichten, dem, was tatsächlich passiert. Es ist wichtig zu erkennen, ob Sie vier Stunden geschlafen, aber das Gefühl haben, es seien sieben gewesen, oder ob Sie vier Stunden geschlafen haben, aber glauben, die ganze Nacht kein Auge zugetan zu haben.

Morgens schauen sich die Schlafspezialisten die Aufzeichnungen genau an, die im Laufe der Nacht entstanden sind. Die Aufzeichnungen für einen einzigen Patienten umfassen etwa hundert Seiten und sind ungefähr zwanzig Pfund schwer. Die Schlafspezialisten studieren die Zusammenfassungen und graphischen Darstellungen gründlich, die die Techniker noch in der Nacht erstellt haben. Sie sehen, wie lange Sie zum Einschlafen brauchten, wie lange die verschiedenen Schlafphasen dauerten, wann Sie träumten und wann nicht, ob Sie geschnarcht haben, wann Ihre Beine oder Arme zuckten, was mit Ihrer Atmung war und ob dies alles irgend etwas mit bestimmten Wachphasen zu tun hatte. Danach gibt es ein Zusammentreffen, bei dem die Ergebnisse besprochen werden — entweder noch an diesem Vormittag oder zu einem späteren Zeitpunkt.

Etwa einmal pro Monat kommt ein Patient in die Klinik, der behauptet, seit Monaten kein Auge zugetan zu haben. Bislang hat allerdings jeder in unserem Schlaflabor wenigstens drei Stunden pro Nacht geschlafen.

Sam Bush, ein 50jähriger Hausmeister, wurde untersucht, weil er behauptete, in den vergangenen fünf Jahren kein Auge zugetan zu haben. Er sagte, er »ruhe sich jede Nacht sechs Stunden aus«, sei aber die ganze Zeit wach und sich all dessen bewußt, was um ihn herum vorginge. Vier- bis sechsmal pro Nacht stünde er auf, um auf die Toilette zu gehen, sich einen kleinen Imbiß zu machen oder sich einfach nur die Füße zu vertreten. Weil er wirklich so unruhig und ruhelos war, hatte sich seine Frau schon vor längerer Zeit geweigert, das Schlafzimmer mit ihm zu teilen. Sie bestätigte, daß er nachts tatsächlich so häufig aufstünde, sagte jedoch auch, sie könne gelegentlich ein schwaches Schnarchen aus seinem Zimmer hören. Er aber bestritt aufs heftigste, in diesen gesamten fünf Jahren je auch nur eine Minute geschlafen zu haben.

Der wichtigste Hinweis kam dann jedoch von Sam Bush selbst. Er sagte nämlich, er fühle sich tagsüber wohl, verfüge über genügend Energie und sei relativ vergnügt. Ohne Schlaf wäre das einfach nicht möglich.

Drei Nächte lang untersuchten wir ihn im Schlaflabor. In der ersten Nacht ließen wir ihn ganz in Ruhe, störten ihn nicht ein einziges Mal. Der Polygraph maß etwa fünfeinhalb Stunden Schlaf. Sam Bush stand zwischendurch allerdings auf und vertrat sich etliche Male die Füße. Als er am nächsten Tag gefragt wurde, wie er geschlafen habe, erwiderte er: »Ich habe kein Auge zugetan.«

In der zweiten Nacht sprachen wir ihn wenigstens 15mal über die Gegensprechanlage an, wenn er — wie wir den hirnelektrischen Strömen entnehmen konnten — schlief. Manchmal mußten wir ihn vier-, fünfmal anrufen, bevor er endlich aufwachte. Er jedoch behauptete jedesmal, er habe bereits beim ersten Mal reagiert, denn er sei die ganze Nacht über wach gewesen.

In der dritten Nacht hielten wir ihn die ganze Zeit wach, indem wir mit ihm sprachen und ihn Denksportaufgaben lösen ließen, während er im Bett lag. Dazu hatte Sam natürlich seine Einwilligung gegeben. Er behauptete, diese Nacht hätte sich in nichts von den beiden ersten Nächten unterschieden und auch nicht von den Nächten, die er zu Hause verbrächte. Am nächsten Tag war er allerdings ausgesprochen müde, gereizt, unruhig und sogar sehr schläfrig. Es war ganz offensichtlich, daß er während der ersten beiden Nächte recht viel geschlafen hatte, in der dritten Nacht jedoch nicht.

Dieser Patient log keineswegs und wollte uns auch gewiß nicht auf den Arm nehmen. Er glaubte ehrlich, er hätte nicht geschlafen. Obwohl wir ihm seine Aufzeichnungen zeigten, konnten wir Sam Bush nicht davon überzeugen, daß er geschlafen hatte. Er warf uns sogar vor, wir hätten ihm am dritten Vormittag irgendein Medikament untergeschoben, das ihn so schläfrig gemacht habe.

So etwas kommt manchmal vor. Manche Menschen brauchen — aus welchem Grund auch immer — das Gefühl, sie hätten nur ganz wenig oder überhaupt nicht geschlafen.

Mysteriöse Patienten und unerklärliche Behandlungserfolge

Die Insomnie, der man am schwersten beikommen kann, ist die primäre Insomnie, auch »Insomnie, die bereits in der Kindheit beginnt«, genannt. Das ist die lebenslange Unfähigkeit, ausreichend Schlaf zu bekommen. Und man nimmt an, sie würde von einem anatomischen Unterschied im Nervensystem oder von einem chemischen Ungleichgewicht ausgelöst. Falls die Tatsache, daß Sie die ganze Nacht im Bett saßen und die leere Straße oder Ihre schlafende Familie beobachteten, zu Ihren frühesten Kindheitserinnerungen gehört, leiden Sie vermutlich unter primärer Insomnie. Dazu kommt noch, daß diese Art der Insomnie in streßfreien Perioden genauso auftritt wie in Phasen, in denen Sie unter Streß stehen.

Studien in unserem Labor bewiesen, daß Patienten mit diesem Typ der Insomnie entschieden länger brauchen, bis sie einschlafen, als Patienten, bei denen die Insomnie erst im Erwachsenenalter begann. Außerdem schlafen sie weniger und weisen atypische EEG-Rhythmen auf — wie beispielsweise REM-Phasen ohne Augenbewegungen. Die Somnogramme sind oft sehr schwer auszuwerten, weil die Schlafspindeln möglicherweise nicht richtig ausgeformt sind und die verschiedenen Schlafstadien sich unter Umständen vermischen. Diese Insomnie-Patienten reagieren ausgesprochen sensibel auf Geräusche und Stimulanzien. Eine Tasse Tee oder ein Schokoladenriegel Stunden vor dem Zubettgehen können den Schlaf dieser Patienten empfindlich stören.

Was können diese Menschen tun? Zunächst einmal müssen sie all das tun, was wir in diesem Buch angesprochen haben, allerdings noch gründlicher als andere. Sie müssen ganz gewissenhaft darauf achten, daß sie genug Bewegung bekommen, beziehungsweise Sport treiben, müssen sich an die Regeln der Schlafhygiene halten, Streß-Management betreiben, Koffein und alle anderen Reizmittel meiden.

Aus irgendeinem Grund helfen Schlaftabletten bei primärer Insomnie zwar gewöhnlich nicht — Antidepressiva aber tun's. Und zwar in Dosen, die viel zu gering sind, um gegen Depressionen wirken zu können. Es ist wohl so, daß diese Antidepressiva etliche biochemische

Ungleichgewichte im Gehirn positiv verändern. Deshalb kann Insomnie, die bereits im Kindesalter ihren Anfang nahm, durch Antidepressiva verbessert werden. Doch man muß erst einmal eine Weile herumprobieren, bis das richtige gefunden ist. Bei Patienten mit primärer Insomnie tritt bei niedrigen Dosen eines Antidepressivums gewöhnlich kein Gewöhnungseffekt ein, weshalb sie über Jahre hin bei dem jeweiligen Mittel bleiben können.

Außerdem scheint es eine Wechselbeziehung zwischen primärer Insomnie, Dyslexie (Lesestörung) und Hyperaktivität zu geben. Bei einem großen Prozentsatz aller Fälle von primärer Insomnie waren die Patienten in der Kindheit hyperaktiv oder litten unter Dyslexie. (Dyslexie ist die Unfähigkeit, Geschriebenes zu erfassen und verständlich vorzulesen.) Doch nicht alle Patienten, deren Insomnie bereits in der Kindheit begann, sind hyperaktiv oder Dyslektiker, und nicht alle hyperaktiven Kinder haben Insomnie. Wir haben übrigens festgestellt, daß geringe Dosen bestimmter Antidepressiva gelegentlich auch bei Dyslexie und Hyperaktivität helfen.

Erwachsenen werden bei klinischer Depression etwa 200 Milligramm eines bestimmten Antidepressivums verabreicht; bei primärer Insomnie wird eine Dosis von nur etwa zehn bis 25 Milligramm eingesetzt. Bei Depressionen muß man das Mittel etwa drei Wochen lang nehmen, bevor man sagen kann, ob es helfen wird; bei Insomnie wirkt es in der ersten oder zweiten Nacht, wenn es denn überhaupt hilft.

Es ist zu dumm, daß wir diese Mittel Antidepressiva nennen, weil Patienten, deren Insomnie bereits in der Kindheit begann, gewöhnlich nicht unter Depressionen leiden. Tatsächlich werden sie meist erstaunlich gut mit ihrer Konditionierung fertig, wenn man bedenkt, daß sie den Großteil ihres Lebens erschöpft sind und einem Arzt nach dem anderen erzählen müssen: »Es gibt nichts, weshalb ich mir Sorgen mache, ich hab' auch keine Angst, bin nicht nervös — nein, nein, das bin ich nicht.« Und sie haben recht. In ihrem Fall handelt es sich um ein organisches Problem.

Antidepressiva sollten immer in geringen Dosen ausprobiert werden; treten unangenehme Nebenwirkungen auf, sollte ein anderes Mittel eingesetzt werden. In diesem Fall sollte man einen Psychiater aufsuchen, der darüber entscheiden kann, welches Antidepressivum da das beste ist. Und zwar nicht deshalb, weil es bei primärer Insomnie ein emotionales Problem gibt, sondern weil der Psychiater sich bei Antidepressiva am besten auskennt und die Dosis und Zusammensetzung bestimmen kann, die am ehesten helfen könnte.

Carolyn Eggleston, eine vierzigjährige Sekretärin, litt unter Insomnie, so weit sie zurückdenken konnte. Weil sie in dem Krankenhaus zur Welt gekommen war, in dem auch das Dartmouth Schlafzentrum beheimatet ist, war es uns möglich, auf der Neugeborenenstation ihre Karteikarte einzusehen. Dort stand zu lesen: »Dies ist ein ungewöhnlich lebhaftes und fröhliches Baby. Jedesmal, wenn ich ins Zimmer komme, ist es munter und wach.« Die Säuglingsschwester hielt das damals — vor vierzig Jahren — für ein gutes Zeichen. Das war es jedoch beileibe nicht. Das Kind konnte einfach nicht schlafen.

Carolyn Egglestons früheste Kindheitserinnerungen beziehen sich auf Nächte, in denen sie stundenlang still am Fenster des Kinderzimmers saß und die leere Straße beobachtete, während ihre Eltern schliefen. An die Grundschule erinnert sie sich als an eine Zeit des »ständigen Krampfs. Ich war immerzu nur müde«. In der Oberschule konnte sie nach dem Mittagessen weder ein Cola-Getränk noch Kaffee trinken, weil sie das die ganze Nacht wach hielt. Sie versuchte es mit Schlaftabletten. Sie wirkten ein paar Tage oder einige Wochen, doch keine brachte ihr dauerhafte Besserung. Bei ausgedehnten Untersuchungen in führenden Kliniken konnte keinerlei ernsthafte Störung diagnostiziert werden. Man stellte nur eine allgemeine Antriebsschwäche fest, extreme Magerkeit und einige Anzeichen für eine mögliche Depression.

In unserem Schlaflabor schlief Carolyn Eggleston pro Nacht nur jeweils drei oder vier Stunden. Es war leicht, sie aufzuwecken. Und wenn man ihren Schlaf störte, war sie auf der Stelle völlig wach. Am bemerkenswertesten aber waren ihre eigenartigen Schlafmuster: extrem viel Stadium-I-Schlaf, fast kein Delta-Schlaf und sehr wenig charakteristische, unregelmäßige Schlafspindeln, die alle fünf bis acht Minuten einmal auftraten.

Carolyn Eggleston wurden etwa vierzig Stunden SMR (sensorisch-motorisches Rhythmus)-Biofeedback-Training verschrieben, ein ganz spezieller Typ von Feedback, der darauf hinzielt, die Schlafspindeln zu verbessern. Ihr Schlafverhalten besserte sich etwas: Die Untersuchung im Labor zeigte pro Nacht etwa vierzig Minuten mehr Schlaf an. Dazu kamen weniger Wachphasen und möglicherweise einige besser geformte Schlafspindeln. Trotzdem bekam sie immer noch nicht genügend Schlaf.

Daraufhin wurden ihr zur Schlafenszeit zunächst zehn (später 25) Milligramm eines Antidepressivums (eine sehr niedrige Dosis) verabreicht. Das verbesserte ihren Schlaf auf bemerkenswerte Art und Weise. Inzwischen nimmt sie dieses Medikament seit vier Jahren. Damit wir feststellen können, ob sie das Mittel nach wie vor braucht, setzt sie es einmal im Jahr für drei Wochen ab — jedesmal mit katastrophalem Ergebnis.

Die Wirksamkeit einer so geringen Dosis ist uns noch immer unerklärlich und bedarf weiterer Untersuchungen.

Einige Insomnie-Patienten scheinen einfach nicht in irgendein Schema zu passen. Manchmal stellt sich heraus, daß es sich um irgendein exotisches Problem handelt. Sie könnten beispielsweise nur deshalb aufwachen, weil sie irgendeinem traumatischen Traum entfliehen wollen. Manchmal können wir aber auch einfach nicht feststellen, wo das Problem liegt, weshalb wir blind verschiedene Dinge ausprobieren müssen. Doch mit jedem Jahr das vergeht, lernen wir dazu, und manche Konditionierungen, die wir vor einigen Jahren noch nicht heilen konnten, sind jetzt bereits klarer umrissen.

Blake Alton, ein 42jähriger leitender Angestellter, hatte zwar das Gefühl, ausreichend lange zu schlafen, hielt seinen Schlaf aber für sehr flach. Jeden Morgen wachte er todmüde und mit steifen Muskeln auf. Die Schmerzen in den Muskeln und das Gefühl der Steifheit verschwanden im Lauf des Vormittags, müde aber fühlte er sich den ganzen Tag über.

Im Labor schlief er pro Nacht sieben bis acht Stunden. Während des Non-REM-Schlafs mischten sich allerdings ständig Alpha-Wellen mit hoher Amplitude (Schwingungsweite) in sein Schlafmuster, was es uns erschwerte, seine Aufzeichnung auch nur zu analysieren. Wir verordneten ihm 50 Milligramm eines Antidepressivums beim Zubettgehen. Er schlief daraufhin fester, und die morgendliche Steifheit der Gelenke verflüchtigte sich innerhalb von wenigen Tagen. Nach einigen Monaten verlor das Mittel allerdings seine Wirksamkeit. Daraufhin wurden ihm vor dem Schlafengehen 50 Milligramm eines anderen Medikaments verabreicht.

Mit diesem Mittel wurden während der beiden vergangenen Jahre gute Erfolge erzielt, obwohl weder das eine noch das andere für diese

Konditionierung bestimmt ist. Und wir wissen immer noch nicht, warum sie in diesem Fall wirkten.

Dann war da noch Sam Hilliard, ein 25jähriger Student, der kurz vor dem Abschlußexamen stand und unter chronischer Insomnie litt. Obwohl er behauptete, schlecht und pro Nacht weniger als fünf Stunden zu schlafen, zeigte sein EEG an drei aufeinanderfolgenden Tagen im Schlaflabor, daß er jede Nacht innerhalb von fünf Minuten eingeschlafen war und während der acht Stunden geschlafen hatte, die er im Bett verbrachte. Da es kein wirkliches Problem zu geben schien, wurde auch kein Behandlungsplan erstellt.

Kurz nach den Tests suchte Sam Hilliard bei einem Therapeuten Hilfe, der ihn in einer Kombination von Selbst-Hypnose, Meditation und Entspannungstraining unterrichtete. Diese Behandlung kurierte seine »Insomnie«; er behauptete, nun nachts tief und fest zu schlafen. Eine Nachuntersuchung im Schlaflabor zeigte jedoch keinerlei Veränderung. Sein Schlaf war, ging man nach den Aufzeichnungen, ausgezeichnet — sowohl vor der Behandlung als auch danach.

Subjektiv gab es nach der Verhaltenstherapie eine drastische Veränderung in Sam Hilliards Schlaf. Nach dem EEG gab es jedoch keine. Hatte es eine Heilung gegeben? War es ein Placebo-Effekt, bildete sich der junge Mann die Besserung nur ein? Die Schlafforscher würden sich bei der Antwort auf diese Frage gewiß nicht einig sein.

Bei einigen Patienten, die sich über Insomnie beklagen, stellt sich heraus, daß sie Kurzschläfer sind, die nur wenig Schlaf brauchen. Andere schlafen wirklich, träumen aber, wach zu sein. Einen ganz faszinierenden Fall erlebten wir bei einem Studenten, der jede Nacht acht Stunden schlief, jedoch in all seinen REM-Schlafphasen träumte, er sei wach, versuche allerdings verzweifelt einzuschlafen. Gegen Morgen war er regelmäßig völlig erschöpft.

Patienten wie Sam Hilliard werden bei Fachleuten so genannt: »Klage über Insomnie ohne objektive Erkenntnisse«. Das bedeutet, daß die »Klage über Insomnie«, die ein offensichtlich völlig normaler Mensch wie Sam Hilliard überzeugend und ehrlich vorbringt, durch die gegenwärtigen Untersuchungsmethoden im Labor nicht bestätigt werden kann. Früher wurde dieses Problem als Pseudoinsomnie bezeichnet. Am wichtigsten ist jedoch, daß die meisten dieser Menschen sagen, ihr Schlaf habe sich merklich verbessert und sie fühlten sich morgens nicht mehr müde, nachdem sie das Programm

aus diesem Buch befolgt hatten. Und das, obwohl die Aufzeichnungen im Labor sich nicht verändert hatten.
Es ist möglich, daß manche dieser Menschen unter einem Schlafproblem leiden, das bislang noch unbekannt ist. Es gibt immerhin eine Menge Schlafstörungen, die vor zehn Jahren noch völlig unbekannt waren; andere werden erst in der Zukunft erforscht werden.
Einige Patienten, die sich über schlechten Schlaf beklagen, dessen Ursache sich nicht klären läßt und dessen Nachweis nicht möglich ist, haben es mit Akupunktur versucht.
Manche haben — bei einer Rußlandreise — Elektroschlaf ausprobiert, eine Methode, die in den Vereinigten Staaten selten angewandt wird. Die Behandlung besteht darin, dem Patienten etwa fünfzehn Minuten lang über Elektroden, die auf den Augenlidern und am Kopf befestigt werden, leichte elektrische Reize zu verabreichen. Mit keiner dieser Behandlungsformen haben wir Erfahrung.

Die Zukunft

Das Feld der Forschung und Behandlung von Schlafstörungen ist noch sehr jung. Vermutlich handelt es sich hier um eines der aufregendsten neuen Felder, die die Medizin heute kennt, was das Wissen angeht, das man sich noch aneignen muß, und die Zahl der Menschen, denen man damit helfen kann. Tatsächlich muß noch wesentlich mehr geforscht werden, als die, die jetzt in der Schlafforschung arbeiten, in ihrer Lebenszeit bewältigen können. Zum Beispiel sind die Forscher derzeit dabei, an Mitteln und Wegen zu arbeiten; den Serotoninspiegel im Gehirn anzuheben oder eine Schlüsselchemikalie im Hirn zu finden, die den Schlaf auf natürliche Weise herbeiführt und so als Schlaftablette aus der Natur dienen kann.
Das Feld der Schlafforschung ist so schnell gewachsen, daß vieles von dem, was Sie in diesem Buch über Schlaf erfahren haben, vor zehn Jahren noch nicht bekannt war — nicht einmal bei Ärzten oder Schlafforschern. Es kann kein Zweifel bestehen, daß man sogar noch mehr Menschen wird helfen können, wenn die Forschung auf diesem Gebiet noch weitere zehn Jahre fortgeschritten ist. Bis dahin wünschen wir Ihnen den allerbesten Schlaf.

Anhang

Klinische Schlafzentren

Die hier genannten klinischen Schlafzentren sind der Deutschen Gesellschaft für Schlafforschung und Schlafmedizin DGS e. V. angeschlossen. Die Liste entspricht dem Stand vom Juli 1993.
Eine aktualisierte Liste erhalten Sie über Professor Peter Clarenbach, Evangelisches Johannes Krankenhaus, Schildescherstraße 99, 33611 Bielefeld.

10117 Berlin	Medizinische Fakultät (Charité) Humboldt Univ., Innere Klinik/Schlafmed. Zentrum, Ziegelstr. 5-9 Prof. Dr. Baumann, Dr. Ingo Fietze
12351 Berlin	Krankenhaus Neukölln, III. Innere Abteilung, Rudower Str. 48 Prof. Dr. Kohl, Dr. med. Wulf Pankow
12683 Berlin	Wilhelm-Griesinger-Krankenhaus, Schlafpolygraphisches Labor, Brebacher Weg 15 Prof. Nickel, Dr. Brigitte Kurella
13359 Berlin	DRK-Krankenhaus Mark Brandenburg, Pneumologie, Drontheimer Str. 39 Prof. Dr. Peter Dorow, Dr. Thalhofer

26548 Norderney	Klinik Norderney/Klinik für Erkrankung der Atmungsorgane und Allergien, Kaiserstr. 26 Prof. Dr. Jürgen Fischer, PD. Dr. Raschke
33175 Bad Lippspringe	Karl-Hansen-Klinik für Atemwegserkrankungen und Allergie/Schlaflabor, Antoniusstr. 19 Dr. med. Wilfried Böhning, Dr. R. Hütting
33611 Bielefeld	Neurologische Klinik am Ev. Johannes-Krankenhaus, Schildescher Str. 99 Prof. Dr. Peter Clarenbach
34613 Schwalmstadt	Neurologische Klinik Hephata, Heinrich-Wiegand-Str. 57 Prof. Dr. K. Meier-Ewert, Dr. Geert Mayer
35033 Marburg	Medizinische Poliklinik der Universität, Zeitreihenlabor, Baldingerstr. 1 Prof. Dr. von Wichert, Prof. Dr. Jörg-Hermann Peter
37075 Göttingen	Psychiatrische Klinik der Universität, Von-Siebold-Str. 5 Prof. Dr. Eckart Rüther, Dr. Göran Hajak
37242 Bad Sooden-Allendorf	Fachklinik Balzerborn der LVA Hannover, Schlaflabor, Balzerbornweg 27 Dr. med. Joachim Stumpner, Dr. med. Müller

48149 Münster	Psychologisches Institut II, Labor f. experiment. Schlafuntersuchungen, Fliednerstr. 21 Prof. Dr. Christian Becker-Carus, Dr. Michael Hoffmann
44625 Herne	Marienhospital Kathol. Krankenhaus Herne, Univ. Klinik der Ruhr-Universität Bochum, Hölkeskampring 40 Prof. Dr. Alexander Sturm, Dr. Martin Konermann
44789 Bochum	BG-Krankenanstalten Klinik der Ruhruniv., Bergmannsheil/Med. Klinik Pneumologie, Gilsingstr. 14 Prof. Dr. G. Schultze-Werninghaus, Dr. K. Rasche
44801 Bochum	Ruhr-Universität Bochum, Abt. für Angewandte Physiologie, Universitätsstr. 150 Prof. Dr. Marianne Schläfke, Dr. Schäfer
53127 Bonn	Psychiatrische Universitätsklinik, Sigmund-Freud-Str. 25 Prof. Dr. Möller, Dr. Eva Pelzer
53127 Bonn	Neurologische Universitätsklinik, Sigmund-Freud-Str. 25 Prof. Dr. Jerusalem, Dr. Holger Süß
57392 Schmallenberg	Fachkrankenhaus Kloster Grafschaft, Abt. Innere Medizin u. Pneumologie Prof. Dr. Dieter Köhler, Dr. B. Schönhofer
58091 Hagen	Klinik Ambrock, Ambrocker Weg 60 Prof. Dr. K. H. Rühle, Dr. Cornelius Kellner

60528 Frankfurt	Klinikum der J. W. Goethe-Universität, Zentrum der Psychiatrie, Schlafambulanz, Heinrich-Hoffmann-Str. 10 Prof. Dr. Pflug, Dr. Stephan Volk
68072 Mannheim	Zentralinstitut für Seelische Gesundheit, Postfach 12 21 20 Prof. Dr. Häfner, Prof. Dr. Dieter Riemann
69126 Heidelberg	Thoraxklinik der LVA Baden, Amalienstr. 5 Prof. Dr. Schulz, Dr. Mathias Jackowski
75365 Calw	Landesklinik Nordschwarzwald Prof. Dr. Linden, Dr. Ludwig Gündel
76889 Klingenmünster	Pfalzklinik Landeck, Weinstr. 100 PD. Dr. Reinhard Steinberg, H. G. Weeß
79104 Freiburg	Psychiatrische Klinik der Universität, Hauptstr. 5 Prof. Dr. Mathias Berger, Dr. F. Hohagen
81675 München	Klinik Rechts der Isar, Psychiatrische Klinik der TU, Ismaninger Str. 22 Prof. Dr. Lauter, Dr. Michael Wiegand
82131 Gauting	Zentralkrankenhaus Gauting, Pneumolog. Abt./Schlaflabor, Unterbrunnerstr. 85 Prof. Dr. Häußinger, Dr. Reimer Lund
89081 Ulm	Universität Ulm, Abt. Innere Medizin II, Schlaflabor, Robert-Koch-Str. 8 Prof. Dr. Hombach, Dr. Hetzel

91054 Erlangen	Medizinische Klinik I mit Poliklinik, Krankenhausstr. 12 Prof. Dr. Hahn, Dr. Joachim H. Ficker
93042 Regensburg	Bezirkskrankenhaus, Universitätsstr. 84 PD. Dr. H. E. Klein, Dr. Peter Geisler
93093 Donaustauf	Fachklinik für Atemwegserkrankungen Donaustauf, Ludwigstr. 68 Prof. Dr. Gerhard Siemon, Dr. Adelkamp
99089 Erfurt	Klinik für Neurologie, MH Erfurt, Nordhäuser Str. 74 Prof. Dr. Sörgel, Dr. Frank Schilling
99510 Apolda	Robert-Koch-Krankenhaus Apolda, Robert-Koch-Str. 6-8 Prof. Dr. G. Zwacka, PD. Dr. Sabine Scholle